Verlag
DrägerDruck Lübeck

Buddenbrookhaus-Kataloge

Herausgegeben im Auftrag der
Kulturstiftung Hansestadt Lübeck
Heinrich-und-Thomas-Mann-Zentrum

von Hans Wißkirchen

Dieses Buch erscheint anläßlich der Ausstellung:

„Und was werden die Deutschen sagen??"
zu Thomas Manns Roman DOKTOR FAUSTUS
Eine Ausstellung des Heinrich-und-Thomas-Mann-Zentrums Lübeck und des
Thomas-Mann-Archivs der Eidgenössischen Technischen Hochschule Zürich

vom 6. Juni 1997 bis zum 27. Juli 1997 im Stadthaus Zürich
vom 3. August bis zum 12. Oktober 1997 im Buddenbrookhaus Lübeck
vom 26. Oktober 1997 bis zum 11. Januar 1998 im Literaturhaus München

Idee und Konzeption
Hans Wißkirchen

Mitarbeit Konzeption
Cornelia Bernini
Nathalie Bielfeldt
Thomas Sprecher

Ausstellungs-, Katalog- und Plakatdesign
Studio Andreas Heller

Katalog-Redaktion
Manfred Eickhölter
Nathalie Bielfeldt

Ausstellung
Nathalie Bielfeldt

Volker Scherliess (Musik)

Bild-Redaktion
Manfred Eickhölter
Cornelia Bernini

Mitarbeit
Susanne Friesicke
Katharina Henschen
Kati Obermann

Katalog-Layout
DrägerDruck GmbH & Co., Lübeck

»und was

werden die
Deutschen sagen ??«

Thomas Manns Roman DOKTOR FAUSTUS

Herausgegeben von
Hans Wißkirchen und Thomas Sprecher

Verlag
DrägerDruck Lübeck

BUDDENBROOKHAUS
HEINRICH UND THOMAS
MANN-ZENTRUM

Das Heinrich-und-Thomas-Mann-Zentrum und das Thomas-Mann-Archiv der
ETH Zürich danken folgenden Institutionen für die finanzielle und idelle Unterstützung:

Förderverein Buddenbrookhaus e.V.

Eidgenössische Technische Hochschule Zürich

Literaturhaus München

Präsidialdepartement der Stadt Zürich

Sparkassenstiftung des Landes Schleswig-Holstein
gemeinsam mit der Sparkasse zu Lübeck

Ministerium für Bildung, Wissenschaft, Forschung und Kultur
des Landes Schleswig-Holstein

NordWest Lotto Kiel

Landesbank Schleswig-Holstein

Münchner Stadtbibliothek Monacensia Literaturarchiv

Die Deutsche Bibliothek – CIP Einheitsaufnahme
»Und was werden die Deutschen sagen??«: Thomas Manns Roman Doktor
Faustus; [anläßlich der Ausstellung: »Und was werden die Deutschen sagen??« Zu
Thomas Manns Roman Doktor Faustus; eine Ausstellung des Heinrich-und-Thomas-
Mann-Zentrums Lübeck und des Thomas-Manns-Archiv der Eidgenössischen Techni-
schen Hochschule Zürich; vom 6. Juni 1997 bis zum 27. Juli 1997 im Stadthaus
Zürich, vom 3. August bis zum 12. Oktober 1997 im Buddenbroockhaus Lübeck, vom
26. Oktober 1997 bis zum 11. Januar 1988 im Literaturhaus München] / hrsg. von
Hans Wißkirchen und Thomas Sprecher. – Lübeck: Dräger, 1997
(Buddenbrookhaus-Kataloge)
ISBN 3-925402-71-3

Inhalt

Anhang

Zu diesem Buch

Wer dem DOKTOR FAUSTUS gegenübertritt, dem sei als Warnung ein Wort Thomas Manns mitgegeben: „An diesem Buch hänge ich wie an keinem anderen. Wer es nicht mag, den mag ich nicht mehr." Dies schreibt er 1953, also sechs Jahre nach dem Erscheinen des Werkes, als der unmittelbare Bezug schon nicht mehr gegeben war. Das spricht bei aller Drastik der Formulierung dafür, daß dieses in den Jahren 1943 bis 1947 entstandene Alterswerk einen ganz besonderen Rang innerhalb der sechzig Jahre umfassenden künstlerischen Produktion Thomas Mann einnimmt. „Es ist das Beste, was ich zu geben habe und das Beste wohl, was ich je zu geben hatte; denn es ist die Synthesis meiner Fähigkeiten, meines Könnens und Wissens, das direkteste, persönlichste und leidenschaftlichste meiner Bücher, das mir stärker zugesetzt hat, tiefer an mir gezehrt hat, als jedes frühere, und das mir darum, nicht weil es das jüngste ist, teurer ist, als alle." Was er hier im Dezember 1947 an die amerikanische Freundin Agnes E. Meyer schreibt, gründet nicht in einer Laune des Augenblicks.

Was den DOKTOR FAUSTUS bei aller Komplexität und Vieldimensionalität auszeichnet, ist die Ehrlichkeit, das Moment des persönlichen Bekenntnisses, das Thomas Mann immer wieder betont hat. Damit hängt seine Wertschätzung des Romans auf das engste zusammen. Der DOKTOR FAUSTUS ist in diesem Sinne eine letzte und grandiose Zusammenfassung der künstlerischen Existenz Thomas Manns.

Man hat den Roman auf die unterschiedlichste Weise gelesen und interpretiert. Vier Lesarten dominieren: Der Roman will zum einen verstanden werden aus der Faust-Tradition heraus, die er aufnimmt, variiert und zum Grundmuster wichtiger Handlungsstränge macht. Sodann sind dem Leben des Helden Adrian Leverkühn wesentliche Stationen der Vita Nietzsches unterlegt, so daß Thomas Mann mit Grund von einem Nietzsche-Roman gesprochen hat. Die Situation der Kunst wird schließlich im Paradigma der Musik gefaßt, und so finden sich im DOKTOR FAUSTUS alle bedeutenden Stadien der europäischen Musikgeschichte wieder, von den frühen Klangformen bis hin zur Zwölftonmusik Arnold Schönbergs.

Der Titel unseres Buches – er stammt aus einem Brief an den Bruder Viktor vom Februar 1948 – weist auf die besondere zeitgeschichtlich-politische Brisanz des Werkes hin. Thomas Mann bezieht sich im DOKTOR FAUSTUS sehr deutlich und direkt auf die geschichtlichen Ereignisse in Deutschland zwischen 1900 und 1945. Speziell die Frage, wie das Volk Goethes und Schillers zum Volk Adolf Hitlers wurde, hat im Roman ihren Niederschlag gefunden und zu teilweise provozierenden Antworten geführt, die auch heute noch von Bedeutung sein mögen. Es ist dies die Lesart des Deutschlandromans.

Allen diesen Lesarten ist ein ausführlich bebilderter Beitrag gewidmet.

Hinzu kommen zwei weitere wesentliche Bereiche: die Entstehungsgeschichte des Romans, die in ihrer Verschränkung mit der Biographie und den dramatischen Ereignissen der Zeitgeschichte ein exemplarisches Zeugnis für die Arbeitsweise Thomas Manns abgibt, und die theologische Fundierung des Werkes. Das Theologische ist auf allen Ebenen des Romans präsent und stellt speziell im sprachlichen Bereich einen wesentlichen Beitrag zur Integration der verschiedenen Bedeutungsebenen dar.

Das Buch ist als Begleitpublikation zur Ausstellung „Und was werden die Deutschen sagen??" entstanden, die vom Heinrich-und-Thomas-Mann-Zentrum und dem Thomas-Mann-Archiv der ETH Zürich aus Anlaß des Erscheinens des Romans vor fünfzig Jahren konzipiert worden ist. Cornelia Bernini in Zürich sowie Nathalie Bielfeldt und Manfred Eickhölter in Lübeck haben die Hauptlast bei der Vorbereitung der Ausstellung gehabt. Dafür sei ihnen gedankt.

Lübeck und Zürich im April 1997

Hans Wißkirchen und Thomas Sprecher

Thomas Sprecher

Zur Entstehung des Doktor Faustus

Tagebücher und Briefe lassen den chronologisch-äußerlichen Entstehungsprozeß des großen Alterswerkes und »vierten Hochbaus« (DüD III, 78)[1] bis in zahllose Einzelheiten nachvollziehen. Noch bevor dies möglich war, hat Thomas Mann ihn selbst beschrieben, in der Entstehung des Doktor Faustus, einem Meisterstück der Selbstinterpretation und Selbstrechtfertigung, dessen Versuch der Rezeptionssteuerung sich klug verbindet mit der List, Autobiographie als Fiktion zu präsentieren. Wer sich hier, vor dem Roman eines Romans und tausend diskursiven, oft schon vorstilisierten Notaten, auf beschränktem Raum resümierend versucht, muß vieles weglassen, und tut dies um so leichter, als er das Schwere, Innere, Eigentliche am *Work in progress* ohnehin nicht zuerst im Positivistischen sucht und sieht.

Der Faust-Stoff ist bereits im Notizbuch 7 vorgemerkt: »*Zum Roman.* Der syphilitische Künstler nähert sich von Sehnsucht getrieben einem reinen, süßen jungen Mädchen, betreibt die Verlobung mit der Ahnungslosen und erschießt sich dicht vor der Hochzeit.« (Notb II, 107) Dem wohl von 1904[2] stammenden Drei-Zeilen-Plan folgt noch ein zweiter Eintrag: »Figur des syphilitischen Künstlers: als Dr. Faust und dem Teufel Verschriebener. Das Gift wirkt als Rausch, Stimulans, Inspiration; er darf in entzückter Begeisterung geniale, wunderbare Werke schaffen, der Teufel führt ihm die Hand. Schließlich aber *holt ihn der Teufel:* Paralyse. Die Sache mit dem reinen jungen Mädchen, mit dem er es bis zur Hochzeit treibt, geht vorher.« (Notb II, 121 f.)[3] Nicht ein luetisch infizierter Denker stand

da im Mittelpunkt, eine *Künstler*geschichte sollte es werden, einmal mehr *fin de siècle, décadence.* Aber für diesen Plan war die Zeit noch nicht gekommen.

Man darf es als gewiß annehmen, daß sich Thomas Mann in den folgenden Jahren und Jahrzehnten das eine und andere Mal an ihn erinnert hat. Krankheit als Stimulans und Inspiration – diese Nietzschesche Idee findet zur Gestaltung schon im Zauberberg. Als Hans Castorp dem Leser im Kugelhagel aus den Augen gerät, hat er Schuberts Lied vom Lindenbaum auf den Lippen; der Lindenbaum aber wird zum Ausgangspunkt der musikalischen Laufbahn Leverkühns (VI, 41).

Unter welch veränderten Umständen kam Thomas Mann dem frühen Plan wieder nahe! Über Nacht zum Emigranten geworden, saß er auf einmal in Lugano, unschlüssig über das weitere Verbleiben. »Es ist sehr hübsch«, notierte er am 3. April 1933 im Tagebuch, »sich nach dem Frühstück rauchend, bei offener Balkontür, zu der leichten Tätigkeit des Tagebuch- oder Briefschreibens zu setzen; aber es wäre Zeit, daß ich mich aus der Bummelei [des] Umsturzes und der Aufregung zur Arbeit am [dritten Band des] Joseph zurückfände. Fruchtlos übrigens ist doch wohl das schwere Ferien-Erleben nicht. Ich bringe es oft in Beziehung zu der Faust-Novelle [...].« Einiges stand zu diesem Zeitpunkt bereits fest: Der »Faust« sollte als Novelle dem Joseph folgen,[4] und er sollte »etwas sehr Originelles« werden. Schließlich: Von Anfang des Exils an tendierte Thomas Mann dahin, diese seine Exil- und Vorexilerfahrungen, das heißt: das deutsche

Ausschnitt aus dem Notizbuch 7 von Thomas Mann, der sogenannte Drei-Zeilen-Plan
zum DOKTOR FAUSTUS von 1904: »Zum Roman«

Ausschnitt aus dem handschriftlichen Entwurf einer Zeittafel zum DOKTOR FAUSTUS

Thomas Mann im französischen Exil in Sanary-sur-Mer, 1933.

Schicksal der »Faust«-Geschichte einzu-schreiben. Insofern beginnt die Arbeit am FAUSTUS schon jetzt, spätestens jetzt, mit dem »Leiden an Deutschland«. Wurde das Exil, wie alle Wirklichkeit, als romanhaft empfunden, so mußte der Roman, der diese Wirklichkeit in sich aufnahm, zum Exilroman *par excellence* werden. Noch war unsicher, ob die »Faust-Novelle«, »freies Symbol für die Verfassung und das Schicksal Europa's«, nicht sogar »glücklicher«, »richtiger u. angemessener« war als »ein redend-rich-tendes Bekenntnis« (Tb, 11.2.1934). In der Praxis tat der Romancier das eine und ließ der politische Schriftsteller das andere nicht.

Regelmäßig begegnen in den fol-genden Jahren Notate zu dem »unge-heuer [...] interessierenden« Gegenstand (Tb, 11.3.1934). Die Sinnlichkeit sollte darin thematisch werden (Tb, 12. und 27.2.1934), Medizinisches eine Rolle spielen (Tb, 16.9.1934; Tb, 26.2.1935); Nietzsche und Wagner waren von vorn-herein einschlägig (Tb, 11.3.1934). Bereits erfolgte werkbezogene Lektüre: Novalis und Lawrence, über Hugo Wolf und Swe-denborg.[5] 1937 ließ sich Thomas Mann von Schumann an die Faust-Novelle »mahnen« (Tb, 9.12.1937).

Schon 1933 galt sie als »mein ›letztes‹ Werk« (Tb, 28.12.1933, vgl. Tb, 10.3.1940, 23.2.1941); in der ENTSTEHUNG heißt es dann sogar, Thomas Mann habe es »von jeher an das Ende gestellt« (XI, 157). »Es wird mein ›Parsifal‹. So war es schon 1910 gedacht« (DüD III, 8). Die Vorstel-lung, daß dieses Werk sein »Schlußstein« sein werde, scheint, vor und unter allem Politischen und allem Stofflichen, die anhaltende Erregung des Autors während der Arbeit wesentlich mitbe-stimmt zu haben.

Der Held sollte Musiker sein, auch das stand seit langem fest. Nur kurz hat Thomas Mann mit dem Gedanken gespielt, ihn als Bildhauer auftreten zu lassen (vgl. Tb, 27.12.1935); michelangeleske Züge bekam dann aber schon Moses, der Inbegriff erotischer Künstlerleidenschaft, in der Erzählung DAS GESETZ. 1945 rechnete es Thomas Mann der Faust-Sage und Goethes FAUST als »großen Fehler« vor, »daß sie Faust nicht mit der *Musik* in Verbindung bringen. [...] Soll Faust der Repräsentant der deutschen Seele sein, so müßte er musikalisch sein« (XI, 1131 f.).

Im Frühjahr 1941 beschäftigt sich Thomas Mann erneut mit Goethes Faust (Tb, 4.5. und 22.5., 29.6.1941) und auch im folgenden Jahr mit einschlägiger Lektüre: mit Igor Strawinskys 1937 erschienenen ERINNERUNGEN, mit Schumann und viel mit Nietzsche. Was ihm auffalle und ihn geheimnisvoll anmute, merkte er in der ENTSTEHUNG an, sei die Lektüre, mit der er sich im Herbst 1942 abgab. Sie habe »entgegen meiner sonst gepflogenen Lese-Hygiene, in gar keinem Zusammenhang mit meiner aktuellen Beschäftigung, noch mit der nächstvorgesehenen« gestanden (XI, 151). Auch erfahren schon jetzt Dritte von dem Plan (DüD III, 7): »[M]eine Gedanken gehen [...] manchmal über den nur noch aufzuarbeitenden Joseph hinaus zu einer Künstler-Novelle, die vielleicht mein gewagtestes und unheimlichstes Werk werden wird.«

Am 4. Januar 1943 schloß Thomas Mann den JOSEPH ab, am 13. März dann DAS GESETZ. Tags darauf räumte er »alles Joseph-Material, Bilder, Exzerpte u. Notizen, verpackt bei Seite« (Tb, 14.3.1943). »[I]ch war bürdelos«, heißt es in der ENTSTEHUNG, »ein fragwürdig-leichter Zustand für einen, der seit frühen Tagen [...] unter einer weithin zu tragenden Bürde gelebt hat und ohne solche kaum recht zu leben weiß« (XI, 153). Noch am

selben 14. März dachte er »an den alten Novellenplan ›Dr. Faust‹« und hielt »Umschau nach Lektüre«. An Bekannte ging die Bitte, ihm Bücher zu verschaffen: eine Ausgabe des Volksbuches vom Dr. Faust, das 1587 in Frankfurt am Main erstmals erschienen war, die Briefe Hugo Wolfs. »Die Kombination weist auf eine gewisse, seit langem bestehende Umrissenheit der auch wieder sehr nebelhaften Idee, die ich verfolgte: Augenscheinlich handelte es sich um die diabolische und verderbliche *Enthemmung* eines noch jeder Bestimmung entbehrenden, aber offenbar schwierigen Künstlertums durch Intoxikation.« (XI, 155)

Die »Durchsicht alter Papiere« brachte ihn »mit der ersten Zeit der Emigration, ihren Krämpfen, Schrecken, Verständigungs-, Schreibversuchen wieder in Berührung«.[6] Der kalte Wind des Exils, spürbar schon bei der ersten näheren Beschäftigung mit dem Stoff. Am 17. März holt Thomas Mann auch die alten Notizbücher hervor, erregt »mit dem Wiederaufsuchen, Wiederauffinden geht eine Gemütsbewegung, um nicht zu sagen: Aufgewühltheit einher, die mir sehr deutlich macht, wie um den dürftigen und vagen thematischen Kern von Anfang an eine Aura von Lebensgefühl, eine Lufthülle biographischer Stimmung lag, die die Novelle, meiner Einsicht recht weit voran, zum Roman vorherbestimmte« (XI, 156). Über die autobiographische Essenz dieses Werkes, das »den Stoff eines ganzen Lebens« in sich aufnehme (XI, 147), hat Thomas Mann auch später nie einen Zweifel gelassen.

Noch ist der Plan fern davon, Gestalt anzunehmen. Psychische Hemmungen machen sich bemerkbar. »Obgleich das Pathologische ins Märchenhafte zu heben, ans Sagenmäßige anzuschließen wäre, geht eine Art von Bangigkeit davon aus, die sonstigen Schwierigkeiten scheinen fast unüberwindlich, und die Vermutung mischt sich ein, daß ich deshalb vor dem Unternehmen zurückschrecke, weil ich es immer als mein letztes betrachtet habe.« (Tb, 21.3.1943) Wenn dies denn der FAUSTUS werden sollte, dann schrieb der Autor sozusagen am eigenen Todesurteil, weswegen vielleicht die Überlegung sich Raum verschaffte, vor dem FAUSTUS sei noch ein anderes Werk einzuschieben. Der vor über drei Jahrzehnten unterbrochene KRULL? Dies hätte den »Vorteil, auf einer alten Grundlage weiterzubauen«. Das Hochstapler-Fragment wurde hervorgeholt, hatte aber bald wieder in den Hintergrund zu treten. Bei all seiner »inneren (Einsamkeits-) Verwandtschaft« mit dem Faust-Stoff schien dieser Thomas Mann doch, »wenn verwirklichungsfähig, der mir heute angemessenere« (Tb, 10.4.1943).

»Faust« also, endgültig. Jetzt beginnt recht eigentlich die Phase des Sammelns und Notierens von Motiven, der »concipierenden Träumerei« (DüD III, 8). Fast alles wird mit dem Plan in Verbindung gebracht. »Die Vermerke der nächsten Wochen geben von nichts anderem mehr Kunde als von dem Sicheingraben in den neuen Arbeitsgrund, dem Erinnern und Herbeibringen von Material, Zubehör, um dem vorschwebenden Schatten einen Körper zu schaffen.« (XI, 160) Tag für Tag Notizen und Exzerpte aus allen möglichen Büchern: dem Faust-Volksbuch, Hugo Wolfs Briefen, aus Paul Bekkers MUSIKGESCHICHTE ALS GESCHICHTE DER MUSIKALISCHEN FORMWANDLUNGEN, Paul Julius Möbius' NIETZSCHE, aus dem Briefwechsel Erwin Rohdes mit Nietzsche und Richard Batkas Schumann-Biographie. Sollte es nun ein Nietzsche-Roman oder eine Musikerbiographie werden? Vielleicht ließ sich beides vereinen. Aber noch war fast alles, war »der Geist des Vortrags [...] fraglich. Selbst Zeit und Ort.« (Tb, 2.4.1943)

Thomas Mann: Notizblatt Themenübersicht

Schwer ließ sich der Plan konkretisieren. Am 11. April 1943 notierte Thomas Mann, trotz eines »Gefühls größerer Sicherheit in der Stoff-Sphäre«: »Was noch fast völlig fehlt, ist die menschenfigürliche Ausgestaltung des Buches, die Füllung mit prägnanten Umgebungsfiguren. [...] Beim Krull hätte die Welt phantasmagorisch sein dürfen. Sie darf es bis zu einem gewissen Grade auch hier sein, doch bedarf es mehrfacher Voll-Realität, und da fehlt es an Anschauungsstütze. Amerika ist Menschenfremde, die wenig haftende Eindrücke liefert. Irgendwie muß aus der Vergangenheit, aus Erinnerung, Bildern, Intuition schöpfen. Aber die Entourage ist erst zu erfinden und festzustellen.«

Seit BUDDENBROOKS legte Thomas Mann für alle Haupt- und auch für viele Nebenpersonen biographische Übersichten an, mit Namen, Lebensdaten, Angaben zur Laufbahn, sonstigen Charakteristika. Alle diese Angaben waren sorgfältig ausgerechnet und wurden auf den vorgesehenen Handlungs-

95

Thomas Mann: Notizblatt Personen, u.a. mit »Zeitblom« und »Leverkühn«

ablauf abgestimmt. So auch hier. Da und dort wich nun doch der Nebel ein Stück weit zurück, ergab sich eine vorläufige »Figuren-Revue« (Tb, 30.4.1943), begann der Autor, mit seinen Figuren familiär zu werden. Über die thematische Komplexität, die Vieldimensionalität des Vorhabens war er sich im klaren. Alle Vorarbeiten zeigen das Bestreben, die verschiedenen Komplexe zu verbinden: Mittelalter – Moderne – Musik – Zauberei – Teufelspakt – Paralyse – Künstlertum – Deutschland.

Noch während der Konzeptionsphase begann Thomas Mann Mitteilung an Dritte zu machen. Am 27. April 1943 etwa an Klaus Mann: »Ich [...] verfolge einen sehr alten Plan, der aber unterdessen gewachsen ist: eine Künstler- (Musiker-) und moderne Teufelsverschreibungsgeschichte aus der Schicksalsgegend Maupassant, Nietzsche, Hugo Wolf etc., kurzum das Thema der schlimmen Inspiration und Genialisierung, die mit dem Vom Teufel geholt Werden, d.h. mit der Paralyse endet. Es ist aber die Idee des Rausches überhaupt und der Anti-Vernunft damit verquickt, dadurch auch das Politische, Faschistische, und damit das traurige Schicksal Deutschlands. Das Ganze ist sehr altdeutsch-lutherisch getönt (der Held war ursprünglich Theologe), spielt aber in dem Deutschland von gestern und heute.« (DüD IV, 7f.)

Obwohl er seinem Werk »Geheimcharakter« zusprach, hielt Thomas Mann fortan eine erhebliche Korrespondentenschar über dessen Fortgang auf dem laufenden. Einer der Gründe dafür war zweifellos, daß er bei dieser Arbeit in ganz besonderem Maß Zuspruch nötig hatte. In der ENTSTEHUNG hat Thomas Mann die Wirkung der positiven Aufnahme anhand des befreundeten Alfred Neumann erwähnt, dem er den Plan am 7. Mai 1943 entwickelte (XI, 163): »Ich vergesse das nie. Die aufhorchende und exklamatorische Anteilnahme des getreuen [...] Mannes bestätigten mir alle Lust- und Leidensverheißungen, die von der in rasch fließender Rede ihm vorgetragenen Werk-Idee ausgingen.«

Viel sachliche Aufmerksamkeit galt der Musik, beim Radiohören und Plattenspiel am Abend, in Haus- und auswärtigen Konzerten, aber auch im damals besonders häufigen Kontakt mit Musikern. »Was an Geselligkeit damals das Gleichmaß meines Lebens unterbrach, war, wie von ungefähr, musikalisch bestimmt.« (XI, 178) Nicht nur der Komponist Arnold Schönberg wurde »viel über Musik und Komponisten-Dasein aus[geholt]« (Tb, 8.5.1943), sondern jeder dafür geeignete Besucher und Besuchte.

Am 23. Mai, einem Sonntagmorgen, fing Thomas Mann an mit den einleitenden Feststellungen des vorgeschobenen Erzählers Serenus Zeitblom. Am selben Tag machte sich auch Zeitblom selbst an die Arbeit. »Daß Studienrat Zeitblom an dem Tage zu schreiben beginnt, an dem ich selbst, in der Tat, die ersten Zeilen zu Papier brachte«, heißt es in der ENTSTEHUNG, »ist kennzeichnend für das ganze Buch: für das eigentümlich WIRKLICHE, das ihm anhaftet« (XI, 165). Zur Verfügung stand ein starkes Konvolut von Notizen, Exzerpten, Namenslisten, Zeittafeln, Chronologie-Berechnungen, biographischen Zetteln. Bei der detaillierten Vorbereitung der einzelnen Kapitel kamen weitere Unterlagen hinzu. Diese Zeugnisse des »Aneignungsgeschäftes« (Tb, 16.5.1943), wie auch das Manuskript des DOKTOR FAUSTUS, sind im Thomas-Mann-Archiv der ETH Zürich erhalten.

Ein eigentlicher schriftlicher Entwurf freilich war nicht vorhanden. Dennoch muß das Buch, wie Thomas Mann in der

ENTSTEHUNG schrieb, »nach seinem Hergang, seinen Ereignissen offen und übersichtlich vor mir gelegen haben; ich muß darin Bescheid gewußt haben so weit, daß es mir möglich war, sofort mit seinem Motiv-Komplex in toto zu arbeiten, den Anfängen gleich die Tiefenperspektive des Ganzen zu geben [...].« (XI, 168) Das war letztlich noch bei jedem Roman so gewesen. Auch diese »Novelle« wuchs sich aus zu einem gewaltigen und außergewöhnlich kühnen Erzählwerk. Von Anfang an verschränken sich nicht nur die Komplexe, sondern auch die Zeitebenen: die Reformations-, Faust- und Lutherzeit, Adrians Lebenszeit und die Kriegsgegenwart Zeitbloms, die auch die Kriegsgegenwart Thomas Manns ist. Leverkühn wird mit Faust und Nietzsche in Übereinstimmung gebracht: Fausts 24jähriger Pakt mit dem Teufel entspricht der Zeitspanne von Nietzsches Ansteckung im Freudenhaus bis zum paralytischen Zusammenbruch, was wiederum auf Leverkühn übertragen wird.

Der Name des Protagonisten stand früh schon fest. Er war eine Jugenderinnerung Thomas Manns: So hieß der Amtsrichter in Lübeck. August Auctor Leverkühn, seit 1890 im Amt, wurde nach dem Tod des Senators Mann von Amtes wegen der Vormund Thomas Manns. Nicht seine Person zog das Interesse auf sich, sondern »eben nur der Name, der ja einen gewissen symbolischen Anklang (die Verbindung von Leben und kühn) besitzt und mir rein gefühlsmäßig für die Figur passend schien« (DüD III, 193). Leverkühns Vorname sollte nicht jenem des Vormunds entsprechen, aber offensichtlich auch mit A beginnen: »Anselm, Andreas oder ADRIAN« (Tb, 17.5.1943).

Zeitbloms Name ist wohl Waetzoldts Buch DÜRER UND SEINE ZEIT (Wien, 1936) entnommen. Dem zwischenge-

schalteten Erzähler verdankt der Roman unabsehbar viel. Eine Hauptbegründung war die Durchheiterung, die mit ihm zu erreichen war[7]: »Das Trachten nach dem Komischen sehr stark in mir und seit dem T.[od] i.[n] V.[enedig] gewachsen. Durchheiterung als notwendig empfunden, darum das Medium Zeitblom.« Bruno Walter regte an, auch der geliebte kleine Enkel Frido solle im Roman eine aufheiternde Rolle spielen[8]: »Ein wundervolles ›Intermezzo‹ oder ›Allegretto moderato‹ in der Dämonie Ihres Musiker-Romans könnte der großväterliche ›Gesang ans Kindchen‹ werden, der Ihre Frido-Freuden poetisch verewigt.« Thomas Mann legte Walters Brief zu seinem Material. Schon bald aber stand fest, daß von Frido Züge für eine ganz andere Figur mit durchaus unheiterem Schicksal übernommen würden.

Die Anfangkapitel gingen Thomas Mann verhältnismäßig schnell von der Hand; das III. wurde am 24. Juni abgeschlossen. Vier Tage später hörte man in privatem Rahmen die erste Vorlesung aus dem Roman. Thomas Mann war danach »tief bewegt«, und auch »die anderen zeigten sich zugänglich dem Aufregenden, das von allem ausgeht« (Tb, 28.6.1943). Diesem Muster folgen fast alle späteren Vorlesungen. Den Autor erregt der eigene Text – weil er eben ein zutiefst *eigener* Text ist –, und er nimmt die enthusiastisch-bestätigende Zustimmung einer ausgewählten Zuhörerschaft mit immer neuer Dankbarkeit zur Kenntnis.

Das IV. Kapitel, wie schon das I., wurde durch die Arbeit an einer Rundfunkbotschaft nach Deutschland unterbrochen. Lakonisch vermerkt das Tagebuch (27.6.1943): »mir nahegehend, nicht zuletzt weil einer der exekutierten Münchener Studenten Adrian hieß.« Die Arbeit am DOKTOR FAUSTUS war »einge-

Thomas Mann und sein Enkel Frido im Garten des Hauses Pacific Palisades in Kalifornien, September 1948

bettet [...] in den Drang und Tumult der äußeren Ereignisse« (XI, 148). Wenn die rechte Hand der Poesie gehörte, so warf die linke »unermüdlich Steine in Hitlers Fenster. Aber die eine weiß, was die andere tut.« (DüD III, 14) Immer wieder Unterbrechungen; oft hatte dies Werk hinter die Forderungen des Tages zurückzutreten, hinter die »unvermeidlichen Arbeitsdiversionen« (XI, 214) politischer und persönlicher Art. Auch wenn Thomas Mann »um jeden Tag« trauerte, »den ich an zeitliche Dinge, Broadcasts, Introductions, Messages und anderen Unfug wenden muß« (DüD III, 13), so verlangte sein Pflichtgefühl doch, diese Zeit und Kraft regelmäßig hinzugeben.

Allmählich rückten die musikalischen Probleme näher. Michael, der jüngste Sohn und Musiker, konnte mit einigen Auskünften und Fachbüchern aushelfen. Aber Thomas Mann bedurfte weiterer Hilfe. »Der Helfer, Ratgeber, teilneh-

mende Instruktor wurde gefunden, nach seiner ausnehmenden Beschlagenheit im Fachlichen und seinem geistigen Rang genau der richtige.« (XI, 171) Es war der am 6. Juli 1943 erstmals erwähnte Dr. Theodor Adorno, 28 Jahre jünger als Thomas Mann, Philosoph und Musiker. Bald wurde er unentbehrlich.

»Ich bin im VII. Kapitel«, berichtet Thomas Mann seiner Gönnerin Agnes E. Meyer am 21. Juli, »aber das klingt avancierter, als es ist, denn es werden *viele*« (DüD III, 13). Die Zahl der Kapitel war also keineswegs von vornherein beschlossen; hier sind verschiedene Interpreten in Spekulationen abgestürzt. Das VII. Kapitel erzählt von des Onkels Musikinstrumentensammlung und Adrians ersten Versuchen auf dem Harmonium. Es war nicht einfach, aber, so erfuhr die »Fürstin« weiter: »Die Schwierigkeiten beginnen erst. Ihre größte wird die fiktiv-überzeugende Placierung eines Musikers

Theodor W. Adorno (1903-1969)
in Los Angeles, späte 40er Jahre

(Komponisten) von Bedeutung innerhalb der zeitgenössischen Musikgeschichte sein, deren Rollen und Plätze ja besetzt sind: da ist Schönberg, da Bartok, da Alban Berg, da Strawinsky, da Krenek etc. Man muß eine besonders profilierte Künstlerpersönlichkeit nebst ihren Werken erfinden, eine lächerlich schwierige Suggestionsleistung – und nur eine unter anderen. Ich habe viel zu lesen, zu lauschen, auszukundschaften«.

»Musikalisch weidlich ausgehorcht« (Tb, 27./28.8.1943) wurden Strawinsky und, mehr noch, Schönberg. Besonders aber galt das Lesen und Auskundschaften Theodor Adorno. Seine damals noch unveröffentlichte Studie ZUR PHILOSOPHIE DER NEUEN MUSIK beschäftigte Thomas Mann tagelang. Sie gewährte ihm »Augenblicke der Vermutung, wie Adrian zu stellen sei. Aber die Schwierigkeiten müssen sich erst ganz auswachsen, bevor sie überwunden werden können. Die verzweifelte Lage der Kunst ein stim-

miges Moment. Hauptgedanke der erkauften Inspiration, die im Rausch darüber hinwegträgt, nicht aus dem Gesicht zu verlieren.« (Tb, 26.7.1943) Auch in der ENTSTEHUNG ist die Bedeutung von Adornos Schrift hervorgehoben: »Hier war in der Tat etwas ›Wichtiges‹. Ich fand eine artistisch-soziologische Situationskritik von größter Fortgeschrittenheit, Feinheit und Tiefe, welche die eigentümlichste Affinität zur Idee meines Werkes, zu der ›Komposition‹, hatte, in der ich lebte [...].« (XI, 172) Gleichzeitig machte sie ihm »die ganze Schwierigkeit meines Vorsatzes« bewußt (Tb, 25.7.1943). Am 2. August glaubte Thomas Mann, das VII. Kapitel abgeschlossen zu haben. Mehr als einmal aber kam er darauf zurück und gestaltete es um.

So intensiv hatte Thomas Mann an dem Roman gearbeitet, daß er jetzt, da er im VIII. Kapitel stand und 70 Manuskriptseiten vorlagen, »einen bösen Müdigkeitsrückschlag« (DüD III, 14) erfuhr. Der »erste stürmische Anlauf« hatte sich »erschöpft« (Tb, 7.8.1943), Unterbrechung schien notwendig. Aber die Unterbrechung, während der die Princeton-Vorlesung THE WAR AND THE FUTURE fertiggestellt werden mußte, war keine wirkliche und konnte das nicht sein. Unausweichlich ging die innere Beschäftigung mit dem Roman weiter.

War das VII. Kapitel »absichtlich überlang« (Tb, 28.7.1943) gehalten, so wurde das VIII. erst recht »überbordend« (XI, 180). Es berichtet über die Musikvorträge Wendell Kretschmars in Kaisers-aschern. Hauptmodell ist der deutsch-amerikanische Komponist Hermann Hans Wetzler. Der Name kam vom Musikforscher und -pädagogen Hermann Kretschmar, der zwar nicht, wie Wetzler, stotterte, sich aber doch zuweilen nur schwer verständlich machen konnte.

Am 27. September kam Adorno zum Abendessen. Man sprach über »Einzelheiten der Musik-Philosophie« (Tb). Danach las Thomas Mann das VIII. Kapitel vor. Adorno bewährte sich mit seinen Einwänden wiederum als Helfer und wurde nun erst recht einbezogen. Das an sich schon abgeschlossene Kapitel wurde während mehrerer Tage umgearbeitet. Adorno wußte zahlreiche musikalische Details beizusteuern. »Ich scheue in diesem Fall vor keiner Montage zurück, habe das übrigens nie getan. Was in mein Buch gehört, muß hinein und wird von ihm auch resorbiert werden«, schrieb ihm Thomas Mann am 5. Oktober und fügte an: »Ich brauche musikalische Intimität und charakteristisches Détail und kann sie nur durch einen so erstaunlichen Kenner wie Sie gewinnen.« (DüD III, 15) Adorno antwortete sogleich, und Thomas Mann arbeitete seinen Text weiter um. Als versteckte Dankbarkeitsbezeugung fügte er in die »poetischen Wortunterlegungen« des Arietta-Themas den Namen »Wiesengrund« ein, Adornos Vaternamen.

Nun folgte eine längere Unterbrechung. »Eine der einschneidendsten Zäsuren [...] brachte eine stationenreiche Reise nach dem Osten und nach Canada, [...] die, am 9. Oktober angetreten, für volle zwei Monate meine Arbeit stillegte.« (XI, 182) Ganz stillgelegt wurde sie allerdings auch während der Vortragsreise nicht – »[i]n all der Zeit, an all den Orten hatte ich den Roman, ich darf wohl sagen, nicht einen Augenblick aus meinen Gedanken gelassen« (XI, 185 f.), schrieb Thomas Mann hinterher. Selbst physisch hielt er das Werk in dauernder Nähe: »Ich trennte mich nicht von dem schmalen Manuskript, es begleitete mich in einer [...] nie einem ›Porter‹ überlassenen Mappe.« (XI, 182) Auch die Lesearbeit nahm ihren Fortgang: Adorno, Marlowes DR. FAUSTUS, Karl Heinrich Steins

Selbstbildnis Tilman Riemenschneiders, Beweinungsaltar der Parrkirche Maidbronn

TILMAN RIEMENSCHNEIDER IM DEUTSCHEN BAUERNKRIEG. Auf der Heimfahrt sah ein Tagebuchnotat nicht ohne Bangnis in die Zukunft: »Möge dann in diesem Winter der Roman sich klären und recht gestalten! Das Vortragskapitel ist gleich von Fehlern zu befreien. Ein schweres Kunstwerk bringt, wie etwa Schlacht, Seesturm, Gefahr, Gott am nächsten, indem es den frommen Aufblick nach Segen, Hilfe, Gnade, eine religiöse Seelenstimmung erzeugt.« (Tb, 6.12.1943) Das vertrackte Vortragskapitel ließ keine Ruhe. »Ich hatte die Umgestaltungen am VIII. Kapitel wieder begonnen, gab ihm eine neue Schlußfassung, war eines Tages der Meinung, es endgültig in Ordnung gebracht zu haben, schrieb weiter an dem schon begonnenen IX. und kehrte dann doch zu abermaligen Verbesserungen zum vorigen zurück. Mein ästhetisches Gewissen gelangte mit diesem fatalen Stück nie wirklich zum Frieden. Noch viel später schrieb ich das Schlußgespräch wieder um.« (XI, 189)

Nachdem die Arbeit an den ersten Kapiteln im »Neuigkeitsrausch« (DüD III, 18) vonstatten gegangen war, ließ sich jetzt alles schwieriger an. Zweifel, Lustlosigkeit und »leichte Arbeitserwärmung« (Tb, 19.12.1943) lösten einander ab. Die Arbeit an Kapitel IX wurde erst Mitte Januar 1944 beendet; fast täglich hatte Thomas Mann dabei in Schönbergs Harmonielehre gelesen. Ständig galten die Sorgen des Autors »dem Problem, wie man die musikalischen Exaktheiten, die sich aufdrängen, *readable* macht« (DüD III, 18).

Neben der laufenden Arbeit ging meist die Arbeit an der ferneren Konzeption einher. Während Thomas Mann am X. Kapitel schrieb, in dem Leverkühn seinen Entschluß bekannt gibt, Theologie zu studieren, bedachte er in Gesprächen mit Adorno weiter die musikalische Problematik des Buches. Wohin sollte der

»Durchbruch« gehen? Noch wußte es niemand.

Die nächsten vier Kapitel, XI-XIV, Adrians dem Volksbuch folgende Hallenser Studienzeit, sind ein in sich geschlossener Komplex. Es geht nicht um musiktheoretische, sondern um theologische und weltanschauliche Fragen. Sie gestatten dem Erzähler ein schnelleres Vorankommen. Von den auf einem Notizblatt erwogenen Universitätsstädten fällt die Wahl auf Halle. Ein Auszug über Halle aus der ENCYCLOPEDIA BRITANNICA wird fast wörtlich in den Roman »montiert«. Kumpf und Schleppfuß übernehmen Wörter aus Luthers Schriften und aus Grimmelshausens SIMPLICISSIMUS. Daß sich die aus dem HEXENHAMMER entnommene »Hexennovelle« von Bärbel und Heinz Klöpfgeißel wie von selbst einfügte, wurde vom Autor mit einem gewissen Argwohn betrachtet. Das

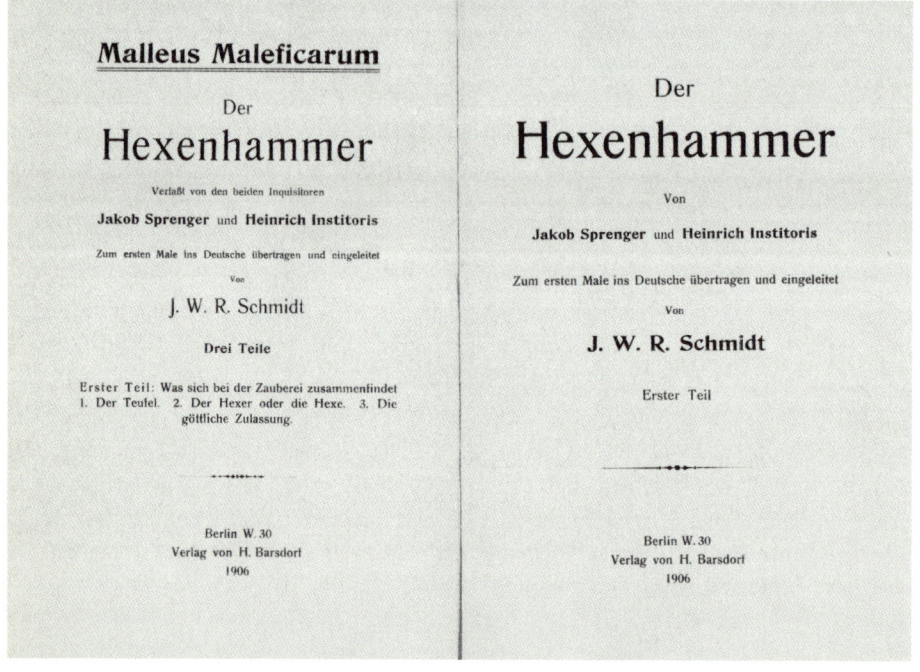

Malleus Maleficarum, nlat.; Der Hexenhammer.
Zusammenfassendes Werk über das Hexenwesen von 1487, hier Titelei der ersten deutschen Übersetzung von J.W. R. Schmidt; im Besitz von Thomas Mann

Hermann Hesse in Marin∕Neuchâtel, 1947

Werk schien ihm »zu zerfließen«, und er zieh sich der »[f]ehlerhaften Neigung, es Z[auber]b[er]g-artige Formen u. Dimensionen annehmen zu lassen« (Tb, 19.2.1944).

Am 9. März traf Hermann Hesses GLASPERLENSPIEL ein. Thomas Mann betrachtete »gewissermaßen erschrocken« die Parallelen. »Dieselbe Idee der fingierten Biographie.« Und er fügte an: »Die Erinnerung, daß man nicht allein auf der Welt, immer unangenehm.« (Tb, 9.3.1944) »Es ist«, heißt es dann in der ENTSTEHUNG, »eine andere Fassung der Frage in Goethe's Divan: ›Lebt man denn, wenn andre leben?‹« (XI, 193) Auch die Herausgeber- und Namenskomik erkannte er bei Hesse wieder.

Das XIV. Kapitel zeichnet eine signifikant deutsche Phase der Kulturentwicklung nach; die Studentendiskussionen sind deshalb mit den Gesprächen bei Kridwiß in Kapitel XXXIV verklammert. Für die Arbeit daran benutzte Thomas Mann »ein unter alten Papieren mitgeführtes Dokument, eine deutsche Jugend-Zeitschrift aus der Wandervogel-Sphäre« (XI, 193). Es handelt sich um ein gedrucktes Rundschreiben von 1931, herausgegeben von der »Freideutschen Kameradschaft«.

Begegneten in den vergangenen Wochen immer wieder Notate, die vom körperlichen Niedergang und vom Tod sprechen (Tb, 15.3.1944: »In letzter Zeit oft überzeugendes Gefühl der Kräfteabnahme und einer nicht mehr langen Frist«), so belebten die Studentengespräche den Autor offensichtlich, sein Werk bekam »nach einer Zeit der Flaute einen neuen Auftrieb« (DüD III, 20). Am 19. April wurde Kapitel XV begonnen, worin Adrians Entschluß zum Musikstudium mitgeteilt wird. Es ging, wie auch die folgenden, verhältnismäßig flüssig von der Hand. »Die Arbeit am Roman

hatte jetzt«, steht in der ENTSTEHUNG, »etwas von dem Impetus des ersten Anlaufs zurückgewonnen. [...] Ich hatte mich dem hemmenden Motiv-Geschling der expositionellen Teile des Buches entwunden und sah offene Handlung vor mir« (XI, 197 f.). Adrians Geschichte stand im Jahre 1918, als die Alliierten zur Invasion Frankreichs ansetzten. Man schrieb den 6. Juni 1944, das war zugleich der 69. Geburtstag Thomas Manns, der dieser Koinzidenz einige Bedeutung beimaß.

Nun holt sich Leverkühn die Krankheit; das Verhängnis kann seinen Lauf nehmen. Adrians Brief aus Leipzig, der von dem Bordell-Abenteuer berichten sollte (Kapitel XVI), war »eine tour de force und einer der Sorgenpunkte des Buches« (XI, 199). Wiederholt kehrte Thomas Mann ändernd zu ihm zurück.

Hans Reisiger (1884-1969), Herausgeber und Übersetzer von Walt Whitmans Werk (1922); gehörte zeitlebens zu Thomas Manns nächsten Freunden; Modell für Rüdiger Schildknapp im DOKTOR FAUSTUS

Kapitel XX führt den Dichter und Übersetzer Rüdiger Schildknapp ein. Portraitiert wurde der Freund Hans Reisiger. Der Autor hat es sich in der ENTSTEHUNG und an anderen Orten vieles kosten lassen, dieses und auch die zahlreichen weiteren Portraits aus dem Bekanntenkreis zu rechtfertigen. *Kein* physisches Vorbild besaß, vom Namen abgesehen, Adrian Leverkühn. Nach einer Vorlesung darauf angesprochen, nannte ihn Thomas Mann »eine Idealgestalt, einen ›Helden unserer Zeit‹«. Für sich fügte er im Tagebuch hinzu: »Er ist eigentlich *mein* Ideal, und noch nie habe ich eine Imagination so geliebt, weder Goethe, noch Castorp, noch Thomas Buddenbrook, noch Joseph oder Aschenbach. Eine bewunderungsvolle und ergriffene Zärtlichkeit erfüllt mich für ihn.« (Tb, 22.7.1944) Weil Leverkühn »eine rein geistige Gestalt« bleiben sollte (Tb, 19.8.1944), durfte seine äußere Erscheinung (bis auf die Augen) nicht beschrieben werden, und das galt dann auch für sein *alter ego* Zeitblom – um so schärfer konnten die übrigen Figuren konturiert werden.

Schon seit Juni 1943 hatte Thomas Mann am genauen Titel herumgerätselt.

Die Treppengasse in Palästrina, wo die Brüder Heinrich und Thomas Mann in der Casa Bernadini wohnten

Jetzt erst, am 12. September 1944, stand er fest: »Doktor Faustus. Das Leben des deutschen Tonsetzers Adrian Leverkühn. Erzählt von einem Freunde.« So am folgenden Tag mitgeteilt an Agnes E. Meyer: »Es mußte nämlich, des Klanges wegen, das Wort ›Leben‹ von dem Namen ›Leverkühn‹ möglichst weit getrennt werden. Darum zu der Charakterisierung ›Tonsetzer‹ auch noch die Bezeichnung ›deutsch‹. Ich war aber im Grunde immer darauf aus, dies Wort in den Titel aufzunehmen, weil das Deutsche zur Grund-Conception des Buches gehört und seinen tiefsten Gegenstand bildet.« (DüD III, 29)

Im Oktober folgte eine gesellschaftliche Nebenhandlung aus dem München von 1910, in welcher Thomas Mann sein Leiden am Suizid seiner Schwestern gestalten konnte. Ende November, nach einer Phase (besonders) argen Zweifels und Energiemangels, gelangte er dazu, Leverkühn nach Palestrina zu versetzen. Schon im Sommer hatte er dies dem Bruder mitgeteilt: »Ein starkes Stück, da dieses Plätzchen ja in der ›Kleinen Stadt‹ endgültig geschildert ist!« (DüD III, 25) Das war nun allerdings eher Ansporn zum Versuch, das Plätzchen noch etwas endgültiger als in Heinrich Manns Roman zu schildern, so wie auch Iwan Karamasow nicht von der Gestaltung eines eigenen Teufelsgesprächs abhalten konnte. In Palestrina hatte Thomas Mann seinerzeit BUDDENBROOKS begonnen, sich also ganz der Kunst verschrieben. Das war der Hauptgrund, auch Leverkühn nach Palestrina in den steinernen Saal zu führen. Dem Teufel gab Thomas Mann hier Züge Adornos, wodurch dieser nicht nur zum »Wirklichen Geheimen Rat«, sondern sozusagen auch zur Romanfigur avancierte.

Das Teufelsgespräch ist zentral. Der Preis, den Leverkühn für seine hohe Zeit zu zahlen hat, ist Kälte, ist das Eheverbot. Er darf nicht lieben. Der Dialog Leverkühns mit dem Teufel wurde am 20. Februar 1945 abgeschlossen. Die Seiten über die Hölle schienen Thomas Mann das Stärkste und Eindringlichste in dem 52 Manuskriptseiten langen Kapitel; er hielt dafür, daß sie nicht denkbar seien »ohne die innere Erfahrung des Gestapokellers« (XI, 217).

Nachdem nun ziemlich genau die Hälfte des Romans geschrieben war, kam es erneut zu einer Unterbrechung. Ende Mai 1945 hatte Thomas Mann seinen alljährlichen Vortrag an der Library of Congress in Washington zu halten. Er schrieb daran von Ende Februar bis Mitte März und gab ihm den Titel DEUTSCHLAND UND DIE DEUTSCHEN. Auch damit entfernte er sich thematisch nicht vom Roman. Bevor er an diesem weiterarbeitete, korrigierte er die Maschinenabschriften früherer Kapitel und bereitete minutiös die nächsten vor. Eine Zeittafel sollte helfen, die Übersicht über die verschlungenen Zeitverhältnisse zu behalten. Thomas Mann sah seine Tagebücher von 1918/19 durch, wobei er übrigens wie immer ein Gefühl der »Unzuträglichkeit solchen Zurückgehens in abgelebte Zeiten« (Tb, 8.4.1945) empfand.

Kaum hatte er die Arbeit an dem Roman wieder aufgenommen, starb am 12. April Präsident Roosevelt. Damit ging für Thomas Mann eine Epoche vorbei: »Es wird nicht mehr das Amerika sein, in das wir kamen.« (Tb, 16.4.1945) Immer noch war das XXVI. Kapitel in Arbeit, als am 7. Mai mit der Kapitulation Deutschlands auch der Zweite Weltkrieg in Europa zuende ging. Am 24. Mai trat Thomas Mann seine Reise in den Osten an; in New York feierte er den 70. Geburtstag. »Turbulenz und erschütternde Phantastik der Tagesereignisse« (XI, 223) heißt es in der ENTSTEHUNG.

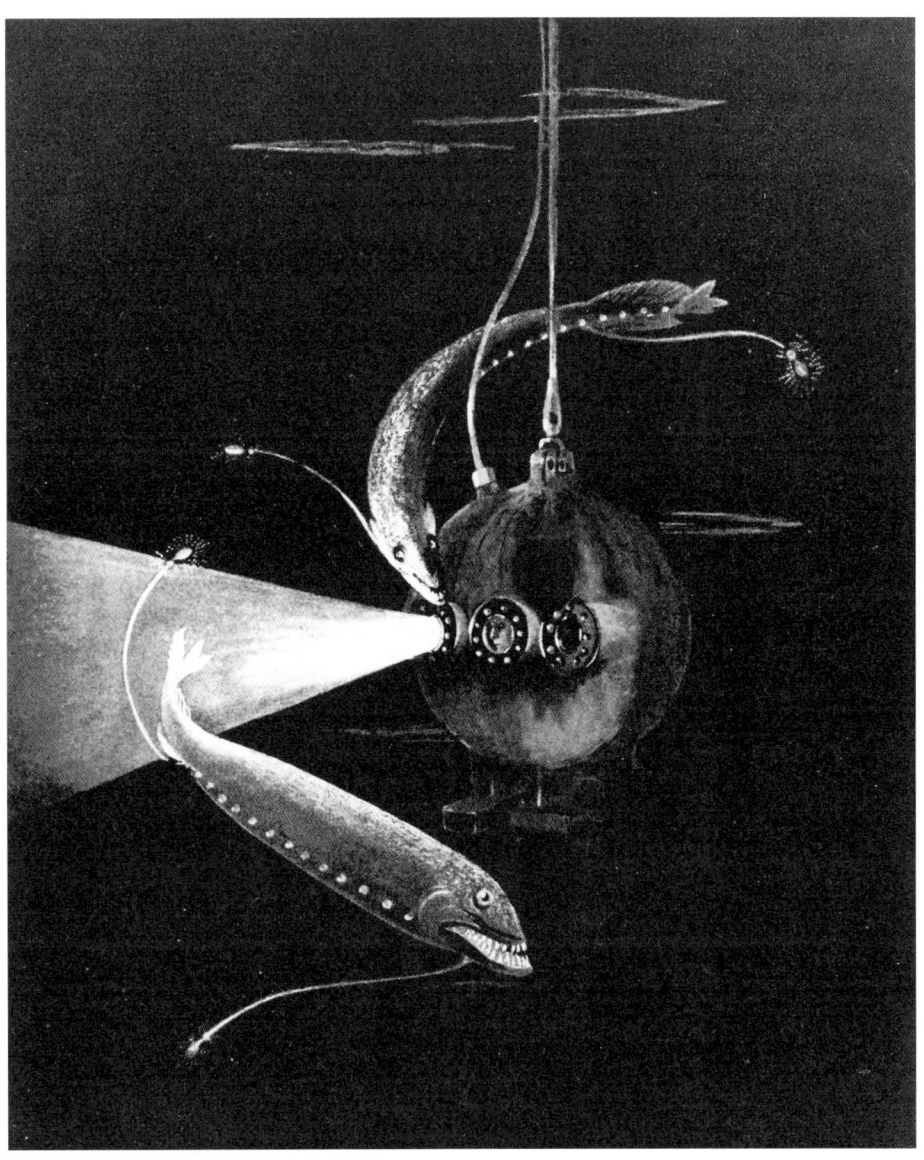

Ausschnitt aus einer Zeitschrift. Aus dem Arbeitsmaterial zum Doktor Faustus

Das Erschütternd-Phantastischste kam noch: Am 6. August 1945 ging die erste Atombombe auf Hiroshima nieder und am selben Tag wurde das XXVII. Kapitel, die Beschreibung von Adrians Fahrt in die Meerestiefe und ins »Gestirn«, abgeschlossen.

Das XXIX. Kapitel berichtet von den verwickelten Beziehungen zwischen den Töchtern Rodde und Rudi Schwerdtfeger. Sie waren schon in Notizbuch 7 vorgegeben. Als Thomas Mann im Hinblick auf Kapitel XXXI in den GESTA ROMANORUM las, stieß er auf die Gregor-Legende. Schnell stellte sich der Gedanke ein, daraus eine eigene Novelle zu machen – der Plan wurde im ERWÄHLTEN verwirklicht. Dieser Herbst war eine fruchtbare Zeit. »Mit dem Roman«, schrieb Thomas Mann am 25. Oktober »komme ich zur Zeit wieder erfreulich vorwärts.« (DüD III, 57) Immer sei allerdings das Problem zu lösen, sich im Machbaren zu halten.

Anfang Dezember faßte Thomas Mann den Entschluß, alles Geschriebene Adorno vorzulegen. Er erhoffte sich, wenn dieser volle Einsicht in die Ideenwelten des Romans genommen hätte, »musikalisch-imaginative« Beratung. Zu Beginn des neuen Jahres verfügte er sich deshalb mit Notizbuch und Stift in Adornos Arbeitszimmer und nahm »fliegend, in Stichworten, Verbesserungen und Präzisierungen für frühere musikalische Darstellungen und charakterisierende Einzelheiten auf, die er sich für das Oratorium zurechtgelegt hatte« (XI, 249). Leverkühns Oratorium »Apocalipsis cum figuris« wurde in Kapitel XXXIV, »dem schwersten« (Tb, 20.1.1946), bald zu lang und war zu teilen. Sein letzter Abschnitt wurde am 2. März 1946 beendet.

Seit längerer Zeit hatten sich die »Vermerke über Kopfschmerzen, Hustennächte, Nervenschwäche und ›absurde‹ Müdigkeit« (XI, 249) gehäuft. Fieber,

Thomas Mann während der Rekonvaleszenz im Billings Hospital, Chicago, April 1946, von links: Katia Mann, Erika Mann, Thomas Mann, Elisabeth Mann-Borgese

starke Abmagerung, Bronchialbeschwerden, Grippe-Anfälle, all das machte schließlich, nach unzulänglichen Diagnosen und Therapien, Röntgenaufnahmen notwendig. Sie ergaben, wie Thomas Mann schrieb, »das klare Bild einer Infiltration am rechten Unterlappen« der Lunge (XI, 254). In Wirklichkeit handelte es sich um ein Karzinom, das eine sofortige Operation erzwang. Thomas Mann ließ sich in Chicago behandeln, wo seine Tochter Elisabeth wohnte. Hatte er seinen Zustand anfänglich mit dem Roman in Verbindung gebracht(,) »andererseits ist sicher der schreckliche Roman zusammen mit den deutschen Ärgernissen an der Erkrankung schuld« (Tb, 1.4.1946), so ließ sich dann auch das glänzende Überstehen der Operation mit ihm begründen: »Der Roman – ich trug ihn in all diesen fremdartigen, abenteuerreichen Wochen fest im Herzen, stellte im Geist eine Liste notwendiger Verbesserungen an dem Geschriebenen her und dachte vorwärts. Mein Wohlverhalten als Patient, die meinem Alter kaum zustehende Behendigkeit im Genesen, die ich zeigte, dies ganze Bestehenwollen und glatte Bestehen einer späten und unerwarteten Belastungsprobe meiner Natur – hatte es nicht alles ein heimliches Wozu?, stand es nicht in dessen Dienst, und brachte ich es nicht aus dem Unbewußten auf, um hinzugehen und *dies* fertigzumachen?« (XI, 265 f.) Die Vollendung des Romans war denn auch, als sich Thomas Mann Ende Mai wieder in Pacific Palisades befand, das klare »Hauptziel« (Tb, 28.5.1946).

Bevor er fortfuhr (übrigens nun nicht mehr am Schreibtisch, was Schmerzen bereitete, sondern in der Sofaecke), nahm er die geplanten Überarbeitungen vor. Allerdings trug er Scheu, die erkannten »bösen Längen und Lizenzen« (Tb, 8.6.1946) selbst zu tilgen. »Diese Neigung«, schrieb er später (XI, 271 f.), »die

Verantwortung für weitere Eingriffe, die vermutlich energischer Art sein mußten, anderen zuzuschieben, gehörte wohl meinem an Schonung gewöhnten Rekonvaleszenten-Zustand an, hing aber auch zusammen mit meiner geheimen Auffassung des Werkes als eines Vermächtnisses, auf dessen Öffentlichwerden ich kaum persönliche Rücksicht nahm und mit dem Herausgeber und Vollstrecker nach Gutdünken umgehen mochten.« Nicht erst die Lungenoperation hatte ihm und seiner Umgebung gezeigt, wie schnell der Fall eintreten mochte, da alles in andere Hände überging. Am 13. Juni 1944 hatte er zudem auch sein Testament gemacht. Nein, das Verständnis des Werkes als eines Vermächtnisses war auf das engste verbunden mit dem Gefühl, am Ende nicht nur seines künstlerischen, sondern auch seines physischen Lebens zu stehen.[9]

Am 12. Juni 1946 ging die Niederschrift mit Kapitel XXXV weiter, welches »das Schicksal der armen Clarissa« (XI, 272) zum Inhalt hat und sich weitgehend auf die autobiographische Schilderung vom Tod der Schwester Carla im LEBENSABRISS stützt. Für das nächste Kapitel, das die sich unsichtbar haltende Frau von Tolna einführt, wurde wieder Adorno beigezogen. Dann trat der Konzertagent Saul Fitelberg auf. Dem Abschluß des Kapitels XXXVII folgten mehrere Tage der Kürzungsarbeit. »Jetzt [...] spielten jene Ratssitzungen mit Erika, die sich viel mit dem [...] Maschinen-Manuskript beschäftigt hatte und liebevoll darauf bedacht war, es von schleppenden Längen, unnötigen Schwierigkeiten für die Übersetzer, lastenden Pedanterien zu befreien, die auszumerzen ich allein nicht die Entschlußkraft gefunden hatte. [...] Gewisse Eingriffe galten noch wieder dem Kapitel von Kretzschmar-Vorträgen; Musik-Theoretisches ging über Bord; die

Portraitfoto von Carla Mann
in einer Pose als Schauspielerin, 1903

Aufnahme von Carla Mann, auf dem Totenbett in Polling, Niederbayern, Hof Schweighardt, 1910

Studentengespräche wurden gekappt, das Schwelgen in Brentano-Liedern eingedämmt, aus der Halle-Theologie ein ganzer Professor mitsamt seinem Kolleg hinausgeworfen. Schließlich [...] waren es einige vierzig Blätter, um die sich das Manuskript erleichtert fand, – und genau die rechten.«[10] Ferner prüfte Thomas Mann die Einteilung des Romans in »Bücher«, nahm eine solche auch vor, machte dies später aber wieder rückgängig. Es blieben die von Anfang an geplanten strengen römischen Ziffern als Kapitelüberschriften.

Der Roman schritt jetzt stetig fort. Am 23. Oktober wurde Kapitel XLII abgeschlossen, »mit einem richtigen Eifersuchtsmord, ganz wie in einem Roman« (DüD III, 75). Damit war der vorletzte Teil des Romans beendet. Jetzt schlug die Stunde für Echo. Der Mediziner Frederick Rosenthal lieferte Einzelheiten über den letalen Verlauf der Meningitis bei einem fünfjährigen Kind. Echos Ende war von Anfang an verhängt, aber es fiel Thomas Mann nicht leicht, ihn sterben zu lassen. »[U]nter Schwierigkeiten und mit Leide« (Tb, 8.12.1946) brachte er Echo zu Tode, hielt aber die Gestalt des Kindes stets für »das Beste und Dichterischste in dem Buch« (Tb, 6.2.1947). Jetzt begann der »Endkampf um den Faustus« (DüD III, 79). Adorno, gefragt für die Beschreibung von Leverkühns »Weheklag«, trat ein letztes Mal groß in Erscheinung. Er sorgte auch dafür, daß der Trost am Ende des Romans nicht »zu dick aufgetragen« (XI, 294) blieb.

Der Lauf der Dinge war nicht mehr zu stoppen. Das Werk, dessen Übersetzung ins Englische im Gange war, sollte in der Schweiz gedruckt werden. Der Zürcher Freund und Verleger Emil Oprecht kündigte es bereits in seinem Sortiment an, Preis in Leinen 15 Franken. Thomas Mann erschrak darüber (XI, 298): »Ich kann die Gefühle von Unglauben, Beklemmung, Erschrecken, wie über eine gutgemeinte, aber peinliche Indiskretion, nicht schildern, mit denen ich die Ankündigung las. Noch lag ich ja im Kampf mit dem Buch, und bis zum letzten Wort lebt man bei solcher Arbeit ja in der Vorstellung, daß entscheidende Schwierigkeiten noch zu überwinden sind und das Getane noch erst der Rettung bedarf durch das Verbleibende.« Dessen war aber nicht mehr allzu viel. »Drückende Föhnsonne herrschte in den Januartagen« – man hielt nun im Jahr 1947 –, »an deren einem ich, die lange Reihe der bezifferten Kapitel abschließend, der oberbayerischen Bäuerin, auch einem Stück erlebter Menschlichkeit, das letzte Wort ließ« (XI, 299).

Noch war das »Nachwort« zu leisten. Es gelang innerhalb einer guten Woche. Am 29. Januar 1947 schrieb Thomas Mann die letzten Worte des Romans. Im Tagebuch hielt er lakonisch fest: »Bewegt immerhin. Rückblickend. [...] K.[atia Mann] beglückwünschte mich [...]. Mit Grund? Ich anerkenne die moralische Leistung.« Nun war es, nach drei Jahren und acht Monaten, zwei Jahre nach Serenus Zeitblom, nun war es getan; oder fast getan. »In Wahrheit hatte ich nicht das Gefühl, fertig zu sein, nur weil das Wort ›Ende‹ geschrieben war. ›Sinnende und bessernde Beschäftigung mit dem Manuskript‹ heißt es noch manchen Tag. Ich tilgte Einzelheiten der Nachschrift [...], kam bastelnd auf die Violin-Sonate, die Kammermusik zurück, setzte das Dante-Motto« (XI, 300).

Am 6. Februar erklärte Thomas Mann das Buch für »endgültig abgelegt« und beschloß, »nicht mehr Hand daran zu legen.« Aber der Roman ließ ihn nicht eigentlich los. Der sich anschließende Nietzsche-Vortrag ging wie von selbst aus dem Faust-Stoff hervor. Dann war die

Maschinenabschrift zu korrigieren. Im Sommer 1947 unternahm Thomas Mann seine erste Europa-Reise nach dem Krieg. Er folgte gewissermaßen seinem Roman. Im Schweizer Kurort Flims las er die täglich aus der Buchdruckerei Winterthur einströmenden Korrekturen; im nachhinein schien ihm dies in der an Ereignissen nicht armen viermonatigen Reise die »Hauptbesorgung« (Tb, 15.9.1947) gewesen zu sein.

Am 17. Oktober 1947 erschien die deutschsprachige Erstausgabe des DOKTOR FAUSTUS,[11] und zwar im Rahmen der Stockholmer Gesamtausgabe im Bermann-Fischer Verlag, in einer Auflage von vierzehntausend Exemplaren.[12] Der Veröffentlichung folgten Besprechungen, auf die Thomas Mann überaus gespannt wartete. Schon im November warf er jede Post auseinander, um zu sehen, ob sich darunter etwas aus Schweden oder der Schweiz fände. Auch waren Briefe an die zu Figuren veredelten »Opfer« zu schreiben, an Ida Herz, Emil Preetorius und all die anderen mehr. Schönberg war tief verstimmt und ließ sich erst nach langem versöhnen. War durch eine Nachbemerkung darauf hinzuweisen, daß er, Arnold Schönberg, und nicht Adrian Leverkühn der Erfinder der Zwölftontechnik war, so mußte andererseits die Teilhaberschaft Adornos der Welt auf genauere Weise kundgetan werden.

Im Mai 1948 (er saß unterdessen am ERWÄHLTEN, ohne rechte Lust; nach dem FAUSTUS mute ihn alles fad an, hatte er am 13. März im Tagebuch bemerkt) unternahm Thomas Mann innere Versuche mit einer autobiographischen Bekenntnisschrift. Am 28. Juni begann er daran zu schreiben. Der ROMAN EINES ROMANS diente nicht nur dem Zweck, Adorno Kredit zu geben, er entsprach offensichtlich auch einer persönlichen Notwendigkeit. In gewisser Weise konnte Thomas Mann so in der FAUSTUS-Sphäre weiterleben und -weben. Die Fiktionalität wird in der Entstehung, die sich im wesentlichen auf die Tagebuch-Aufzeichnungen stützt, wie eingangs erwähnt nicht völlig verlassen. Einiges wird umgestaltet, anderes weggelassen oder hinzugefügt. Nach vergleichsweise kurzen vier Monaten, am 20. Oktober 1948, wurde die ENTSTEHUNG abgeschlossen. Aber wie beim Roman, so stand auch hier heikle Kürzungsarbeit an. Katja und Erika Mann sahen Adorno in zu hellem Licht dargestellt und setzten erhebliche Streichungen durch. Erst Anfang Dezember war der Text so schlank, daß er nach Europa abgehen konnte. Damit war die Neugier der Leserschaft bedient, aber keineswegs erschöpft, im Gegenteil. Der DOKTOR FAUSTUS und die Geschichte seiner Entstehung sind aus der Aufmerksamkeit des Publikums nicht mehr entlassen worden.

Erstausgabe des DOKTOR FAUSTUS, erschienen
1947 in Stockholm im Verlag Bermann-Fischer

[1] Alle Briefzitate sind dem folgenden Band entnommen: Hans Wysling (Hg.): DICHTER ÜBER IHRE DICHTUNGEN, THOMAS MANN, Teil 3: 1944-1955, Passau, 1981 (DüD, Bd., Seite).

[2] In der ENTSTEHUNG ins Jahr 1901 verlegt (XI, 155, 186).

[3] Diese Notiz trägt die Überschrift: »Novelle oder zu ›Maja‹«. Weder die Novelle (sie sollte DIE GELIEBTEN heißen und die Passion für Paul Ehrenberg verewigen) noch der Münchner Gesellschaftsroman Maja wurden geschrieben. Beide Pläne aber wurden teilweise im DOKTOR FAUSTUS verwirklicht (vgl. Hans Wysling: Zu Thomas Manns ›Maja‹-Projekt, Bern/München: Francke (,) 1967 [= TMS I], S. 23-47).

[4] Vgl. auch Tb, 19.11.1933: »[Der Lotte-Stoff] bildet zusammen mit der Faust-Idee die produktive Ausschau.«

[5] Vgl. Tb, 6.5.1934, 24.11.1934, 7.11.1935, 16.8.1936.

[6] Tb, 15.3.1943. Vgl. auch Tb, 26.3.1943: »Weitere, angreifende Beschäftigung mit den Aufzeichnungen und Redeversuchen aus den Anfängen der Emigration.«

[7] Tb, 2.6.1943. Am gleichen 2. Juni ging ein Brief an Agnes E. Meyer, worin es heißt: »Die Sache ist schwer, düster, unheimlich, traurig wie das Leben, ja noch mehr so, als das Leben«.

[8] Brief von Bruno Walter vom 31.5.1943 (BlTMG 9, 1969, S. 26 f.).

[9] Die ENTSTEHUNG beginnt sehr bewußt mit einem *memento mori*. Thomas Mann berichtet von seiner Rechtfertigung von Ende 1945, daß er immer noch am Leben sei, obwohl er 1930 für dieses Jahr aus zahlenspielerischen Gründen sein Abscheiden vorausgesagt habe. So falsch sei die Voraussage nicht gewesen, denn biologisch genommen befinde sich sein Leben auf einem Tiefpunkt.

[10] XI, 281 f. Im Thomas-Mann-Archiv sind 152 ausgeschiedene Blätter mit 25 Blättern handschriftlicher Ergänzungen erhalten.

[11] Nachdem zuvor, um das amerikanische Copyright des Romans zu schützen, eine vervielfältigte Ausgabe des Typoskripts in einer Auflage von 50 Exemplaren in den USA hergestellt worden war.

[12] Sie wurde allerdings nur außerhalb Deutschlands abgesetzt. Ein Jahr darauf kam einerseits eine separate Lizenzausgabe von dreißigtausend Exemplaren im Suhrkamp-Verlag heraus, andererseits eine für Österreich im Wiener Bermann-Fischer Verlag. Beide Ausgaben enthalten bereits eine Anzahl von Kürzungen.

Dietrich Aßmann

»Schließlich aber holt ihn der Teufel«

Zur Faust-Tradition in Thomas Manns DOKTOR FAUSTUS[1]

In der ersten Notiz zum Roman erscheint weder Faust noch der Teufel. Erst in der zweiten etwa aus dem Winter 1904 heißt es dann:

»Novelle oder zu ›Maja‹ Figur des syphilitischen Künstlers: als Dr. Faust und dem Teufel Verschriebener. Das Gift wirkt als Rausch, Stimulans, Inspiration; er darf in entzückter Begeisterung geniale, wunderbare Werke schaffen, der Teufel führt ihm die Hand. Schließlich aber holt ihn der Teufel: Paralyse. Die Sache mit dem reinen jungen Mädchen, mit der er es bis zur Hochzeit treibt, geht vorher.«

Wenn man bedenkt, daß der gemeinsame Nenner aller Faustfiguren der Pakt mit dem Teufel ist, wundert man sich über das »und« nach dem »Dr. Faust«. Wahrscheinlich sollte schon da der Teufel genannt werden, der ja dann noch zweimal in dem kurzen Text steht. Es ist sogar behauptet worden, daß der DOKTOR FAUSTUS nur insofern ein Faustroman ist, als er ein Teufelsroman ist[2]. Ein solches Bezweifeln einer »eigentlichen Faustkonzeption« scheint weitgehend vom Goetheschen FAUST und dem davon abgeleiteten, höchst problematischen Begriff des ›Faustischen‹ bestimmt zu sein. Wenn Thomas Manns Protagonist auch nicht Faust heißt, sondern Adrian Leverkühn, ist der Roman durch seinen Titel doch deutlich in die Faust-Tradition eingereiht und kann von daher betrachtet werden. Wir wissen nicht, wieviel von der Faust-Tradition Thomas Mann am Anfang des Jahrhunderts kannte, aber Goethes FAUST war ihm sicher vertraut. Außerdem darf

man annehmen, daß er das Volksbuch vom Doktor Faust wenigstens als Nacherzählung von Gustav Schwab kannte. Ob er Heines Tanzpoem DER DOKTOR FAUST mit den ausführlichen Erläuterungen zur Sage damals schon gelesen hatte, ist nicht bekannt, aber bei seiner »Vergötterung Heine's um die Zeit, da ich meine ersten Gedichte schrieb« (XI, 108) durchaus zu vermuten.

Damit sind eigentlich schon die drei für den Roman wichtigsten Werke der Faust-Tradition genannt. Nach einem knappen Abriß dieser Tradition sollen im folgenden zuerst die Beziehungen des Romans zu Goethes FAUST behandelt werden, mit dem nach Thomas Manns eigenen Worten, der Roman »*nichts gemein* [hat], außer der gemeinsamen Quelle, dem alten Volksbuch.«[3] Das Hauptgewicht wird dann auf dem Volksbuch von 1587 liegen, das sprachlich, stofflich und thematisch den Roman stark geprägt und strukturiert hat.

Die literarische Faust-Tradition beginnt mit dem 1587 in Frankfurt am Main bei Johann Spies gedruckten Volksbuch HISTORIA VON D. JOHANN FAUSTEN, das in fünfzehn Jahren 14 Abdrucke oder Nachdrucke bzw. Bearbeitungen erlebte, darunter zwei Versdichtungen. Außerdem wurde Ende des vorigen Jahrhunderts in Wolfenbüttel eine mit dem gedruckten Volksbuch weitgehend übereinstimmende Handschrift gefunden, die etwa zehn Jahre älter sein dürfte als das erste gedruckte Faustbuch. Diese Volksbücher sind aus streng luthe-

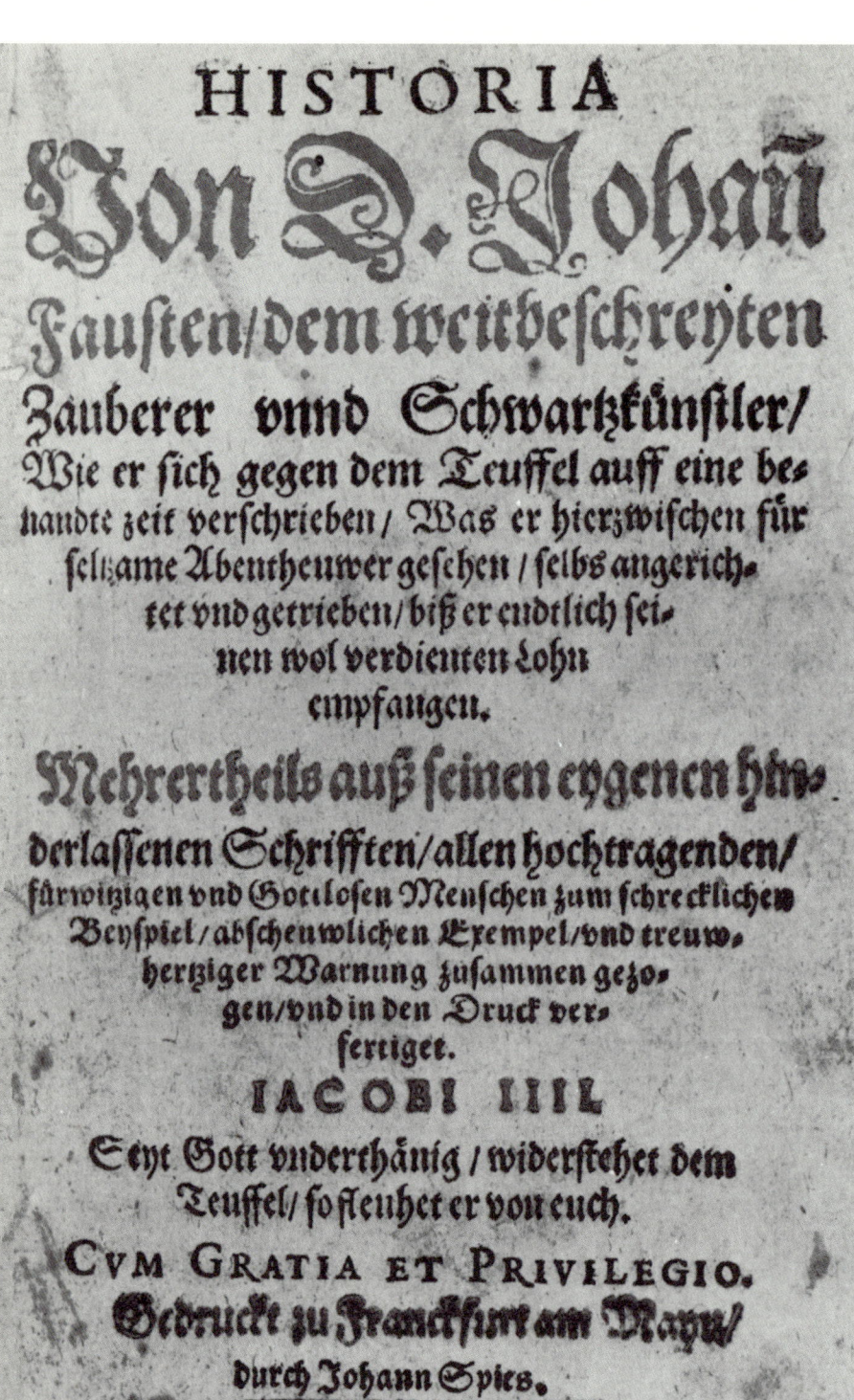

HISTORIA

Von D. Johañ

Fausten/dem weitbeschreyten
Zauberer vnnd Schwartzkünstler/
Wie er sich gegen dem Teuffel auff eine be-
nandte zeit verschrieben/ Was er hierzwischen für
seltzame Abentheuwer gesehen/ selbs angerich-
tet vnd getrieben/ biß er endtlich seinen wol verdienten Lohn
empfangen.

Mehrertheils auß seinen eygenen hin-
derlassenen Schrifften/allen hochtragenden/
fürwitzigen vnd Gottlosen Menschen zum schrecklichen
Beyspiel/abscheuwlichen Exempel/vnd treuw-
hertziger Warnung zusammen gezo-
gen/vnd in den Druck ver-
fertiget.

IACOBI IIII.

Seyt Gott vnderthänig/widerstehet dem
Teuffel/so fleuhet er von euch.

CVM GRATIA ET PRIVILEGIO.

Gedruckt zu Franckfurt am Mayn/
durch Johann Spies.

M. D. LXXXVII.

Titelseite des ersten Faust-Romanes von 1587, gedruckt in Frankfurt bei Johann Spies,
Verfasser unbekannt

rischem Geist entstanden, und der damals populäre Teufelsbündner wird als Warnung hingestellt. Einer durch moralisierend-erläuternde »Erinnerungen« stark aufgeschwellten Bearbeitung von 1599 – dem sog. WIDMAN'SCHEN FAUST – folgt dann 1674 eine kürzende Ausgabe durch den Nürnberger Arzt Johann Nikolaus Pfitzer. Hier erscheint zum ersten Mal die Liebe zu einer ziemlich schönen, doch armen Magd, die ihre Ehre so gut zu verteidigen weiß, daß Faust sich zur Ehe entschließt, welche Absicht »Mephostophiles« allerdings zunichte macht. Weniger standhaft war jene Susanna Margaretha Brandt (1748-1772), die in Frankfurt als Kindsmörderin hingerichtet wurde und deren Geschichte einen jungen Rechtsanwalt interessierte. Als Gretchen machte er sie unsterblich. Das mehrfach aufgelegte Pfitzersche Volksbuch wurde dann 1725 durch die weiter gekürzte und verwässerte Ausgabe eines CHRISTLICH MEYNENDEN abgelöst, die bis ins 19. Jahrhundert hinein immer wieder nachgedruckt wurde. Damit hatte diese Entwicklungslinie einen Tiefpunkt erreicht. Goethe, der diese Ausgabe und das Pfitzersche Volksbuch kannte, war anfangs stärker beeindruckt vom Puppenspiel, womit wir bei der anderen und wohl bedeutenderen Linie der Faust-Tradition sind.

Bald nach Erscheinen des ersten Volksbuches vom Doktor Faust muß eine englische Übersetzung angefertigt worden sein, auf die sich wiederum Christopher Marlowe in seiner TRAGICALL HISTORY OF DOKTOR FAUSTUS stützte, die aus dem zweifelnden und suchenden Faust einen unerschrockenen Titanen Shakespearescher Provenienz machte. Diese spätestens 1592 entstandene Dramatisierung kam bald nach Deutschland zurück, und zwar mit den herumreisenden englischen Komödianten. Aus den Bearbeitungen der Wanderbühnen wurden Puppenspiele, die bis heute erfolgreich diese Tradition fortsetzen. Der in den deutschen Bearbeitungen dem Faust zur Seite gestellte Hanswurst gab seine Rolle an den Kasper weiter. Die deutschen Fauste waren weniger titanisch, zeigen aber mehr Wissensdurst. Die große Beliebtheit dieser Volksstücke war natürlich nicht ihrem literarischen Ruf förderlich, so daß sich 1755 Moses Mendelssohn über Lessings Faust-Plan etwas lustig machte: »Eine einzige Exclamation, o Faustus! Faustus! könnte das ganze Parterre lachen machen.«[4] Lessing als Aufklärer wollte seinen Faust retten.

Nur ein Jahr nach Goethes Faust-Fragment erschien Friedrich Maximilian Klingers Roman FAUSTS LEBEN, TATEN UND HÖLLENFAHRT, der in unserem Zusammenhang einiges Interesse verdient. Er ist nach den Volksbüchern die erste bedeutende Prosabearbeitung des Stoffes. Zudem ist er im Ausland geschrieben und enthält manche Deutschland-Kritik, aber auch Sorge um Deutschland. Klinger macht sich von dem überlieferten Fauststoff frei und identifiziert seinen Faust mit dem Mainzer Johann Fust, einem Geldgeber Gutenbergs und selbst Buchdrucker. Die Ähnlichkeit der Namen hatte zusammen mit dem zunächst magischen Charakter des Buchdrucks schon früh diese Identifizierung herbeigeführt. Dieser Faust glaubt mit Hilfe Leviathans in stürmischer Vermessenheit die moralische Welt korrigieren zu können, muß aber zum Schluß erkennen, daß alle seine guten Taten zum Bösen ausgeschlagen sind, und endet im schrecklichsten Winkel der Hölle.

Nach Goethes FAUST I häufen sich die Bearbeitungen des Fauststoffes. Wir wollen nur Christian Dietrich Grabbes Version erwähnen, weil in ihr Don Juan und Faust zusammengebracht werden. Die

The Tragicall History
of the Life and Death
of Doctor Faustus.

With new Additions.

Written by *Ch. Mar.*

Printed at London for *John Wright*, and are to be sold at his
shop without Newgate, 1624.

Frontispiz des Doktor Faustus von Christopher Marlowe in der Quartausgabe von 1624

Worte »Nicht Faust wär' ich, wenn ich kein Deutscher wäre«[5] könnten auch von Thomas Mann stammen. Während Don Juan für die Lebenskraft und den Sensualismus des romanischen Menschen steht, ist Faust der grübelnde Mensch des Nordens, der über das Menschliche hinausstrebt und im Bunde mit dem Teufel Erkenntnis und Macht sucht. Nach Goethes FAUST II erscheinen weitere Bearbeitungen, so zum Beispiel von Nikolaus Lenau, der Faust als »Allgemeingut der Menschheit, kein Monopol Goethes«[6] ansah und dessen Faust als Gegenstück zu Goethes Faust gedacht war. Lenaus Faust vertritt eine individualistisch-nihilistische Weltanschauung und wird von seinen Zweifeln in Verzweiflung und endlich in den Selbstmord getrieben. Seine Seele fällt Mephistopheles anheim. Lenau kannte offenbar nicht die von Thomas Mann erwähnte »mystische Rettungsidee, die der älteren Theologie, namentlich dem frühen Protestantismus wohlvertraut war: die Annahme nämlich, daß Teufelsbeschwörer allenfalls ihre Seele zu retten vermöchten, indem sie ›den Leib darangäben‹« (VI 673). Heinrich Heines Tanzpoem, 1851 erschienen, hat einen weiblichen Teufel, die Mephistophela, was in einem Ballett nicht weiter verwunderlich ist. In seinen Erläuterungen sieht Heine die Idee der Faustsage in der »Revolte der realistischen, sensualistischen Lebenslust gegen spiritualistische altkatholische Askese«.[7] Auf die auch im 20. Jahrhundert unverminderte Flut von Faustdichtungen braucht hier nicht eingegangen zu werden. Hans Hennings fünfbändige Faust-Bibliographie[8] verzeichnet alles zu diesem Stoff vom 16. Jahrhundert bis zur Gegenwart. Allein der letzte Band mit der Entwicklung des Faust-Themas von 1790 an nennt 4700 Titel. Drei Bände sind Goethes FAUST, seinen Übersetzungen und der Sekundärliteratur gewidmet.

Goethes FAUST ist auch der Ausgangspunkt der Geschichte des Begriffs ›faustisch‹, die von Hans Schwerte in ihrer ganzen Wirkungsweite dargestellt worden ist.[9] In ihren ideologischen Auswirkungen ist diese Geschichte auch im Blick auf Thomas Manns FAUSTUS interessant. Der durch Gnade gerettete Faust wurde durch eine verzerrende Interpretation der Tragödie allmählich zu einem nationalen Heros und pseudomythischen Leitbild eines übersteigerten nationalen Sendungsbewußtseins. Vor allem in der Zeit des Zweiten Reiches von 1871 bis zum Ersten Weltkrieg ist diese ideologische Überhöhung stark ausgeprägt, wenn sie auch nicht die alleinige Faust-Deutung darstellt. Parallel läuft eine kritische Abwertung, die ja eigentlich bis auf das Volksbuch zurückgeht und bis heute andauert. Ein Höhepunkt in der Geschichte des ›Faustischen‹ ist Oswald Spenglers DER UNTERGANG DES ABENDLANDES, wo Faust zum Urbild der Seele der abendländischen Kultur wird, »deren Ursymbol der reine grenzenlose Raum« ist. Der faustischen Seele stellt Spengler die Seele der antiken Kultur, die apollinische gegenüber. »Apollinisch ist die Bildsäule des nackten Menschen, faustisch die Kunst der Fuge«.[10]

Nach Schwerte war es Thomas Mann, der im poetischen Bereich die Geschichte des ›faustischen Menschen‹ beendete. Der Faustus-Roman habe »aus Spürsinn und Selbsterkenntnis die gesamte, vielverzweigte Problematik des ›Faustischen‹ im 19. und 20. Jahrhundert in der eigenen poetischen Fiktion noch einmal« zusammengefaßt und aufgelöst. Nach Schwerte ist damit »der faustische Deutsche aus Dichtung und Geschichte als ›Leitbild‹ ausgeschieden«.[11] Das wäre ja ein wichtiger Beitrag Thomas Manns zur Faust-Tradition, der ihm selber kaum bewußt gewesen sein dürfte. Wenn Schwerte im

Zusammenhang mit dem Parallelphänomen der ideologischen Überhöhung von Dürers RITTER, TOD UND TEUFEL auf Thomas Manns Verwendung dieses Bildes im DOKTOR FAUSTUS hinweist, sagt er, wie »nahe Thomas Mann dieses so gekennzeichnete ›Dürersche Reiten‹ [VI, 160] an das Grundschema und -tema seines Buches brachte, an das (abgekürzt gesagt) ›Faustische‹ und dessen Verdammung im Höllensturz von Faustus- Leverkühn-Deutschland«.[12] Ob Thomas Mann diese Verdammung eindeutig so gemeint hat, wird uns als Frage noch beschäftigen.

Als gemeinsamen Nenner aller Faust-Dichtungen kann man wohl das Teufelsbündnis ansehen, das dem jeweiligen Faust dazu dienen soll, irgendwelche durch Religion oder Zeitsituation gesetzte Grenzen zu überschreiten. Das setzt immer ein Verneinen der höheren Ordnung und somit meist einen Abfall von Gott voraus. Solange man nicht das Hinausstreben über die dem Menschen gesetzten Grenzen als etwas Positives ansieht, muß der Versuch tragisch enden. Je nach den Formen der Begrenzung des Menschen sind die Motive des Teufelspaktes verschieden. Religiös gesehen, geht dem Streben nach Übertreten der Grenzen immer der Zweifel an Gott voraus. Verzweiflung und Hochmut sind dann die Voraussetzungen für den Versuch, sich Gott gleichzusetzen. In dem, was Faust in seiner Hybris erreichen will, unterscheiden sich die Dichtungen. Unter diesen Paktmotiven dürften Macht und Erkenntnis an erster Stelle stehen. Geld ist in diesem Fall nur Mittel zum Zweck,

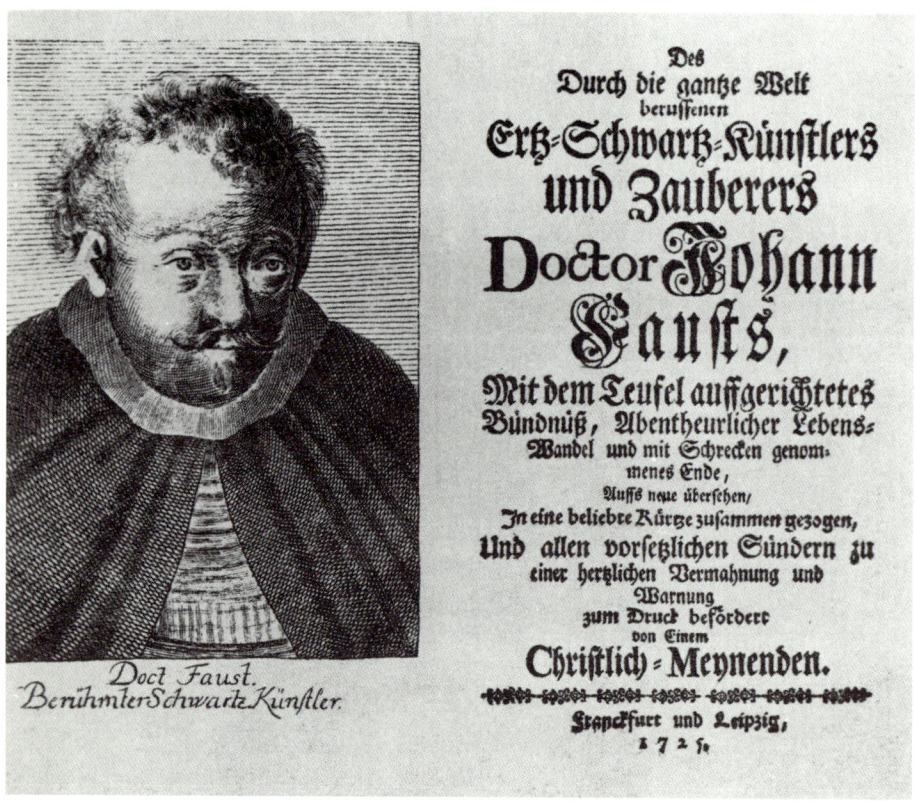

Frontispiz des Doktor Faustus von einem Christlich Meynenden, 1725

d.h. es dient dem Genuß, der häufig erotischer Natur ist, also dem »Säuwisch vnnd Epicurisch leben«, wie es in Kapitel 57 des Volksbuches heißt. Diese Genüsse sind Verlockungen oder aber Betäubungsmittel.

Der jeweilige Teufel, der in den meisten Fällen nicht *der* Teufel, sondern *ein* Teufel in der Hierarchie der Hölle ist, wirkt helfend und enthemmend, er kann, wie in Goethes FAUST, verführender Begleiter sein oder aber, wie bei Thomas Mann, »prangende Unbedenklichkeit« (VI, 316) spenden. In allen Faust-Dichtungen wird Fausts Ende dargestellt, während der eigentliche Vertragsabschluß entweder geschildert oder nur post festum berichtet wird. Die zwischen Paktabschluß und Ende liegenden Geschehnisse oder Abenteuer sind abhängig von der Entstehungszeit des Werkes und seiner Zielgruppe. Die Vertragsdauer kann auch weniger als 24 Jahre wie im Volksbuch betragen oder an bestimmte Voraussetzungen gebunden sein, wie zum Beispiel vier Todsünden. Das ist der Fall in Ernst August Klingemanns FAUST (1815), der allerdings nicht daran denkt, daß schon der Pakt mit der Unterschrift eine Todsünde ist.[13] Anders als bei Lessing und Goethe, fallen auch später die meisten ›Fauste‹ der Verdammnis anheim. Goethes FAUST wird trotz seiner Sünden gerettet, und hinter diesem ›trotz‹ steht die göttliche Gnade, die dann in Thomas Manns Spätwerk wiederholt – offen oder versteckt – angerufen wird.

Ohne über Thomas Manns Anregungen zur ersten Romankonzeption spekulieren zu wollen, können wir doch feststellen, daß außer der eigenen Künstlerproblematik und Nietzsches Krankheit der Sommeraufenthalt in Palestrina entweder 1895 oder 1897 eine gewisse Rolle gespielt hat. Karl Kerényi ist in Palestrina Thomas Manns Spuren

Heinrich Heine (1797-1856), nicht datiert

nachgegangen und hat einige Hinweise auf den Teufel entdeckt.[14] Was er nicht wußte, war die von Fabius von Gugel mitgeteilte Erinnerung Thomas Manns an eine Vision, die er in jungen Jahren in Palestrina gehabt habe.

»… und dort habe er im steinernen Saal in der Nachmittagshitze urplötzlich, auf dem schwarzen Sofa sitzend, einen Fremdling erblickt, von dem er gewußt habe, daß er kein anderer als der Teufel gewesen sei. […] Er habe sich, sagte der Dichter, an jenem heißen Nachmittag nicht wohlgefühlt, mit Kopfweh und leichter Übelkeit, habe deshalb den Bruder allein den gewohnten Spaziergang machen lassen und sei im Steinsaal zurückgeblieben.«[15]

Das erzählte Thomas Mann im April 1953 in Rom dem jungen Münchner Maler F. von Gugel. Bestätigt wird diese Vision durch ihre dreimalige Verwertung in den BUDDENBROOKS.

In der ENTSTEHUNG DES DOKTOR FAUSTUS nennt Thomas Mann als Quellen aus der Faust-Tradition das Volksbuch (XI, 155, 158 f.), Heines DOKTOR

FAUST (XI, 218), Marlowe's Faust-Drama (XI, 186) und Scheibles Buch über die Sage vom Faust (XI 236 f.). Aus der großen Zahl der sonstigen, auch die Faust-Tradition tangierenden Quellen sei noch Sören Kierkegaards Essay ENTWEDER – ODER (XI, 213 f.) genannt, den ja Adrian im Steinsaal liest, als ihm der Teufel erscheint. Dieser Essay stellt Mozarts Don Juan der Idee des Faust gegenüber, die eine historische ist »und darum wird jede bedeutende Zeit in der Geschichte ihren Faust haben«.[16] Kierkegaard betrachtet Don Juan als »Ausdruck für das Dämonische, bestimmt als das Sinnliche«, Faust dagegen als »Ausdruck für das Dämonische, bestimmt als das Geistige, das der Geist des Christentums ausschließt«.[17] Anschließend lobt er das wenig beachtete Volksbuch als Fixierung der Idee des Faust als Sage, wie sie für die Idee des Don Juan fehle. Kierkegaards behauptete Bindung der Mythen an bestimmte Medien scheint philologisch nicht ganz stichhaltig, ist aber als private Mythologie Thomas Manns ähnlicher Neigung vergleichbar. Dieser ist denn auch von der »Verwandtschaft des Romans mit der Ideenwelt Kierkegaards, ohne jede Kenntnis davon« (XI, 214), merkwürdig berührt.

Aus dem Volksbuch in der Ausgabe von Robert Petsch (1911)[18] hat sich Thomas Mann in seinen Notizen für den Roman viele Auszüge gemacht, darunter ganze Kapitel (63, 64, 65) und lange Auszüge aus anderen (52, 66, 68). Im Hinblick auf Adrians letztes Oratorium hat sich Thomas Mann besonders für den letzten Teil des Volksbuches interessiert. Eine spätere Anhäufung von Auszügen zur Faust-Sage stammt aus Band 5 der Reihe DAS KLOSTER von Johann Scheible[19], der Thomas Mann im August 1945 »zugekommen« (XI, 236) war. Die Bände 2, 3, 5 und 11 bilden gewisser-

J. W.v. Goethe (1749-1832)
Zeichnung von Johann Heinrich Lips

maßen eine Faust-Reihe, in der auch die wichtigsten Volksbuch-Texte abgedruckt sind. Thomas Mann besaß nur den fünften Band, in dem kein Volksbuchtext zu finden ist, lediglich sechs Puppenspiele vom Faust und die deutsche Übersetzung des Faust von Marlowe. Sonst sind es Aufsätze zur Faust-Sage, die natürlich reichlich aus den Volksbüchern zitieren. Thomas Manns Exemplar dieses 1200 Seiten starken Bandes enthält 66 Anstreichungen und 100 unterstrichene Stellen sowie zweimal ein Kreuz am Rand. In der Entstehung zitiert er eine Stelle aus dem Beitrag von Dr. K. Rosenkranz zur Faustischen Fabel (XI, 237). Alle An- und Unterstreichungen finden sich im ersten Teil des Buches, die letzte auf Seite 538. Über den Inhalt der vier Faust-Bände der Kloster-Reihe herrscht viel Unklarheit; sogar die diesbezügliche Anmerkung zur Tagebucheintragung vom 16.8.1945 ist irreführend.[20]

Goethes FAUST wird nirgendwo als Quelle genannt, sogar, wie schon gesagt, abgestritten, muß aber natürlich als bestens bekannt berücksichtigt werden. Thomas Mann hatte ja 1938 in Princeton ein Kolleg über Faust gehalten, das dann später unter dem Titel ÜBER GOETHES ›FAUST‹ veröffentlicht wurde (XI, 581-621). Darin äußert er sich auch über den historischen Faust und seine Verbindung mit Helena. Seine ganze Konstruktion, bei der es »eigentlich nicht um Nachfolge, Sukzession, sondern um Identität, mythische Wiederkehr, Reinkarnation, die Aufhebung der Individualität im Typus« (XI, 595) geht, ist zwar im Hinblick auf die Faustus-Konzeption von Bedeutung, setzt sich aber sonst über manche Tatsache hinweg.[21] Er war eben damals eingenommen von der Idee der gelebten vita, von der »Wiedervergegenwärtigung des Mythos«[22]. Der ganze Aufsatz über Goethes FAUST zeigt natürlich, wie intensiv er sich mit diesem wichtigsten Werk der Faust-Tradition auseinandergesetzt hatte.

In einem Brief vom 24.8.1953 an Hilde Zaloscer schreibt Thomas Mann: »Mit Goethe's ›Faust‹ – das will auch gesagt sein hat mein Roman *nichts* gemein, außer der gemeinsamen Quelle, dem alten Volksbuch. Ich habe bei Nepomuk – Echo an Euphorion nicht gedacht – nicht daß ich wüßte.«[23] Wenn wir uns erinnern, daß nicht einmal die Quelle dieselbe war, d.h. also die Ausgabe des Volksbuches, und wenn wir ihm glauben würden, wäre hier wenig zu sagen. Aber schon mit Goethe selbst gibt es biographische Übereinstimmungen. Wenn Thomas Mann von der »vitalen Wohlbeschaffenheit« der Mutter Adrians spricht, der »das Genie des Sohnes« (VI, 32) »viel zu danken« habe, erinnert das deutlich an Goethes Mutter und ihre Frohnatur. In seiner – allerdings späteren – PHANTASIE ÜBER GOETHE schildert er die Großmutter Goethes mütterlicherseits, welche

Schilderung einiges gemein hat mit dem Abschnitt über Adrians Mutter. Die Großmutter habe, wie Goethe, »Italieneraugen« und »mittelmeerländischen Teint« gehabt (IX, 718). Adrians Mutter gibt er einen dunklen Teint und pechschwarze Augen. Diese Ähnlichkeiten werden natürlich relativiert durch die Tatsache, daß Thomas Mann für die Beschreibung der Mutter Adrians ein Gemälde von Dürer als Vorlage benutzte. Hier sei gleich eine Feststellung Hans Rudolf Vagets zitiert, die man bei allen Beziehungen berücksichtigen sollte:
»Es darf als ein Kennzeichen dieser umfassenden Bezugnahme auf die deutsche Kulturtradition gedeutet werden sowie der Montage-Technik, mit der diese Bezugnahme verwirklicht ist, daß praktisch alle zentralen »Stellen« der Erzählung überdeterminiert sind.«[24]

In Abwandlung eines Ausdrucks im Roman (VI, 66) handelt es sich bei dem dichten Motivgewebe des Doktor Faustus um »Mehrdeutigkeit als System«. Hinter fast jede Feststellung einer Beziehung wären also Thomas Manns Worte zu setzen: »Und auch wieder nicht« (VI, 17).

Die im Roman als Motiv so wichtige Kälte wird von Thomas Mann häufig bei Goethe hervorgehoben (IX, 316, 729). Eine noch wichtigere Gemeinsamkeit dürfte aber die Identität von Dichter und Held sein, die sich bei Goethe natürlich auch auf den Teufel erstreckt. In jener Vorlesung über den FAUST Goethes hieß es: »Wie er sich etwas später in Tasso und Antonio teilt, so teilt er sich schon hier auf großartigere Weise in Faust und Mephistopheles. Mephistopheles ist die ironische Selbstkorrektur von Goethe's Jugend-Titanismus« (IX, 601). In Thomas Manns Roman spielt der Teufel als Person keine begleitende Rolle, ist kein »versierter, weltkundiger Reisegefährte oder Reise-Marschall, [...] Vergnügungsmeister« (IX, 606), aber hier herrscht eine andere Identität, die von Leverkühn und Zeitblom. Die Teufel in beiden Werken sind verschieden, aber auch schon Goethes Teufel war stark säkularisiert, was wieder als etwas Gemeinsames gelten darf. Damit hängt wohl zusammen die ablehnend-unwillige Einstellung Fausts und Adrians zu allem Drumherum des Vertrages, wie sie sich deutlich bei der Paktschließung im Studierzimmer und dann in der Hexenküche und bei Thomas Mann im Teufelsgespräch zeigt. Nach Vaget bot Goethes FAUST, der »eminent zur Sache gehört«, in seiner »Transformation des Faust-Mythos das Modell einer Säkularisation der Gnaden-Thematik, ohne die Thomas Manns Roman kaum zu denken wäre«.[25] Es sei erlaubt, weiter Vaget zu zitieren: »Schließlich gebot das grundsätzlich diachronische Geschichtsbewußtsein des Romans eine Reflexion auf den Text, der wie kein anderer die Relevanz des Mythos für die Moderne erneuert und erweitert hat. Es darf deshalb von vornherein angenommen werden, daß der Faust-Mythos nicht nur in seiner ursprünglichen Gestalt, sondern auch in der Goetheschen Umgestaltung unerläßlich ist für eine adäquate Interpretation. Die in der älteren Literatur so ausgeprägte Tendenz, Thomas Manns Roman als Zurücknahme des Goetheschen Faust samt seiner Erlösungsthematik zu deuten oder gar die völlige Absenz des Goetheschen Textes in Thomas Manns polyphonem Roman-Konstrukt zu behaupten, ist deshalb schon vom Ansatz her zurückzuweisen.« (Vaget, 126)

Die Gnadenthematik als »voll entwickelter Subtext« wird »vornehmlich im Teufelsgespräch, in den Werken Leverkühns sowie der Esmeralda-Figur entfaltet« (Vaget, 136). In unserem Rahmen sei nur auf Klopstocks Frühlingsfeier hinge-

wiesen, auf Adrians Puppenoper über den Papst Gregor, auf die »Apocalipsis cum figuris«, diese »inständige Bitte um Seele« (VI, 501) und auf das »hohe g eines Cellos« am Ende der »Weheklag«, dieses »Licht in der Nacht« (VI, 651). Überhaupt widerspricht die »Weheklag« in vielem dem Geist des Volksbuchs, so zum Beispiel in dem Bekehrungsversuch des Nachbarn (VI, 650). Vaget ist sogar der Meinung, daß die Faustus-Kantate die traditionelle Verdammung Fausts suspendiert (Vaget, 141). Ebenso verweist die kleine Seejungfer mit ihrer schließlichen Heilsgewißheit als Tochter der Luft auf die Gnade. Ganz entscheidend ist Vagets Schlußfolgerung, daß sowohl Leverkühn als auch seinem Schöpfer »nur sein Werk als Heilsweg offensteht« (Vaget, 141). Im Zusammenhang mit der Spekulation auf die Gnade hatte ich seinerzeit den Roman als »verhüllte Bitte um Gnade« bezeichnet. In Thomas Manns Nebenschriften zum Doktor Faustus wird diese Auffassung bestätigt.

Vaget behandelt als weitere Punkte des »Gnaden-Diskurses« Adrians im Bordell in Leipzig angeschlagene Akkorde, die »Modulation von H- nach C-Dur« im Freischütz-Finale (VI, 190), »ausgerechnet die Stelle in Webers Partitur, die die Begnadung des Teufelsbündlers symbolisiert« (Vaget, 143), sowie die Frau von Tolna, die mit der Hetaera identisch ist, und deren Liebe Adrian »schon in seinem irdischen Leben […] teilhaftig wird« (Vaget, 146). Er sieht den gesamten »Esmeralda-Tolna-Komplex […] als Vorschein der Gnade, deren dieser Faust, nun doch auch vergleichbar dem Goetheschen, für würdig erachtet wird« (Vaget, 146). Die doppelte Orientierung an Faustbuch und Goetheschem Faust entspricht dem »Charakter [des Romans als] einer diachronischen Summe des Faust-Mythos« (Vaget, 147).

Auch Eckhard Heftrich kommt zu dem Schluß, daß die »Zurücknahme der Zurücknahme [...]nur in der behutsamsten Transzendierung des Schemas gelingen« konnte. »Die Erinnerungen an ›Faust II‹ mußten daher so verfremdet werden, daß sie sich ganz in die ans Volksbuch angelehnte Abschiedsrede Leverkühns einfügen.«[26] Nach Heinz Gockel ist die oben schon angedeutete Ähnlichkeit zwischen dem Goethe der Lotte in Weimar und Adrian deutlich: »Der Goethe der ›Lotte in Weimar‹ – das ist Adrian Leverkühn ganz. Das ist Thomas Manns vom Teufel besessene Künstlerfigur ganz. Es ist freilich auch Thomas Mann.«[27] Auch zu Goethes FAUST sieht Gockel zahlreiche Entsprechungen »auf verschiedenen Ebenen« (Gockel, 136) Ob man im Zusammenhang mit Goethes Helena Serenus Zeitbloms Ehefrau Helene und die gleich-namige Tochter neben die Hetaera esmeralda stellen kann (Gockel, 139), erscheint mir nur bei Mißachtung der Ebenen und Gewichtungen möglich. Die Feststellung, daß die wichtigen Figuren des Romans »Vorläufer in der Faust-Tragödie« (Gockel, 139) haben, ist sicher richtig, »und auch wieder nicht«. Die Überdeterminiertheit wird da nicht genügend berücksichtigt. Aber auch Gockel nennt einige wichtige, bis dahin nicht bekannte Beziehungen zu Goethes Faust. Dessen Vater wird nicht nur mit Leverkühns, sondern auch mit Zeitbloms Vater verglichen, weil der ja Apotheker ist und der Name seiner Apotheke »Zu den seligen Boten« auf den Tod der Patienten hinweist (Gockel, 139 f.). Die Beziehungen zwischen Echo und Euphorion werden genauer als bisher dargestellt und um Thomas Manns Lieblingsgott Hermes erweitert (Gockel, 140 f.). Etwas gesucht, aber natürlich nicht unmöglich, scheint mir Gockels Vergleich von Adrians »mittelalterlicher, nordisch-

dunkler Ideenwelt« und Zeitbloms »Antik-Südlich-Heiterem« mit dem »nordisch-mittelalter-lichen Faust [und] der südlich-antiken Helena« in FAUST II. Wenn schon, dann ist die Feststellung richtig, daß diese Verbindung »im Roman der Endzeit nur noch als Parodie erträglich« ist (Gockel, 145).

Jeder Kenner von Goethes FAUST wird in Thomas Manns Roman mehr oder weniger versteckte Zitate und Anspielungen finden. So schreibt zum Beispiel Zeitblom nach der Wiedergabe der Schleppfuß-Vorlesungen über »die dialektische Verbundenheit des Bösen mit dem Heiligen und Guten« (VI, 138): »Wir schrieben das in unsere Wachstuchhefte, damit wir es mehr oder weniger getrost nach Hause trügen« (VI, 139). Das ist gleichzeitig ein kleines Beispiel für Thomas Manns meisterhafte Einfügung und Anverwandlung von Zitaten. Auf die gleiche Schülerszene verweist auch folgender Satz: »Es hatte also seine gute geistige Rechtfertigung, daß ich [...] die Brust der Alma Mater Hallensis anzunehmen beschloß.« (VI, 117) Es ist hier nicht Raum, weitere Zitate oder Anklänge aufzuführen, die es reichlich gibt.

Viel größer allerdings ist die Zahl der Entlehnungen aus dem alten Volksbuch, das ja auch mit der lateinischen Namensform dem Roman den Namen gegeben hat, denn obgleich auf dem Titelblatt des Volksbuches die eingedeutsche Form erscheint, wird dort in 46 Kapitelüberschriften die lateinische Namensform gebraucht und nur in vier die Form »Fausten«. Was nun dieses Volksbuch angeht, hat sich die Forschung weitaus intensiver mit der Vor- und der Wirkungsgeschichte des Mannschen Faustus auseinandergesetzt als mit der HISTORIA VON D. JOHANN FAUSTEN selbst. Die rein auf den Text, die damalige Tradition und die Zeitsituation gestützte Interpretation ist

Faust in seinem Laboratorium. Radierung von Rembrandt. 2. Plattenzustand

bisher entschieden zu kurz gekommen, wenn auch das 500jährige Jubiläum verstärktes Interesse zeitigte. Dieses Mißverhältnis in der Forschung erklärt sich aus einer gewissen Geringschätzung des Volksbuches, die ihren Grund darin hat, daß – mit Barbara Könnekers Worten – »man das Volksbuch von 1587 bisher stets, bewußt oder unbewußt, am Maßstab des Goetheschen Faust gemessen, ja Goethes Faustkonzeption unwillkürlich auf den Faust des 16. Jahrhunderts übertragen und den großen, geistigen und künstlerischen Abstand, der sich dabei zwangsläufig ergeben mußte, jenem unbekannten Autor, nicht aber dem eigenen methodischen Vorgehen zur Last gelegt hat.«[28]

Schon der lange Titel des Volksbuches deutet die Dreiteilung an. Da es seit 1988 eine kritische Ausgabe in Reclams Universalbibliothek (Nr. 1516) gibt, können wir hier auf längere Zitate der Titel und Kapitelüberschriften verzichten. Im ersten Teil mit 17 Kapiteln wird Fausts Jugend und Studium erzählt, wie er den Teufel beschworen, einige Gespräche mit dem Geist »Mephostophiles«, im sechsten Kapitel der Vertrag und im achten dessen Unterzeichnung, die Dienstbarkeit des Geistes und Fausts verhinderte Heiratspläne, dann sieben Gespräche mit dem Geist, in denen sich Faust angelegentlich nach der Hölle erkundigt, aber auch danach, was der Geist tun würde, um »Gott vnnd den Menschen gefällig« (Kap. 17)[29] zu sein, wenn er ein Mensch von Gott erschaffen wäre.

Der zweite Teil erzählt von Faustus als Astrolog, von Disputationen über astronomische Fragen und die Erschaffung der Welt, von den höllischen Geistern und der Fahrt in die Hölle und von der ins Gestirn, von Fausti Reisen durch viele Länder und von weiteren Fragen sowie in zwei Kapiteln von Fragen, die an Faust gestellt werden. Mit dem 33. Kapitel beginnt »der dritt vnnd letzte Theil von D. Fausti Abenthewer was er mit seiner Nigromantia an Potentaten Höfen gethan vnd gewircket. Letzlich auch von seinem jämmerlichen erschrecklichen End vnnd Abschiedt«. Die Kapitel 33 bis 51 erzählen von den Zaubertaten Fausti, dann folgt der Bekehrungsversuch eines Nachbarn und Fausti zweite Verschreibung, noch einige Abenteuer und »Bullschaften« sowie endlich Helena als »Schlaffweib« Fausti und ihr Sohn Justus im 59. Kapitel.

Darauf »folget nu was Doctor Faustus in seiner letzten Jarsfrist mit seinem Geist vnd andern gehandelt, welches das 24. vnnd letzte Jahr seiner Versprechung war«. Dies ist nun eigentlich der vierte Teil, in dem von Fausti Testament berichtet wird, von seiner »Weheklag« und den spöttischen »Schertzreden« des Geistes, von seiner Abschiedsrede und seinem Tod. Besonders im ersten und vierten Teil sind Ansätze zu einer romanhaften Gestaltung vorhanden. Auch im Volksbuch ist eine gewisse Montagetechnik zu erkennen, denn der Verfasser hat viel aus anderen Büchern seiner Zeit übernommen, was allerdings damals durchaus üblich war. Die vielen Zaubergeschichten im zweiten und dritten Teil waren damals sicher für den Erfolg des Buches wichtig, was auch daraus zu ersehen ist, daß die schnell folgenden neuen Ausgaben weitere solcher Anekdoten hinzufügten. Einige dieser Geschichten sollten in der Faust-Tradition Bedeutung erlangen, so z.B. die Abenteuer am Kaiserhof, die hervorgezauberte Helena und der ausgegrabene Schatz.

Theologisch-konfessionell gesehen ist das Buch streng lutherisch und betont die alleinige Rechtfertigung durch den

Glauben, weshalb denn auch das Verstoßen gegen das erste Gebot die größte Sünde war. Hier sei eine Hypothese zum Zweck und zur Tendenz des Volksbuches angeführt, die einmal den Roman, denn so nennt Gustav Milchsack das Volksbuch, besser zu würdigen weiß und zum andern die Frist von 24 Jahren erklärt.[30] Milchsack, der 1892 die Wolfenbütteler Handschrift herausgab, betrachtet das Volksbuch als einen in allen Teilen sehr bewußt gestalteten Roman, in dem »nicht mehr eine Sammlung von Faustsagen, sondern eine frei selbständige Dichtung erblickt werden müsse«. Da sich die Bemühungen Fausts, zum Glauben zurückzulangen, auf Luthers Rechtfertigungslehre zuspitzen, vermutet Milchsack hinter Faust Melanchthon, der nach damaliger Meinung Luthers Rechtfertigungslehre bestritt. Das sei auch der Grund, warum das Buch in Wittenberg spiele. Auch die im Volksbuch – aber nicht in der Sage – mehrfach genannte Paktdauer paßt nach Milchsack zu Melanchthons Leben: seit 1536 habe er verkündigt, daß auch die guten Werke zur Rechtfertigung nötig seien, und 1560 ist er gestorben. Diese Hypothese ist nur leichthin abgetan worden, so bei Hans Henning, aber wohl nie gründlich geprüft worden. Und da geht es ja nicht darum, was Melanchthon wirklich glaubte, sondern was man ihm oder den Philippisten vorwarf.

Aus Könnekers Interpretation des Volksbuches[31] seien hier nur einige Punkte herausgegriffen, die auch im Hinblick auf Thomas Manns Roman interessant sind. Es entspricht der Verteilung der Übernahmen im Roman, wenn hier der erste und der vierte Teil als die äußerlich stoffärmsten, aber innerlich »ereignis- und spannungsreichsten Abschnitte des Volksbuches« (Könneker, 173) bezeichnet werden. Wenn dann als Gründe für den Abfall Fausts seine Vorzüge genannt werden, nämlich die überragende Intelligenz und der Hochmut in Verbindung mit Verstocktheit, haben wir die Voraussetzungen des Teufelspaktes bei Adrian Leverkühn (Könneker, 175). Nicht das Vordringen in verbotene Wissenbereiche werde im Volksbuch verdächtigt, sondern die Vernunft ohne Glauben an Gott, von dessen Gnade der Mensch allein abhängig ist (Könneker, 176). Die Verfasserin verfolgt die geschickt dargestellte Verführung besonders im dritten Kapitel mit den rätselhaften Versen, die nur die Funktion haben, »in Fausts Seele Verwirrung zu stiften und ihm zugleich, in vorsichtigen Dosierungen zunächst, jenes Gift einzuimpfen, an dem er zugrundegehen wird, nämlich das dumpf lastende Bewußtsein, daß er unter einem Zwang stehe, der ihn zur Hölle bestimmt« (Könneker, 185). Die Helena-Episode als Endpunkt in Fausts Entwicklung verdient Beachtung, denn in Helena liebe Faust den Satan und in ihrer Schönheit umarme er das Grauen und die Schrecken der Hölle (Könneker, 204). Die Weheklag wiederum zeige, wie das eigene Gewissen zum grausamsten Rächer und Richter werde (Könneker, 205). In den letzten Kapiteln verwandele sich Faust in eine wenigstens ansatzhaft tragische Gestalt und zeige Spuren einer menschlichen Größe, die ihm bislang völlig gefehlt hatte (Könneker, 207). Die Weheklag sei geeignet, im Leser Mitleid und Erschütterung hervorzurufen, wie denn überhaupt der Autor sich im letzten Kapitel offensichtlich von einer inneren Anteilnahme am Schicksal seines Helden überwältigen lasse (Könneker, 210). Der entscheidende Unterschied der Faustkonzeption des Volksbuchautors im Vergleich mit der späterer Jahrhunderte bestehe nicht darin, daß Faust im Volksbuch verdammt werde, sondern daß

Wissenschaftsreportage von R. D. Potter in »The American Weekly« vom 19. März 1944;
mit Anstreichungen Thomas Manns

seine Verdammnis zwangsläufig und unabwendbar sei (Könneker, 211). Im Durchblick auf Thomas Manns Roman erreicht diese Interpretation eine zuweilen erstaunliche Stimmigkeit – um auch dieses Lieblingswort Thomas Manns zu gebrauchen.

Günter Müller hat darauf hingewiesen, »daß sein [d.h. des Volksbuches] Bild von den kosmischen Räumen und von den Ländern der Erde aus Schriften entlehnt ist, die von den neuen naturwissenschaftlichen Entdeckungen noch gänzlich unberührt sind«.[32] Damit sollte eigentlich der so lange überbetonte Forschungsdrang schon von Anfang an als etwas Hineininterpretiertes deutlich geworden sein. Aber jede Zeit oder Ideologie sucht Bestätigung in noch so kleinen Textfragmenten, die dann natürlich bei der Deutung und Bewertung in den Mittelpunkt gerückt werden.

Von den Übereinstimmungen und Beziehungen des Romans DOKTOR FAUSTUS mit dem Volksbuch von 1587 sollen zunächst die sprachlichen Zitate behandelt werden. Hier ist zu beachten, daß viele sprachlich oder orthographisch auffällige Zitate auch aus anderen und zeitlich abweichenden Quellen stammen. Ihr zeitlicher Rahmen erstreckt sich etwa vom 13. Jahrhundert bis zur Mitte des 17. Jahrhunderts. Wir nennen nur als wichtigste Freidanks BESCHEIDENHEIT, den HEXENHAMMER, Luthers Briefe, das ROLLWAGENBÜCHLEIN, ferner Schwänke des 16. Jahrhunderts und schließlich Grimmelhausens SIMPLICISSIMUS. Stofflich wären zu nennen Hartmann von Aues GREGORIUS und die GESTA ROMANORUM.[33]

Eine Liste von Zitaten aus dem Volksbuch (etwa neun Seiten in meiner Untersuchung) kommt auf über hundert

— 40 —

schmähenden Worte, mit denen sie ihm gedroht, immer im Verdacht gehabt hatte, sie müßte ihn behext haben, so traf es sich, daß sie in ihrer Krankheit zu ihm schickte, um zu beichten. Obwohl der Priester grob sagte, sie solle dem Teufel, ihrem Meister, beichten, so ging er doch auf die Bitten seiner Mutter, mit den Armen auf zwei Bauern gestützt, nach ihrem Hause und setzte sich zu Häupten des Bettes, in welchem die Hexe lag. Die beiden Bauern wollten von außen am Fenster horchen, ob sie die dem Leutpriester angetane Hexerei beichtete. Die Stube war nämlich zu ebener Erde. Nun traf es sich, daß, wenn jene auch während der Beichte mit keinem Worte ihre Hexentat erwähnte, sie doch nach Vollendung der Beichte sagte: „Weißt du auch, Pfaff, wer dich behext hat?" Und als er mit freundlichem Tone sagte, er wißte es nicht, fuhr sie fort: „Du hast mich behext (aus dem und dem Grunde, wie oben gesagt ist)". Als nun jener um Befreiung bat, sagte sie: „Siehe, die gesetzte Zeit ist gekommen, und ich habe zu sterben; doch ich will es so einrichten, daß du wenige Tage nach meinem Tode geheilt wirst". Und so geschah es. Sie starb an dem vom Teufel bestimmten Tage, und der Priester fand sich dreißig Tage danach in der Nacht aus einem Kranken wieder gesund geworden. — Der Priester heißt Pfaff Häßlin, jetzt in der Diözese Straßburg.

Ähnliches ereignete sich in der Diözese Basel, auf dem Gute Buchel, nahe bei der Stadt Gewyll. Ein Weib, das endlich gefangen und eingeäschert worden, hatte sechs Jahre lang einen Incubus im Bette gehabt, sogar an der Seite ihres schlafenden Mannes; und zwar dreimal in der Woche, am Sonntag, Dienstag, und Freitag, oder einem noch heiligeren Zeiten. Sie hatte aber dem Teufel ihre Huldigung so dargebracht, daß ihm nach sieben Jahren

— 41 —

mit Leib und Seele anheimgefallen wäre. In seiner Liebe rettete Gott jedoch: denn im sechsten Jahre eingefangen und dem Feuer übergeben, hat sie ein wahres und ganzes Geständnis abgelegt und wird wohl von Gott Verzeihung erlangt haben, denn sie ging gar willig in den Tod mit den Worten, daß, wenn sie auch loskommen könnte, sie doch lieber den Tod wünschte, wenn sie nur der Macht des Dämons entginge.

Von der Art, wie die Hexen von Ort zu Ort fahren.
Kapitel 3.

Nun ist es aber von den Zeremonien und Arten zu sprechen, wie sie bei ihren Taten zu Werke gehen; und zwar zuerst von dem, was sie für sich und die eigene Person tun; und weil körperlich von Ort zu Ort zu fahren wie auch fleischliche Unflätereien mit dem Incubi zu treiben zu ihren Handlungen gehört, so werden wir über diese Einzelheiten einiges herleiten, und zwar zunächst von ihrer körperlichen Ausfahrt. Hier ist zu bemerken, daß dieses Ausfahren eine Schwierigkeit bietet, wie öfters gesagt ist, wegen einer Stelle der Schrift, nämlich XXIV, 5, Episcopi: ex concil. Acquir.: „Es ist nicht zuzulassen, daß verbrecherische Weiber, die sich dem Satan ganz und gar ergeben, durch Täuschung der Dämonen und ihre Wahnvorstellungen irregeleitet glauben und erklären, daß sie zu nächtlicher Stunde mit der Diana, einer Heidengöttin, oder mit der Herodias und unzählig vielen Weibern auf gewissen Tieren ritten

Textseite aus der Hexenhammer-Übersetzung von J. W. R. Schmidt von 1906; mit Anstreichung Thomas Manns betreffend „Gut Buchel"

›Stellen‹, wobei die Einheit ›Stelle‹ oder ›Zitat‹ nicht eindeutig zu bestimmen oder abzugrenzen ist. Wenn man die Zitat-Wiederholungen berücksichtigt, ergeben sich insgesamt 150 Stellen, von denen ziemlich genau die Hälfte von Leverkühn gebraucht wird, 44 davon in seiner Oratio im 47. Kapitel. Etliche stammen aus Band 5 des KLOSTERS oder sind auch von dort erklärbar. Es dürfte Thomas Mann genehm gewesen sein, für Zitate auf mehrere Quellen zurückgreifen zu können. Häufig in mehreren Quellen vorkommende Wörter wie »erstlich«, »gewißlich«, »item«, »männiglich« und »verhoffen« sind in der Liste nicht verzeichnet. Ergänzungen sind sicher möglich, und die Zahlen sind also mit der gebotenen Vorsicht zu betrachten.

Noch schwieriger als die Zitate sind die Anklänge zu bestimmen. Wenn es von Nikolaus Leverkühn heißt : »Durchaus hielt er Adrian […] wie seinen eigenen Sohn « (VI, 56), dann fühlt man sich erinnert an das erste Kapitel des Volksbuches, wo wir lesen: «ja sein Vetter […], welcher D. Fausten aufferzogen, vnd gehalten wie sein Kind«. Schleppfuß berichtet von einem Weibe: »Sie hatte dem Teufel dergestalt Promeß gemacht« (VI, 137). Hier müssen wir natürlich an den Ausdruck »Promission machen« denken (Kap. 5), vor allem, weil im HEXENHAMMER bei der kurzen Wiedergabe dieser Geschichte, die sich auf einem Gut Buchel (!) ereignet haben soll, dieser Ausdruck nicht gebraucht wird.

Aber zurück zu den Volksbuch-Zitaten, von denen Zeitblom 22 verwendet, anfangs ganz allgemein auf frühere Zeiten hinweisend, später auf Adrians Ausdrucksweise und im 46. Kapitel direkt auf das Volksbuch. Auf »Ihn«, also den Teufel, entfallen im Gespräch des 25. Kapitels 43 Stellen, während Adrian darin nur 19mal das Volksbuch zitiert. Dem kleinen

Doktor Faustus mit geflügelten Ungeheuern, 18. Jh.

Echo sind zwei Zitate in den Mund gelegt. Die restlichen gebrauchen der Lehrer in Oberweiler, der Direktor des Gymnasiums in Kaisersaschern, Professor Kumpf und Chaim Breisacher. Selbstverständlich enthalten die Kapitel mit dem Teufelsgespräch in Palestrina (62 Zitate) und Adrians Oratorio im 47. Kapitel (44 Zitate) die meisten Übereinstimmungen. Wenn man sogar die Zahl der Einzelwörter, ohne Artikel, zählt, erreicht Adrians Oratio einen weit höheren Wert (etwa 270) als das Teufelsgespräch (etwa 230). Zur Bestimmung der Zitat-Dichte müssen auch die Seitenzahlen herangezogen werden. Während im 25. Kapitel 62 Stellen mit ca. 230 Worten sich auf 36 Seiten verteilen, kommen im 47. Kapitel 44 Stellen mit ca. 270 Worten auf zehn Seiten. Von insgesamt etwa 710 Einzelwörtern kommen etwa 420 in den Romankapiteln 43 bis 47 vor. Davon sind etwa 130 als aus dem Volksbuch stammend mehr oder weniger deutlich gekennzeichnet.

Aufschlußreich ist natürlich auch die Verteilung der entlehnten Stellen auf die

68 Kapitel des Volksbuches. Die Kapitel 1 und 6 (also Geburt und Studien sowie Text der Verschreibung) stehen mit je 15 Stellen an der Spitze. Es folgt mit zwölf Stellen das Kapitel 65 (»Wie der böse Geist dem betrübten Fausto mit seltzamen spöttischen Schertzreden und Sprichwörtern zusetzt«). Aus dem Schlußkapitel 68 mit der Oratio Fausti stammen neun Stellen. Dann folgen mit jeweils sechs Stellen die Kapitel 16 (»Ein Disputation von der Hell«), 52 (»Von einem alten Mann, so D. Faustum von seinem Gottlosen Leben abgemahnt vnd bekehren wöllen«) und 2 (»Doct. Faustus ein Artzt, vnd wie er den Teuffel beschworen hat«). Die anderen Kapitel, die mit mehr als einer Stelle im Roman vertreten sind, seien hier nur in der Reihenfolge ihrer Zitaten-Repräsentanz aufgeführt: 5 (5), 12, 25 (4), 8, 10, 63 (3), 23, 24, 53, 64, 67 (2). Auch die Berücksichtigung der Zitatlänge verschiebt das Verhältnis nur geringfügig zugunsten von Kapitel 68. Am meisten hat Thomas Mann also auf Fausts Jugend, Studium, Verschreibung, auf die Hölle, auf den Bekehrungsversuch des Nachbarn und auf Klage, Verspottung und Ende angespielt.

Mehrfach wiederholte Zitate sind – um wenigstens einige Beispiele zu nennen: »die Elementa spekulieren«, »von der Hellen und ihrer Spelunck«, »die Heilige Schrift unter die Bank zu legen«, »Weistu was so schweig«, während etwa 15 Zitate einmal wiederholt werden. Allgemein kann man über Aufgabe und Zweck der sprachlichen Entlehnungen aus dem Volksbuch sagen, daß sie zunächst deutlich die Absicht des Autors kundtun, in der Faust-Tradition an den Anfang zurückzugehen. Ferner sind die zum weitaus größten Teil von Adrian und dem – oder sollen wir lieber sagen ›seinem‹ – Teufel gebrauchten Zitate ein Mittel der Charakterisierung, mit dem die sich steigernde Identifikation des Helden mit jenem Faustus des Volksbuches angedeutet wird. Und nicht zuletzt haben die Zitate aus dem Volksbuch in ihrer sich auf hauptsächlich zwei bis drei Kapitel konzentrierenden Verteilung zweifellos eine gliedernde und über weite Zwischenräume verbindende Funktion. Besonders evident ist diese Art von Klammerbildung zwischen dem 25. und dem 47. Kapitel. In weniger deutlicher Form läßt sie sich zwischen dem 15. und dem 25. Kapitel erkennen. Interessant ist abschließend noch die Feststellung, daß zwischen dem 25. und dem 47. Kapitel ganze 14 Kapitel ohne festgestellte Entlehnungen aus dem Volksbuch liegen. Betont werden muß die überaus große Mühe, die sich Thomas Mann mit diesen Entlehnungen gegeben hat, und das in einem Roman, der ja nicht das Leben jenes Johann Faust erzählt.

Nun ist noch zu prüfen, wie diese sprachlichen Übereinstimmungen mit den stofflichen korrespondieren. Ein von der Kenntnis des Voksbuches völlig unbelasteter Leser des Romans wird über Leben und Schicksal jenes Dr. Johann Faustus nicht viel mehr erfahren als in den Zitaten im Kapitel 46 über die Kantate »Dr. Fausti Weheklag« gesagt. Höchstens hört er noch von »jener Episode, wo Faust Helena heraufruft, die ihm einen Sohn gebären wird« (VI, 647), was wiederum keineswegs dem Volksbuch entspricht, dessen Kapitel 59 lautet:

»Damit nun der elende Faustus seines Fleisches Lüsten genugsam raum gebe, fällt jm zu Mitternacht, als er erwachte, in seinem 23. verloffenen Jar, die Helena auß Grecia, so er vormals den Studenten am Weissen Sonntag erweckt hat, in Sinn, Derhalben er morgens seinen Geist anmanet, er solte jm die Helenam darstellen, die seine Concubina seyn möchte, welches auch geschahe, vnd diese Helena war ebenmässiger Gestalt, wie er sie den Studenten erweckt hatt, mit lieblichem vnnd holdseligem Anblicken. Als nun Doct. Faustus solches sahe, hat sie jhm sein Hertz dermassen gefangen, daß er mit jhr anhube zu Bulen, vnd für sein Schlaffweib bey sich behielt, die er so lieb gewann, daß er schier kein Augenblick von jr seyn konnte, Ward also in dem letzten jar Schwangers Leibs von jme, gebar jm einen Son, dessen sich Faustus hefftig frewete, vnd jhn Justum Faustum nennete. Diß Kind erzelt D. Fausto vil zukünfftige ding, so in allen Ländern solten geschehen. Als er aber hernach vmb sein Leben kame, verschwanden zugleich mit jm Mutter vnd Kindt.«

Dieses Kapitel soll zeigen, welche Verwandlung und Erhebung Goethes Helena-Akt in FAUST II bedeutet, und wie Adrian in seiner Vorstellung den Tod Nepomuks danach deutet. Wir sehen auch, daß eine Behandlung der stofflichen Beziehungen des Romans zum Volksbuch von diesem auszugehen hat. Daß der Verfasser – oder nur der Erzähler Zeitblom? – die Kenntnis der HISTORIA VON D. JOHANN FAUSTEN voraussetzt, geht aus den einleitenden Worten vor der Schilderung im Kapitel 46 hervor: »Man erinnert sich ja, daß in dem alten Volksbuch, das Leben und Sterben des Erzmagiers erzählt, und […]« (VI 645 f.). Wenn man das vom Leser auch kaum erwarten darf und der Roman auch ohne die bewußte Verknüpfung mit dem Volksbuch lesbar und verständlich ist, darf eine gewisse Vorstellung von Faust und Teufelspakt wohl vorausgesetzt werden. Nach Goethes Faust und seinem Schluß ist natürlich das tragische Ende des alten Faustus keine selbstverständliche Lesererwartung.

Im Lebenslauf der beiden Protagonisten gibt es eine Reihe von Übereinstimmungen, die bei Thomas Mann allerdings häufig auch anders erklärt werden können. Im ersten Kapitel des Volksbuches erfahren wir, daß Doktor Faustus der Sohn eines Bauern war, der Freunde in Wittenberg hatte und der dort von einem Vetter, einem wohlhabenden Bürger, der selbst kinderlos war, wie ein eigenes Kind gehalten und auferzogen wurde. Der Erzähler sagt von diesem Onkel, »daß er den Bruder auf Buchel wohl für das Schuldgeld aufkommen ließ, für Losament und Verpflegung aber nichts nahm« (VI, 56). Das dem Volksbuch entnommene »Losament« (Kap. 1) soll wohl eine kleiner Hinweis auf die Quelle sein, die ja erst im 46. Romankapitel genannt wird. Adrians »die elementa spekulierender« Vater hat kein Vorbild im Volksbuch, wohl aber – wie schon erwähnt – in Goethes FAUST. Des Kindes »trefflich ingenium vnnd memoriam« (Kap. 1) wird auch im Roman, zum Teil sogar mit Worten des Volksbuches, hervorgehoben: »denn ein so gelerniger und geschwinder Kopf sei ihm […] noch nicht vorgekommen« (VI, 48; Kap. 1). Das Studium der Theologie ist eine weitere Übereinstimmung, von dem noch zu reden sein wird. Das Teufelsgespräch im 25. Kapitel läßt sich nur allgemein den Disputationen des Volksbuches zuordnen, auf die es mit Zitaten auch verweist. Höllenfahrt und Fahrt ins Gestirn, der Heiratswunsch des Helden, Helena und schließlich das »greuwliche vnd erschreckliche Ende« sind weitere Beziehungen zum Volksbuch, die sich allerdings meist nur auf einer mythisch-symbolischen Ebene nachvollziehen lassen. Die wichtigste Beziehung des Romans zum Volksbuch ist ja Adrians durch Anlage und Infektion sich langsam steigernde Identifikation mit jenem Faustus. So ergeben sich manche, äußerst bewußt gestaltete Beziehungen erst außerhalb des realen Bereichs.

Von den wirklich zahlreichen Einzelheiten lassen sich hier nur Beispiele anführen. Das Theologie-Studium ist durch ein Bedürfnis nach Selbstbestrafung motiviert: »weil ich mich demütigen, mich beugen, mich disziplinieren, den Dünkel meiner Kälte bestrafen wollte, kurz, aus contritio«, wie er an Kretzschmar schreibt (VI, 175). Genau das Gegenteil tritt ein, und Adrian legt »die Heilige Schrift unter die Bank« (VI, 184), wie er es mit den Worten des Volksbuchs (Kap. 1) ausdrückt. Besonders die Schleppfuß-Vorlesungen infizieren ihn mit den Vorstellungen von Schuld und teuflischer Verworfenheit und bereiten ihn nicht auf das Teufelsbündnis vor, sondern auf die extrem intensive Vorstellung eines solchen.

Die Rolle der Zauberei im Volksbuch als Ausdruck des Abfalls und der Teufelsverfallenheit spielt in Thomas Manns Roman die Musik. Da hat das Volksbuch kaum etwas zu bieten, außer einigen wenigen Stellen, die denn auch im Roman benutzt werden, vor allem in Adrians Bekenntnisrede im 47. Kapitel. Im Volksbuch erklingen dem Faustus »lieblich Instrument«, »also daß D. Faustus nicht anderst gedachte, dann er wer im Himmel, da er doch bey dem Teuffel war« (Kap. 8), was Adrian fast wörtlich wiederholt, bis auf die Schlußwendung, die bei ihm lautet: »daß ich hätte glauben mögen, im Himmel zu sein, wenn ich's nicht anders gewußt hätte« (VI 665). Die Dämonisierung der Musik und des künstlerischen Schaffens ist im Roman in enge Verbindung gebracht mit der unheiligen Inspiration, die durch Teufelsbund und Krankheit zweideutig erklärt wird.

Der mit Fausti Blut geschriebene Vertrag des Volksbuches wird im Teufelsgespräch des Romans fast zur Hälfte zitiert (VI, 331; Kap. 6). Der »Realisierung« des Teufelspaktes im Roman kommt es natür-

lich gelegen, daß auch Adrians Vertrag gewissermaßen mit dem Blut geschrieben wird. Aber der ganze Komplex der gewollten Infizierung und Krankheit bis zur Idee des Selbstopfers gehört nicht zu den Beziehungen mit dem Volksbuch. Eine Funktion der Krankheit im Roman ist es, Adrians krankhafte Vorstellung vom Teufelspakt wenigstens teilweise medizinisch zu erklären. Auch die Vertragsdauer von 24 Jahren stimmt mit dem Volksbuch überein. Merkwürdigerweise treffen diese vierundzwanzig Jahre auch für Nietzsche zu, allerdings nur, wenn der Zeitpunkt seiner Infizierung in die Leipziger Zeit gelegt wird.

Im Teufelsgespräch zeigen sich bei der Bescheibung der Hölle Übereinstimmungen, wie zum Beispiel »Schand, Spott vnd Hohn« (Kap. 16) der Verdammten sowie die extreme Kälte und Glut (VI, 329), die im Volksbuch im selben Kapitel zur Sprache kommt: »Die Verdampten werden auch klagen vber die vnleidenliche Kälte, vber das vnausleschliche Feuer«. Wichtig ist auch die gleiche Motivation der Fragen nach der Hölle, die der Teufel bemerkt: »Du versuchst, mich auszufragen, um dir bange machen zu lassen, bange vor der Hölle. Denn der Gedanke an Umkehr und Rettung, an dein sogenanntes Seelenheil, an Rückzug von der Promission lauert bei dir im Hintergrunde« (VI, 328). Im Volksbuch heißt es im 16. Kapitel: »Es Träumete jme, wie man pfleget zu sagen, vom Teuffel oder von der Hellen, das ist, er gedachte was er gethan hatte, vnd meynet jmmrdar durch offt vnd viel disputieren, Fragen vnd Gespräch mit dem Geist, wölle er so weit kommen, daß er einmal zur Besserung, Rew vnd Abstinentz gerathen möchte, Aber es war vergebens, denn der Teuffel hatt jn zu hart gefangen.«

Ein anderes gemeinsames Motiv ist das Verbot zu lieben, das indirekt schon

Doctor Fausti Weheklag; Seite 206/07 des Nachdruckes des Faust Romanes von 1587

im Vertrag des Volksbuches enthalten war: »Zum dritten, daß er allen Christgläubigen Menschen wölle feind seyn« (Kap. 4). Später wird Faustus vom »Teuffel Leibhafftig«, also » Mephostophiles'« oberstem Vorgesetzen, von seinen Eheplänen abgebracht. Im Roman müssen, wenigstens in Adrians Vorstellung, Rudi Schwerdtfeger und der kleine Nepomuk die Übertretung dieses Verbotes mit dem Leben bezahlen. Hier geht übrigens seine Identifikation mit dem Volksbuch-Faustus über die Tradition hinaus, denn die kennt keine Fälle solcher Bestrafung, es sei denn, man denkt an Goethes Gretchen.

Im 17. Jahr lädt nach dem Volksbuch ein Arzt und Nachbar Faustus zu sich ein, um ihn »von seim Teuffelischen Gottlosen wesen vnd fürnemmen abzumahnen« (Kap. 52). Das gelingt nicht – obwohl Faustus fast schon zur Buße bereit ist – weil der Geist diesem mit Drohungen zusetzt und ihn sogar zwingt, die Verschreibung zu erneuern. Das siebzehnte Jahr würde im Roman auf Fitelbergs Besuch hinweisen, und Fitelberg trägt ja unverkennbar Züge eines Versuchers. Aber dieses »Komödienpendant des Teufels von Palestrina«[34] fügt sich schlecht in die Beziehungen zum Volksbuch. In der Beschreibung der »Fausti Weheklag« erscheint die »Szene mit dem guten alten Arzt und Nachbar, der Fausten zu sich lädt, um einen fromm bemühten Bekehrungsversuch an ihm zu machen, und der in der Kantate mit klarer Absicht als eine Verführerfigur gezeichnet ist« (VI, 650). In den Vertragsbedingungen des Volksbuches heißt es: »Zum fünfften, daß er sich nicht wölle verführen lassen, so jhne etliche wöllen bekehren« (Kap. 4). Für eine Beziehung zum Volksbuch spricht im Roman im folgenden Satz der Hinweis auf die Versuchung Jesu durch Satan, die auch in der Fitelberg-Szene anklingt (VI 530).

Das Helena-Kapitel des Volksbuches (Kap. 59) findet im Roman eine Entsprechung in Adrians Vorstellung von seiner Verbindung mit der kleinen Seejungfrau, der er den Namen Hyphialta gibt, der nach dem KLOSTER-Band 5 (198) [,] einen »succubus« oder »Buhlteufel« bezeichnet. Den kleinen Nepomuk deutet Adrian schließlich als das Söhnchen, das Hyphialta ihm »gezehlt« (VI, 663) habe, welches Verb ebenfalls aus dem KLOSTER-Band stammt (105). Das »heilig Knäbchen, holdselig (vgl. Kap. 59 des Volksbuches) außer aller Gewohnheit und wie von weiter und alter Landsart hero« (VI, 663; Kap. 44) wird vom Teufel mit Adrians Augen umgebracht. Diese Vorstellung von den körperlich schädigenden Wirkungen »einer unreinen Seele durch den bloßen Blick« (VI, 149) hat er aus den Schleppfuß-Vorlesungen. Wenn wir Schleppfuß als eine Gestalt des Teufels betrachten, bedeutet das, daß Adrians Vorstellungen von Schuld und Verdammtheit auch ein Werk des Teufels sind.

Während in Goethes FAUST der Famulus Wagner, »der trockne Schleicher«, gleich zu Beginn auftritt, wird über sein Vorbild Christoph Wagener im Volksbuch nur kurz in den Kapiteln 9 und 11 gesprochen und dann erst genauer im Kapitel 60. Ihm vermacht Faustus sein Eigentum, denn er nannte diesen Schüler seinen Sohn. Faust verschafft ihm auch einen eigenen Geist, mit dem er aber erst nach Fausti Tod einen Vertrag schließen kann. Folgende Stelle aus dem Kapitel 61 ist interessant: »Darneben bitte ich, daß du meine Kunst, Thaten, vnd was ich getrieben habe, nicht offenbarest, biß ich Todt bin, alsdenn wöllest es auffzeichnen, zusammen schreiben, vnnd in eine

Historiam transfferiren, dazu dir dein Geist vnd Auwerhan helffen wirt, was dir vergessen ist, das wirdt er dich wider erjnnern, denn man wirdt solche meine Geschichte von dir haben wöllen.« Das ist ja das, was der Erzähler Zeitblom tut, freilich ohne Hilfe eines Geistes und Auerhahns – obwohl der Leser sich mitunter fragen muß, ob es mit rechten Dingen zugeht, wenn er von Geschehnissen detailliert berichtet, die er nicht direkt miterlebt hat. Zeitblom ist auch insofern der Famulus Adrians, als er und kein anderer den schriftlichen Nachlaß vermacht bekommt, womit Adrian zweifellos den Gedanken einer Biographie verbunden hat.

Im 43. Kapitel des Romans sieht der Erzähler Zeitblom bei Adrian – der gerade mit Hilfe seines »Geistes und Auerhahns« (VI, 608) eine Phase höchster Produktivität erlebt, auf einem Notenblatt die Worte »Diese Trawrigkeit bewegte Doctor Faustum, daß er seine Weheklag auffzeichnete« (VI, 608). War das Volksbuch bis dahin ein Werk prägender Kraft in Adrians Vorstellungen, wird es nun genannt und dann in der Beschreibung der Kantate ausführlicher herangezogen. Die Weheklag im Volksbuch umfaßt die drei Kapitel 63, 64, und 66. Sie enthalten außer einem einleitenden Satz – den Zeitblom zur Hälfte auf Adrians Notenpapier sah – nur Klagen über den frühen Tod, die Hoffnungslosigkeit und die kommende Verdammnis. Es ist nun bemerkenswert, daß Adrian, der sich das Buch »mit wenigen entschlossenen Griffen zur Unterlage seiner Sätze zurechtgefügt hat« (VI, 646), weit über diese Kapitel hinausgreift. Er verwendet – soweit wir das aus der Beschreibung des Erzählers erfahren – für seine Kantate folgende Kapitel des Volksbuches: Bekehrungsversuch des Nachbarn (52), Helena (59), »Diese Trawrigkeit« (63), das zweite Kapitel der Klage (64) sowie die »spöttischen Schertzreden« (65). Aus der »Oratio Fausti ad Studiosos« (68) kommt der zentrale Satz der Kantate »Dann ich sterbe als ein böser vnnd guter Christ«, nicht also aus der eigentlichen Weheklag. Aus diesen Klagekapiteln sind nur zwei Sätze als vertont genannt, während einer aus dem Kapitel mit den »spöttischen Schertzreden« und zwei aus der Oratio stammen. Das hat wohl seinen guten Grund, denn Adrian muß der gefaßte Faust der Oratio viel mehr zusagen als der von Furcht besessene der Klagekapitel. In der »Oratio ad Studiosos« stellen offensichtlich das letzte gemeinsame Mahl, der Johannstrunk und die Aufforderung, mit Ruhe zu schlafen, Anspielungen auf die Leidensgeschichte Jesu dar. Adrians Christus-Züge gehören in den größeren Sinnbereich des Selbstopfers.

Das Kapitel 65 des Volksbuches ist mit seinen »seltzamen spöttischen Schertzreden vnd Sprichwörtern« gleichsam der Triumpfgesang des Geistes » Mephostophiles «. Vier Verse daraus finden sich in der Faust-Kantate. Vom Geist dieses Kapitels ist aber sehr viel ins Teufelsgespräch eingegangen, was bestätigt wird durch einige Zitate. Thomas Manns Teufel ist sich seines Erfolges sicher, und er kann deshalb seinem Opfer gegenüber schon früher diesen Ton anschlagen. Im Volksbuch ist aller Spott des Teufels für dieses Kapitel am Ende aufgespart, das in Anbetracht der auslaufenden Zeit grausam genug ist. Im Teufelsgespräch des Romans sind die Gewichte etwas gleichmäßiger verteilt. Auch Adrian spottet zuweilen über den Teufel, besonders deutlich in der Antwort auf das Liebesverbot: »Nicht lieben! Armer Teufel! Willst du dem Ruf deiner Dummheit Ehre machen und dir selbst ein Schellen anhängen als einer Katzen, daß du Geschäft und Versprechen gründen willst auf einen so

nachgiebigen, so verfänglichen Begriff wie – Liebe?« (VI, 331). Im Volksbuch spricht die Worte von der Katze und der Schelle der Teufel (Kap. 65).

In den beiden letzten Kapiteln des Volksbuches lädt Faustus an seinem letzten Tag seine vertrauten Gesellen in ein Dorf zu einer Mahlzeit ein und bittet sie nach diesem Morgenmahl »mit jme zu Nacht [zu] essen, vnd dise Nacht vollendt bey jhme [zu] bleiben« (Kap. 67). Nach dem Nachtessen und dem »Schlafftrunck« nimmt er in einer längeren Rede von ihnen Abschied. Er bekennt sein Bündnis mit dem Teufel, richtet Grüße an die Seinen, bittet wegen möglicher Beleidigungen um Verzeihung und ermahnt sie, Gott vor Augen zu haben und fleißig in die Kirche zu gehen usw. Diese christliche Ermahnung nimmt ebenso viel Raum ein wie das eigentliche Bekenntnis seines Teufelsbundes. Dann folgt die Stelle, wo er seine freundliche Bitte äußert, sie wollten sich zu Bett begeben, ruhig schlafen und sich nichts anfechten lassen, auch wenn sie Lärm hören würden. Hier erklärt er seinen Satz »Dann ich sterbe als ein böser vnnd guter Christ« so, daß er gerne dem Teufel den Leib lasse, wenn er ihm nur die Seele zufrieden lasse. Die Freunde fordern ihn auf, noch in der letzten Stunde Gott anzurufen und um Gnade zu bitten. »Das sagte er jnen zu, er wolte beten, es wolte jhme aber nit eingehen, wie dem Cain, der auch sagte: Seine Sünden weren grösser, denn daß sie jhme möchten verziehen werden. Also gedachte er auch jmmerdar, er hette es mit seiner Verschreibung zu grob gemacht.« (Kap. 68) Das Schuldbewußtsein ist stärker als der Wunsch nach Rettung der Seele.

Bei Adrian vollzieht sich im letzten Kapitel des Romans ein zweiter Durchbruch, nämlich der zur sprechenden Klage. Es ist die Wiederholung der Klage der Kantate in Worten und vor den Menschen. Des Faustus Aufforderung an seine Freunde, ruhig zu schlafen und sich nichts anfechten zu lassen, die Adrian in seiner Kantate vertont als Sinnverkehrung des »Wachet mit mir«, wird vom Erzähler in den ersten Sätzen des 47. Kapitels mit dem Hinweis auf das Verlangen nach mitmenschlichem Beisein zurückgenommen. Die Szene von Adrians Rede ist beherrscht von der Spannung zwischen tiefstem, wenn auch verfremdetem Bekenntnis und der vorherrschenden Verständnislosigkeit. Der Faust des Volksbuches findet mit seinem Bekenntnis die Aufnahme, die ein Mensch in einem solchen Fall erhoffen kann. Adrians Tragik besteht darin, im Moment des Aufschrei kein entsprechendes Echo zu finden. Seine Worte sind auch in dem Maße von der Identifizierung mit dem Sünder Faustus bestimmt, daß die Hörer es höchstens als Kunst auffassen können. Adrians mythische Identifikation hat in der Rede jene Intensität erreicht, von der Thomas Mann in seinem Freud-Vortrag 1936 sprach. Die ganze Rede ist Zitat und Adrian müßte eigentlich auch sagen: »Ich bin's« (IX, 496).

Viele zentrale Motive des Romans sind irgendwie auch mit dem Volksbuch verknüpft. Das schon erwähnte »ingenium«, die Hoffart, der Abfall von Gott, die Kälte, das Lachen, das Spekulieren, die Verzweiflung als Hybris, das Stundglas und der Hund Prästigiar-Kaschperl, alle diese weisen Verbindungen mit dem Volksbuch auf. Die wichtigste Verbindung ist natürlich Adrians Identifikation mit dem Volksbuch-Faustus, aber wie Adrian dieses Volksbuch kennenlernte, verschweigt uns der sonst so gesprächige Zeitblom.[35]

Da folgt er der Aufforderung des Volksbuches »Weistu was so schweig« (Kap. 65), die ja Adrians Aufzeichnung des Teufelsgespräches einleitet (VI, 296). Was der Erzähler verschweigen möchte, macht Thomas Mann mit den zahlreichen sprachlichen und stofflichen Übereinstimmungen mit dem Volksbuch umso deutlicher. Die um die Hoffart gruppierten Motive sind nicht nur die Voraussetzung von Adrians Determination zum Teufel, sondern auch die stärksten Bindeglieder an die anderen Quellenbereiche und Bedeutungsschichten. Faust ist bei Thomas Mann – wie wir schon aus der ersten Notiz ersahen – vor allem eine Chiffre für problematische Künstlerexistenz. Im Schuldempfinden berührt sich seine Problematik mit den allgemeineren Themen des Volksbuches. So wie der Volksbuch-Faustus »im Hertzen jmmer vmb Gnade bittet« (Kap. 68), tut das der ganze Roman. Das alte Volksbuch warnte davor, von Gott abzufallen und sich mit dem Bösen einzulassen, es warnte aber auch vor der Verzweiflung und ermahnte zum Wagnis des Glaubens. Thomas Manns FAUSTUS sucht als Künstler Rechtfertigung im Werk. Damit verliert das Faust-Motiv an religiösem Gehalt, gewinnt aber eine neue Dimension. Durch den Reichtum an Bezügen und die Vielfalt der möglichen Perspektiven wird der Roman zum Symbol verlorener Eindeutigkeit der Begriffe und Werte. Diese Repräsentanz macht ihn – ungeachtet aller Säkularisation – schon wieder zu einem religiösen Werk.

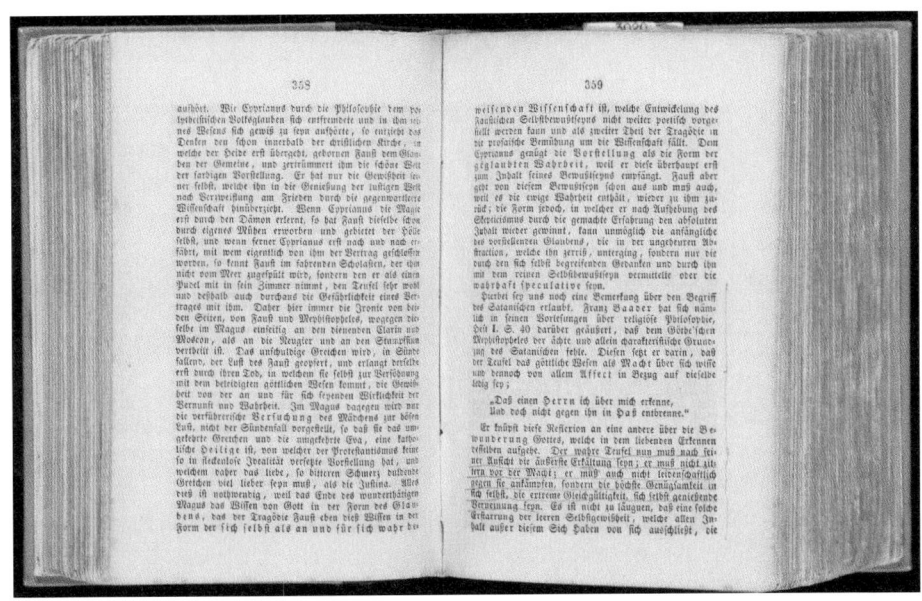

Das Kloster, Bd. 5, S. 358/59: über den Zusammenhang von „Teufel" und „Kälte"

[1] Dieser Beitrag stützt sich auf meine Untersuchung THOMAS MANNS ROMAN »DOKTOR FAUSTUS« UND SEINE BEZIEHUNGEN ZUR FAUST-TRADITION, Helsinki, 1975.

[2] Käte Hamburger: ANACHRONISTISCHE SYMBOLIK: FRAGEN AN THOMAS MANNS FAUSTUS-ROMAN, in: Gestaltungsgeschichte und Gesellschaftsgeschichte, Stuttgart, 1969.

[3] Herbert Zeman (Hg.): DREI BRIEFE THOMAS MANNS AN HILDE ZALOSCER, in: Wiener Neudrucke, Ankündigungsband, Wien, o. J., S. 146.

[4] Robert Petsch (Hg.): LESSINGS FAUSTDICHTUNG, MIT ERLÄUTERNDEN BEIGABEN, Heidelberg, 1911, S. 40.

[5] Christian Dietrich Grabbe: DON JUAN UND FAUST, in: Horst Wolfram Geißler (Hg.): Gestaltungen des Faust (Bd. 3), München, o. J., S. 145.

[6] Lenau am 11.11.1833 an Georg von Reinbeck. Zitiert nach Hermann Reske: FAUST – EINE EINFÜHRUNG, Stuttgart, 1971, S. 213.

[7] Heinrich Heine: DER DOKTOR FAUST, Hamburg, 1851, S. 76.

[8] Hans Henning: FAUST-BIBLIOGRAPHIE, I-III (5 Bde), Berlin u. Weimar, 1966-1976.

[9] Hans Schwerte: FAUST UND DAS FAUSTISCHE, Stuttgart, 1962.

[10] Oswald Spengler: DER UNTERGANG DES ABENDLANDES, München, 1924, S. 235.

[11] Schwerte, S. 238 f.

[12] Schwerte, S. 243-245.

[13] Horst Wolfram Geißler (Hg.): GESTALTUNGEN DES FAUST (Bd. 3), S. 120.

[14] Karl Kerényi: THOMAS MANN UND DER TEUFEL IN PALESTRINA, in: Tessiner Schreibtisch, Stuttgart, 1963, S. 96.

[15] Peter de Mendelssohn: DER ZAUBERER. DAS LEBEN DES DEUTSCHEN SCHRIFTSTELLERS THOMAS MANN, Teil I 1875-1918, Frankfurt a.M., 1975, S. 293.

[16] Sören Kierkegaard: ENTWEDER – ODER, übers. Christop Schrempf, Fritz Droop (Hg.), Wiesbaden, o. J., S. 46.

[17] Kierkegaard, S. 89.

[18] Robert Petsch (Hg.): DAS VOLKSBUCH VOM DOKTOR FAUST, Abdruck der ersten Ausgabe (1587), Halle a/S., 1911.

[19] Johann Scheible (Hg.): DAS KLOSTER. WELTLICH UND GEISTLICH. MEIST AUS DER ÄLTEREN DEUTSCHEN VOLKS-, WUNDER-, CURIOSITÄTEN-, UND VORZUGSWEISE KOMISCHEN LITERATUR. ZUR KULTUR- UND SITTENGESCHICHTE IN WORT UND BILD (Bd. 5), 17. bis 20. Zelle, Stuttgart, 1847. (Auf dem folgenden Blatt u.a.: Auch dritter Band von Doktor Johann Faust. Mit 46 lithographierten Blättern und Holzschnitten)

[20] Thomas Mann: TAGEBÜCHER 1944-1.4.1946, Inge Jens (Hg.), Frankfurt a.M., 1986, S. 683.

[21] Vgl. in meiner Untersuchung Kap. 3.5.: Fausts Wiederkehr oder die mythische Identifikation, S. 71-76.

[22] Hans Wysling: THOMAS MANNS VERHÄLTNIS ZU DEN QUELLEN, in: Quellenkritische Studien zum Werk Thomas Manns, Bern, 1967, S. 320.

[23] Brief an Hilde Zaloscer. Vgl. Anm. 3.

[24] Hans Rudolf Vaget: THOMAS MANN UND JAMES JOYCE. ZUR FRAGE DES MODERNISMUS IM DOKTOR FAUSTUS, in: Thomas Mann Jahrbuch 2/1989, Heftrich/ Wysling (Hg.), Frankfurt a.M., S. 128.

[25] Vaget, S. 125 f. – Weitere Seitenzahlen in Klammern im Text

[26] Eckhard Heftrich: VOM VERFALL ZUR APOKALYPSE. ÜBER THOMAS MANN (Bd. 2), Frankfurt a.M., 1982, S. 269.

[27] Heinz Gockel: FAUST IM FAUSTUS, in: Thomas Mann Jahrbuch 1/1988, Heftrich/Wysling (Hg.), Frankfurt a.M., S. 136. – Weitere Seitenzahlen in Klammern im Text

[28] Barbara Könneker: Faust-Konzeption und Teufelspakt im Volksbuch von 1587, in: H.-O. Burger/ K. v. See (Hg.): Festschrift für Gottfried Weber, Bad Homburg, 1967, S. 161.

[29] Bei Zitaten aus dem Volksbuch werden in Klammern die Kapitel angegeben

[30] Gustav Milchsack: FAUSTBUCH UND FAUSTSAGE, in: W. Brandes/ P. Zimmermann (Hg.): Gesammelte Aufsätze, Wolfenbüttel, 1922. Sp. 113-152.

[31] Könneker. – Weitere Seitenzahlen in Klammern im Text

[32] Günther Müller: GESCHICHTE DER DEUTSCHEN SEELE. VOM FAUSTBUCH ZU GOETHES FAUST, Freiburg i.Br., 1939, S. 9.

[33] Vgl. dazu Jürgen Jung: ALTES UND NEUES ZU THOMAS MANNS ROMAN DOKTOR FAUSTUS. QUELLEN UND MODELLE, MYTHOS, PSYCHOLOGIE, MUSIK, THEO-DÄMONOLOGIE, FASCHISMUS, Frankfurt a.M., 1985.

[34] Ruprecht Wimmer: »AH, CA C'EST BIEN ALLEMAND, PAR EXEMPLE!«. Richard Wagner in Thomas Manns Doktor Faustus, in: Gockel/ Neumann/ Wimmer (Hg.): Wagner – Nietzsche – Thomas Mann, Festschrift für Eckhard Heftrich, Frankfurt a.M., 1993, S. 65.

[35] Vgl. dazu Liisa Saariluoma: NIETZSCHE ALS ROMAN. ÜBER DIE SINNKONSTITUIERUNG IN THOMAS MANNS »DOKTOR FAUSTUS«, Tübingen, 1996.

Erkme Joseph

Nietzsche im DOKTOR FAUSTUS

Tief ist der Brunnen der Vergangenheit, und lang sind die Wurzeln des DOKTOR FAUSTUS, die in Thomas Manns Leben hinabreichen.[1] Steigen auch wir bis zu ihren Spitzen hinunter, um Nietzsches Einwirkungen auf den Roman aus seinen Anfängen herzuleiten. So wie der Autor die Erzählung vom Leben des deutschen Tonsetzers Adrian Leverkühn von seinem Ende her konzipiert hat, soll auch diese Arbeit mit Nietzsches Zusammenbruch und Tod beginnen (I). Die Geschichte des syphilitischen Künstlers hebt zu Beginn unseres Jahrhunderts im sogenannten »Drei-Zeilen-Plan« mit Intoxikation und Inspiration an (II). In dieser Zeit wurden auch die ersten Romanfiguren entworfen – zunächst noch für einen Münchner Gesellschaftsroman. Sie verdanken ihre Entstehung dem steilen Anstieg von Nietzsches Ruhm um die Jahrhundertwende und seiner Gassenwirkung (III). Nach seinem Essay über die asketischen Ideale in der GENEALOGIE DER MORAL schuf Thomas Mann mit Blick auf Savonarola seinen Typus des asketischen Priesters, der in zeitgerechten Modifikationen in seinem Werk noch oft wiederkehren soll (IV). Der Zeit der Wagner-Krise und der Entstehung der Notizen zum geplanten Essay GEIST UND KUNST entstammt der frühe Typ des ursprünglich nach Nietzsche geformten »Literaten« als Kern der Zeitblom-Figur. Er wird mit autobiographischen Zügen Thomas Manns selbst sowie charakteristischen Merkmalen von Nietzsches Freunden Franz Overbeck, Paul Deussen und Erwin Rohde angereichert (V). Die Beschäftigung mit Wagner prägt erneut die frühen dreißiger Jahre. Aus ihr soll

jetzt, wie Thomas Mann notiert, ein »Roman der Sphäre Wagner (Liszt-Cosima-Nietzsche« erwachsen. Unser Kapitel handelt von Frauen aus Nietzsches Umgebung – Cosima Wagner, geb. Liszt, Malwida von Meysenbug, Meta von Salis-Marschlins, Mathilde von Trampedach und Lou von Salomé. Als Folien für die Weiblichkeit des DOKTOR FAUSTUS verdienen sie Beachtung (VI). Das letzte, siebente und Hauptkapitel wird Adrian Leverkühn gewidmet. Hier muß ich Auge und Sinn des Lesers mit Sternchen erquicken: sie unterteilen dieses Kapitel in die Abschnitte »Krankheit« (Symptomatik und Philosophie), »Kunst« sowie »Geistige Heimat und politische Tendenzen«. Ein Blick auf Nietzsche-kritische Ansätze im Roman soll den Abschluß bilden (VII).

I.

Der Schüler Thomas Mann besuchte in Lübeck noch das Katharineum, als Friedrich Nietzsche in Turin in den ersten Tagen des Jahres 1889 zusammenbrach. Franz Overbeck führte daraufhin den kranken Freund über die Alpen und lieferte ihn – seine »ausgebrannte leibliche Hülle« (108; vgl. VI, 670)[2] – in die Basler Nervenklinik ein. Nietzsche selbst gibt bei der Anamnese an, »daß er sich zweimal specifisch inficiert habe« (110). Die Diagnose lautet: »Paralysis progressiva« (113; vgl. VI, 670).

Von Overbeck benachrichtigt, eilt die Mutter – Franziska Nietzsche, geb. Oehler (1826-1897) – herbei, um »ihr Kind« heimzubringen (28; vgl. VI, 673). Auf der

Franziska Nietzsche (1820-1897)

demann entnehmen können, der sein großes Leid gut epikureisch in stilles Glück zu verwandeln sucht – aber vergebens! Sein kunstvoller Lebensbau stürzt unter der enthemmenden Wirkung von Wagners Musik in sich zusammen (VIII, 81).[8]

Am 25. August 1900 starb Friedrich Nietzsche und ging »aus langer nacht zur längsten nacht« (vgl. VI, 9). Mit der Anspielung auf Stefan Georges Gedicht wird Thomas Mann seinen Roman einleiten und damit auch Nietzsche zugleich als Hintergrundfigur einführen.[9]

Sein ergreifendes Schicksal rückt mit seinem Tode abermals ins Zentrum der allgemeinen Aufmerksamkeit. Bei Thomas Mann hinterläßt das »Erlöschen der Reste« (VI, 675) dieses Lebens eine Gefühlsmischung aus »Ehrfurcht und Erbarmen« (vgl. VI, 12), die »gerade für das jugendliche Gemüt so Neues, Aufwühlendes und Vertiefendes hat« (IX, 676).

Rückreise muß sie vor einem Wutanfall ihres Sohnes ins Nachbarabteil fliehen und den Patienten dem begleitenden Wärter überlassen (115; vgl. VI, 673). Bis zum Frühjahr 1890 bleibt Nietzsche in der Psychiatrischen Klinik von Jena. Das Krankenblatt vermerkt hier »1866. Syphilit. Ansteckg.« (118).[3] Als allmählich Besserung eintritt und der Kranke ruhiger wird[4], holt seine Mutter ihn nach Naumburg. Daß sie »dieses Herzenskind *nun pflegen kann*«, erfüllt sie mit tiefer Genugtuung und Dankbarkeit (28; vgl. VI, 670 f.).[5]

1894 beginnt unter der Aufsicht der Schwester – Elisabeth Förster-Nietzsche (1846-1935) – die Herausgabe von Nietzsches Werken und Nachlaßfragmenten.[6] Schon 1895 ersteht Thomas Mann die ersten Bände dieser Ausgabe.[7]

Die frühe Begegnung mit dem Philosophen schlägt sich alsbald im Werk des jungen Schriftstellers nieder, wie wir der Geschichte des kleinen, im Leben »schlechtweggekommenen« Herrn Frie-

II.

Nach der Veröffentlichung von Paul Deussens Erinnerungen im Jahre 1901[10] und 1902 von Nietzsches Krankenblättern durch Paul J. Möbius[11] taucht schon 1904 auch in Thomas Manns Notizen jener »syphilitische Künstler« auf, der im »Drei-Zeilen-Plan« die Keimzelle des DOKTOR FAUSTUS bildet.[12] Wohl noch in demselben Jahr erscheint im »Neun-Zeilen-Plan« die »Figur des syphilitischen Künstlers: als Dr. Faust und dem Teufel Verschriebener. Das Gift wirkt als Rausch, Stimulans, Inspiration«. Der infizierte Künstler darf »in entzückter Begeisterung geniale, wunderbare Werke schaffen, der Teufel führt ihm die Hand. Schließlich aber holt ihn der Teufel: Paralyse [...]«.[13] Nietzsches ECCE HOMO erschien erst 1908. Der Begriff euphorischer Inspiration, der Thomas Manns Neun-Zeilen-Plan zum DOKTOR FAUSTUS zugrundeliegt, geht also zu diesem Zeitpunkt auf eine oder mehrere andere Quellen zurück.[14]

Nietzsche selbst hat sich auf unterschiedliche Weise zum Begriff »Inspiration«[15] bzw. allgemein zur Kunst- und Künstler-Psychologie geäußert. – Romantisch war die Auffassung vom künstlerischen Genius, der kraft göttlicher Eingebung, die »wie ein Gnadenschein vom Himmel« herableuchtet (KSA 2, 146), seine Werke schafft. Solchen »Glauben an Inspiration« weist Nietzsche – genau wie der junge Leverkühn (VI, 38) – im DOKTOR FAUSTUS noch weit von sich. Er denkt hier an Beethovens Notizbücher (vgl. VI, 316)[16], wenn er vom »ernst und mühevoll erlesenen Kunstgedanken« spricht: »Alle Grossen waren grosse Arbeiter, unermüdlich nicht nur im Erfinden, sondern auch im Verwerfen, Sichten, Umgestalten, Ordnen« (KSA 2, 147). Diese Auffassung dürfte Thomas Manns volle Zustimmung gefunden haben.

Doch Nietzsche weiß auch von innerer »Leere« und »Öde« (KSA 11, 14; vgl. VI, 307), über die der Mensch nur mit Rausch hinwegzukommen vermag. Er kennt »Rausch, als Musik« (KSA 10, 660; KSA 11, 14) – insbesondere Wagner-Musik. Den kleinen Herrn Friedemann reißt dieser Rausch ins Verderben.

Aber Musik erzeugt nicht nur beim rezipierenden Hörer Rausch. Vielmehr kommt Nietzsche in der GÖTZEN-DÄMMERUNG zu dem Schluß, daß Kunst schon zu ihrer Entstehung des Rausches bedarf: »Der Rausch muss erst die Erregbarkeit der ganzen Maschine gesteigert haben: eher kommt es zu keiner Kunst«. Auch Narkotika können diesen Rausch auslösen. »Das Wesentliche am Rausch ist das Gefühl der Kraftsteigerung und Fülle« (KSA 6, 116).[17]

Auch Nietzsches asketische Priester wissen den Rausch zur Betäubung bzw. als Narkotikum für ihre leidenden Patienten einzusetzen. Bei ihrer Therapie unterscheiden sie sorgfältig zwischen *unschuldigen* und *schuldigen* Mitteln.[18] Zu den »unschuldigen« Mitteln gehören »der Segen der Arbeit«, der vom Leiden ablenkt, dazu die »absolute Regularität« der Lebensführung (KSA 5, 382) sowie harmlosere Stimulantien, zu denen auch die stimmungsbelebenden Tabaksdämpfe zählen, in die Thomas Mann und Leverkühn (VI, 419) sich so gern einhüllen. Als sehr wirksames, aber unbedingt »schuldiges« Mittel gilt Nietzsche dagegen die *»Absicht auf Gefühlsausschweifung«*. Sie zielt darauf, »die menschliche Seele einmal aus allen ihren Fugen zu lösen, sie in Schrecken, Fröste, Gluthen und Entzückungen derartig unterzutauchen«, daß sie von allem Leiden »wie durch einen Blitzschlag loskommt« (KSA 5, 388).

In diesem Sinne ist Leverkühn sich selbst »asketischer Priester«[19] und Arzt und verordnet sich willentlich die Krankheit, die nach der späteren Auskunft des Teufels eine entsprechende, ein bißchen ausschreitende »Ausgelassenheit« erzeugen soll (VI, 307).

Die Intoxikation selbst geht dem Teufels-pakt voraus: es ist eine »Lusthölle« von »ausgemacht mystischem« Gepräge (VI, 191,194), die Adrian bei den »Töchtern der Wüste« (VI, 190; KSA 4, 382 f; KSA 6, 384 f.) zu durchschreiten hat. Mit Nietzsche wird dabei an die »Wollust der Hölle« in Wagners TRISTAN erinnert und an seinen Satz in der FRÖHLICHEN WISSENSCHAFT, daß, »um mich mystisch auszudrücken, der Pfad zum eigenen Himmel immer durch die Wollust der eigenen Hölle geht« (KSA 3, 566; KSA 6, 290).[20]

Die Pfade der Wollust führen nach

Friedrich Nietzsche, 1887

Paris: »Als *Artist* hat man keine Heimat in Europa ausser in Paris [...]; wohin Wagner gehört, in wem er seine Nächstverwandten hat: es ist die französische Spät-Romantik« (KSA 6, 288 f.). – »Wagner *resümirt* die Romantik, die deutsche und die französische – « (KSA 13, 133). Auf diesem Pfade der Wollust mußte der Autor des DOKTOR FAUSTUS in Paris bei Victor Hugo, der als größter französischer Romantiker von Nietzsche wiederholt in enge Nachbarschaft mit Wagner gerückt wird (KSA 12, 436 u.ö.), auch *Esmeralda* begegnen – der elfenhaften Zigeunerin im GLÖCKNER VON NOTRE DAME.

Doch wenden wir uns noch einmal Nietzsches Essay über die asketischen Ideale und die Verordnung von Lust zu therapeutischen Zwecken durch die asketischen Priester zu. Sie ist unlösbar mit »*Schuldgefühl*« und schlechtem Gewissen verquickt (KSA 5, 389): »Jede derartige Ausschweifung des Gefühls macht sich hinterdrein *bezahlt*, das versteht sich von selbst – sie macht den Kranken *kränker* –: und deshalb ist diese Art von Remeduren des Schmerzes, nach modernem

Maasse gemessen, eine ›schuldige‹ Art« (KSA 5, 388).

Hier – in Nietzsches asketischen Idealen – dürfte die Wurzel einerseits für die Schuldfrage liegen, der Leverkühn sich am Ende stellt – »Lädt aber einer den Teufel zu Gast, um darüber hinweg und zum Durchbruch zu kommen, der zeiht seine Seel und nimmt die Schuld der Zeit auf den eigenen Hals, daß er verdammt ist« (VI, 662) –, andererseits aber für Zeitbloms Unterscheidung zwischen »lauterem und unlauterem Genie« (VI, 11), die er allerdings nicht unter dem Gesichtspunkt des Einsatzes fragwürdiger Mittel trifft. Vielmehr dämonisiert er den Geniegedanken[21] und entzieht ihn damit moralischer Beurteilung.[22]

Der Teufel verkauft Leverkühn schließlich romantisch geprägte Inspiration in enger wörtlicher Anlehnung an Nietzsches euphorische ECCE HOMO Beschreibung – »ein vollkommenes Ausser-sich-sein« auch hier: »wie ein Blitz leuchtet ein Gedanke auf« und erfüllt den Inspirierten mit dem Gefühl »von Unbedingtsein, von Macht, von Göttlichkeit ... « (KSA 6, 339 f.). Seine Zarathustra-Bände konnte er, so illuminiert, in Zehn-Tage-Werken niederschreiben[23]: »Heimgekehrt zur heiligen Stelle, wo der erste Blitz des Zarathustra-Gedankens mir geleuchtet hatte, fand ich den zweiten Zarathustra. Zehn Tage genügten: ich habe in keinem Falle, weder beim ersten, noch beim dritten und letzten mehr gebraucht« (KSA 6, 340). Aber hinterdrein lag Nietzsche ein paar Wochen in Genua krank: »Man büsst es theuer, unsterblich zu sein« (KSA 6, 341).

Leverkühn vollzieht am Ende diesen Schaffensrausch nach. Auch sein Werk kommt in »ganz und gar unheimlicher Rapidität« zustande (VI, 477), und auch er muß mit einem dreiwöchigen »Rückfall in den Schmerzens- und Übelkeitszu-stand« büßen (VI, 480).

Der Protagonist huldigt so einem Geniebegriff, der dem Pfitzners und der Nationalsozialisten weit näher steht als der Überzeugung seines Autors.[24] Und der Komponist läßt sich in seiner bewußten Entscheidung für die Krankheit und von göttlicher Aura umflossene Inspiration schon hier – die spätere Entwicklung vorwegnehmend – auf einen in der Romantik gründenden Ästhetizismus ein, der in Barbarei umschlagen muß.

III.

Kehren wir wieder zum Beginn unseres Jahrhunderts und den Anfängen des Künstler-Romans zurück. – In der Nach-Buddenbrooks-Zeit plant Thomas Mann zunächst eine Novelle mit dem Titel DIE GELIEBTEN, die sich dann zum Plan des Gesellschaftsromans MAJA auswächst. Auf Nietzschescher Grundlage sollen die Themen durchgespielt werden: »Im Kalklicht von Nietzsches Psychologie wird der hinterste Nerv, die letzte Regung bloßgelegt«.[25] Denn der junge Thomas Mann bewundert in Nietzsche den Psychologen und Kritiker, zugleich den exzellenten Stilisten.[26] Strikt lehnt er dagegen die nach der Jahrhundertwende grassierende Modewut ab, deren Anhänger Nietzsche als Renaissance-Ästhetizisten verherrlichen. Jenem hysterischen »Macht-, Schönheits- und Lebenskult« (XII, 25) huldigt auch Heinrich Mann in seiner Romantrilogie DIE GÖTTINNEN – und entlarvt ihn zugleich.[27]

Thomas Mann entwickelt aus dem kritischen Ansatz zunächst die Figur des Ehemanns seiner Heldin, einen »hektischen Kraftanbeter und Nietzscheaner« (Notb II, 43): »Ein furchtbarer Typus, den Nietzsche gezüchtet hat: er schreit, während

ihm die Schwindsucht auf den Wangenknochen glüht, beständig: Wie ist das Leben stark und schön!« (vgl. VI, 382).[28]

Die Projekte DIE GELIEBTEN und nachfolgend MAJA werden jedoch nicht ausgeführt.[29] Stattdessen werden die Protagonisten rund vierzig Jahre später im DOKTOR FAUSTUS als Helmut und Ines Institoris nahezu unverändert wiederauferstehen. »Für alles Starke und rücksichtslos Blühende« hegt der fiktive dekadente Schwächling »ästhetische Bewunderung« (VI, 381). Die Dekadenz schaute dem Verehrer der Brutalität – »natürlich nur, wenn sie schön war« – aus den hinter goldener Brille »mit zartem, edlem Ausdruck« hervorschauenden blauen Augen. Der Nietzscheaner wäre undenkbar ohne Schnurrbart, der den Mund leicht überhing (VI, 381).[30] Zwar schrie er nicht – seine schwache Konstitution hätte das kaum zugelassen –, sondern er sprach leise und lispelnd, wenn er »die italienische Renaissance als eine Zeit verkündete, die ›von Blut und Schönheit geraucht‹ habe« (VI, 382).

Aber seine Frau Ines war kein »Renaissance-Weib« und keine Dionysierin. Leiden um »höherer Gesundheit« willen zu bejahen und auf sich zu nehmen, wie der Philosoph in seinem Werk fordert, ist sie zu schwach. Sie nimmt stattdessen eine Haltung ein, wie auch Nietzsche sie in seiner privaten Korrespondenz einräumt, daß nämlich »Krankheiten etwas Würdeloses« haben (KSB 5, 65), daß Schmerz demnach »menschenunwürdig« sei, »daß es – mit Ines gesprochen – eine Schmach sei, zu leiden« (VI, 512).

Die ältere Rodde-Schwester hatte ihren Mann doch gerade deshalb geheiratet, weil sie so dem starken Leben in »seiner prangenden Unbedenklichkeit« (VI, 316, 384) entkommen zu können glaubte. Und nun entpuppte er sich ironischerweise gerade als ein Nietzscheanischer Typus, »der beständig für das Leben, die Schönheit, den dummen Instinkt, die Kraft eintritt«.[31]

Was ursprünglich im Zentrum des Münchner Gesellschaftsromans stehen sollte, wird im DOKTOR FAUSTUS in den Hintergrund rücken und die durch modisch-hektische Nietzscheaner geprägte Zeit-Kulisse der Jahrhundertwende ausleuchten.

IV.

1901 schrieb Thomas Mann als psychologische Vorstudie zu Savonarola Gladius Dei. In Hieronymus gestaltet er das Urbild des häßlichen asketischen Priesters. Sein Leben ist, wie Nietzsche analysiert, ein <u>»Selbstwiderspruch«</u>: <u>»Hier herrscht ein Ressentiment sonder Gleichen, das eines ungesättigten Instinktes und Machtwillens, der Herr werden möchte, nicht über Etwas am Leben, sondern über das Leben selbst</u> [...]; hier richtet sich der Blick grün und hämisch gegen das physiologische Gedeihen selbst, in Sonderheit gegen dessen Ausdruck, die Schönheit, die Freude; während am Missrathen, Verkümmern, am Schmerz, am Unfall, am Hässlichen, an der willkürlichen Einbusse, an der Entselbstung, Selbstgeisselung, Selbstopferung ein Wohlgefallen empfunden und *gesucht* wird« (KSA 5, 363).

Im Laufe der Jahre wird Thomas Mann diesen »Urtyp« immer weiter entwickeln, differenzieren, anreichern und jeweils aktualisieren. Im Kern aber wird der »asketische Priester« als Typ unverändert erhalten bleiben und die Jahrzehnte überdauern – demonstrativ Werkkontinuität bekundend. Zur Schar der Asketen gehören auch Naphta im ZAUBERBERG und schließlich im DOKTOR FAUSTUS Schleppfuß und Dr. Chaim Breisacher.[32]

Gern läßt Thomas Mann diesen Typ wie Naphta und Breisacher als Juden auftreten. Stolz verkündet Breisacher, daß die Juden »ein priesterliches Volk« seien (VI, 541). Nietzsche wertet diese Eigenschaft allerdings als Dekadenz, wenn er die Juden das »priesterliche Volk des Ressentiment par excellence« nennt (KSA 5, 286).[33]

Als Extrem begegnet uns dieser Typ auch schon in der Erzählung BEIM PROPHETEN, die Thomas Mann nach dem Besuch einer Lesung aus Ludwig Derleths PROKLAMATIONEN im Frühjahr 1904 niederschrieb.[34] Derleth war Schüler Stefan Georges und als fanatischer Nietzscheaner »steilster« Ästhetizist. In schrill stilisierter Umgebung – es fehlen im Raum nicht die »Porträte von Luther, Nietzsche«, wie auch von »Robespierre und Savonarola« – verkündet der Jünger Daniel die gefährlichen Phantasien seines Meisters (VIII, 362 ff.). Dieser radikale Asket taucht als »Dichter Daniel Zur Höhe« (VI, 484, 654 f.)[35] im DOKTOR FAUSTUS wieder auf – am Ende gar in einem »Priesterkleide« (VI, 660). Anders als sein Vorgänger in der Dachwohnung der Jahrhundertwende braucht er im späten Roman »den steilen Jux von Gehorsam, Gewalt, Blut und Plünderung der Welt« (VI, 661) nicht mehr verbal vorzuführen. Es bleibt Zeitblom überlassen, dem Leser Grauen und Schrecken auszumalen, die in seiner Erzählzeit Wirklichkeit geworden sind.

V.

In den Jahren seiner Wagner-Krise um 1909 wandte Thomas Mann sich einem aufgeklärten Humanismus zu. Zeugnis dieser Haltung wurden die Notizen zu GEIST UND KUNST – einem Essay-Plan, der, wie Maja, an Gustav Aschenbach abgetreten wurde. Auch die kleine Studie

DER KÜNSTLER UND DER LITERAT ging daraus hervor. Ohne Namensnennung feiert sie Nietzsche in der Gestalt des apollinischen Künstlers und Erkenntnislyrikers und huldigt ihm in seiner humanistisch bestimmten Liebe zum Menschen (X, 62-70). Nach diesem Bilde wird zunächst Settembrini auf seiner frühen Stufe im ZAUBERBERG geformt. Serenus Zeitblom folgt dem Vorbilde des Italieners, wenn ihm »allein die Literatur, die humanistische Wissenschaft, das Ideal des freien und schönen Menschen« als erstrebenswert gelten (VI, 54).[36] Auf das schönste verbindet sich dieses Ideal mit seinem altphilologischen Interesse zu »einem lebendig-liebevollen Sinn für die Schönheit und Vernunftwürde des Menschen«, das in der seelischen »Zusammenordnung von sprachlicher und humaner Passion durch die Idee der Erziehung gekrönt wird« (VI, 16).

Mit seinem Vornamen SERENUS vertritt er – unter Anrufung Apolls und der Musen – »klassische Bildungsheiterkeit« (VI, 204).[37] So Nietzsches apollinischem Kunstgeist verpflichtet, soll er für die »Durchheiterung des düsteren Stoffes« (XI, 164)[38] sorgen und seinem Autor wie dem Leser »seine Schrecknisse« – dionysische Schrecken des Daseins also – erträglich machen. »Ein wenig höhere Heiterkeit in die Welt zu tragen« – das sieht auch Thomas Mann selbst als seine Aufgabe an.[39]

Zeitblom hat Nietzsches GEBURT DER TRAGÖDIE recht gut gelesen, wenn er unter der Oberfläche »klassischer Bildungsheiterkeit« in der Tiefe jene »ganz fremden Überlieferungsschichten« (VI, 204) erahnt, die vom »fremden Gott« Dionysos abstammen. Das ist wahre »griechische Heiterkeit« (KSA 1, 101) im Sinne Nietzsches, die auch den »Blick in's Innere und Schreckliche der Natur« kennt (KSA 1, 65).[40]

Zeitblom weiß um den Antagonismus von Apoll und Dionysos. Auf seiner Studienreise nach Griechenland erfuhr er »ahnend die Fülle des Lebensgefühls, welche in der initiatorischen Andacht des olympischen Griechentums vor den Gottheiten der Tiefe sich ausdrückt« (VI, 17).[41] Kultur als ordnende, und doch »begütigende Einbeziehung des Nächtig-Ungeheuren in den Kultus der Götter«, die Ausgewogenheit von Oben und Unten, das Zusammenwirken von Apoll und Dionysos ermöglichen erst »klassische Bildungsheiterkeit«.

Damit ist textgenetisch die Wurzel der Biographengestalt umschrieben. Es ist die Figur des apollinischen Serenus, der sich in der Tradition des deutschen Bürgertums als Nachfahre der Humanisten, als gesunde und auf das Harmonische und Vernünftige ausgerichtete Natur versteht. Diese ganz apollinisch getönte Figur wird nun der gewandelten Zeit entsprechend modifiziert.

Zum Vornamen Serenus kommt der Nachname *Zeitblom,* mit dem der Autor den Erzähler des DOKTOR FAUSTUS seiner Zeit, also der Gegenwart, verpflichtet.[42] Das erfordert für den Bürger lebenspraktisch den »Dienst an der Zeit«, der aber auch »Verfallenheit an den Zeitgeist« bedeuten kann. Während Thomas Mann Leverkühn – dem Alltag entrückt – die Aufgabe stellt, seine Zeit im Werk zu bewältigen, gibt er dem pragmatisch dienenden Zeitblom »alle ideologischen Anfälligkeiten und Torheiten« mit auf den Weg, denen er selbst im gegenwärtigen Alltag erlegen war.[43]

Zeitblom erweist sich als außerordentlich anfällig für alle Mystifikationen, für alles Dämonische. Überall entdeckt er Nichtgeheures und verzichtet nur allzu leicht auf rationale Begründung außerordentlicher und verwunderlicher Phänomene. Anders als Leverkühn läßt er nüchterne und distanzierte Betrachtungsweisen vermissen und zeigt sich ausgesprochen gefühlsgeladen. In seiner Schwäche für eben dieses Dämonisieren verkörpert er selbst die epochale Krankheit.[44]

Der Antagonismus von Apoll und Dionysos – sein Hang zum Dämonisieren geht zu Lasten des »fremden Gottes« aus dem fernen Osten – ist demnach in die Figur Zeitbloms hineinverlegt. Es wäre also völlig falsch, pauschal Zeitblom dem Apoll und auf der anderen Seite Leverkühn dem Dionysos zuordnen zu wollen.[45] Denn auch Leverkühn ist seiner Natur nach zunächst – als klar analysierender Mathematiker, dem Ordnung alles bedeutet (VI, 64) – weit eher als Zeitblom Apolliniker und nähert sich erst nach und nach, vor allem dann mit der Intoxikation, dem Dionysier an, wenn er sich in »leichter Fieberhaftigkeit« (VI, 108) mit »erhitzten Wangen« (VI, 66) und »geröteter Stirn« (VI, 479) dem Schaffensrausch ergibt.

In der Figur Zeitbloms lebt der alte Nietzsche-Wagner-Antagonismus als Dialektik von Vernunft und Irrationalismus wieder auf. In Zeitblom steht Leverkühn, dem Wegbereiter der Moderne, eine romantische Kunst- und Künstlerauffassung gegenüber, die den Konventionen

des 19. Jahrhunderts verpflichtet ist (VI, 37). Für Zeitblom wurzelt die große Persönlichkeit im Irrationalen. Er übernimmt damit Nietzsches spätes Wagner-Bild. Dementsprechend ist sein ästhetisches Empfinden nicht auf Dissonanz und Verneinung, sondern auf Harmonie und Versöhnung im geschlossenen Kunstwerk ausgerichtet.[46] Anders als vor allem Leverkühns späte Kompositionen, die unromantisch sein wollen, stützt sich Zeitbloms Wagerisch-romantische Biographie in ihrer Konstruktion auf Leitmotivik.[47]

Der Freund will in Leverkühn eine große Persönlichkeit (im Stile Wagners) sehen und duldet keine rationalen Einschränkungen. Ist es ein Zufall, daß Thomas Mann Zeitblom im Todesjahr Richard Wagners das Licht der Welt erblicken läßt, auf daß er seine Spur aufnehmen und fortschreiben kann?[48]

Praktisch alle zentralen Stellen und Figuren des Roman sind »überdeterminiert«[49] – nicht zuletzt Zeitblom, der unter dem Geheimnis der Identität (vgl. XI, 204) nicht nur seinen Autor und auch nicht nur den einen Nietzsche-Freund Overbeck zu verbergen hat[50], sondern auch Aufgaben Deussens übernehmen muß und charakteristische Züge Rohdes trägt. Überdies ist Zeitblom mit Merkmalen von Nietzsche selbst ausgestattet.

Franz Overbeck (1837-1905)

Serenus Zeitblom ist die andere Hälfte des Autors und zugleich der »Overbeck des adrianischen Nietzsche«.[51] Sohn einer katholischen Mutter (vgl. VI, 14)[52], wird Overbeck in Basel Professor für evangelische Theologie und wohnt dort fünf Jahre lang mit seinem jüngeren Kollegen zusammen.[53] Er ist ihm ein treusorgender, liebevoll-hilfreicher Freund, der im Leben Nietzsches vor allem für die praktischen Belange steht (vgl. VI, 37).[54] Selbst eine »dünnblütige« Natur[55] – auch Overbeck ließ sich früh pensionieren (vgl. VI, 10)[56] –, betrachtet er doch den Freund mit »Erbarmen« (vgl. VI, 12).[57] Nach Nietzsches geistigem Zusammenbruch bringt er ihn, wie bereits erwähnt, von Turin nach Basel in die dortige Nervenheilanstalt (vgl. VI, 670).[58] Seine Aufgabe ist es auch, die Mutter zu benachrichtigen.[59] Jahre später besucht Overbeck den kranken Freund in Naumburg: doch dieser erkennt ihn nicht mehr (vgl. VI, 675).[60] Anders als Nietzsche, der zum Europäer wurde, blieb der Theologe betont Deutscher.[61] Auch Overbeck hat seine Aufzeichnungen über Nietzsche erst nach dessen Zusammenbruch zu schreiben begonnen (vgl. VI, 9). Als ergebener, selbst bescheidener und hingebungsvoller Freund sah er es als seine Pflicht an, das Andenken des großen Genius treu zu bewahren (vgl. VI, 669).[62]

Paul Deussen (1845-1919)

Nietzsches Freundschaft mit Deussen geht auf die gemeinsame Schulzeit in Schulpforta zurück. Dennoch wahrt Nietzsche ihm gegenüber zeitlebens Distanz (vgl. VI, 12 f.).[63] Im Bewußtsein, es in Nietzsche mit einem Genie zu tun zu haben, erduldet Deussen die hochmütigen Zurückweisungen seines Freundes, ohne mit ihm zu brechen.[64] – In Bonn verbringen die beiden gemeinsam das erste Jahr ihres Philologie-Studiums und treten dort ohne größere Neigung einer Studentenverbindung bei (vgl. VI, 151).[65] Von Deussen erfahren wir über Nietzsches Besuch in einem Kölner Bordell (vgl. VI, 190).[66] Zuletzt besuchte er Nietzsche an dessen 50. Geburtstag und überreichte ihm einen Blumenstrauß. Nur sehr kurz widmete der Kranke dem Strauß Aufmerksamkeit (VI, 674 f.).[67]

Erwin Rohde (1845-1898)

Aus flüchtiger Bekanntschaft im Sommersemester 1865 in Bonn erwächst zwischen den beiden Studenten der klassischen Philologie[68] im Sommer 1867 in Leipzig, wohin sie gemeinsam ihrem Lehrer Friedrich Ritschl gefolgt sind, eine – von Jugendromantik erfüllte – Freundschaft.[69] Nach den Ferien aber wird das »Dioskurenpaar« schon wieder getrennt.[70] Rohde wechselt nach Kiel über, Nietzsche muß in Naumburg sein Militärjahr abdienen (vgl. VI, 182).[71] Während Nietzsche in den folgenden Jahren kühn und unerschrocken Abenteuer im Geiste anstrebt, gebricht es Rohde zunehmend an Selbstbewußtsein, und es bemächtigt sich seiner oft »eine peinigende Verzagtheit«.[72] Rohdes also »nicht heroische, so doch bei aller Gelehrtenzucht stets beschwingte Geistigkeit fand ihre Heimat bei den geliebten Griechen, sein Persönlichstes suchte er im Familienglück zu befriedigen, und von dem, was dazwischen lag, wendete sich vieles der Musik (vgl. VI, 10, 153) und der Romantik (vgl. VI, 37) zu.«[73] So schreibt er an Overbeck: »Von meiner Verheiratung hoffe ich wirklich, was Sie mir wünschen: eine ruhige Existenz an der Seite einer Frau, die mich unbedingt liebt« (vgl. VI, 251).[74] Jahre später klagt er über »Trüb- und Dumpfsinn«, empfindet er sein Wesen oft als »so niederdrückend schwer zu tragen«, daß er »zu jedem freieren Aufblick mutlos und kraftlos« werde. Zu Nietzsche habe er dagegen immer emporgeblickt, sein ganzes Wesen habe er »als ein höheres, [s]ich und alle Freunde in die Höhe ziehendes und läuterndes empfunden«. Besorgt blickt er auf die »totale Einsamkeit« Nietzsches (vgl. VI, 13).[75] Zuletzt sah Rohde den Freund im Sommer 1886 einige Tage lang in Leipzig und schreibt darüber nach Nietzsches Zusammenbruch an Overbeck: »Eine unbeschreibliche Atmosphäre der *Fremdheit,* etwas mir damals völlig *Unheimliches* umgab ihn« (vgl. VI, 545).[76]

Im Bekenntnis zum Griechentum, wie Nietzsche es in seiner GEBURT DER TRAGÖDIE dargestellt hatte, konnte Rohde die Trennung in eine helle apollinische und eine dunkle dionysische Götterwelt nachvollziehen und auch in seinem Werk PSYCHE über SEELENCULT UND UNSTERBLICHKEITSGLAUBEN der Griechen (1890-94) zum Ausdruck bringen.

Weiter aber vermochte er dem Freund nicht zu folgen: »Nietzsche lebte auf Höhen und schritt über Abgründe hinweg, vor denen Rohde erschauerte.«[77]

V.

Cosima Wagner (1837-1930)

»Wer weiss ausser mir, was Ariadne ist! … Von allen solchen Räthseln hatte Niemand bisher die Lösung« (KSA 6, 348). Auch Nietzsches Dionysos-Dithyrambos KLAGE DER ARIADNE (KSA 6, 398 ff.) gibt das Geheimnis nicht preis. Am Ende erscheint hier der Gott: »Ein Blitz. Dionysos wird in smaragdener Schönheit sichtbar.«[78]

In zwei nach Ausbruch des Wahnsinns in Turin geschriebenen Briefen identifizierte Nietzsche Ariadne ausdrücklich mit Cosima Wagner. Am 3. Januar 1889 beginnt er an Cosima einen Brief mit: »An die Prinzeß Ariadne, meine Geliebte« (KSB 8, 572), und im Schreiben an Jacob Burckhardt tauchen am 6. Januar 1889 die Worte auf: »Der Rest für Frau Cosima … Ariadne … Von Zeit zu Zeit wird gezaubert …« (KSB 8, 579). – Schließlich gibt Nietzsche in der Irrenanstalt Jena am 27.3.1889 zu Protokoll: »Meine Frau Cosima Wagner hat mich hierhergebracht«.[79]

Hellmut Walther Brann widmet 1931 in seinem Buch über NIETZSCHE UND DIE FRAUEN dem »Dreigestirn Wagner-Cosima-Nietzsche«[80] ein sehr ausführliches Kapitel. Für Wagner war Cosima nach Brann »Geliebte und Mitarbeiterin, Freundin und Anregerin, Schicksalsgenossin und geistige Beraterin zugleich, und alles dieses in derselben Vollendung und Stärke und stets mit der gleichen Bereitwilligkeit und Selbstverständlichkeit!«.[81]

Was bedeutete sie Nietzsche? Ist es nur konventionelle Floskel, wenn er dem Meister gegenüber von »Ihrer von mir so geliebten Frau Gemahlin« (KSB 3, 142) spricht? Die glücklichen Tage in Wagners Tribschener Landhaus am Vierwaldstätter See bei Luzern behält Nietzsche zeitlebens in dankbarer Erinnerung. Er freut sich über die »warme und herzliche Annäherung an Wagner und Frau von Bülow«[82], die »völlige Gleichstimmung unsrer Hauptinteressen« (KSB 3, 44 f.). Ein reger Briefverkehr verbindet ihn mit der »ausgezeichneten« und »verehrten Freundin« (KSB 3, 52, 82, 95).

Nach der Trennung von Wagner hat er Cosima nicht mehr wiedergesehen. Eine um so größere Rolle spielt sie nun, wie Brann meint, in seiner Phantasie und in seinem Unterbewußtsein: »Sensuell-Geheimnisvolles« um sie herum empfindet Nietzsche als vorherrschend: es bleibt »immer ein *rätselhafter* Rest in der Durchdringung ihres Wesens übrig«.[83] Aus tieferlebter Erschütterung und innerem Betroffensein »von der wilden Instinkthaftigkeit des dämonischen Weibes« kommt Nietzsche zu »einigen blutvollen Erkenntnissen über die Eigenart desjenigen Frauentyps«, den Brann (nach Weininger) »als den der ›Prostituierten‹ im allgemeinen, absoluten Sinne des Wortes bezeichnet«.[84]

Paradox die Vorstellung, daß Cosima Wagner die Rolle von Kundry-Esmeralda präfigurieren könnte! Sollte sie in ausschweifenden Phantasien »Hexe« und »höhere Menschlichkeit« zugleich verkörpern? (vgl. VI, 198, 206)[85] Anders als von einer »Prostituierten« zu erwarten ist, bringt die geistig lebhaft interessierte, feinsinnige Tochter Liszts Nietzsche Verständnis bei allen Problemen entgegen. »Geistvoll und edel« (KSB 3, 38) vereint Cosima für den Freund »höchste Fürsorglichkeit mit weithorizontiger Intelligenz«.[86] Sie fördert ihn durch manche kluge Anregung und wirkt bis zum Ende seiner Beziehung zu Wagner bei allen Projekten mit guten Ratschlägen und brauchbaren Anmerkungen mit. Kundig und sachverständig äußert sie sich zu seinen Manuskripten. Auf diese Weise gewöhnt sich der Denker allmählich an »die wohltätige Zutat weiblichen Urteils bei seinen literarischen Intentionen«.[87]

So bringt Nietzsche – nach Brann – freudig das Opfer völligen Verzichts auf Cosima als Gefährtin seines Lebens, solange er in Wagner noch den Verwirklicher seiner eigenen Vorstellungen sieht und auch in ihr die Dienerin am gemeinsamen Ideal verehren kann. Für die in der Tiefe verborgenen »Cosima-Sehnsüchte« aber schafft er sich – so Brann – ein Symbol und verrätselt es in der mythologischen Ehe des Gottes Dionysos mit der auf Naxos von Theseus verlassenen Ariadne.[88] Als dessen vornehmsten Jünger fühlt Nietzsche sich, bis er schließlich selbst am Ende seines bewußten Lebens mit Dionysos, seinem in smaragdener Schönheit herniederblitzenden Schöpfergott, zu verschmelzen glaubt.

Zum 50. Todestag von Wagner hatte Thomas Mann am 10. Februar 1933 in München LEIDEN UND GRÖßE RICHARD WAGNERS vorgetragen. Er ahnte in diesem Moment noch nicht, daß diese Rede den Stein des Anstoßes für seine Vertreibung bilden sollte, daß sie Abschied von Deutschland bedeutete. Auch im Exil kreise sein Denken dann weiterhin um Wagner. Und daraus sollte schon bald – fast dreißig Jahre nach Notierung der ersten drei bzw. neun Zeilen – der Plan zu einem »Roman der Sphäre Wagner-Liszt-Cosima-Nietzsche« erwachsen – »ein höchst interessantes Thema, der komplizierteste, weitschichtigste europäisch-deutsche Gegenstand.« Mit dem Wagner-Enkel Franz W. Beidler erörterte er dieses Thema im September 1933.[89] Ein halbes Jahr später lernte Thomas Mann in Basel den »Nietzscheschriftsteller Podach« kennen.[90] Im Oktober 1934 las er »in der Nationalzeitung neue biogr. Mitteilungen Podachs über Nietzsche und Wagner«.[91] Und eben dort wird im Rahmen »der Wagner-Nietzsche-Veröffentlichung Podachs« auch »das Ariadne-Thema« angesprochen.[92]

Damit war der geistige Rahmen gesteckt für die künftige Roman-Szene um das Geheimnis, das »Prostituierte« und »Aristokratin« in *einer* Gestalt umschloß – und darin verrätselt die Beziehung zwischen »smaragdener Schönheit« (KSA 6, 401; vgl. VI, 521) und »Klage der Ariadne« (VI, 644).

In Nietzsches Dithyrambos steht der Blitz, der bei ihm, wie wir gesehen haben, in allen ausschweifenden Erleuchtungen wiederkehrt, »smaragden« für die Inspiration des Künstler-Philosophen. Der Smaragd symbolisiert also den schöpferischen Impuls.

In diesem Sinne nimmt auch bei Thomas Mann als »Variation eines immer Gleichen« (VI, 645) die »smaragdene Schönheit« zunächst sichtbare Gestalt in der Prostituierten an, der Adrian – in Übersetzung des deutschen Wortes »Smaragd« – den spanischen Namen »Esmeralda« gibt. Und später kehrt eben diese »smaragdene Schönheit« als Edel-Beryll

im Ring der Frau von Tolna wieder. Rituell legt der Künstler den Smaragd-Ring während der Arbeit an – »während der ganzen Ausführung der Apokalypse trug er ihn« (VI, 522). In gleichsam magischer Beschwörung läßt er den Genieblitz mit Aufstecken des Juwels wie einen Gnadenschein vom Himmel herableuchten und in sein Werk eingehen.

»Um eine immerwährende, unerschöpflich akzentuierte Klage von schmerzhaftester Ecce-homo-Gebärde handelt es sich« bei Adrians letzter Komposition. Wie »am Beginn ihrer modernen Geschichte«, wird Musik hier zur Klage – »zur Klage der Ariadne« (VI, 644). Angedeutet, aber nicht wörtlich zitiert, wird hier der Bezug auf Monteverdis LAMENTO D'ARIANNA. Gemeint aber ist Nietzsches Dithyrambos KLAGE DER ARIADNE, in der der schöpferische dionysische Funke smaragden vom Himmel herniederblitzt.

Esmeralda, das Medium der Intoxikation und erkauften Inspiration, steht ihm jetzt in Gestalt der Frau von Tolna als »unbedingte Dienerin seiner Existenz« (VI, 518) unsichtbar zur Seite.[93] Ihre Funktion, den schöpferischen Gedanken zu ermöglichen, ist in das Juwel eingeflossen. Esmeralda *ist* jetzt der Smaragd. Deshalb kann es sie als sichtbare Gestalt nicht mehr geben. Nur im Hintergrund darf sie ergänzend ihre dienende Funktion ausüben – in ideeller Anlehnung an die andere »Dienerin des Ideals«[94] Cosima, die für den »Meister«, wie oben zitiert, »Geliebte und Mitarbeiterin, Freundin und Anregerin, Schicksalsgenossin und geistige Beraterin zugleich« war[95], die aber auch Nietzsche seinerzeit, wie Brann will, in seinen Phantasien ›Prostituierte‹ war und ihn auch tatsächlich bei der Arbeit klug anregte und förderte. Wir müssen davon ausgehen, daß textgenetisch Cosima Wagner vor Nadeshda von Meck[96], Irene von Hatvany[97] und Agnes E. Meyer[98] die Reihe jener Frauen anführt, die, synkretistisch montiert[99], am Ende das Bild der Esmeralda–Frau von Tolna ergibt, die beide – nur für Adrian erkennbar – das »Geheimnis ihrer Identität« verbergen (vgl. XI, 204).

Der Smaragd als Bildsymbol und Zentrum der Inspirationsgeschichte des DOKTOR FAUSTUS verrät uns, daß der Ursprung des Romans nicht in Nietzsches Autobiographie ECCE HOMO zu suchen ist, die ohnehin erst 1908 veröffentlicht wurde, sondern in seinem Dionysos-Dithyrambos KLAGE DER ARIADNE aus dem Jahre 1894. Wenn wir »in [s]eine heimlichsten Gedanken einsteigen« (KSA 6, 399), gewahren wir, daß Thomas Mann selbst gefesselt war von der Idee »in smaragdener Schönheit« herniederblitzender dionysischer Genialität (vgl. KSA 6, 401) – so intensiv und anhaltend, daß er bis 1955 als »kindischer Wunsch« haften blieb: als Traum vom Smaragd-Ring, den er sich jetzt von seiner Gönnerin Agnes E. Meyer zum Geburtstag wünscht (BrAM, 793).[100]

Malwida von Meysenbug (1816-1903)

Und doch fehlt in dieser Vereinigung weiblicher Typen und Tugenden noch die »mütterliche« Komponente (vgl. VI, 521).[101] Als »mütterliche Freundin« aber leistete die vielerfahrene ältere Freundin Malwida von Meysenbug Nietzsche »die trefflichsten Dienste«.[102] Durch sie erst erahnt er »Mutterliebe ohne das physische Band von Mutter und Kind« als »eine der herrlichsten Offenbarungen der caritas«: »Sehen Sie in mir einen, der als Sohn einer solchen Mutter bedarf, ach so sehr bedarf!« (KSB 5, 149)[103] Durch sie fühlt er sich »in den letzten Jahren immer reicher an Liebe geworden«. Dankbar weiß er sich in ihrer »treuen tiefen Gesinnung« aufgehoben (KSB 5, 103).[104]

In den siebziger Jahren findet die geistig aktive Emigrantin, Schriftstellerin und Freundin Richard Wagners, die nach langen Jahren in England jetzt in Rom lebt und sich zunächst durch die ausdrucksstarke Übersetzung von Herzens Memoiren ausgezeichnet hat (KSB 4, 49)[105], Erfolg und Anerkennung auch durch ihre autobiographischen Aufzeichnungen, die MEMOIREN EINER IDEALISTIN.

Es besteht kein Zweifel: schon »dem Verhältnis« zwischen Nietzsche und seinen beiden Freundinnen Malwida von Meysenbug und Cosima Wagner war »striktes Verharren im rein Geistigen beschieden«, und auch in den siebziger Jahren des vorigen Jahrhunderts verlieh eine »sehr ernstliche musikalische und allgemein europäische Bildung« dem Briefwechsel zwischen Nietzsche und den beiden Freundinnen »ein durchaus sachliches Rückgrat« – wie später fiktiv dem Austausch zwischen Leverkühn und Frau von Tolna (VI, 522).

Meta von Salis-Marschlins (1855-1926)

Zum Kreis Malwidas von Meysenbug gehörte auch Meta von Salis-Marschlins, die letzte Erbin eines alten Bündner Adelsgeschlechtes, eine geistig hochstehende junge Frau, die 1887 in Zürich 32jährig zum Dr. phil. promovierte und später als Frauenrechtlerin auftrat. Das Streben nach Verwirklichung höheren Menschseins verband sie mit einem ganzen Kranz von Frauenrechtlerinnnen, mit denen Nietzsche sich in den achtziger Jahren umgab und denen er sich in Hochachtung verbunden fühlte.[106] In dieser Zeit hatte »ein der breiten Masse gänzlich verborgener esoterischer Früh-Ruhm« angefangen, sich (auch) mit Nietzsches Namen zu verbinden, er hatte »seinen Bewußtseinssitz in eingeweihter Sphäre, an kennerischen Spitzen« (vgl. VI, 416) – dazu zählte sich Nietzsches vorwiegend in Zürich versammelter Freundinnen-Kreis, aber auch in Paris gab es in Madame Louise Ott eine Verehrerin des Philosophen.

Meta von Salis-Marschlins besuchte Nietzsche seit 1886 jeden Sommer in Sils-Maria und begleitete ihn dort oft auf seinen »gewohnten und unentbehrlichen lungenweitenden Spaziergängen« (vgl.VI, 642). Sie verehrte ihn sehr und betrachtete es »als eine der segensvollsten Fügungen ihres Lebens«, Nietzsche und seine Philosophie kennengelernt zu haben (KSB 7, 293).

Und sie konnte auch schreiben. Was der Autor des DOKTOR FAUSTUS auf Kunigunde Rosenstiel münzt, dürfte Meta von Salis für sich in Anspruch nehmen. Sie unterhielt »ein viel reineres und sorglicheres Verhältnis zur deutschen Sprache als der nationale Durchschnitt, ja selbst als die meisten Gelehrten« (vgl. VI, 417). 1897 erschien in Leipzig ihr Buch PHILOSOPH UND EDELMENSCH. EIN BEITRAG ZUR CHARAKTERISTIK FRIEDRICH NIETZSCHES.

Aber Meta von Salis hatte einen Nachteil: durch äußerliche Reize zeichnete sie sich nicht aus. Und aus der jungen Jungfer wurde schließlich eine alte.

Sehr unfreundlich behandelt Nietzsche die Frauen in seinen Schriften. Gerade das »Litteraturweib« verfolgt er mit Hohn: »das Litteraturweib, gebildet genug, um die Stimme der Natur zu verstehn, selbst wenn sie Latein redet [...]. Das vollkommene Weib begeht Litteratur [...] – es weiß noch besser, wie alles Litteraturmachen am Weibe *wirkt,* als Fragezeichen in Hinsicht auf alle sonstigen weiblichen pudeurs ... « (KSA 13, 29).[107]

Thomas Mann hat vermutlich Nietzsches boshafte Invektiven gegen die Frauen mit Genugtuung gelesen. Wir kennen auch von ihm – zumindest im Tagebuch – Ausdrücke wie »ranziggraziöse Weiblichkeit« (Tb, 23.3.1919) oder »penetranter Weibsgeruch« (Tb, 17.4.1920).

Nietzsches »Freundinnen«-Kreis dürfte er dagegen weniger Verständnis entgegengebracht haben. – Im DOKTOR FAUSTUS zeichnet er deshalb hinter der Maske »bedürftiger Gemüter« eine ambivalente Karikatur von Nietzsches gebildeten Freundinnen. Mit der schriftlichen Begabung stattet er Kunigunde Rosenstiel aus. In Meta Nackedey wird Meta von Salis dagegen aller ihrer geistigen Vorzüge entkleidet. Das verhuschte »Geschöpf von einigen dreißig Jahren« (VI, 416) kann ihre Nacktheit am Ende nur dürftig hinter einem »Y« verbergen. Aber in eben dieser »Nacktheit« sondert sie sich auch durch eine »als ›höheres Streben‹ verkleidete Einsamkeits- und Leidenssensibilität von der Masse« (VI, 416).

Als »jüngferliche Frau« und »Nackedei« ist das »in Scham vergehende Geschöpf« nun eine skurrile Parallel- und Kontrastfigur zu Adrian Leverkühn.[108] Diese Beziehung stellt Thomas Mann

durch ein kompliziertes, weithin verzweigtes und nur sehr zart andeutendes Leitmotivgeflecht her: Der »entkleidete Körper«, der »ja beinahe ein pudendum« ist (VI, 95), wird auf die »Nudität der menschlichen Stimme und ihre geistige Kompensation durch ausgeklügeltste Kunstformen in der alten Vokalmusik« bezogen. »Dergleichen hatte nichts Jüngferliches; es zeugte von einem freien und gelassenen Ins-Auge-Fassen der Welt der Begierde« (VI, 195). »Keuschheit und Leidenschaft« stehen miteinander im Widerstreit. Die produktiven Antriebe, die Genies »mitgeboren« sein sollten, werden durch »geistige Schamhaftigkeit« bzw. Spott, Hochmut und »intellektuelle Scham« gehemmt, so daß das Künstlertum in Sterilität zu erstarren droht (VI, 202 f.). Ausweg bietet der Teufel im Pakt an: »der hellichte Ausfall aller lahmen Skrupel und Zweifel« soll dem Teufelsbündner »sine pudore« gewiß sein (VI, 313). Nur durch teuflische Illuminierung ist die produktive Hemmung für den Künstler noch zu überwinden. Jüngferliche Nudität mußte Leverkühn im Pakt, in seiner Verbindung mit Esmeralda, abstreifen.

Meta Nackedey aber muß ohne höllische Anheizung der kümmerlichen Sterilität verfallen. Und auch Zeitblom wird mit ihr »in gewissem Sinn« zur Gilde der so verkümmernden Figuren gezählt: nach eignem Empfinden »hätte er Grund gehabt«, sie als »herabgesetzte und verjungferte Wiederholung« seines eigenen Verhältnisses zu Adrian zu verstehen (VI, 418). Der brave Bürger weist sich – in Ermanglung von teuflischem Antrieb – eben nicht durch Genialität aus.

Mathilde von Trampedach
und Hugo von Senger

»Europäische Geistigkeit« zeichnete nicht nur Nietzsche selbst, sondern auch alle seine Freundinnen aus – auch jene, denen er einen Heiratsantrag machte. Die erste war Mathilde von Trampedach. Die dreiundzwanzigjährige Baltin aus Riga lebte mit ihrer Schwester in einer englischen Pension in Vevey und studierte bei dem Musikpädagogen und Virtuosen Hugo von Senger in Genf Klavier. Nietzsche lernte sie im Frühjahr 1876 durch den Musiker kennen. Alsbald unternahm man gemeinsam mit der Pensionsdame der beiden Schwestern einen Ausflug, auf dem die schöne, geistreiche Mathilde Nietzsche offensichtlich beeindruckte. Noch am selben Abend schrieb er ihr brieflich einen Heiratsantrag, den er durch den Vertrauten Hugo von Senger überbringen ließ. Damit überraschte er die junge Dame begreiflicherweise sehr, nicht ahnend, daß diese innerlich vollständig an ihren Klavierlehrer gebunden war. Drei Jahre später heiratete Hugo von Senger in dritter Ehe seine Schülerin.[109]

Das sogenannte Peitschenbild mit Lou von Salomé, Paul Rée und Friedrich Nietzsche; von links

Lou von Salomé (1861-1937)

Der negative Ausgang dieser Werbung mit Hilfe eines Dritten hielt Nietzsche nicht von einer Wiederholung ab. Abermals nach kürzester Bekanntschaft bat er im Sommer 1882 den Freund Paul Röe, den Werbeauftrag für ihn zu übernehmen und bei der jungen Russin Lou von Salomé vorzutragen. Und wieder wendet die Umworbene dem Vermittler ihre Gunst zu und gibt Nietzsche einen Korb.[110]

Zur Abrundung der die deutschen Grenzen überschreitenden »Sphäre Wagner–Liszt–Cosima–Nietzsche« taucht Thomas Mann – als Wiederholung von Nietzsches Spazierfahrt mit Mathilde von Trampedach – im DOKTOR FAUSTUS die Geschichte vom Ausflug mit der französischen Schweizerin Marie Godeau (VI, 555) alliterierend in Wagnersches Kolorit: durch »Waldschlucht und Weite wechselnde Winterpracht« (VI, 567) fährt die kleine Gesellschaft zum Schloß Linderhof des Wagner-Anhängers König Ludwig II. von Bayern, der in seiner Menschenscheuheit und Nähe zum Wahnsinn als Parallelfigur zu Adrian gelten kann (VI, 570 ff.).[111]

Was man auch »in artistisch-musikalischer Hinsicht die ›Welt‹, das Außer-Deutsche, nennen mochte, – « (VI, 561), mit Marie Godeau und dem Ausflug in die Wagner-Kulisse wird sie, wie schon zuvor mit Frau von Tolna, in den Roman hineinzitiert.

VII.

Agnes E. Meyer knüpft bereits 1940 den Faden zwischen Vergangenheit, Gegenwart und Zukunft – es ist eine briefliche Huldigung an ihren lieben, großen Freund, in der sie ihm versichert, daß » – Sie mit neuer Schönheit beweisen dass Sie durch Geist die Wahrheit gefunden haben die lebendig macht« (BrAM, 218 f.). – Schon zwei Jahre bevor Thomas Mann ihr den »sehr alten Plan« von der »Künstler- (Musiker-) und moderne[n] Teufelsverschreibungsgeschichte aus der Schicksalsgegend Maupassant, Nietzsche, Hugo Wolf etc., kurzum das Thema der *schlimmen* Inspiration und Genialisierung, die mit dem Vom Teufel geholt werden, d.h. mit der Paralyse endet« (BrAM, 467 f.), eröffnet, macht Agnes E. Meyer sich »endlich an den Nietzsche Einfluss« und entschuldigt sich noch, daß es erst jetzt geschieht: »Instinktif habe ich es verschoben als mein letztes Problem trotzdem es Ihr erstes war. Nun, Courage – die Entdeckung. Sie sind der atavistische Mensch mit dem langen, biologischen Gedächtnis – (Genealogie der Moral, Genealogie von T. M. Buddenbrooks.) Sie sind die Brücke in der Zukunft die Nietzsche selber sein wollte. Sie sind der Künstler den er verheisst, den er prophetisch voraussah. Avantagen der Zeit? Durchaus, aber die grösste Gabe des Genie liegt in der Auswahl seiner Zeit. Es gibt kein Zufall. Sie bringen der demokratischen Welt die Tradition im Moment wo sie im Begriff ist, kräftiger wie je, durch die proletarische Aufbrausung das Vergangene zu verdrängen. Nietzsche's Zukunftsmensch war romantischer Traum, Poesie und Musik, ohne Gestalt, da er sich nie von sich selber befreien konnte. Ihr Zukunftsmensch hat Fleisch und Blut, bewegt sich, benimmt sich, wie ein Mensch unter Menschen [...]. Nietzsche, Freigeist? Sie sind es – der Freigeist der sich seinen Mitmenschen gebunden fühlt; der nie so frei ist als in seiner Gebundenheit, und nie mehr gebunden als eben durch seine Freiheit. Sie werden den Menschen die innere Ruhe wiedergeben ›ohne welche keine Kultur werden und bestehen kann.‹ – Was Nietzsche in Götzendämmerung über ›Grosse Männer‹ als Ende der Kettenreihe, als Kreuzpunkt widersprechende Werte, sagt, trotzdem er nur biographisch sprach, passt ja zu Ihnen so genau dass einem mythischmystisch zu Mute wird – Ich taumele noch herum wie meine Worte beweisen aber nicht aus Unsicherheit sondern aus Ekstase.« (BrAM, 218 f.). Konnte es eine verheißungsvollere Aufforderung geben, das Geheimnis der Identität zwischen Adrian Leverkühn und seinem Freund Serenus Zeitblom, zwischen Friedrich Nietzsche und Thomas Mann wie ihrer allseitigen Überkreuzung im magischen Quadrat nicht gerade zu lüften, wohl aber doch änigmatisch zu verschlüsseln und in Romanform zu gießen?

Adrians Kindheit und Jugend spielen sich wie die Nietzsches im thüringischen Raum ab: »So recht in der Heimstätte der Frühromantik, in mitteldeutscher Ländlichkeit ward er geboren« (vgl. VI, 15, 19)[112] – nicht wie Nietzsche am 15. Oktober 1844, sondern gut 40 Jahre später, im Jahre 1885, aber im Monat Juni wie sein Autor. Väterlicherseits sind sie beide vorbelastet durch die »Neigung zur Migräne« (VI, 34; vgl. KSB 5, 69).[113] Die Schüler zeichnen sich durch hervorragende Leistungen aus (VI, 62). Nur die Mathematik liegt Nietzsche nicht. Diese Schwäche vermacht der Romanautor nicht Leverkühn, sondern Zeitblom (VI, 64).[114]

Wie Leverkühn nach ihm, entscheidet sich Nietzsche zunächst für das Studienfach Theologie, um sich jedoch bald vorrangig der Philologie zuzuwenden.[115] Wie wichtig ihm dabei die Musik neben dem Studium ist, entnehmen wir schon dem ersten Brief, den er nach Ankunft an seinem Studienort Bonn am 17. Oktober 1864 an die Mutter schreibt: »Ein Pianino habe ich mir gemiethet, so billig ich es nur haben konnte, für 3 Thl. monat-

lich« (KSB 2, 12; vgl. VI, 125).[116] Zum Wintersemester 1865/6 folgt er seinem verehrten Lehrer Ritschl nach Leipzig[117] und findet sich damit an jenem Ort ein, den auch Adrian nach zwei Semestern in Halle ansteuern wird. Hatte Leverkühn sich in Halle neben der Theologie noch bei Kolonat Nonnenmacher mit Nietzsches speziellem Studiengebiet, den Vorsokratikern, befaßt (VI, 126), so wechselt auch er nach zwei Semestern zum Winter-Semester-Beginn 1905 das Fach und – seinem Lehrer Wendell Kretzschmar zuliebe – den Studienort und geht nach Leipzig (VI, 183).[118]

Die Parallelführung beider Lebensläufe gipfelt zunächst im Bordell-Besuch der Zwanzigjährigen. Deussen überliefert uns in seinen Erinnerungen, wie der junge Nietzsche ahnungslos in Köln in ein Bordell gerät und dort – »umgeben von einem halben Dutzend Erscheinungen in Flitter und Gaze, welche [ihn] erwartungsvoll ansahen« – auf ein Klavier, das für ihn »einzig seelenhafte Wesen in der Gesellschaft«, losgeht, um »einige Akkorde« anzuschlagen, ehe er die Flucht ergreift (vgl. VI, 190, 198; KSA 6, 385).[119]

Das »Trauma der Begegnung« (VI, 198) wird haften bleiben. Wie Nietzsche wird auch Leverkühn zurückkehren und sich wissentlich und willentlich syphilitisch infizieren.[120]

Darin unterscheidet sich Thomas Manns Nietzsche-Biographie von der Ernst Bertrams, daß er Krankheit und Wahnsinn seines Helden nicht ausklammert, sondern sie peinlich genau in allen Phasen und Details wiedergibt. Im ROMAN EINES ROMANS von der Entstehung des DOKTOR FAUSTUS verrät uns der Autor, daß er neben der Krankheitssymptomatik auch Adrian Leverkühns »Diät-Menus nach Briefen Nietzsche's aus Nizza« wörtlich übernommen habe (XI, 165 f.)[121]

Naumburg, die Stadt, in der Friedrich Nietzsche seine Jugend- und Schulzeit verbrachte; hier pflegte ihn seine Mutter nach dem Zusammenbruch; das Bildmotiv zeigt den Dom aus dem 13. Jahrhundert

Mit der Neigung zur Migräne und äußerst labilem Magen, so daß er sich oft wie ein Seekranker fühlen muß, und dazu überaus lichtempfindlichen Augen zieht Adrian Leverkühn in Pfeiffering ein (VI, 342).[122] Verständnisvoll weiß Frau Schweigestill – in Anlehnung an verschiedene Nietzsche-Briefe[123] – die Kost darauf einzustellen. Ihre Menukarte verzeichnet zunächst »Milch, Eier, geröstetes Brot, Gemüsesuppen, ein gutes rotes Beefsteak mit Spinat zu Mittag und hinterdrein eine handliche Omelette mit Apfelmarmelade darin, kurz, Dinge, die nährten und dabei einem heikligen Magen genehm seien wie also dem seinen« (VI, 341).

Wenn Adrian gleich Nietzsche auf Selbsttherapie besteht (VI, 455, 458)[124], so weiß Frau Schweigestill doch schließlich bei fortschreitender Verschlechterung den Kreisphysikus Dr. Kürbis einzuführen. Und wie schrieb Nietzsche am 7. Juli 1875 an Gersdorff?

»Wer kann Dir denn so bestimmt gesagt haben, dass mein Leiden Migräne sei? Von dieser Bestimmtheit weiss [der Arzt] Immermann nichts [...]; der Kopfschmerz bei Migräne ist übrigens halbseitig, meiner nicht, wie Du weisst. Die Quälerei in und über beiden Augen ist gross« (KSB 5, 68 f.; vgl. VI, 455).[125]

Schon am 26. Juni 1875 hatte Nietzsche dem Freund geschrieben:

»Immermann kurirte auf so etwas wie ein Magengeschwür, und ich erwartete immer Bluterbrechen. Ich musste 14 Tage lang Höllenstein-Auflösung einnehmen, es half nichts. Jetzt giebt er mir täglich zweimal ausserordentlich grosse Dosen von Chinin« (KSB 5, 64 f.; vgl. VI, 455).[126]

Aber auch diese Diagnose mußte – wie bei Nietzsche, so bei Leverkühn – korrigiert werden. Triumphierend meldet Nietzsche Gersdorff am 19. Juli 1875:

»Mein Leiden ist erkannt als ›chronischer Magenkatarrh mit bedeutender *Erweiterung* des Magens‹«, die ihrerseits »*Blutstauungen*« mit sich bringt. Ungewöhnlich und »sehr bedeutend, überdies interessant« ist die »Richtung (nach rechts)« (KSB 5, 84; VI, 455).[127]

Die bei dieser Gelegenheit verordnete Diät – »(von den inhaltsreichen Sachen, nur dürfen sie kein Volumen haben, also fast nur Fleisch), dann Carlsbader Sprudelsalz« – findet sich nahezu wörtlich im DOKTOR FAUSTUS wieder, mit der Einschränkung, daß das Fleisch »zart« zu sein hat und »Flüssigkeiten, Suppe, auch Gemüse, Mehliges, Brot verpönt« sind (VI 455 f.).[128]

Adrian muß zur selben Zeit erleiden, was sich bei Nietzsche auf die Jahre 1876 und 1880 verteilt: Es ist ein »unheimlicher Zustand«, geprägt durch »beständigen Schmerz und Druck im Kopf, auf den Augen, und jenes lähmungsartige Gesammtgefühl von Kopfe bis in die Fußspitzen!« (KSB 6, 6; vgl. VI, 456)[129]

Das »Reden« wird ihm »schwer« (KSB 6, 3; vgl. VI, 456).[130] Auch durch »Eiskappen, Übergiessungen auf den Kopf früh morgens« ist die »Reconvaleszenz« nicht herbeizuzwingen (KSB 5, 132; vgl. VI, 456).[131] Allen widerstreitenden Diagnosen zum Trotze einigt man sich schließlich auf einen ausgewogenen Tagesplan. Gegessen wird »alle vier Stunden: um 8 Uhr ein Ei, Cacao und Zwieback, um 12 ein Beefsteak oder etwas Andres von Fleisch, um 4 Uhr Suppe, Fleisch und wenig Gemüse, um 8 Uhr kalten Braten und Thee« – wie bei Nietzsche in Basel, so im Hause Schweigestill in Pfeiffering (KSB 5, 114; VI, 459).[132]

Der »Zustand kranker Menschen, die lange und furchtbar von ihren Leiden gemartert werden«, war Nietzsche nur allzu vertraut. Aber er hatte erfahren, daß dieses Leiden »nicht ohne Werth für die

als es bisjetzt ist; wenn nämlich der ganze Monat August ... als Ferienzeit sorge-...: ... würde. Kommt es nun, wie es wollte, ich will schon zusehen, nicht ganz darum betrogen zu werden, wie dies Jahr.

Mit meiner Gesundheit verbinde ich gute Hoffnungen, wenn ich die neue Lebensweise fortführe, die ich jetzt seit den Ferien auf Rath des Dr. Wiel ... eingerichtet habe. Ich esse alle 4 Stunden; um 8 Uhr ein Ei, Cacao und Zwieback, um 12 ein Beefsteak oder etwas Anderes von Fleisch, um 4 Uhr Suppe, Fleisch und wenig Gemüse, um 8 Uhr kalten Braten und Thee. Jedermann zu empfehlen! Ein Gleichgewicht ist da erreicht, bei dem man an Verdauungs-... ... der gewöhnl. Diners nicht zu leiden hat.

Doch giebt es Rückfälle meines Magenleidens; und sehr viel guten Willen ge... und zu werden, muss ich haben. —

Für die Besorgung der ... , welche ich nach Bayreuth schickte, danke ich sehr; bei ... die sind angekommen, und von beiden Seiten sind auch Antworten darauf eingetroffen. —

Sehr gute Nachrichten von Bayreuth! Wie ich mich freue! Ein ... mit völliger Veränderung des Gemüthszustands treffe ein, wie von

Erkenntniss« sei, sofern die Kranken geistig gesund sind. Darüber hinaus wußte er von »intellectuellen Wohlthaten« zu künden, die »tiefe Einsamkeit« und »Freiheit von allen Pflichten und Gewohnheiten« krankheitsbedingt mit sich bringen (KSA 3, 104 f.).[133]

Er nahm seine Krankheit als Schicksal an seinem Wahlspruch vertrauend: »Was mich nicht umbringt, macht mich stärker« (KSA 6, 60; KSA 6, 267). Der erstrebte Zuwachs an Macht und Stärke sollte ihm Raum für die Entfaltung schöpferischer Kräfte verschaffen. Er ergriff seine Krankheit als Chance, als »ein energisches Stimulans zum Leben, zum Mehr-leben«.[134] Bewußt suchte er »absolute Vereinsamung und Herauslösung aus gewohnten Verhältnissen«. Nur so konnte er aus seinem »Willen zur Gesundheit, zum *Leben,* [s]eine Philosophie« machen (KSA 6, 266 f.).

»Gesundheit und Krankhaftigkeit: man sei vorsichtig! Der Maaßstab bleibt die Efflorescenz des Leibes, die Sprungkraft, Muth und Lustigkeit des Geistes – aber, natürlich auch, *wie viel von Krankhaftem er auf sich nehmen und überwinden kann* – gesund *machen* kann. Das, woran die zarteren Menschen zu Grunde gehen würden, gehört zu den Stimulanz-Mitteln der *großen* Gesundheit« (KSA 12, 108).[135]

Es kommt also darauf an, *wer* krank ist. Nicht jeder ist der Herausforderung gewachsen, Krankheit in höhere Gesundheit umzuwandeln.[136] Und Nietzsche geht noch weiter. Es stellt sich ihm die große Frage, »ob wir der Erkrankung *entbehren* könnten, selbst zur Entwickelung unserer Tugend, und ob nicht namentlich unser Durst nach Erkenntniss und Selbsterkenntniss der kranken Seele so gut bedürfe als der gesunden« (KSA 3, 477). »Der Schwerleidende sieht aus seinem Zustande mit einer entsetzlichen Kälte *hinaus* auf die Dinge« (KSA 3, 105).[137]

Die Erkältung schafft Abstand, wird erfahren mit »*Pathos der Distanz*«, jenem »Verlangen nach immer neuer Distanzerweiterung innerhalb der Seele selbst« (KSA 5, 205). Auf diese Weise schafft Krankheit »Ausnahme-Zustände«, die nicht nur den Philosophen bedingen, nicht nur den Künstler-Philosophen Nietzsche, sondern den Künstler schlechthin: »alle die mit krankhaften Erscheinungen tief verwandt und verwachsen sind: so daß es nicht möglich scheint, Künstler zu sein und nicht krank zu sein« (KSA 13, 356).

Kunst wird so zur Grenzerfahrung: »der Narr und der Heilige« hier und »die großen ›Abenteurer und Verbrecher‹« dort sind dem »Genie« verwandt (KSA 13, 366). Wie aber nach Nietzsche das »›Genie‹ als eine Form der Neurose« (KSA 13, 298; vgl. VI, 472) zu verstehen ist, so erscheint ihm umgekehrt auch »alles Übermenschliche [...] am Menschen als Krankheit und Wahnsinn« (KSA 10, 162). Im Rausch erlebt der Künstler erhöhtes Machtgefühl. Seine Sinne werden darin auf extreme Weise geschärft, »so daß sie eine ganz andere Zeichensprache verstehen – und schaffen ... – dieselbe, die mit manchen Nervenkrankheiten verbunden erscheint« (KSA 13, 356): »Der ästhetische Zustand hat einen Überreichthum von *Mittheilungsmitteln,* zugleich mit einer extremen *Empfänglichkeit* für Reize und Zeichen. Er ist der Höhepunkt der Mittheilsamkeit und Übertragbarkeit zwischen lebenden Wesen, – er ist die Quelle der Sprachen« (KSA 13, 296).

Was den Philosophen und Sprachkünstler betrifft, gilt auch für den Musiker. Der Teufel weiß das; denn er hat seinen Nietzsche gut gelesen und kennt sich wie sein Lehrmeister in Psychologie aus. So kann er Adrian im großen Gespräch eine Vorlesung halten: er verheißt ihm den enthemmenden Rausch, der ihm über alle Skrupel hinweghelfen soll, um seine immanenten Fähigkeiten freizusetzen[138]: »Was ist gut? – Alles, was das Gefühl der Macht, den Willen zur Macht, die Macht selbst im Menschen erhöht« (KSA 6, 170; vgl. VI, 323).[139] – Dennoch werden die Gedanken – und ihre Produkte: die Werke – dadurch »keineswegs entwertet«, daß sie »mit Schmerzen zusammenhängen« (VI, 259). Was Nietzsche nur erst ersehnen konnte: für den nachkommenden Teufel ist es Gewißheit: »Was auf dem Todes- und Krankheitswege entstanden, danach hat das Leben schon manches Mal mit Freuden gegriffen und sich davon weiter und höher führen lassen«. Einer aber muß zunächst einmal »krank und toll gewesen sein, damit die anderen es nicht mehr zu sein brauchen« (VI, 314). Rückblickend auf Nietzsche kann er generalisieren: »Ohne das Krankhafte ist das Leben sein Lebtag nicht ausgekommen« (VI, 315) und seinem Gegenüber die beruhigend-schmerzlindernde Zukunftsverheißung aussprechen: »Von deiner Tollheit werden sie in Gesundheit zehren, und in ihnen wirst du gesund sein«. Ihm verheißt er Zukunft, wie Adrians Generation in den ersten Jahrzehnten des Jahrhunderts es von Nietzsche ersehnte: »Du wirst führen, du wirst der Zukunft den Marsch schlagen« (VI, 324). Wie Nietzsche sich seinem Schicksal im Bekenntnis »amor fati« anvertraute[140], so setzt der Teufel auch bei Adrian »Bereitschaft« voraus (VI, 311)[141], verschweigt ihm aber auch nicht, daß die Krankheit »einen gewissen kritischen Gegensatz zur Welt, zum Lebensdurchschnitt«, also Distanz, zur gewöhnlichen »bürgerlichen Ordnung« schafft (VI, 310; vgl. KSA 3, 105).

*

Am Beispiel von Beethovens KLAVIER-SONATE OPUS 111 gibt Kretzschmar auf der Folie der Nietzsche-Legende eine Vorausschau auf Adrian Leverkühns Schicksal und kompositorisches Schaffen. Maß genommen wird an Richard Wagners Werk in der Optik Nietzsches. Eine Phase der Erschöpfung von Beethovens Produktionskraft wird – ohne toxische Hilfsmittel – überwunden und abgelöst durch ein gleichsam euphorisches Schaffensfieber. Als scheinbar »gerundetes und seelisch geordnetes Werk« – es könnte von Wagner sein – geht es dennoch aus einem Prozeß der Auflösung und Entfremdung hervor. Es läßt an »Ausartung« denken, stellt einen »Exzeß an Grübelei und Spekulation, ein Übermaß an Minutiosität« dar (VI, 72). »Welch ein Sich-Versteigen in tödliche Höhen!« (IX, 677).

Das Arietta-Thema zeichnet nun Nietzsches geistige Entwicklung nach: Aus »wohnlichen Regionen der Überlieferung« entsteigt es in absolute, nur noch persönliche Einsamkeit und Isolierung (VI, 73). So wie Nietzsche zum Hinaufgetriebenwerden »in eisige und groteske Sphären tödlicher Erkenntnis und moralischer Vereinsamung« (IX, 663) und wie auch das Arietta-Thema zu seinen »Abenteuern und Schicksalen« (VI, 75) gar nicht »geboren« war, so war es dennoch trotz »idyllischer Unschuld« dazu »bestimmt« (VI, 75) – auch das als Anspielung auf Nietzsche, der wie Hamlet zu dieser »tödlichen Verirrung« (IX, 677) eben nicht geboren, sondern »nur berufen« war (IX, 663).

Hatte das Subjekt in Beethovens mittlerer Reifezeit noch alles Konventionelle aufgesogen und eingeschmolzen, so schlägt im späten Werk das in radikale Verlassenheit entstiegene Ich um und sucht wieder Bindung, geht mit der »Konvention ein neues Verhältnis ein«. Das Ich übersteigt sich selbst und tritt »ins Mythische, Kollektive« ein (VI, 74). Damit ist Adrians Weg auf Nietzsches Spuren vorgezeichnet.

Leverkühn ringt in seiner musikalischen und kompositorischen Entwicklung mit der Konvention. »Jede reife Kunst hat eine Fülle Convention zur Grundlage« (KSA 13, 297; – und zwar, anders als Nietzsche meint, nicht nur, »insofern sie Sprache ist«). – »Conventionen sind nämlich die für das Verständniss der Zuhörer eroberten Kunstmittel, die mühvoll erlernte gemeinsame Sprache, mit welcher der Künstler sich wirklich *mittheilen* kann« (KSA 2, 604). Aber anders als Nietzsche behauptet, ist gerade die Konvention zu Leverkühns Zeit nicht mehr »die Bedingung der großen Kunst«, sondern ihre »Verhinderung« (KSA 13, 297).

Leverkühns Versuch, die Fesseln der Konvention abzuschütteln, stellt eine Auseinandersetzung mit dem Werk Wagners dar, das als geschlossenes Werk die Form schlechthin und damit eben Konvention repräsentiert.

Nur was man kennt, kann man überwinden. Deshalb studiert und reproduziert Leverkühn die Musikgeschichte in der Abfolge seiner Kompositionen zunächst noch unter der handwerklichen Führung Kretzschmars. Als überzeugter Wagnerianer will der »Meister« seinem Schüler das romantische Riesenorchester nahebringen[142]. Adrian hält davon so wenig wie vor ihm Nietzsche. Doch weiß er, »daß man Errungenes [also die Überlieferung] beherrschen müsse« (VI, 201). Für ein – in Fragen der Konvention – wohltrainiertes Publikum produziert er deshalb in klangfunkelndem *Meerleuchten* gleichsam als Studie glaubenslos ein »Meisterstück koloristischer Orchesterbrillanz« (VI, 202) und konserviert damit abgelebte, gründlich abgestorbene Tradition, wie der Zahnarzt »durch kunstreichste Wurzelbalsamierung« einen »toten Zahn« erhält (VI, 201; vgl. KSA 6, 82).[143] Parodierend greift er mit seiner »Demon-

stration koloristisch-orchestralen Könnens« in der Schule Nietzsches nur ein Kostüm aus der Vorratskammer der Musikgeschichte heraus, das er beliebig wechseln kann (vgl. KSA 5, 157). Der Teufel brandmarkt das Parodieren hinter der Nietzsche-Maske als »aristokratischen Nihilismus« (VI, 322).[144]

Johann Conrad Beißel gerät unter Kretzschmars Händen als »Seelenführer und Menschenbeherrscher« (VI, 88)[145] zu einem Paradigma für die Persönlichkeit Wagners. Mit Hilfe seiner Melodie-Lehre von »Herren« und »Dienern« (VI, 90)[146] weiß Beißel außerordentlich effektvoll Prosa-Kompositionen in schwebendem Rhythmus[147] zu halten. Auch damit wird deutlich kritisch auf Wagner verwiesen. Schließlich demonstriert Leverkühn sein Unbehagen an der Konvention einschmeichelnd farbenprächtig an der »undeklarierten Nachbildung des dritten Meistersinger-Vorspiels« (XI, 196, 213; vgl. VI, 178 f.).[148]

Wagners Werk ist Konvention: Es steht für die Werk-Idee schlechthin, für das vermeintlich in sich ruhende Werk als Einheit.[149] Als Ebenbild Nietzsches weiß Leverkühn, daß dieses Werk nur Lug und Trug ist.[150] Die scheinbare Organik ist durch Verklebung der Risse der heterogenen Bestandteile nachträglich hergestellt (VI, 234, 240). Das Werk hat nur »den Ehrgeiz, glauben zu machen, daß es nicht gemacht, sondern entstanden und entsprungen sei« (VI, 241). Doch das ist Vorspiegelung: »Das Ganze lebt überhaupt nicht mehr: es ist zusammengesetzt, gerechnet, künstlich, ein Artefakt« (KSA 6, 27).[151] Musikalische Wahrheit und Meisterschaft ist nur im »ganz Kleinen« (KSA 6, 418), »echt und ernst ist allein das ganz Kurze, der höchst konsistente musikalische Augenblick ... « (VI, 241).

Als Kurzform komponiert Leverkühn in Leipzig Lieder: dreizehn Brentano-Gesänge, unter ihnen: »O lieb Mädel, wie schlecht bist du« (VI, 207). Warum, so fragt Zeitblom, jene »entartenden Sprachträumereien des Romantikers«? Weil Brentano von den deutschen Dichtern »am meisten *Musik* im Leibe« hat (KSA 9, 600)[152] – Musik, »die in diesen Versen in so leichtem Schlummer liegt, daß die leiseste Berührung von berufener Hand genügte, sie zu erwecken« (VI, 246).

Stellt das Lied schon eine Kurzform dar, so wird in ihm noch die Klang-Chiffre h e a e e s : Hetaera Esmeralda als Miniatur kristallisiert.[153] Aus diesem ziselierten musikalischen Gedanken wird Leverkühn am Ende das Generalthema seines Variationenwerkes in zwölf Silben als Zwölftonreihe entfalten: »Denn ich sterbe als ein böser und guter Christ« (VI, 646). »Jenseits von Gut und Böse« will er als künstlerische Paradoxie aus der totalen Konstruktion seines Reihenwerkes den Ausdruck als Klage hervorbrechen lassen (VI, 651).

Das Werk, das in radikaler Wahrheitssuche sich selbst verleugnet und nur noch den Naturlaut als Klage zuläßt, wird durch den Biographen in geschlossener Form und Rundheit überliefert. Die Idee der Verleugnung von Form und Werk findet in der Form des Werkes vollendete Gestalt.[154] – Und auch Leverkühn, der der Form als Schein und Spiel mißtraut und deshalb in der gedrängten Kürze des lyrischen Liedes noch am ehesten Ernst und Wahrheit zu finden glaubt, fordert im eklatanten Widerspruch dazu, daß sein Lieder-Zyklus stets nur geschlossen »als ein Ganzes, also als ein Werk« zu betrachten und zu behandeln sei (VI, 243).

*

Die Leverkühns leben seit mehreren Generationen im Herzen Deutschlands auf dem Hof Buchel, der mit seinem Wohnhaus, den Scheunen und Viehställen ein offenes Viereck bildet und in dessen Mitte eine mächtige alte Linde steht. Als dieser Lindenbaum in Blüte stand, wurde Adrian geboren (VI, 19). Und »abends auf der Bank unter der Linde« wurde der Junge auch bald von der Stallmagd Hanne beim Kanonsingen in die Musik eingeführt (VI, 41). An den heimischen Hof Buchel und insbesondere an Hanne mag er sich erinnert haben, als er der Musik später »soviel Eigenwärme, Stallwärme, Kuhwärme« zusprach (VI, 94; vgl. KSA 6, 342).[155] Selbst zu eisiger Kälte verdammt, sucht er bergenden Rückhalt in der Heimatsphäre nicht nur des Buchel-Hofes, sondern regredierend auch wieder in Pfeiffering auf dem Hof der Schweigestills.

Der Lindenbaum auf dem Hof-Viereck von Buchel bindet Adrian rückwärts an die Geistesepoche der Romantik. Exponent für diese Gefühls- und Gesinnungswelt ist schon im ZAUBERBERG Schuberts Lied DER LINDENBAUM.[156] Bereits damals neigte dieses »Heimwehlied« als »Wunder der deutschen Seele« »außerordentlich zu Zersetzung und Fäulnis« (III, 906). Gut zwanzig Jahre später steht das »Wunder des deutschen Liedes« schlechthin für »Tiefe«, für »deutsche Innerlichkeit« (XI, 1142).[157] Jetzt aber ist das ursprünglich Gute den Deutschen endgültig zum Bösen ausgeschlagen, da sie in ihrer gewollten Isolierung über der hochmütig-gläubigen Hingabe an das Irrationale und die Vergangenheit die gesellschaftliche und politische Gegenwart und Wirklichkeit aus dem Auge verloren haben.

Seine Gymnasiasten-Zeit verbringt Adrian in Kaisersaschern, jenem Inbegriff der mittelalterlichen deutschen Kleinstadt, die eine Kreuzung aus Lübeck, Naumburg, Rothenburg, Nürnberg und Aachen darstellt.[158] Im 9. Notizbuch beschreibt Thomas Mann Kaisersaschern als »viereckig« und im übrigen mit denselben Begriffen, mit denen Saul Fitelberg die »qualité d'Allemand« in ihrer rhythmischen Schwerfälligkeit als »altertümlich deutsch« charakterisiert (VI, 533 f.).[159] Den Ausdruck »viereckig« verwendet Nietzsche, als er über den Wert Richard Wagners für Deutschland nachdenkt: – »ein großes Fragezeichen, ein deutsches Unglück vielleicht, ein Schicksal in jedem Falle«. Daß Wagner als Typus unter den Deutschen unverstanden stehen könnte, hüte man sich jedoch einzugestehen: »dazu ist man zu gutmüthig, zu viereckig, zu deutsch« (KSA 13, 493 f.).[160]

Die Gefühlssphäre deutscher Tiefe und Innerlichkeit, die Kaisersaschern repräsentiert, ist unlösbar verknüpft mit der todesromantischen Welt Schopenhauers, die ihren Ausdruck findet in der spätromantischen Musik Wagners. In dieser Sphöre wurzelt Adrians Entschluß, Theologie zu studieren, in ihr gründet seine Musik: »Es war die Musik eines nie Entkommenen, war bis in die geheimste genialisch-skurrile Verflechtung hinein, in jedem Kryptenhall und -hauch, der davon ausging, charakteristische Musik, Musik von Kaisersaschern« (VI, 113). Hier spiegelt sich wieder die Faszination, die Thomas Mann schon früh bei der

Blick auf den Hof Schweighardt in Polling; im DOKTOR FAUSTUS Gut Buchel

Lektüre von Nietzsches Briefen an dieser Stelle ergriff und seither in Bann hielt: »Mir behagt an Wagner, was mir an Schopenhauer behagt, die ethische Luft, der faustische Duft, Kreuz, Tod und Gruft« (KSB 2, 322).[161]

Diese Mischung aus deutscher »Viereckigkeit«, »Lindenbaum«- und »Kreuz, Tod und Gruft«-Atmosphäre ist Adrians geistige Heimat. Daß dieser Komplex schon innerfamiliär gefährdet ist, können wir seinem Familiennamen ablesen. Kühnheit ist gefordert: »Und Leben überhaupt heisst in Gefahr sein« (KSA 1, 360).[162]

Der »Gedanke, dass das Leben ein Experiment des Erkennenden sein dürfe«, steht im Mittelpunkt von Nietzsches Philosophie, ja seines Lebens: »in media vita« (KSA 3, 552). »Aus seinem Leben selbst ein Experiment machen – das erst ist Freiheit des Geistes« (KSA 13, 618). Vor allem dadurch, daß Nietzsche seine Experimental-Philosophie wirklich unerschrocken und, ohne sich zu schonen, selbst gelebt hat[163], wußte er Thomas Mann besonders tief zu beeindrucken. Diese Haltung versucht er nicht nur in Adrians Musikerleben durch wiederholte Hinweise auf sein experimentierendes Verfahren beim Musizieren, Improvisieren und Komponieren nachzubilden, sondern vorbereitend läßt er bereits Jonathan Leverkühn experimentierend »die elementa spekulieren« (VI, 22). An der Zweideutigkeit gerade dieses Unterfangens besteht allerdings von Anfang an kein Zweifel. Derlei Experimente besonders an »der vom Menschen mutwillig versuchten Natur« sind für Zeitblom »Spuk« (VI, 32). Auch Nietzsche verurteilt experimentierende »Natur-Vergewaltigung« als »Hybris« (KSA 5, 357).[164]

Der Zweifel nagt am väterlichen, viereckig-deutschen Erbe, das im spannungsvollen Gegensatz zu der mütterlich

Majestätsbild Otto III. (980-1002) aus dem Evangeliar Otto III.

geprägten »Stallwärme« steht. – Ambivalent zeigt sich auch der Ort von Adrians Gymnasiastenzeit. Kaisersaschern, das Urbild einer deutschen Kleinstadt, wird nicht nur von gespenstisch-dämonischen Umtrieben verschiedener Originale geprägt, sondern birgt in seinem Dom auch das Grabmal Kaiser Ottos III., das Thomas Mann kurzerhand aus Aachen hierher verlegt hat. Nach romantisch grundierter deutscher Tiefe im Elternhaus begegnet Adrian hier nun paradigmatisch »deutsche Selbst-Antipathie«. Otto III. »hatte sein Leben lang unter seinem Deutschtum gelitten« (VI, 51).[165] Leverkühn hat zur nationalen Zugehörigkeit ein entsprechendes Verhältnis.[166] Er fühlte sich – wie sein Autor und wie auch Nietzsche – als deutscher Weltbürger, als Kosmopolit (VI, 239).

Im Widerspruch dazu gibt sich Ernst Bertram in seinem Buch über den Philosophen, das er im Untertitel VERSUCH EINER MYTHOLOGIE nennt, große Mühe, Nietzsche möglichst uneingeschränkt für Deutschland und die Deutschen zu vereinnahmen. In diesem Sinne widmet er dem »deutschen Werden« ein langes Kapitel[167], das Thomas Mann nach Erscheinen 1918 noch sehr eifrig und sicher zustimmend mit dem Bleistift gelesen hat, von dem er sich dann aber im DOKTOR FAUSTUS in den Hallenser Studentengesprächen distanziert. Hier spricht er, deutlich auf Nietzsche anspielend, von Fällen, »wo die persönliche Substanz, sagen wir: an Deutschtum, sehr groß war und ganz unwillkürlich sich auch als Opfer objektivierte, wo es aber an Bekenntnis zu völkischer Bindung nicht nur völlig fehlte, sondern auch die heftigste Negation davon statthatte, so daß das tragische Opfer gerade in dem Widerstreit von Sein und Bekenntnis bestand ...« (VI, 165).

Deshalb sah Thomas Mann in diesem Zusammenhang auch in Luther, dem »großen Mann deutscher Nation«, eher ein Verhängnis als ein Glück.[168] Luther war ihm nichts als deutsch – ohne jegliche überdeutsch-europäische Neigungen. So dürfen sich die Winfried-Studenten voller Pathos mit ihm identifizieren als »Volk der Reformation«, als »deutsches Volk« schlechthin. Luthers Reformation war ihnen ein »Werk der Unreife doch auch« (VI, 158); denn sie war »revolutionär« und »rückschlägig« zugleich (XII, 514).[169] Ausgelöst als »energischer Protest zurückgebliebener Geister, welche die Weltanschauung des Mittelalters noch keineswegs satt hatten« (KSA 2, 199), war sie *»Reaction als Fortschritt«*: Sie beschwört »eine vergangene Phase der Menschheit noch einmal herauf« (KSA 2, 46). In diesem Sinne gab Luther im Kontext der Winfried-Schlafstroh-Gespräche ein sehr brauchbares »Beispiel« für »konservative Revolution« ab. Dieser Begriff sollte »in München sehr bald zur feinen Formel für faschistische Tendenzen« werden.[170]

Nietzsche ist »der eigentliche Initiator des geistig-seelischen Phänomens« der »Konservativen Revolution«: er ist ihr »Erzvater« und auch der umfassendere Geist, als der nur wenig jüngere Georges Sorel[171], der im DOKTOR FAUSTUS in diesem Zusammenhang namentlich erwähnt wird (VI, 486). Sorels Programm, wie es hier vorgeführt wird, gleicht den Äußerungen des ganz späten Nietzsche fast aufs Wort.

»Konservative Revolution« wird als »faschistische Tendenz« in den Diskussionen in der Wohnung des Herrn Sixtus Kridwiß vorgeführt. Versammelt sind alle asketischen Priester und Ästhetizisten aus Thomas Manns Werkgeschichte: Helmut Institoris, Daniel zur Höhe und als Mittelpunkt der Gesellschaft Dr. Chaim Breisacher. Neben »steilstem ästhetischen Unfug« (VI, 483) nimmt Zeitblom hier eine sensible Analyse konservativ-revolutionärer Geisteshaltung auf, ohne ihr doch selbst folgen zu können. Aber auch die Kraft zur Opposition hat er nicht (VI, 488 f.). Zerstörung und Katastrophe müssen kommen und sind unaufhaltbar. Man ist sich dessen voll bewußt und nimmt hier in nihilistischer Weise zumindest verbal tätigen Anteil. Es gibt keine konservierende Wurzelbehandlung mehr, sondern Zähne samt Nerven werden gnadenlos herausgerissen. Mit der Absage an die bürgerlich-liberalen Konventionen wird auch verweichlichendes Mitleid abgelehnt. Man blickt ungerührt voraus in die Zukunft: Die Zyniker würden nicht – so meditiert der Erzähler – vor Euthanasie (vgl. VI, 492) und Zerstörung zurückscheuen, nicht vor dem totalen Krieg. Der überzeugte Nihilist wird vielmehr den Durchgang durch die Zerstörung bejahen, wird sie als »Hoffnung auf eine Neugeburt jenseits der Zerstörung«[172] herbeisehnen. Die Hoffnung auf Durchbruch hatte bei Ausbruch des Ersten Weltkrieges die Massen begeistert in den Kampf aufbrechen lassen.[173] Den

Friedrich Nietzsche, 1867

utopischen Glauben, daß Zerstörung in Schöpfung umschlägt[174], hatten die konservativen Revolutionäre auch nach dem verlorenen Krieg noch nicht aufgegeben. »Fortschritt« war die verächtlichste Vokabel im Munde Breisachers. Nietzsche hatte mit dem Ruf: »Gott ist todt!« (KSA 3, 481)[175] das Christentum und die linear auf ein Ziel ausgerichtete Geschichtsvorstellung und damit zugleich liberal-bürgerliches Fortschrittsdenken, wie es an die Französische Revolution anknüpfte, diskreditiert. Lineares Denken hatte er durch den Glauben an in sich kreisende Unendlichkeit ersetzt, durch ewige Wiederkehr des Gleichen.

Breisacher zeichnete sich durch »witternde Fühlung mit der geistigen Bewegung der Zeit« aus (VI, 371). Seine »hellhörige Empfänglichkeit für das Kommende, Neue« bewährte sich auch in Situationen, »wo das Avantgardistische

mit dem Reaktionären zusammenfällt« (VI, 378). – Nietzsche hat »als sensibelstes Ausdrucks- und Registrierinstrument mit seinem Macht-Philosophen den heraufsteigenden Imperialismus vorempfunden und die faschistische Epoche des Abendlandes [...] als zitternde Nadel angekündigt« (IX, 702).[176] – Leverkühn zeigt entsprechendes Gespür für die Heraufkunft des Nihilismus in der Gestalt des Faschismus. Dieses geistig-politische Geschehen nimmt Gestalt an in seinem Werk: er beschwört es herauf, um seine Schrecken im Ausdruck zu bannen.[177] Nietzsches »Konservative Revolution« setzt er in klingende Töne um. Die Nachbarschaft von Ästhetizismus und Barbarei wird als Chaos im Tonsystem entfacht. Die Rückkehr in den Urstand erklingt als Gesang: »Ursprünglich-urmenschlich ein Heulen über mehrere Tonstufen hinweg«, ist das Glissando in der Musik »stehengeblieben, sozusagen als ein naturalistischer Atavismus, als ein barbarisches Rudiment aus vormusikalischen Tagen« (VI, 496).

Alter Konventionen hat sich Leverkühn entledigt. Die entfesselte Freiheit des Ich aber konnte er nicht aushalten, da die Subjektivität am Ende an der Möglichkeit verzweifelte, spontan schöpferisch zu sein: »Die Freiheit neigt immer zum dialektischen Umschlag.« Progredierend und zugleich regredierend unterstellt sie sich wieder der Gebundenheit, dem »Gesetz, Regel, Zwang, System« (VI, 253, 258). Wie bei Beethoven die »Variation, also etwas Archaisches, ein Residuum«, zum »Mittel spontaner Neuschöpfung der Form« wird (VI, 254), so vollzieht sich bei Leverkühn am Ende der dialektische Prozeß als abermaliger »Umschlag von strengster Gebundenheit zur freien Sprache des Affekts« (VI, 644). Dieser Umschlag spiegelt sich im Paradoxon der »inneren Einerleiheit des Engelskinder-

Friedrich Nietzsche, 1864

Chors mit dem Höllengelächter« (VI, 645), Abbild und Übersteigerung jener Lachlust Leverkühns, die schon früh eine »leicht orgiastische«, d.h. dionysische, »Auflösung« apollinischer »Lebensstrenge« erkennen ließ (VI, 115).[178]

Das Variationenwerk der Klage schreitet nicht linear fort, sondern ist »undynamisch, entwicklungslos«, so, »wie konzentrische Kreise, die sich vermöge eines ins Wasser geworfenen Steins, einer um den anderen, ins Weite bilden, ohne Drama und immer das gleiche sind« (VI, 645).[179] – Nietzsche wendet sich mit der Verkündigung vom Tod Gottes zurück in eine archaische Welt zu seinem Gott Dionysos. Er geht hinter die vergleichsweise moderne, in den Grenzen der Zeit gerichtet verlaufende christliche Religion zurück zum archaisch-gebundenen Glauben an die ewige Wiederkehr des Gleichen. – Und Leverkühn knüpft in seinem letzten Werk der Klage in »Rückwärtsgewandtheit« (VI, 648) jenseits Beethoven und Bach an Monteverdi an (VI, 646).

Gemildert durch das Erzähler-Medium Zeitbloms läßt Thomas Mann sehr diskret auch Kritik an Nietzsche in seinen Roman einfließen.[180] Wie der Philosoph ist Leverkühn ein vollkommener und rettungsloser Ästhet. Nietzsches »Verherrlichung des Barbarischen« fließt in Leverkühns Kompositionen ein: am Ende seines Schaffens sind Glissando und Höllengelächter »Ausschweifung seiner ästhetischen Trunkenheit« (IX, 707). Es ist Zeitbloms Aufgabe im Roman, über diese Nachbarschaft von Ästhetizismus und Barbarei erschrocken nachzudenken.

Unausgesprochen hegt Zeitblom jene Kritikpunkte im Hinterkopf, die Thomas Mann im Lichte seiner Erfahrung Nietzsche in seinen nichtfiktiven Äußerungen in und nach dem Zweiten Weltkrieg als Irrtümer anlastet. Über den ersten Punkt, die »geflissentliche Verkennung des Machtverhältnisses zwischen Instinkt und Intellekt« (IX, 695) ist Adrian Leverkühn erhaben. Sie ist kein Thema für ihn – nicht in der Selbstbetrachtung und auch nicht von Seiten Zeitbloms. – Aber die Winfried-Studenten, der Kridwiß-Kreis und die Deutschen schlechthin werden von Zeitblom solcher frevlerischen »Vernunftverachtung« als sündhafter »Renitenz gegen die Wahrheit« angeklagt. Doch bringt Zeitblom seinen Unmut über den »ordinär schwelgerischen Kult eines Hintertreppenmythus« (VI, 234) nicht vor der Öffentlichkeit vor, sondern er sucht sich den zum Schweigen verpflichteten »Monsignore Hinterpförtner« mit dem sprechenden Namen für seine Beichte aus. Perspektivisch mehrfach gebrochen, wird Leverkühn-Nietzsche selbst in diesem Punkte also freigesprochen, die breitere Auswirkung des vermeintlichen Fehlers im Denken Nietzsches wird jedoch im Romangeschehen differenziert gespiegelt, aufgewiesen und folglich in einen Punkt der Anklage verwandelt.

Anders sieht es mit dem *zweiten* Nietzsche von Thomas Mann angelasteten Irrtum aus: »das ganz und gar falsche Verhältnis, in das er Leben und Moral zueinander bringt, wenn er sie als Gegensätze behandelt« (IX, 696). Leverkühn selbst klagt sich am Ende an, daß er es an der nötigen Verantwortung gegenüber den Menschen habe fehlen lassen: »Statt klug zu sorgen, was vonnöten auf Erden, damit es dort besser werde« (VI, 662)[181], war seine Gleichgültigkeit »so groß, daß er kaum jemals gewahr wurde, was um ihn vorging«. Zeitblom vergleicht seine Einsamkeit mit einem Abgrund: »Um ihn war *Kälte* –« (VI, 13). Und er rückt von Leverkühns »Anspruch auf ironische Distanzierung« ab, empfindet dies mit Unbehagen »als ein Zeichen ungemeinen Hochmuts« (VI, 93). Zwar leise, aber doch unüberhörbar wirft der Freund dem Komponisten immer wieder »dessen persönliche Unberührtheit von dem Ganzen« vor (VI, 404). In seiner klösterlich-ländlichen Abgeschiedenheit von Pfeiffering berührten ihn schließlich die »torturierenden Erfahrungen der Zeit« noch weniger, entlockten ihm kaum ein Achselzucken. Zeitung las er nicht (VI, 454).[182] Es gilt auch für Adrian »die erbarmungslose Gleichgültigkeit eines Entstiegenen gegen das Irdisch-Technische« (VI, 213), gegen den lebenspraktischen Alltag.

Diese Kritik an dem Künstler und Ästhetizisten, der eben kein »rechter Lebensbürger« (IX, 696) ist und es an der entsprechenden moralischen Verantwortlichkeit gegenüber dem Leben fehlen läßt, bricht der Autor nun abermals perspektivisch, indem er sie auf verschiedene Schultern verteilt. Beklagenswert ist die allgemeine Gleichgültigkeit gegen menschliches Leiden, die »Achtlosigkeit«, die »Indifferenz gegen das Schicksal des Einzelwesens« (VI, 484). Auch die Geschwister Rodde müssen sich menschenverachtende Gleichgültigkeit vorwerfen lassen: Clarissa nimmt mit ihrem Selbstmord keinerlei Rücksicht auf die Mutter (VI, 503), und Ines läßt »rücksichtslose Gleichgültigkeit gegen ihre Kinder« walten (VI, 513). Auch das wiederholt auftauchende »Nichtswissen-Wollen« (VI, 235, 299, 388) ist im Roman nur ein anderer Ausdruck für verantwortungsloses Sich-Abschotten gegen die Wirklichkeit.[183]

Mit der Verurteilung der beiden »Fehler« Nietzsches, die er in den Roman vorsichtig einfließen läßt, verkehrt Thomas Mann die Intentionen des Philosophen kurzerhand ins Gegenteil. Thomas Manns Moralvorstellung ist hier eine ganz andere als die Nietzsches. Doch läßt er – nicht minder diskret – auch den vermeintlichen »Immoralisten« Nietzsche zu Wort kommen, der eigentlich ein »Moralist« ist. Das ist nicht nur der mythisch entstiegene »Mann der extremsten, ›intellektuellen Reinlichkeit‹, des bacchantischen Erkenntniswillens […], der zu jedem Leiden an der Wahrheit und um der Wahrheit willen Bereite« (Tb, 16.1.1936), der schon in seiner Jugend – ungeduldig-erkenntnishungrig – sich selbst nicht schonte und sich von »einer gewissen idealistischen Härte und Gleichgültigkeit gegen den Körper und seine ›Gesundheit‹« zeigte (VI, 98), sondern es ist zugleich der Mann, der Gesetzestafeln zerbricht, wenn er Konventionen umstößt.[184] Dieser »Durchbruch« durch verkrustete, überlebte Strukturen steht im Zentrum des Romans als Ziel Leverkühns. Es ist die Überwindung der abgelebten, dekadent-bürgerlichen »Moral«, um die es Nietzsche geht.[185] Für Leverkühn sind es im übertragenen Sinne die überholten musikalischen Konventionen, deren Fesseln es zu sprengen gilt.

Uneingeschränkt bejaht Thomas Mann dagegen Nietzsches *Perspektivismus,* dem er auf allen Ebenen des Romans Rechnung trägt – nicht zuletzt in der Brechung des Helden durch das Medium der Erzählergestalt.[186] Und sie gipfelt in der Frage: »Was ist Wahrheit?« Rüdiger Schildknapp, der sich in Potentialitäten erschöpft und deshalb Perspektivismus an sich personifiziert, antwortet folgerichtig, »daß die Wahrheit verschiedene Aspekte habe« (VI, 574).[187]

Es versteht sich, daß Zeitblom »Relativität« im Gegensatz zu Leverkühn mit Mißtrauen betrachtet und den Glauben »an absolute Werte« festzuhalten sucht, »illusionär wie er immer sei« (VI, 63). Auch sein »Glaube« ist als solcher in sich gebrochen und weit entfernt von fester Überzeugung.

In der *Musik* begreifen wir Perspektivismus als die Möglichkeit enharmonischer Verwechslung (VI, 373), die Leverkühn zur »Identität des Seligsten mit dem Gräßlichsten, die innere Einerleiheit des Engelkinder-Chors mit dem Höllengelächter« (VI, 645) ausformt. Figural steht für perspektivische Betrachtungsweise das Geheimnis der Identität, das nicht nur Leverkühn und Zeitblom, sondern genau so Esmeralda und Frau von Tolna teilen. Meister der perspektivischen Relativierung ist neben Schildknapp Breisacher, der in der Überzeugung, daß die Welt *»unendliche Interpretationen in sich schließt«* (KSA 3, 627), nicht nur jegliche auf absolute Werte zustrebende Fortschrittsgläubigkeit ablehnt (VI, 372), sondern ebenso die »Voraussetzungslosigkeit der Forschung« bezweifelt (VI, 489).[188] Ja, Breisacher wird geradezu stilistisch auf das Problem fixiert, so daß seine Figur, verwirrend wie sie ist, »perspektivisch« zu schillern beginnt: »die Ablehnung der perspektivischen Augentäuschung durch die vor-perspektivische Kunst« erklärt er für Arroganz.

Alle Paradoxa, deren der Roman voll ist, fußen auf Nietzsches Erkenntniskritik, die ausschließlich perspektivisches Sehen zuläßt, absolute Wahrheiten dagegen leugnet. Kein Mensch darf für sich beanspruchen, die Erkenntnis der Wahrheit zu besitzen. Es ist immer nur *eine* einzige Perspektive unter unendlich vielen möglichen anderen, in der ein einzelnes Individuum die Dinge sehen kann; denn der Mensch ist, »unfähig, sozusagen, um die nächste Ecke zu sehen« (VI, 603).[189]

Alle »Erkenntnisse« sind demnach relativ. Das Paradoxon hat folglich zentralen Stellenwert in dieser perspektivischen Welt. Paradox ist die »Konservative Revolution« und nur unter dem Gesichtspunkt von Nietzsches Perspektivismus erklärbar. Paradox ist Leverkühns Kunst, die regressiv und progressiv zugleich ist und Ästhetizismus und Barbarei ineinander wirkt.

Wenn der »Moralist« Thomas Mann bei Nietzsche das falsche Verhältnis von Leben und Moral beklagt, bewegt ihn damit – seit Heraufkommen des Faschismus – die Frage der Verantwortung des Künstler-Philosophen für die Folgen, die er möglicherweise mit seinem Werk heraufbeschwört. Er lastet dies *nicht* dem frühen, Schopenhauer und Wagner noch ganz nahestehenden Nietzsche an. Denn »an seiner schöpferischen Quelle« hatte der »Gegensatz zwischen Ästhetik und Moral« in Nietzsche ursprünglich noch eine »persönliche Einheit« gebildet und war erst »in der Zeit streitbar auseinandergefallen« (VI, 384).[190] Der junge Nietzsche, dem Thomas Mann sich so viel mehr verbunden fühlte als dem späten, rettungslosen Ästhetizisten, hat eben diese Problematik in einer nachgelassenen Notiz vom Sommer/Herbst 1873 formuliert: »Der Philosoph ist einmal für sich, sodann für andre Philosoph. Es ist nicht möglich, es ganz allein für sich zu sein. Denn als Mensch hat er Beziehung zu andern Menschen: und ist er Philosoph, so muss er es auch in diesen Beziehungen sein. Ich meine: selbst wenn er sich streng von ihnen absondert, als Einsiedler, so giebt er damit eine Lehre, ein Beispiel und ist Philosoph auch für die Andern. Er mag sich benehmen, wie er will: sein Philosoph-sein hat eine Seite, die den Menschen zugekehrt ist. Das Product des Philosophen ist sein *Leben* (zuerst, vor seinen *Werken*). Das ist sein Kunstwerk. Jedes Kunstwerk ist einmal dem Künstler, sodann den andern Menschen zugekehrt. - Welches sind die Wirkungen des Philosophen auf die Nichtphilosophen und andre Philosophen? Der Staat, die Gesellschaft, die Religion usw., alle können fragen: was hat uns die Philosophie geleistet? Was kann sie uns jetzt leisten? So auch Cultur. Frage nach den Culturwirkungen der Philosophie überhaupt. Umschreibung der Cultur – als einer Temperatur und Stimmung vieler ursprünglich feindselig[er] Kräfte, die jetzt eine Melodie abspielen lassen (KSA 7, 712).«

Und dennoch …! *Hätte* Nietzsche in seinem späteren Leben die nötige »pädagogische Verantwortung« (IX, 709) aufgebracht, die Thomas Mann von ihm fordert, hätte er sich an seine eigene Mahnung von 1873 gehalten, dann hätte er

sich selbst in der Freiheit des Philosophierens so einschränken müssen, daß er sein Machtphilosophem und das dionysische Ideal des Übermenschen »verantwortungsvollerweise« kaum hätte entwickeln können. Die »Selbstüberwindung der Romantik in Nietzsche« (Br I, 255 f.) – Kernthema für Thomas Mann nach dem Ersten Weltkrieg – hätte nicht stattfinden können. Das Thema der Überwindung dieser abgelebten Epoche, für die im ZAUBERBERG der »Seelenzauberkünstler« Richard Wagner steht (III, 907), verschiebt sich im DOKTOR FAUSTUS nur unwesentlich zum Problem des Durchbruchs durch überholte *musikalische* Strukturen. Auch damit ist immer wieder Wagner und sein der Konvention verhaftetes, geschlossenes Werk gemeint.

Nietzsche also als braver »Lebensbürger«, der »Moral« nicht hätte umstoßen wollen, sondern sie über das »Leben« gestellt hätte und dem Ethik die rechte »Lebensstütze« gewesen wäre (IX, 696)? Er wäre kein Thema für Thomas Manns Roman DOKTOR FAUSTUS gewesen. Der Kern-Problematik ermangelnd, hätte dem Stoff zugleich die nötige Spannung gefehlt, aus der heraus allein der Künstler sein Werk schaffen kann: ohne »Liebe mit dem Stachel des Zweifels« (X, 181) hätte er diese Melodie kaum abspielen lassen können.

[1] Zu den Hervorhebungen: Nietzsches Texte enthalten zahlreiche Hervorhebungen. Sie sind in *Kursivschrift* wiedergegeben. – Texte, die Thomas Mann in seinen Bänden von und über Nietzsche eigenhändig angekreuzt, unterstrichen oder angestrichen hat, sind <u>unterstrichen</u>. – Hervorhebungen in Thomas Manns Texten stammen vom Autor selbst. Sie sind in *Kursivschrift* gesetzt.

[2] PODACH '30; in diesem Kapitel hinfort unter Angabe der Seitenzahl im Text. Hier: 108 (nach Andler).

[3] Notiz: VOSS '75, S. 22.

[4] MÖBIUS '04, S. 185.

[5] Hervorhebung Franziska Nietzsche. – Vgl. auch HEINTEL '50, S. 299.

[6] Nietzsches Werke. In der Großoktavausgabe zunächst bei Naumann, dann bei Kröner in Leipzig. 1. Aufl. 1894-1904, 2. Aufl. 1901-1913. – Diese Ausgabe steht in Thomas Manns Nachlaßbibliothek im Thomas-Mann-Archiv in Zürich .

[7] Wie aus dem handschriftlichen Besitzvermerk hervorgeht, erwarb er 1895 den 8. Band dieser Ausgabe, in dem DER FALL WAGNER, GÖTZEN-DÄMMERUNG, NIETZSCHE CONTRA WAGNER und DER ANTICHRIST enthalten sind. 1896 folgten der 4. und 5. Band derselben Ausgabe (MORGENRÖTHE, DIE FRÖHLICHE WISSENSCHAFT).

[8] Von *Schlechtweggekommenen* ist bei Nietzsche immer wieder die Rede (z.B. KSA 3, 621; KSA 5, 372; KSA 12, 72 und 216, von Thomas Mann teilweise markiert). – Zu seinen Äußerungen über *Epikur* vgl. KSA 3, 411; KSA, 5, 348 f.; dazu auch Notb I, 18 f. – Auf das Thema »<u>Rausch, als Musik</u>« (KSA 10, 660; KSA 11, 14) komme ich später zurück. – Vgl. auch Vaget '75, S. 459 f.

[9] Stefan George: DER SIEBENTE RING; zitiert nach: HEFTRICH '82, S. 188. – HANSEN '84, S. 99; – JUNG '85, S. 124.

[10] DEUSSEN '01.

[11] MÖBIUS '04. In Thomas Manns Nachlaßbibliothek im Thomas-Mann-Archiv in Zürich findet sich eine Ausgabe von 1909.

[12] Notb II, 107; dazu WYSLING '67, S. 38 f.

[13] Notb II, 121 f.; dazu WYSLING '67, S. 37.

[14] Dazu mag Baudelaires kurz vor dem Drei-Zeilen-Plan im 7. Notizbuch festgehaltene Satz »L'inspiration est décidément la soeur du travail journalier« gehören (Notb II, 103); – vgl. PUSCHMANN '93, S. 178 f.

[15] Zum Thema *Inspiration* vgl. BEDDOW '94, S. 10; – BERGSTEN '74, S. 76, 127 f.; – BORCHMEYER '94, S. 136; – CARO '81, S. 121; – COLLEVILLE '48, S. 348; – FAESI '55, S. 141; – FOSTER '81, S. 363; – HASSELBACH '88, S. 17 ff.; – HEFTRICH '75, S. 286 ff.; – HEFTRICH '82, S. 193 u.ö.; – HELLER '77, S. 178 ; – HERMANNS '94, S. 270; – JUNG '85, S. 132; – KOOPMANN '95, S. 487 ff.; – LINDSAY '54, S. 122; – MEYER '91, S. 693; – MÖBIUS '04, S. 106 f.; – PÜTZ '71, S. 244; – PÜTZ '87, S. 126 f; – RIECKMANN '79, S. 54 f. ; – VAGET '93, S. 77; – VOSS '75, S. 191.

[16] Zur Rolle von Beethovens Notizbüchern in der Inspirations-Diskussion vgl. VAGET '93, S. 78. – Daß Beethovens »Skizzenbücher« bei Erörterung des Inspirationsbegriffs schon von Nietzsche aufgeführt wurden (KSA 2, 146), führt MEYER '93, S. 359) an.

[17] Dazu auch MAINZER '71, S. 33 f. – Über die Hingabe an den von Nietzsche antizipierten Rausch vgl. auch MUNDT '89, S. 19.

[18] An entlegener Stelle spielt Thomas Mann schon im ZAUBERBERG auf diese Unterscheidung an. Fräulein von Mylendonk verkündet: »Aber Katarrhe kommen nicht von der Kälte, sondern sie kommen von einer Infektion, für die man aufnahmelustig war, und es fragt sich nur, ob eine unschuldige Infektion vorliegt oder eine weniger unschuldige, alles andere ist Schnickschnack« (III, 235); – JOSEPH '96, S. 71.

[19] Der »asketische Priester« Leverkühn schreibt denn auch in einer »ebenmäßigen und leicht altertümlich gestalteten, etwas schnörkelhaften Handschrift«, der man es ansah, »daß sie mit der Rundschriftfeder hergestellt« war (VI, 172 f.) – »einer Mönchsschrift, möchte man sagen« (VI, 295). POSER ('76, S. 35) erkennt darin Nietzsches Handschrift. – MAAR ('89, S. 238) ordnet Leverkühn »als des Teufels Mönch« (VI, 664) mit seiner »Mönchsschrift« in das »Bedeutungsfeld *Heiliger – Mönch – Ritter – Märtyrer*« ein.

[20] HEFTRICH ('82, S. 314) erinnert hier an die Zuordnung Wagners zur französischen Spätromantik in ECCE HOMO (KSA 6, 289). – Ihr verdankt sich Wagners »europäische, mystisch-sinnliche Artistik« (IX, 424). – Über Leverkühns »Pfad zum eigenen Himmel« durch die »Lusthölle« vgl. auch VAGET: AMAZING GRACE '87, S. 182 ff. – Über die Nähe zu Baudelaire, in dessen Werk die »Wollust der Hölle« eines der Hauptthemen bildet, vgl. Puschmann '93, S. 168. – Auf Nietzsches Bekenntnisschrift ECCE HOMO spielt Leverkühn zugleich mit dem Schlußwort seines Briefes über das Bordell-Erlebnis an: »Ecce epistola!« (VI, 192). Das wiederum verweist auf eine andere Unterschrift im Roman, mit der Leverkühn Wagner imitiert: »Perotinus Magnus« (VI, 494). Um ganz sicher zu gehen, daß der Leser diesen Hinweis versteht, deklariert Thomas Mann dieses Motiv: die Quelle ist Wagners Unterschrift »Kirchenrath«, die er unter sein Begleitschreiben bei der Übersendung des PARSIFAL-Textes an Nietzsche setzte. Der Empfänger dieser Sendung hat das in ECCE HOMO festgehalten, und dort hat Thomas Mann es mit einem dicken Randbalken versehen (KSA 6, 327). – Vgl. auch FOSTER '81, S. 340; – HEFTRICH '82, S. 227, 315; – REINHARDT '85, S. 113.

[21] Diese Dämonisierung des Künstlers entspricht – so MEYER '91, S. 693; MEYER '93, S. 359 – nicht dem Geiste Nietzsches.

[22] HASSELBACH ('88, S. 19) nennt das Angebot des Teufels, durch Intoxikation produktiv zu werden, eine »unlautere Lösung«; denn es verheißt Produktivität durch Betrug, durch Selbstbetrug. – Dazu auch BORCHMEYER ('94, S. 142). – Die Frage, ob den Künstler in Ausübung seiner Kunst Schuld treffen kann, ist m. E. für Thomas Mann nicht ohne Nietzsches Kunstverständnis, das an Wagners »nicht eben unschuldiger Kunst« (XII, 74) geschult ist, zu beantworten. – Anders Käte Hamburger: »Ist aber die Kunst nicht jenseits von Gut und Böse, der Künstler als solcher dem Lebensbereich der Schuld, der Sünde enthoben?« (HAMBURGER '75, S. 405). Sie hält Künstlerschuld schon an sich für problematisch, noch mehr aber, die »›Schuld‹ moderner Musikschöpfung oder das existentielle Schuldgefühl Leverkühns mit der Schuld der Deutschen am Nazismus in Zusammenhang zu bringen« (ebd., S. 410). – So auch ALBERT '93, S. 108.

[23] Als »auf die seltsamste Art *inspiriert:* so daß Einiges, was ich mir nicht zugetraut hatte, wie unbewußt eines Morgens fertig war«, beschreibt Nietzsche auch am 9.9.1888 Carl Fuchs seinen Zustand (KSB 8, 414).

[24] Vgl. Notiz: VOSS '75, S. 162. – Zur Inspirationsdebatte Pfitzners mit seinen verschiedenen Kontrahenten und ihrem Niederschlag im DOKTOR FAUSTUS vgl. WINDISCH-LAUBE '90 (2.Aufl. '95), S. 334 ff.; – und VAGET '93, S. 76 ff.

[25] WYSLING '67, S. 30.

[26] TUSKA ('64, S. 286) nimmt Nietzsche kritisch unter die Lupe: »Only as a stylist was Nietzsche a positive influence.«

[27] WYSLING '67, S. 27.

[28] Notiz: VOSS '75, S. 94. – Vgl. WYSLING '67, S. 25.

[29] MAJA wird Aschenbach übermacht (VIII, 450).

[30] Notiz: VOSS '75, S. 93.

[31] Notb II, 43.

[32] Auf diese Ahnenreihe weisen auch DAVID ('77, S. 97 ff.) und FRIZEN ('80, S. 173 f.) hin. – Zum Merkmal der »Häßlichkeit« vgl. SCHWARZ '89, S. 82, 88, 90.

[33] Zur Bedeutung des jüdischen Volkes bei Nietzsche vgl. HEFTRICH '62, S. 174.

[34] Dazu VAGET '84, S. 132 ff.

[35] So bereits im Notizbuch 7: »Name: Zur Höhe« (Notb II, 41); – vgl. WYSLING '67, S. 35.

[36] Dazu auch FOSTER '81, S. 348; – REHBOCK '81, S. 45.

[37] Dazu PUSCHMANN '93, S. 213. – Auch Settembrini weiß sich »dem Ideal vollendeter Form und schöner Heiterkeit« verpflichtet (JOSEPH '96, S. 134). – Zum Thema *Heiterkeit* vgl. BORCHMEYER '94, S. 165 u.ö.; – KIESEL '90, S. 729 ff. u.ö.; – WEINRICH '90, S. 27.

[38] REHBOCK '81, S. 41. – KOOPMANN ('87, S. 100 f.) meint dagegen, mit der »Durchheiterung eines tragischen Stoffes« sei es nicht so weit her. Er vermutet, daß Thomas Mann mit der erneuten Darstellung seines Verhältnisses zu Nietzsche in der Maske des schreibenden Serenus Zeitblom seine Exilerfahrung literarisieren wollte. – Vgl. auch KOOPMANN ('83) '88, S. 100 ff.; – KOOPMANN '89, S. 8.

[39] Brief an den Dekan der Philosophischen Fakultät der Universität Bonn (Br II, 9); – WEINRICH '90, S. 27.

[40] Diese Deutung des Begriffs »Heiterkeit« unterscheidet sich grundsätzlich von dem von Nietzsche für seine Gegenwart beklagten falschen Verständnis von Heiterkeit als »Zustand ungefährdeten Behagens« (KSA 1, 65) wie auch der »Heiterkeit *des theoretischen Menschen*«, die »die dionysische Weisheit und Kunst bekämpft« und »an ein durch die Wissenschaft geleitetes Leben glaubt« (KSA 1, 115). – Dazu BORCHMEYER '94, S. 165.

[41] Notiz: VOSS '75, S. 16. – REHBOCK '81, S. 44.

[42] Nach WALTHER ('91, S. 129) stellt Zeitblom, wie sein Nachname impliziert, »das die verschiedenen Zeitebenen des Romans verbindende und koordinierende Element dar«.

[43] HEFTRICH '82, S. 208.

[44] Über Zeitblom, der in seiner Befangenheit im Dämonischen paradigmatisch für seine Epoche steht, vgl. FRIEDRICHSMEYER '84, S. 82 ff. – Für PETERSEN ('96, S. 7) ist Zeitblom vom Dämoniegedanken regelrecht besessen.

[45] So auch DURRANI '85, S. 657.

[46] RIECKMANN '79, S. 53.

[47] REINHARDT '85, S. 112. – Auch ZEDER ('95, S. 194) stellt fest, daß Zeitbloms eigener Begriff von Kunst zu Wagners TRISTAN hinführt. – Eine andere Quelle für die Gestalt Zeitbloms entdeckt ZEDER ('95, S. 180) in dem von Erika und Klaus Mann gemeinsam vor Kriegsbeginn verfaßten Roman THE OTHER GERMANY. Darin verkörpert der »Studienrat X« das Versagen des Bildungsbürgertums in der Weimarer Republik.

[48] WIMMER '93, S. 53.

[49] VAGET '89, S. 128; – vgl. auch KOOPMANN '95, S. 481. – HANSEN ('84, S. 99) meint, daß die »Doppelung Zeitblom/Leverkühn« durchaus auch auf Nietzsches DER WANDERER UND SEIN SCHATTEN zurückgehen könne.

[50] »Serenus hat viel von einem Nietzsche-Freund (Overbeck)«, schreibt Thomas Mann am 29.1.1948 an Jonas Lesser (Selbstkommentare, 29.1.'48). – Da fragt H. Koopmann: »Wer anders als Thomas Mann ist dieser Nietzsche-Freund?« (KOOPMANN: BIOGRAPH '88, S. 98; – SOMMER '96, S. 42).

[51] KAHLER '48, S. 198; – SOMMER '96, S. 41.

[52] SOMMER '96, S. 46.

[53] HILGERS '95, S. 81.

[54] HILGERS '95, S. 82.

[55] HILGERS '95, S. 85.

[56] SOMMER '96, S. 46.

[57] HILGERS '95, S. 84.

[58] HILGERS '95, S. 85; – SOMMER '96, S. 40.

[59] HILGERS '95, S. 86.

[60] Die Schilderung des zweiten Besuchs bei dem umnachteten Leverkühn ist fast wörtlich Gabriele Reuter: VOM KINDE ZUM MENSCHEN. DIE GESCHICHTE MEINER JUGEND. Berlin 1924, S. 458 ff. entnommen. Wie Thomas Mann deren Tochter Lili Avenarius schreibt (Selbstkommentare 2.9.'48), stammt sein Zitat nicht aus den Lebenserinnerungen von G. Reuter direkt, sondern – so erläutern H. WYSLING (Selbstkommentare, S. 221) und I. Jens (Tb 1946-1948, S. 791) – aus dem Buch: E. F. Podach (Hg.) DER KRANKE NIETZSCHE. BRIEFE SEINER MUTTER AN FRANZ OVERBECK, Wien 1937, in dem auf S. 51 die Stelle zitiert ist. Das Buch steht in Thomas Manns Nachlaßbibliothek im Thomas-Mann-Archiv in Zürich. – Der Originaltext von G. Reuter ist wiederabgedruckt bei KREUZER '93, S. 149 ff. - Das »verschmälerte Gesicht«, das – als »Bild höchster Vergeistigung« – »nun auffallend dem eines Greco'schen Edlen glich« (VI, 675), ist eine Zutat Thomas Manns. Mit dem »Ecce homo-Antlitz« – er fand es zusammen mit der schiefen Haltung in einem Brief Rohdes an Overbeck bei PODACH ('32, S. 63; wieder abgedruckt bei BERGSTEN '74, S. 74) –, das Leverkühn an seinem 50. Geburtstag »mit weh geöffnetem Munde und blicklosen Augen« zeigt (VI, 674), erinnert es an Nietzsches Wahn vor seinem Zusammenbruch, nicht nur Dionysos, sondern zugleich Christus zu sein, wie die zuletzt abgesandten »Wahnsinnszettel« erkennen lassen, die er abwechselnd mit »Dionysos« und »Der Gekreuzigte« unterzeichnet hat (KSB 8, 571 ff.). – Vgl. COLLEVILLE '48, S. 350; – FAESI '55, S. 143; – HASSELBACH '88, S. 109; – HEFTRICH '82, S. 208; – MÜLLER '60, S. 275 ; – POSER '76, S. 35; – RUPRECHT '67, S. 26.

[61] HILGERS '95, S. 84.

[62] Dazu (zunächst) OVERBECK, F.: ERINNERUNGEN AN FRIEDRICH NIETZSCHE, C.A. Bernoulli (Hg.). In: Die Neue Rundschau 17 (1906), S. 209-231 und 320-330. BERNOULLI ('08) hat dann Overbecks Erinnerungen in sein Werk eingearbeitet. – SOMMER '96, S. 47.

[63] HILGERS '95, S. 87.

[64] DEUSSEN ('01, S. 26) schreibt beim Abschied im August 1865, daß er erleichtert aufgeatmet habe, »wie einer, von dem ein schwerer Druck genommen wird. Nietzsches Persönlichkeit hatte in den sechs Jahren unseres Zusammenlebens einen mächtigen Einfluß geübt. Er hatte meiner Lage stets ein aufrichtiges Interesse gewidmet, zeigte aber eine Neigung, mich überall zu korrigieren, zu hofmeistern und gelegentlich recht sehr zu quälen, wie sich dies bei unserem weiteren brieflichen Verkehr vielleicht noch deutlicher herausstellte.« – HILGERS '95, S. 87.

[65] DEUSSEN '01, S. 21 ff.; - HILGERS '95, S. 88.

[66] DEUSSEN '01, S. 23 f. – Aus Deussens Erinnerungen übernehmen MÖBIUS ('04, S. 49), und H.W. BRANN ('31, S. 207) die Geschichte. COLLEVILLE ('48, S. 351) listet alsbald nach der Veröffentlichung des Romans, aber noch vor Erscheinen der ENTSTEHUNG DES DOKTOR FAUSTUS (1949) alle wesentlichen Bezüge auf Nietzsche im DOKTOR FAUSTUS auf, darunter auch das Bordell-Erlebnis, zieht sich damit allerdings den Unmut des Autors zu, daß er sich so viel darauf zugute getan habe, seinen »Raub an Nietzsches Leben und Schicksal entdeckt zu haben und ihn zu enthüllen« (Selbstkommentare, 24.8.'53). – BLANKENAGEL ('48, S. 387 f.) zitiert Deussens Bericht nach Thomas Manns Essay NIETZSCHES PHILOSOPHIE IM LICHTE UNSERER ERFAHRUNG (vorgetragen in Zürich am 2.6.1947; erstmals in: Die Neue Rundschau 1947, H.8; erste Buchausgabe Berlin 1948). – Die grundlegenden »Untersuchungen zu den Quellen und zur Struktur des Romans« lieferte 1963 G. Bergsten (2., erg. Aufl.'74; darin aus Deussens Bericht über Nietzsches Bordell-Abenteuer: S. 75). – Ergänzt wurde Bergstens Untersuchung durch Lieselotte Voss, die die Entstehung des Romans »anhand von unveröffentlichten Vorarbeiten« weiter geklärt hat (Voss '75; über die Bordell-Geschichte: Notiz: S. 40, 83). – Die Zahl der mehr oder minder ausführlichen Wiedergaben oder nur Erwähnungen von Deussens Bordellbericht ist Legion: DÖRR '93, S. 254; – FAESI '55, S. 139; – HANSEN '84, S. 99; – HASSELBACH '88, S. 107; – HEFTRICH '82, S. 175, 303; – HERMANNS '94, S. 263; – HILGERS '95, S. 89; – HILSCHER '89, S. 127 f.; – JUNG '85, S. 129 f.; – KOOPMANN '95, S. 487 ff.; – MAYER '84, S. 283; – POSER '76, S. 35; – PÜTZ '87, S. 107; – PUSCHMANN '93, S. 100; – REED '93, S. 314; – SCHÄFER-MEYER '84, S. 98; – VAGET '89, S. 142 ff.

[67] Deussen '01, S. 97; – Kreuzer '93, S. 149-156. – Bergsten '74, S. 74 f; – Hasselbach '88, S. 108; – Hermanns '94, S. 263 f; – Hilgers '95, S. 90 f; – Jung '85, S. 131; – Möbius '04, S. 187; – Poser '76, S. 35; – Pütz '87, S. 107.

[68] Den Artikel »Klassische Philologie« exzerpiert Thomas Mann sich aus Meyers Kleinem Lexikon (Notiz Voss '75, S. 85). – Über Altphilologie bei Nietzsche und Zeitblom vgl. Hasselbach '88, S. 109; – Hilgers '95, S. 78; – Mainzer '71, S. 29; – Rehbock '81, S. 44; – Pütz '71, S. 243.

[69] Zu Nietzsches Freundschaft mit Rohde vgl. Gronicka '48, S. 210; – Kunne-Ibsch '69, S. 180; – Podach '32, S. 34 ff.; – Tuska '65, S. 293; – Zeder '95, S. 184. – Möbius zitiert aus einem Brief Nietzsches vom 7.10.1869 an Rohde, einem Lob der Freundschaft: »Sie begehrt nichts für sich und giebt alles von sich.« (Möbius '04, S. 46; – KSB 3, 62)

[70] Podach '32, S. 34 f.; – vgl. Notiz bei Voss '75, S. 86.

[71] Zeitblom muß beim 3. Feld-Artillerie-Regiment in Naumburg dienen. Nietzsches Dienst bei der 2. Batterie der Reitenden Abteilung des Feld-Artillerie-Regiments Nr.4 (Anfang Okt.1867 – 14.Okt.1868) endet wegen eines Reitunfalls vorzeitig. – Bald nach seinem Eintritt schreibt Nietzsche am 25.10.1867 an seinen Lehrer Friedrich Ritschl in Leipzig: »Ich bin trotz meiner Kurzsichtigkeit dem Kriegsgotte verfallen und habe jetzt den ganzen Tag vom Grauen des Morgens an bis in die späte Abendstunde bald in den Pferdeställen, bald in der Reitbahn, bald in der Kaserne, bald am Geschütz stark und anstrengend zu arbeiten (vgl. VI, 186). Das ist freilich eine neue fremde Speise, deren Bissen mir manchmal zwischen den Zähnen hängen bleiben: besonders wenn ich an die Mahlzeiten gedenke, die ich`am Tische der Philologie einzunehmen gewohnt war« (KSB 2, 227). – Nicht die Freunde stehen also Modell für Zeitbloms Militärdienst bei der Artillerie in Naumburg (trotz Myopie; – vgl. VI, 182), wie auch den späteren Einsatz bei Ausbruch des Ersten Weltkrieges (vgl. VI, 404), sondern Nietzsche selbst dient hier als Folie. – Dazu auch: Colleville '48, S. 344; – Durrani '85, S. 653; – Heftrich '82, S. 283; – Hermanns '94, S. 265; – Hilgers '95, S. 78; – Janz '78 Bd.1, S. 224; – Jung '85, S. 164; – Kunne-Ibsch '69, S. 184; – Lehnert '89, S. 165; – Möbius '04, S. 68; – Podach '32, S. 34 ff.; – Tuska '65, S. 293; – Voss '75, S. 86. – Im deutsch-französischen Krieg 1870/71 dient Nietzsche als Krankenpfleger und muß auch hier vorzeitig ausscheiden wegen einer schweren Erkrankung an Ruhr und Rachendiphterie (KSA 15, 24). – Zeitblom zieht sich beim Kriegseinsatz eine Typhus-Infektion zu (VI, 404). Dazu Kunne-Ibsch '69, S. 184. – Die rauschhaften »volkstümlichen Hochgefühle« (VI, 399) bei Ausbruch des deutsch-französischen wie des Ersten Weltkrieges teilen sich Nietzsche, Thomas Mann und Zeitblom. – Dazu auch Hermanns '94, S. 266; – Hilscher '89, S. 139; – Kunne-Ibsch '69, S. 181; – Vaget '77, S. 225.

[72] Podach '32, S. 39.

[73] Podach '32, S. 42.

[74] 29.6.1877; zitiert nach Podach '32, S. 44.

[75] 1.1.1883; zitiert nach Podach '32, S. 52 ff. – »Energie zur absoluten Vereinsamung« (KSA 6, 266) prägte Nietzsches Leben und Denken. In seinen Schriften genoß er wie Zarathustra seine Einsamkeit und wurde dessen nicht müde (KSA 4, 11). In seinen Briefen ertönt stattdessen Klage – so an Malwida von Meysenbug im November 1883: »Aber nun bin ich wieder *einsam* – und die Wahrheit zu sagen, ich war noch nie so einsam« (KSB 6, 453) und an die Mutter: »Ah diese verfluchte ›Einsamkeit‹!« (KSB 6, 452). – Zum Thema *Einsamkeit:* Notiz: Voss '75, S. 161. – Hatfield '62, S. 131; – Heftrich '75, S. 284; – Heftrich '82, S. 194; – Heintel '50, S. 300; – Hermanns '94, S. 269 f.; – Jendreiek '77, S. 440; – Koopmann: Biograph '88, S. 107; – Kunne-Ibsch '69, S. 183; – Lämmert '87, S. 68; – Mayer '84, S. 289, 311; – Meyer '91, S. 694 f.; – Müller '60, S. 268; – Podach '32, S. 15, 21, 54; – Poser '76, S. 35; – Wimmer '93, S. 54.

[76] 24.1.1889; zitiert nach Podach '32, S. 59 (Hervorhebungen von E. Rohde). – Dazu auch Bergsten '74, S. 73.

[77] Podach '32, S. 67.

[78] Wie Overbeck berichtete, sang Nietzsche auf der Fahrt von Turin in die Irrenanstalt nach Basel aus diesen Dithyramben vor sich hin (HEFTRICH '62, S. 61).

[79] PODACH '30, S. 88 ff. – Ob es noch einen vierten Brief Nietzsches an Cosima gegeben hat mit dem Inhalt: »Ariadne, ich liebe Dich! Dionysos«, hält Salaquarda ('96, S. 109) für fraglich. Er faßt den jahrzehntelangen Streit um das Ariadne-Rätsel in einem neuen Anlauf zusammen: Die psychologisch-biographische These, die vor allem Podach vertreten hat, hält er in ihrer einseitigen Radikalität für nicht haltbar. Nietzsche verehrte in Cosima nach Salaquarda die »Dienerin des Ideals und die geschmackssichere Kulturinstanz« (SALAQUARDA '96, S. 120).

[80] Brann '31, S. 86. – Thomas Mann hat Buch und Kapitel ausgiebig mit dem Bleistift gelesen (vgl. Tb, 12.3.'42; 21.3.'43; 10.4.'45; 16.2.'47; 6.5.'47; Tb 1946-1948, S. 569). – Natürlich konnte er Salaquardas Einwände gegen Podachs und Branns »psychologisch-biographische These« noch nicht kennen. Aber er hätte sie wahrscheinlich ebenso zur Seite geschoben wie die Kritik an P. J. Möbius' Nietzsche-Buch (IX, 678).

[81] BRANN '31, S. 85.

[82] Cosima, die Tochter Franz Liszts und der Gräfin Marie Catherine Sophie d'Agoult, war zunächst noch mit Hans Freiherr von Bülow verheiratet. Am 25.8.1870 wurde sie die Frau Richard Wagners. – Malwida von Meysenbug gegenüber rühmt Nietzsche noch am 14.1.1880 Cosima Wagner als »die sympathischste Frau«, der er im Leben begegnet sei (KSB 6, 5 f.).

[83] BRANN '31, S. 89; Hervorhebung von H.W. Brann.

[84] BRANN '31, S. 90; Hervorhebung von H.W. Brann.

[85] Dazu DURRANI ('85, S. 657), der diese Motive als Beispiel für Zeitbloms Vorliebe für Paradoxe anführt.

[86] BRANN '31, S. 96.

[87] BRANN '31, S. 94.

[88] BRANN '31, S. 98.

[89] Tb, 1.9.'33. – VAGET (FRAU VON TOLNA '87, S. 141) bezeichnet diesen Plan vom 1.9.1933 als »die wohl wichtigste Vorstufe« zum Roman.

[90] Tb, 21.3.'34.

[91] Tb, 20.10.'34.

[92] Tb, 27.10.'34.

[93] Die Identität von Esmeralda und Frau von Tolna hat OSWALD ('48, S. 249-253) schon 1948 in bewundernswert subtiler Beweisführung herausgefunden. – Vgl. auch FETZER '89, S. 54; – PRUTTI '89, S. 76; – PUSCHMANN '93, S. 144; – REINHARDT '85, S. 114; – VAGET: FRAU VON TOLNA '87, S. 150; – VAGET '89, S. 146.

[94] SALAQUARDA '96, S. 120, wie oben bereits zitiert.

[95] BRANN '31, S. 85.

[96] Gegenüber L. Altmann behauptet Thomas Mann, daß er »die Geschichte von Tschaikowsky und der reichen russischen Aristokratin, seiner Freundin, die er niemals gesehen hat« erst durch ihn kennengelernt habe (Selbstkommentare, 20.6.'43). Aber auch Klaus Mann hat in seinem Roman SYMPHONIE PATHÉTIQUE (1935) bereits ausführlich darüber berichtet (I. Jens in Tb 1944-1946, S. 365).– Vgl. auch VAGET: FRAU VON TOLNA '87, S. 147.

[97] Thomas Mann lernte die eindrucksvolle und menschenscheue Frau, die nie in der Öffentlichkeit erschien, im Januar 1935 kennen. Sie hat (so P. de Mendelssohn in Tb 1935-1936, S. 602) »zweifellos wesentliche Züge zum Bildnis der Frau von Tolna und ihres Besitzes in Ungarn« beigetragen. – Vgl. auch VAGET: FRAU VON TOLNA '87, S. 147.

[98] Thomas Mann lernte Agnes E. Meyer am 20.4.1937 kennen. Als Vorbild für Frau von Tolna beschreibt sie VAGET: FRAU VON TOLNA '87, S. 140 ff.

[99] VAGET: FRAU VON TOLNA '87, S. 148.

[100] Agnes E. Meyer erfüllt Thomas Mann diesen Wunsch nicht. Die Familie schenkt ihm zum 80. Geburtstag stattdessen einen grünen Turmalinring (VAGET: FRAU VON TOLNA '87, S. 140 und 150).

[101] Die »mütterliche« Seite im Bild der Frau von Tolna wird im DOKTOR FAUSTUS nur zart angedeutet. – PRUTTI ('89, S. 73) sieht Marie Godeau und Frau von Tolna einerseits durch ihre »Weltläufigkeit« miteinander verbunden, andererseits stehen sie ihrer Meinung nach mit »einer gewissen praktischen Rüstigkeit« (VI, 522) den »Mutterfiguren« des Romans nahe.

[102] BRANN '31, S. 94

[103] Nietzsche an Malwida von Meysenbug, 14.4.1876.

[104] Nietzsche an Malwida von Meysenbug, 11.8.1875.

[105] Nietzsche an Malwida von Meysenbug, 27.8.1872.

[106] KSB 8, 139. – Dazu: JANZ '78 Bd.2, S. 297-309; – vgl. auch RAABE '94, S. 46.

[107] Vgl. auch KSA 12, 10: »Die neue Schamlosigkeit (die der Mittelmäßigen z. B. Engländer, auch der schreibenden Frauen)«. – Meta von Salis hat nicht nur geschrieben, sondern sie weilte auch längere Zeit als Erzieherin in England. Dennoch hat Nietzsche an sie bei dieser Invektive sicher nicht gedacht; denn er hat sie hochgeschätzt und zeigt sich in seinen Briefen regelrecht stolz auf ihre Promotion (KSB 8, 119 u.ö.).

[108] Es wäre nicht das erste Mal, daß Thomas Mann das Bild von geistig hochstehenden Persönlichkeiten in Form einer Persiflage zu jämmerlichen Nebengestalten hat zusammenschrumpfen lassen. Man denke an die Karikaturen von Nietzsche und Schopenhauer in den Gestalten Ferges und Wehsals im ZAUBERBERG (vgl. JOSEPH '96, S. 101 ff., 136 f.).

[109] Zu dieser Episode vgl. Nietzsches Briefe an Mathilde von Trampedach vom 11. und 15.4. 1876 (KSB 5, 147 und 154); – Notiz: VOSS '75, S. 111. – BRANN '31, S. 41 ff. – JANZ '78 Bd.1, S. 629 ff. – Thomas Mann weist die Werbegeschichte in der ENTSTEHUNG DES DOKTOR FAUSTUS als Zitat von Nietzsche wie auch als Shakespeare-Reminiszenz aus (XI, 166); – Tb, 31.1.'44; Tb 1944-1946, S. 365; – BERGSTEN '74, S. 77 f.; – HERMANNS '94, S. 254; – JUNG '85, S. 137; – POSER '76, S. 35. – HILSCHER ('89, S. 128) versteht die Werbung um eine Frau durch treulosen Freundesmund außerdem als Parodie der Wagnerschen Tristan-Marke-Handlung.

[110] BRANN '31, S. 150. – Zur Parallele im DOKTOR FAUSTUS vgl. COLLEVILLE '48, S. 345. – FOSTER ('81, S. 342) meint, daß Thomas Manns Augenmerk erst durch die Tatsache, daß er die Nietzsche-Geschichte mit Lou von Salomé und Paul Rée kannte, durch Frank Harris' Biographie auf Shakespeare's analoge Sonette gelenkt wurde.

[111] HEFTRICH '82, S. 207; – REINHARDT '85, S. 113.

[112] JOEL '05, S. 71. – Diese Ausgabe steht in Thomas Manns Nachlaßbibliothek im Thomas-Mann-Archiv in Zürich. Thomas Mann hat diesen Satz in seinem Exemplar unterstrichen und »Adrian« an den Rand geschrieben.

[113] COLLEVILLE '48, S. 346; – HERMANNS '94, S. 256. – KUNNE-IBSCH '69, S. 179; – MAYER '84, S. 290; – MÖBIUS '04, S. 16, 67; – POSER '76, S. 35; – PÜTZ '87, S. 83.

[114] HERMANNS '94, S. 252; – MÖBIUS '04, S. 29; – VOSS '75, S. 42.

[115] FAESI '55, S. 138; – HASSELBACH '88, S. 108; – HERMANNS '94, S. 253; – HILSCHER '89, S. 127; – TUSKA '65, S. 293.

[116] Leverkühn folgt seinem Muster beim Studienbeginn in Halle mit der Vervollständigung seiner Einrichtung »durch ein geliehenes Pianino« (VI, 125).

[117] »Der Student geht dann nach Leipzig, wesentlich um sich in Musik auszubilden«. Auch diesen Satz hat Thomas Mann bei JOEL ('05, S. 72) unterstrichen.

[118] Vgl. auch HEFTRICH '82, S. 283; – HEINTEL '50, S. 298; – HILSCHER '89, S. 127; – MAINZER '71, S. 26; – PODACH '32, S. 34 ff.; – POSER '76, S. 35; – VOSS '75, S. 81.

[119] DEUSSEN '01, S. 24. – Vorbereitet wird das Motiv des selbstschutzhalber auf das Klavier Zugehens bereits in Halle an einem Abend bei der Verbindung »Winfried« (VI, 152); – dazu VAGET '77, S. 224.

[120] Nach Brann scheint Nietzsche »aus inneren Sühnegründen« die Infektion bewußt herbeigeführt zu haben: »es entspräche seinem geistigen Stolze, auf diese Weise für das Vergehen gegen seine eigene ethische Höhe Selbstjustiz geübt zu haben« (BRANN '31, S. 208). – Vgl. BLANKENAGEL '48, S. 389 f.; – HEFTRICH '82, S. 177.

[121] Die Ortsangabe »Nizza« beruht auf einem Irrtum. Die besagten Briefe mit Angaben zur Diät stammen überwiegend noch aus Basel bzw. Steinabad (1875). – Möbius zitiert aus einigen dieser Briefe – aber eben nicht aus allen. Daraus wird ersichtlich, daß Thomas Mann auf die originalen Quellen zurückgegangen ist, wie lebhafte Anstreichungen beweisen. Auch in seinen Tagebüchern weist er wiederholt auf die Lektüre von Nietzsche-Briefen hin: Tb, 16.2.'34; 23.3.'35; 30.3.'35; 20.11.'44; 23.11.'44; 26.11.'44; 27.11.'44; 14.12.'44; 15.12.'45; 16.12.'45. Am 19.12.'45 notiert er dann: »Die Nietzsche'schen Symptome, Medikamente und Speisezettel als Beispiel für das Montage-Prinzip des Buches«.

[122] Vgl. an Malwida von Meysenbug (KSB 5, 235: 13.5.1877); – an Otto Eiser (KSB 6, 3: Anf. Jan.1880); – MÖBIUS '04, S. 77 und 81; – HERMANNS '94, S. 257.

[123] Vgl. an Franziska und Elisabeth Nietzsche (KSB 5, 80: 17.7.1875); – an Carl von Gersdorff (KSB 5, 114: 26.9.1875); – an Otto Eiser (KSB 6, 3: Anf. Jan.1880); – an Franziska Nietzsche (KSB 8, 357: 17.7.1888).

[124] »Ich selber bin bei weitem mein bester Arzt. Und das Positivum, daß ich's aushalte und meinen Willen *durchsetze* unter viel Widerständen, ist mein Beweis *dafür*« (KSB 7, 029: an Malwida von Meysenbug, 26.3.1885). – Dazu auch COLLEVILLE '48, S. 346.

[125] Auch Möbius ('04, S. 73 f.) führt diese Zeilen auf.

[126] Zitiert auch bei MÖBIUS '04, S. 73.

[127] Möbius zitiert den Brief vom 19. Juli 1875 an Gersdorff ausführlich (MÖBIUS '04, S. 74 f.), HERMANNS ('94, S. 258) im Auszug.

[128] Auch das nach Nietzsche: so an Gersdorff am 7.7.1875: »zartestes Fleisch« (KSB 5, 69) und an Marie Baumgartner am 19.7.1875: »(möglichst geringe Masse von Speisen, deshalb alles vom Kräftigsten – fast nur Fleisch, kein Wasser, keine Suppe, kein Gemüse, kein Brod –)« (KSB 5, 82).

[129] Mitte Januar 1880. – Aufgeführt auch bei MÖBIUS '04, S. 82; – HERMANNS '94, S. 260.

[130] Anfang Januar 1880.

[131] 18.1.1876. – MÖBIUS '04, S. 76; – HERMANNS '94, S. 259.

[132] 26.9.1875.

[133] Vgl. auch KSA 2, 15 ff. – Zur Bedeutung der *Krankheit* vgl. CARO '81, S. 121 ff.; – CARO '88, S. 138; – DÖRR '93, S. 269; – FAESI '55, S. 141; – FOSTER '81, S. 363; – HATFIELD '62, S. 141; – HEFTRICH '75, S. 285; – HEFTRICH '82, S. 217; – HEINTEL '50, S. 298; – HERMANNS '94, S. 255 u.ö.; – JENDREIEK '77, S. 70 u.ö.; – JUNG '85, S. 138 u.ö.; – MAINZER '71, S. 34; – MÖBIUS '04, S. 160; – PÜTZ '87, S. 83 u.ö.; – REHBOCK '81, S. 58; – VOSS '75, S. 39 u.ö.

[134] Vgl. auch: »Die Krankheit selbst kann ein Stimulans des Lebens sein: nur muss man gesund genug für dies Stimulans sein!« (KSA 6, 22). – Dazu: PÜTZ '95, S. 258.

[135] Der Teufel wird das dann etwas legerer formulieren: »Was krank ist, und was gesund, mein Junge, darüber soll man dem Pfahlbürger lieber das letzte Wort nicht lassen« (VI, 314).

[136] Der »Kunstmaler« Baptist Spengler weiß Krankheit nicht in »große Gesundheit« umzuwandeln, sondern bleibt »ein langweiliger, banaler Fall, bei dem nicht das geringste herauskommt« (VI, 310). Wie Clarissa Rodde bleibt er ein »Möchte-gern-Künstler« (FOSTER '81, S. 379); – vgl. auch DÖRR '93, S. 265; – DURRANI '85, S. 658; – REHBOCK '81, S. 64 f.

[137] Dazu KSB 8, 70: »Mein Leib fühlt sich (wie übrigens auch meine Philosophie) auf die *Kälte* als sein *conservirendes* Element angewiesen – das klingt paradox und ungemüthlich, ist aber die bewiesenste Thatsache meines Lebens«.

[138] »Wir schaffen nichts Neues« (VI, 315) nach Möbius: »Die Krankheit schafft eigentlich nichts Neues« (MÖBIUS '04, S. 5 und 160; dazu Notiz: VOSS '75, S. 179. -); – so auch HERMANNS '94, S. 283.

[139] Vgl. Notizen: VOSS '75, S. 40, 179. – CARO '81, S. 122; – HEINTEL '50, S. 302; – HERMANNS '94, S. 284; – KUNNE-IBSCH '69, S. 187; – LEHNERT '89, S. 169; – MAINZER '71, S. 36; – PÜTZ '87, S. 115.

[140] » – man soll es nicht nur tragen, man soll es lieben ... Amor fati: das ist meine innerste Natur« (KSA 6, 436).

[141] Vgl. »So will es mein Schicksal; Wohlan! Ich bin bereit« (KSA 4, 195).

[142] Nietzsche nennt Wagnerischen Orchesterklang »Scirocco«, bei dem ihm »verdriesslicher Schweiss« ausbricht (KSA 6, 13). – Vgl. HILLESHEIM '89, S. 107 u.ö.; – JOSEPH '96, S. 143. – Zu Leverkühns Aversion gegen den »hypertrophischen Klangapparat des nachromantischen Riesenorchesters (VI, 201) vgl. auch WIMMER '93, S. 54.

[143] Nietzsches Spruch aus der Götzen-Dämmerung : »Wir bewundern die Zahnärzte nicht mehr, welche die Zähne *ausreissen,* damit sie nicht mehr weh thun ... « (KSA 6, 82) wird an dieser Stelle als symbolisches Leitmotiv eingeführt. Gedreht und gewendet, wird es im Roman noch oft wiederkehren. – Vgl. auch FOSTER '81, S. 341.

[144] Zu Nietzsches »Definition« des Nihilisten im Zeichen des Pathos des »Umsonst« vgl. KSA 12, 366. – Der »Aristokrat« Nietzsche weist »seinesgleichen« in einer Nachlaßnotiz auf Experimental-Philosophie hin, wie er sie lebt: sie »nimmt versuchsweise selbst die Möglichkeiten des grundsätzlichen Nihilismus vorweg« (KSA 13, 492). – »Setzt Leverkühn die Tradition des europäischen Nihilismus fort?«, fragt KOOPMANN: SCHWIERIGKEITEN '88, S. 140. – Vgl. auch MASINI '78, S. 51, 53; – MAYER '84, S. 311; – MOHLER '89, S. 88. – Auch REHBOCK ('81, S. 53) zitiert den »Parodisten der Weltgeschichte« (KSA 5, 157).

[145] Vgl. KSA 1, 473 – von Thomas Mann mit Randbalken versehen.

[146] Nach Nietzsche gibt es »*Herren-Moral* und *Sklaven-Moral*« (KSA 5, 208). – Dazu HEFTRICH '62, S. 170 f.

[147] Zu Nietzsches Kritik an der vollkommenen »Entartung des rhythmischen Gefühls« wie auch seiner Einschätzung des »Schwebens« bei Wagner vgl. KSA 6, 421 f.; – dazu auch »WIE NACH DER NEUEREN MUSIK SICH DIE SEELE BEWEGEN SOLL« (KSA 2, 434 f.). – Auch Beißels Musik ist schon echt wagnerisch als »Zweideutigkeit als System« zu verstehen (VI, 66). – Zum Zusammenhang von »Zweideutigkeit« und »Schweben« vgl. Nietzsches Aphorismus über Lawrence Sterne (KSA 2, 424 f); zur »rhythmischen Zweideutigkeit« vgl. KSB 7/176 f.

[148] Thomas Mann betrachtete Nietzsches Beschreibung des *Meistersinger-Vorspiels* (KSA 5, 179 f.) als stilistischen Triumph (FOSTER '81, S. 343). – Vgl. auch HEFTRICH '82, S. 320; – HILSCHER '89, S. 129; – RIECKMANN '79, S. 51; – VAGET '89, S. 135; – WIMMER '93, S. 55.

[149] Zum *Werk-Begriff* und der *Kritik* daran vgl. BEDDOW '94, S. 33; – BORCHMEYER '94, S. 164; – BÜRGER '86, S. 59; – DÖRR '93, S. 268, 270; – HAGE '82, S. 96; – HAMMEL '93, S. 8; – KIESEL '90, S. 736 f.; – KOOPMANN: SCHWIERIGKEITEN '88, S. 127 ff.; 141 ff.; – KOOPMANN '89, S. 5 ff., 16 ff.; – MASINI '78, S. 53; – METSCHER '94, S. 166, 170, 172; – MEYER '91, S. 694; – PÜTZ '87, S. 91; – REHBOCK '81, S. 58; – SCHÄFERMEYER '84, S. 33 ff. u.ö.; – VAGET: AMAZING GRACE '87, S. 175; – WIMMER '93, S. 55 f., 64; – WINDISCHLAUBE '95, S. 331.

[150] Nicht nur die Dichter lügen zuviel, sondern auch die Komponisten (vgl. KSA 4, 163). – So auch HELLER '77, S. 183.

[151] Vgl. HILLESHEIM '89, S. 167 f. u.ö. – Als Artefakt müssen wir auch die *Montagetechnik* verstehen: ALBERT '93, S. 99; – Bergsten '74, S. 12 ff.; – BÖSCHENSTEIN '78, S. 80; – BÜRGER '86, S. 59; – DÖRR '93, S. 266; – HASSELBACH '88, S. 12; – KOOPMANN '95, S. 481; – KURZKE '91, S. 282; – PÜTZ '87, S. 91; – SCHÄFER-MEYER '84, S. 101 u.ö.; – VAGET: FRAU VON TOLNA '87, S. 148; – VAGET: AMAZING GRACE '87, S. 173; – VAGET '89, S. 128.

[152] Diesen Satz führt E. Bertram ('85, S. 118) an. – Dazu BÖSCHENSTEIN '78, S. 77; – vgl. auch FETZER '89, S. 43; – HOFSTAETTER '91, S. 151 f.

[153] Vorbild ist hier nicht nur Nietzsche mit der Kurzfassung seiner Weisheiten in Aphorismen, sondern vor allem Wagner, »der *Meister* des ganz Kleinen [...]; seine eigentlichen Meisterstücke, welche alle sehr kurz sind, [sind] oft nur Einen Takt lang« (KSA 6, 418).

[154] Der Romantext ist nicht nach der Reihentechnik organisiert, sondern mit Hilfe von Leitmotivik. Die Erzähltechnik blieb also dem Wagnerschen Musikdrama verpflichtet. Zeitblom, der Erzähler, ist »in seiner geballten Konventionalität die Summe dessen, was Leverkühns Werk negieren soll (SCHÄFERMEYER '84, S. 61). Nur in den Spätwerken Leverkühns findet der »strenge Satz« Anwendung (VAGET '89, S. 134 ff.). – ZEDER ('95, S. 195) sieht in der »Inkongruenz zwischen Erzählweise und Erzähltem«, zwischen Form und Inhalt keinen Widerspruch, sondern »eine erzählerische Pointe«. Der »Vorwurf eines strukturellen Selbst-widerspruchs« würde damit »hinfällig«. Zeder hält dies für einen »höchst raffinierten, weil zugleich selbst-ironischen Einspruch gegen die ästhetische Moderne«.

[155] PÜTZ ('87, S. 77) und PUSCHMANN ('93, S. 63) erinnern an dieser Stelle an Nietzsche, der – in größter schöp-ferischer Einsamkeit hilflos Widrigkeiten des Alltags preisgegeben – in solchem Zustande einmal schon »die Nähe einer Kuhheerde«, noch bevor er sie sah, als »Wiederkehr milderer, menschenfreundlicherer Gedanken« empfand: »*das* hat Wärme in sich ...« (KSA 6, 342). – Weit weniger menschenfreundlich gedenkt Nietzsche dagegen der Kuhwärme, wenn es um »›deutsche Jünglinge‹ und andres schwärmerisches Hornvieh« geht: » – kuhwarme Milchherzen« (KSA 12, 201 und KSA 13, 21). – Im Spannungsfeld von Wärme und Kälte steht auch die »Kuhmulde«, an die im Roman immer wieder erinnert wird: Die von ani-malischer Wärme erfüllten Kühe schritten gern an das Ufer des Teiches zur Tränke – aber das Wasser war auffallend kalt (VI, 38). – Und um das liebe Vieh geht es auch im Hinweis von KINZEL ('88, S. 114): Mit dem Gebell des Hofhundes (VI, 343) bannt Leverkühn die drohenden Leidenschaften getreu Nietzsches Wahlspruch: »alle Hunde hübsch an die Kette gelegt« (KSA 5, 352; – vgl. Br Gr 17.2.1896).

[156] Zum Motivkomplex »Lindenbaum« im ZAUBERBERG und im DOKTOR FAUSTUS vgl. Voss '75, S. 56 f; – JOSEPH '96, S. 281 u.ö.

[157] Schon zu Nietzsches Zeiten ist deutsche »Tiefe« in Mißkredit geraten (vgl. KSA 5, 184).

[158] Zum Komplex »Kaisersaschern« vgl. DÖRR '93, S. 255; – HILSCHER '89, S. 127; – JENDREIEK '77, S. 437; – JENS '70, S. 245 f.; – MAINZER '71, S. 27; – POSER '76, S. 35; – PUSCHMANN '93, S. 221 ff.; – PÜTZ '87, S. 97; – VAGET '77, S. 218 ff.

[159] Notb II, 212.

[160] Den Zusammenhang zwischen der Viereckigkeit in Saul Fitelbergs Mund, der betr. Stelle im 9. Notiz-buch und der Quelle in Nietzsches Nachlaß hat PUSCHMANN ('93, S. 165) aufgespürt. Sie beschränkt sich allerdings auf die »Viereckigkeit der Stadt«, ohne diese auch mit dem Viereck des Hofes zu ver-knüpfen.

[161] Thomas Mann hat sich diesen Satz in Nietzsches Brief an Erwin Rohde vom 8. Oktober 1868 seitlich dop-pelt angestrichen und mit Ausrufungszeichen versehen. Zu diesem Ausspruch von Nietzsche hat er sich schon 1904 bekannt (X, 837). In den BETRACHTUNGEN EINES UNPOLITISCHEN kommt er wiederholt darauf zurück (XII, 79, 146 f., 541). – Vgl. PUSCHMANN ('93, S. 221 ff.). – Auch Hans Castorp wurzelt in dieser geistigen Sphäre, die Nietzsche in seinem Brief an Rohde umreißt. Dazu JOSEPH '96, S. 24 u.ö.

[162] Auch KSA 3, 526. – Es sei dahingestellt, ob man den Namen als niederdeutsch »lieber kühn« deuten will oder wie U. HOFSTAETTER ('94, S. 7) als mundartliche Abschleifung des Imperativs »Leb' er kühn«. – Vgl. auch HASSELBACH '88, S. 108; – HILSCHER '89, S. 127; – MAINZER '71, S. 25; – MÜLLER '60, S. 264; – TUSKA '65, S. 280. – Verschiedene Namensmodelle für Adrian Leverkühn führt JUNG ('85, S. 118-122) vor. – Vgl. auch VAGET: FRAU VON TOLNA '87, S. 143.

[163] Vgl. KSA 13, 492.

[164] Vgl. auch MASINI '78, S. 51.

[165] Wie Nietzsche hat nach ihm auch Thomas Mann ein Leben lang der Frage nachgegrübelt: »Was ist deutsch?« Nietzsche ist schon früh zu dem Schluß gekommen: *»Gut deutsch sein heisst sich entdeutschen«* (KSA 2, 511). – Die Textstellen sind sehr zahlreich, in denen Nietzsche über Deutschland und die Deutschen nachdenkt, sie sind großenteils von Thomas Mann markiert (vgl. KSA 2, 502; – KSA 5, 184). Auch an Polemik fehlt es nicht (KSA 11, 702 ff.; – KSB 8/31). Vor allem betrachtet Nietzsche sich als »guten Europäer« (KSA 5, 180; – vgl. KSA 11, 583 f.).

[166] Dazu auch PÜTZ '87, S. 97; – VAGET '77, S. 218 ff.

[167] Recht eigenwillig interpretiert Bertram die ECCE HOMO-Stelle über Heraklit: »die ewige Lust des Werdens *selbst zu sein*« als »das Werden im deutschen Wesen, ja die Gleichsetzung von »Werden« und »deutsch sein« schlechthin (KSA 6, 312 und 160; auch KSA 10, 245 und 403; KSA 11, 442; – BERTRAM '85, S. 72 ff.). – Dazu: BÖSCHENSTEIN '78, S. 75 f.

[168] Unveröffentlichter Brief Thomas Manns an Fritz Kaufmann vom 23.2.1944, zitiert nach HAMACHER '96, S. 52.

[169] Vgl. KSA 6, 251. - Dazu HAMACHER '96, S. 29; – KURZKE '93, S. 189 f.

[170] Aus dem o.a. Brief an Fritz Kaufmann (HAMACHER '96, S. 52). – Zum Themenkomplex von *Konservativer Revolution* bzw. *Ästhetizismus und Barbarei*: Notiz: VOSS '75, S. 155. – ALBERT '93, S. 102; – BÜRGER '86, S. 64; – CARO '81, S. 122 f.; – DURRANI '85, S. 658; – Gronicka '48, S. 215; – HILSCHER '89, S. 138; – JENDREIEK '77, S. 78, 439; – KRISTIANSEN '95, S. 274; – KURZKE '91, S. 273; – LEHNERT '85, S. 105; – LEHNERT '89, S. 170 f.; – MASINI '78, S. 44 u.ö.; – MAYER '84, S. 296, 306 f., 313 ff.; – METSCHER '94, S. 166, 169; – PRUTTI '89, S. 71; – PUSCHMANN '93, S. 184; – REED '93, S. 309; – REHBOCK '81, S. 38; – SCHWARZ '89, S. 91; – TUSKA '65, S. 308 f; – VAGET '93, S. 81; – VOSS '75, S. 151 ff.

[171] MOHLER '89, Erg.-Bd. S. 29; – über Nietzsche als »Leitbild« der »Konservativen Revolution« vgl. besonders S. 86 ff.

[172] MOHLER '89, S. 95.

[173] Zeitblom erörtert in Anknüpfung an Kleists Aufsatz über die Marionetten: »Durchbruchsbegierde aus der Gebundenheit und Versiegelung im Häßlichen« (VI, 411). Damit spricht er im doppelten Sinne im Geiste Nietzsches, für den es, wie für Leverkühn, »im Grunde nur ein Problem in der Welt« gibt: »Wie bricht man durch?« (VI 411; – Notiz: VOSS '75, S. 151.). Das »Häßliche« aber ist nicht nur spezifisches Kennzeichen von Nietzsches »asketischen Priestern«, sondern allgemeiner gefaßt:
»Das Hässliche wird verstanden als ein Wink und Symptom der Degenerescenz«. Dazu zählt auch »jede Art Unfreiheit« und »Lähmung« (KSA 6, 124). Als Zeitblom dies als »deutsch« kat exochen in seinem »stillen Satanismus« bezeichnet, wendet Leverkühn sich ab und rückt in einer Fensternische ein Heiligenbild zurecht (VI, 411). Das ist eine ambivalente Geste. PONGS ('66, S. 174) verknüpft sie mit dem Gnadenmotiv – als Hinweis darauf, daß das Genie über die religiöse Dimension verfügt. – Sie könnte aber auch genau entgegengesetzt als »konservativ-revolutionär«, den Gedanken an »Verbrechen« beim »rechten Durchbruch« nicht scheuend (VI, 410), direkt auf Nietzsches Protesthaltung verweisen, der im Ruf: »Gott ist todt!« mit dem »fromm gewordenen« Wagner des PARSIFAL brach und in seinem Zimmer in Genua, wie MÖBIUS ('04, S. 161) berichtet, überhaupt kein Madonnenbild duldete. Der Autor läßt zu diesem Zeitpunkt – bei Ausbruch des Ersten Weltkrieges – Leverkühns Haltung in der Schwebe zwischen Übereinstimmung mit den Zielen der Konservativen Revolution (sei es affirmativ oder magisch bannend oder utopisch) und religiöser Orientierung.

[174] MOHLER '89, S. 97.

[175] Damit ist der christliche Gott gemeint. – Vgl. auch HEFTRICH '62, S. 147; – HEFTRICH '82, S. 263; - HEINTEL '50, S. 301; – MOHLER '89, S. 88.

[176] Mit Genugtuung registrierte Thomas Mann selbst schon 1920 seine eigene »seismographische Empfindlichkeit« (Tb, 3.3.'20). Zum Dichter (und auch Philosophen) »als Meldeinstrument, Seismograph, Medium der Empfindlichkeit« siehe auch XI, 240. – Vgl. auch HEFTRICH '75, S. 285; – KURZKE '91, S. 273; – METSCHER '94, S. 167.

[177] Etwas anders stellt BÜRGER das Problem dar: Es geht »um die Frage, ob die neue Musik Ausdruck der Barbarei ist, sich also affirmativ zum Faschismus verhält, oder Klage. Anders ausgedrückt, ob der Rückgriff auf archaische Kunstmittel Regression bedeutet oder Utopie« (BÜRGER '86, S. 64).

[178] Bezeichnenderweise liebt Zeitblom, der sich »als Muster apollinisch bewußten Handelns« (VI, 368) verstehen möchte, »das Lachen nicht so sehr« (VI, 116) – wie vor ihm auch Settembrini (III, 337). In seiner orgiastischen Komponente ist das 'Tränenlachen' Teil der allgemeinen dionysischen »Auflösung«, die den DOKTOR FAUSTUS als roter Faden durchzieht – genau wie auch den ZAUBERBERG (dazu JOSEPH: Hans Castorps biologische Phantasie '96, S. 402 ff.). – Zum Phänomen des *Lachens* im DOKTOR FAUSTUS: BÖSCHENSTEIN '78, S. 82; – BORCHMEYER '94, S. 149 ff.; – FRIEDRICHSMEYER '84, S. 83 ff.; – HAMMEL '93, S. 3 ff.; – HASSELBACH '88, S. 108; – HEFTRICH '82, S. 251 f, 318 ff.; – HILLESHEIM, 167; – MÜLLER '60, S. 272; – PODACH '32, S. 46 f; – PÜTZ '87, S. 93; – PUSCHMANN '93, S. 171; – REHBOCK '81, S. 53; – ROCHE '86, S. 309 ff. u.ö. – »Erst das Höllengelächter der *Apokalypse* macht aus dem Motiv [des Lachens] wirklich ein Leitmotiv, das Nietzsches forcierten Lobpreis des Lachens verschärft« (HEFTRICH '82, S. 252), wie er im folgenden Satz zum Ausdruck kommt: »Diese Krone des Lachenden, diese Rosenkranz-Krone: ich selber setzte mir diese Krone auf, ich selber sprach heilig mein Gelächter« (KSA 1, 22). – Vgl. Notiz: Voss '75, S. 191. – Auf Nietzsche führt auch das kleine Motiv zurück, das als Selbstzitat aus dem ZAUBERBERG im DOKTOR FAUSTUS wiederkehrt: Adrian »beugte sich vor im Gehen und lachte« (VI 94; vgl. III, 75). Von Lou Andreas-Salomé wissen wir, daß Nietzsche »einen vorsichtigen, nachdenklichen Gang [hatte], wobei er sich ein wenig in den Schultern beugte« (ANDREAS-SALOMÉ '11, S. 18; – JOSEPH '93, S. 138 f; – JOSEPH '96, S. 25).

[179] Vgl. WIMMER '93, S. 58.

[180] HEINTEL ('50, S. 301) versteht den Roman aus seiner »Dialektik von Bindung an Nietzsche und Distanz von Nietzsche«. – Von »der eigentümlichen Mischung aus Distanz und Nähe, aus persönlicher Berührung und gleichzeitig aus kritischer, skeptischer Ferne« schreibt auch KOOPMANN ('87, S. 99).

[181] Allein Matthäus Arzt vertritt als christlicher Sozialist die rechte lebensbürgerliche Moral und sieht die »Aufgabe der Gesellschaftsvervollkommnung« und »das Heranwachsen eines verantwortlichen Industrievolkes« als ernsthaft verpflichtende Aufgabe (VI, 161).

[182] Auch das ist eine deutliche Anspielung auf Nietzsche. Die Aversion gegen Zeitungen aller Art zieht sich wie ein dicker roter Faden durch seine Schriften. Die Notiz »Ach die *tiefe Erniedrigung,* die mich ergreift, wenn ich [...] eine Zeitung in die Hand nehme« (KSA 9, 114), mag hier für unzählige, meist weit polemischer gefaßte Äußerungen, stehen.

[183] Vgl. Notb I, 183; – KSA 6, 59: »Ich will, ein für alle Mal, Vieles *nicht* wissen. – Die Weisheit zieht auch der Erkenntniss Grenzen.« – Dazu ausführlicher PÜTZ '87, S. 128.

[184] In diesem Sinne will Leverkühn auch für »eine gewisse Großzügigkeit in Dingen künstlerischer Moralität« eine Lanze brechen (VI, 550).

[185] Nietzsche verstand unter Moral für gewöhnlich die »Lehre von den Herrschaftsverhältnissen des niedergehenden Lebens«. Dahinter verbirgt sich »das verarmte Leben«, d.h. Dekadenz. – »Moral verneint das Leben ...« (HEFTRICH '62, S. 174).

[186] Das Thema »Nietzsche und der Perspektivismus im DOKTOR FAUSTUS« ist unausschöpflich und ergründlich! Es basiert auf Nietzsches Texten in der FRÖHLICHEN WISSENSCHAFT 374 (KSA 3, 626 f.) und im Essay über die asketischen Ideale in der GENEALOGIE DER MORAL (12; – KSA 5, 364 f.; – vgl. auch KSA 12, 315). – Im übrigen verweise ich auf P. PÜTZ' eingehende Analyse ('63, in 3. Aufl. '87).

187 »Wir können nicht entscheiden, ob das, was wir Wahrheit nennen, wahrhaft Wahrheit ist oder ob es uns nur so scheint« (KSA 1, 355 f); denn »es giebt *keine ewigen Thatsachen:* sowie es keine absoluten Wahrheiten giebt« (KSA 2, 25). – »Der Wille zur Wahrheit bedarf einer Kritik [...], der Werth der Wahrheit ist versuchsweise einmal in *Frage zu stellen ...* « (KSA 5, 401). Und schließlich lautet die Frage: »Wie viel Einer aushält von der Wahrheit?« (KSA 12, 55).

188 Mit Nietzsches Passus »Es giebt, streng geurtheilt, gar keine ›voraussetzungslose‹ Wissenschaft« (KSA 5, 400) argumentiert auch Naphta bereits im ZAUBERBERG (III, 550); – vgl. JOSEPH ʼ96, S. 171; – WIßKIRCHEN ʼ86, S. 62 f.

189 Hier zitiert Thomas Mann Nietzsche nahezu wörtlich: »Wir können nicht um unsre Ecke sehn« (KSA 3, 626).

190 Vgl. KUNNE-IBSCH ʼ69, S. 183; – Pütz ʼ71, S. 244.

Literatur

Albert, C.: DOKTOR FAUSTUS: SCHWIERIGKEITEN MIT DEM STRENGEN SATZ UND VERFEHLUNG DES BÖSEN, in: Heinrich-Mann-Jahrbuch 11 (1993), S. 99-111. – Andreas-Salomé, L.: FRIEDRICH NIETZSCHE IN SEINEN WERKEN, Dresden, o.J. (Wien², 1911). – Beddow, M.: THOMAS MANN: DOKTOR FAUSTUS, Cambridge, 1994 . – Bergsten, G.: THOMAS MANNS DOKTOR FAUSTUS, Untersuchungen zu den Quellen und zur Struktur des Romans, Tübingen², 1974. – Bernoulli, C.A.: FRANZ OVERBECK UND FRIEDRICH NIETZSCHE. EINE FREUNDSCHAFT, Jena, 1908. – Bertram, E.: NIETZSCHE. VERSUCH EINER MYTHOLOGIE, Bonn⁹, 1985. – Blankenagel, J.C.: NIETZSCHE EPISODE IN THOMAS MANN'S DOKTOR FAUSTUS, in: Modern Language Notes 63 (1948), S. 387-390. – Borchmeyer, D.: MUSIK IM ZEICHEN SATURNS. MELANCHOLIE UND HEITERKEIT IN THOMAS MANNS DOKTOR FAUSTUS, in: Thomas-Mann-Jahrbuch 7 (1994), S. 123-167. – Böschenstein, B.: ERNST BERTRAMS NIETZSCHE - EINE QUELLE FÜR THOMAS MANNS DOKTOR FAUSTUS, in: Euphorion 72 (1978), S. 68-83. – Brann, H.W.: NIETZSCHE UND DIE FRAUEN, Leipzig, 1931. – Bürger, C.: REALISMUS UND ÄSTHETISCHE MODERNE. ZU THOMAS MANNS DOKTOR FAUSTUS, in: Heinrich-Mann-Jahrbuch 4 (1986), S. 56-68. – Caro, A. del: THOMAS MANNS DOKTOR FAUSTUS. NIETZSCHE CONTRA WAGNER, in: A. del Caro: Dionysian Aesthetics. The Role of Destruction in Creation as Reflected in the Life and Works of Friedrich Nietzsche, Frankfurt/Main, 1981, S. 119-124. – Caro, A. del: THE DEVIL AS ADVOCATE IN THE LAST NOVELS OF THOMAS MANN AND DOSTOEVSKY, in: Orbis Litterarum 43 (1988), S. 129-152. – Colleville, M.: NIETZSCHE ET LE DOKTEUR FAUSTUS DE THOMAS MANN, in: Études Germaniques 3 (1948), S. 343-354. – David, C.: NAPHTA, DES TEUFELS ANWALT, in: B. Bludau u.a. (Hg.):Thomas Mann 1875–1975, Vorträge in München – Zürich – Lübeck, Frankfurt/Main, 1977, S. 94–106. – Deussen, P.: ERINNERUNGEN AN FRIEDRICH NIETZSCHE, Leipzig, 1901. – Dörr, V.: APOCALIPSIS CUM FIGURIS. DÜRER, NIETZSCHE, DOKTOR FAUSTUS UND THOMAS MANNS WELT DES MAGISCHEN QUADRATS, in: Zeitschrift für deutsche Philologie 112 (1993), S. 251-270. – Durrani, O.: THE TEARFUL TEACHER: THE ROLE OF SERENUS ZEITBLOM IN THOMAS MANNS DOKTOR FAUSTUS, in: Modern Language Review 80 (1985), S. 652-658. – Faesi, R.: THOMAS MANN. EIN MEISTER DER ERZÄHLKUNST, Zürich, 1955. – Fetzer, J.F.: MELOS-EROS-THANATOS UND DOKTOR FAUSTUS, in: Thomas-Mann-Jahrbuch 2 (1989), S. 41-60. – Foster, J.B.: HEIRS TO DIONYSUS: A NIETZSCHEAN CURRENT IN LITERARY MODERNISM, Princeton, 1981. – Friedrichsmeyer, E.: ADRIAN LEVERKÜHN. THOMAS MANNS LACHENDER FAUST, in: Colloquia Germanica 18 (1984), S. 79-97. – Frizen, W.: ZAUBERTRANK DER METAPHYSIK. QUELLENKRITISCHE ÜBERLEGUNGEN IM UMKREIS DER SCHOPENHAUER-REZEPTION THOMAS MANNS, Frankfurt/Main, 1980. – Gronicka, A. v.: THOMAS MANN'S DOKTOR FAUSTUS. PROLEGOMENA TO AN INTERPRETATION, in: The Germanic Review 23 (1948), S. 208-218. – Hage, V.: VOM EINSATZ UND RÜCKZUG DES FIKTIVEN ICH-ERZÄHLERS: DOKTOR FAUSTUS – EIN MODERNER ROMAN? in: H.Arnold (Hg.): Thomas Mann, München² 1982, S. 112–122. – Hamacher, B.: THOMAS MANNS LETZTER WERKPLAN LUTHERS HOCHZEIT, Frankfurt/Main, 1996. – Hamburger, K.: ANACHRONISTISCHE SYMBOLIK. FRAGEN AN THOMAS MANNS FAUSTUS-ROMAN, in: H. Koopmann (Hg.): Thomas Mann, Darmstadt, 1975, S. 384-413. – Hammel, E.: GOETZENGRÄBER UND VERSEHRTE. DING UND KUNST IN THOMAS MANNS DOKTOR FAUSTUS, in: E. Hammel: Subjekte der Simulation. Genographische Vorträge und Essays zu Technik, Kunst, Philosophie, 1993 (http://www.hammel.duesseldorf-online.de/txt/aut/thmann.htm). – Hansen, V.: THOMAS MANN, Stuttgart, 1984. – HASSELBACH, K., u.Mitarb.v. I.Tiesler-Hasselbach: THOMAS MANN: DOKTOR FAUSTUS. INTERPRETATION,. München², 1988. – Hatfield, H.: THOMAS MANN, Norfolk, Conn, 1962. – Heftrich, E.: NIETZSCHES PHILOSOPHIE. IDENTITÄT VON WELT UND NICHTS, Frankfurt/Main, 1962. – Heftrich, E.: ZAUBERBERGMUSIK. ÜBER THOMAS MANN, Frankfurt/Main, 1975. – Heftrich, E.: RADIKALE AUTOBIOGRAPHIE UND ALLEGORIE DER EPOCHE: DOKTOR FAUSTUS in: Vom Verfall zur Apokalypse. Über Thomas Mann, Frankfurt/Main, 1982, S. 173-282. – Heintel, E.: ADRIAN LEVERKÜHN UND FRIEDRICH NIETZSCHE in: Wissenschaft und Weltbild 3 (1950), S. 297-303. – Heller, E.: DOKTOR FAUSTUS UND DIE ZURÜCKNAHME DER NEUNTEN SYMPHONIE, in:B. Bludau u.a. (Hg.): Thomas Mann 1875–1975. Vorträge in München – Zürich – Lübeck, Frankfurt/Main, 1977, S. 173-188. – Hermanns, U.: THOMAS MANNS ROMAN DOKTOR FAUSTUS IM LICHTE VON QUELLEN UND KONTEXTEN, Frankfurt/Main, 1994. – Hilgers, H.: SERENUS ZEITBLOM: DER ERZÄHLER ALS ROMANFIGUR IN THOMAS MANNS DOKTOR FAUSTUS, Frankfurt/Main, 1995. – Hillesheim, J.: DIE WELT ALS ARTEFAKT. ZUR BEDEUTUNG VON NIETZSCHES DER FALL WAGNER IM WERK THOMAS MANNS, Frankfurt/Main, 1989. – Hilscher, E.: THOMAS MANN LEBEN UND WERK,. Berlin¹¹, 1989. – Hofstaetter, U.: DÄMONISCHE DICHTER. DIE LITERARISCHEN VORLAGEN FÜR ADRIAN LEVERKÜHNS KOMPOSITIONEN IM ROMAN DOKTOR FAUSTUS, in: H. Wißkirchen (Hg.): Die Beleuchtung, die auf mich fällt, hat ... oft gewechselt, Würzburg, 1991. – Hofstaetter, U.: VERWANDLUNGS- UND

ERHÖHUNGSAKT. DIE ECHO-EPISODE IN THOMAS MANNS ROMAN DOKTOR FAUSTUS, in: The Journal of Human an Cultural Sciences, Musashi-University 26 (1994), S. 1-36. – Janz, C.P.: FRIEDRICH NIETZSCHE. BIOGRAPHIE IN DREI BÄNDEN, München, 1978-79. – Jendreiek, H.: THOMAS MANN. DER DEMOKRATISCHE ROMAN, Düsseldorf, 1977. – Jens, I. u. W.: BETRACHTUNGEN EINES UNPOLITISCHEN. THOMAS MANN UND FRIEDRICH NIETZSCHE, in: K. Gaiser (Hg.): Das Altertum und jedes neue Gute. Für Wolfgang Schadewaldt zum 15. März 1970, Stuttgart, 1970, S. 237-256. – Joël, K.: NIETZSCHE UND DIE ROMANTIK, Jena und Leipzig, 1905. – Joseph, E.: DAS MOTIV HAND – EIN BEISPIEL FÜR LEITMOTIVTECHNIK IM ZAUBERBERG VON THOMAS MANN, in: Literaturwissenschaftliches Jahrbuch 34 (1993), S. 131-169. – Joseph, E.: NIETZSCHE IM ZAUBERBERG, Frankfurt/Main, 1996. – Joseph, E.: HANS CASTORPS BIOLOGISCHE PHANTASIE IN DER FROSTNACHT. ZUR EPISCHEN INTEGRATION NATURWISSENSCHAFTLICHER TEXTE IM ZAUBERBERG von Thomas Mann, in: Wirkendes Wort 46 (1996), S. 393-411. – Jung, J.: ALTES UND NEUES ZU THOMAS MANNS ROMAN DOKTOR FAUSTUS. QUELLEN UND MODELLE, Frankfurt/Main, o.J. – Kahler, E.: SÄKULARISIERUNG DES TEUFELS. THOMAS MANNS FAUST, in: Neue Rundschau 58 (1948), S. 185-202. – Kiesel, H.: THOMAS MANNS DOKTOR FAUSTUS. REKLAMATION DER HEITERKEIT, in: Deutsche Vierteljahrsschrift für Literaturwissenschaft und Geistesgeschichte 64 (1990), S. 726-743. – Kinzel, U.: ZWEIDEUTIGKEIT ALS SYSTEM. ZUR GESCHICHTE DER BEZIEHUNGEN ZWISCHEN DER VERNUNFT UND DEM ANDEREN IN THOMAS MANNS ROMAN DOKTOR FAUSTUS, Frankfurt/Main, 1988. – Koopmann, H.: DOKTOR FAUSTUS ALS WIDERLEGUNG DER WEIMARER KLASSIK, in: Internationales Thomas-Mann-Kolloquium 1986 in Lübeck, Bern, 1987. – Koopmann, H.: DOKTOR FAUSTUS UND SEIN BIOGRAPH. ZU EINER EXILERFAHRUNG SUI GENERIS (1983), in: Koopmann, H.: Der schwierige Deutsche. Studien zum Werk Thomas Manns, Tübingen, 1988, S. 93-108. – Koopmann, H.: SCHWIERIGKEITEN MIT DEM BÖSEN UND DAS ENDE DES STRENGEN SATZES, in: KOOPMANN, H.: Der schwierige Deutsche. Studien zum Werk Thomas Manns, Tübingen, 1988, S. 125-144. – Koopmann, H.: DOKTOR FAUSTUS – EINE GESCHICHTE DER DEUTSCHEN INNERLICHKEIT? in: Thomas-Mann-Jahrbuch 2 (1989), S. 5-19. – Koopmann, H.: DOKTOR FAUSTUS, in: H. Koopmann (Hg.): Thomas-Mann-Handbuch, Stuttgart[2], 1995, S. 475-497. – Kreuzer, H.: THOMAS MANN UND GABRIELE REUTER. ZU EINER ENTLEHNUNG FÜR DEN DOKTOR FAUSTUS, in: W. Drost's, und C. W. Thomsen's Ausg. von H. K., Aufklärung über Literatur. Ausgewählte Aufsätze, Bd. 2., Heidelberg, o.J., S. 149-156. – Kristiansen, B.: THOMAS MANN UND DIE PHILOSOPHIE, in: H. Koopmann (Hg.): Thomas-Mann-Handbuch, Stuttgart[2], 1995, S. 259-283. – Kunne-Ibsch, E.: DIE NIETZSCHE-GESTALT IN THOMAS MANNS DOKTOR FAUSTUS, in: Neophilologus 53 (1969), S. 176-189. – Kurzke, H.: THOMAS MANN: EPOCHE-WERK-WIRKUNG, München[2], 1991. – Kurzke, H.: NIETZSCHE IN DEN BETRACHTUNGEN EINES UNPOLITISCHEN, in: H. Gockel/ M. Neumann/ R. Wimmer (Hg.): Wagner – Nietzsche – Thomas Mann. Festschrift für Eckhard Heftrich, Frankfurt/Main, 1993, S. 184-202. – Lämmert, E.: NIETZSCHES APOTHEOSE DER EINSAMKEIT, in: Nietzsche-Studien 16 (1987), S. 47-69. – Lehnert, H.: DIE DIALEKTIK DER KULTUR. MYTHOS, KATASTROPHE UND DIE KONTINUITÄT DER DEUTSCHEN LITERATUR IN THOMAS MANNS DOKTOR FAUSTUS, in: A Stephan/ H. Wagener (Hg.): Schreiben im Exil. Zur Ästhetik der deutschen Exilliteratur 1933-1945, Bonn, 1985, S. 95-108. – Lehnert, H.: NACHWORT: DOKTOR FAUSTUS, EIN MODERNER ROMAN MIT OFFENEM HISTORISCHEN HORIZONT, in: Thomas-Mann-Jahrbuch 2 (1989), S. 163-177. – Lindsay, J.M.: THOMAS MANN, Oxford, 1954. – Maar, M.: DER TEUFEL IN PALESTRINA. NEUES ZUM DOKTOR FAUSTUS UND ZUR POSITION GUSTAV MAHLERS IM WERK THOMAS MANNS, in: Literaturwissenschaftliches Jahrbuch 30 (1989), S. 211-247. – Mainzer, H.: THOMAS MANNS DOKTOR FAUSTUS – EIN NIETZSCHE-ROMAN? in: Wirkendes Wort 21 (1971), S. 24-38. – Masini, F.: DOKTOR FAUSTUS IM NIHILISTISCHEN SPIEGELBILD NIETZSCHES ODER DIE ENTHUMANISIERUNG DER KUNST, in: P. G. Klussmann/ J.-U. Fechner (Hg.): Thomas Mann-Symposium Bochum 1975. Vorträge und Diskussionsberichte, Kastellaun, 1978, S. 44-59. – Mayer, H.: BUCH DES ENDES (DOKTOR FAUSTUS), in: H. Mayer: Thomas Mann, Frankfurt/Main, 1984, S. 270-327. – Metscher, T.: APOCALYPSIS CUM FIGURIS: ZU THOMAS MANNS FAUSTUS-ROMAN, in: Geschichtliche Welt und menschliches Wesen, Hg. L. Lambrecht und E.-M. Tschurenev, Frankfurt/Main, 1994, S. 165-173. – Meyer, T.: NIETZSCHE: KUNSTAUFFASSUNG UND LEBENSBEGRIFF, Bern, 1991. – Meyer, T.: NIETZSCHE UND DIE KUNST, Tübingen, 1993. – Möbius, P.J.: NIETZSCHE, Leipzig, 1904. – Mohler, A.: DIE KONSERVATIVE REVOLUTION IN DEUTSCHLAND 1918-1932. Ein Handbuch, Darmstadt[3], 1989. – Müller, J.: THOMAS MANNS DOKTOR FAUSTUS. GRUNDTHEMATIK UND MOTIVGEFÜGE, in: Euphorion 54 (1960), S. 262-280. – Mundt, H.: DOKTOR FAUSTUS UND DIE FOLGEN: KUNSTKRITIK ALS GESELLSCHAFTSKRITIK IM DEUTSCHEN ROMAN SEIT 1947, Bonn, 1989. – Oswald, V.A.: THOMAS MANNS DOKTOR FAUSTUS. THE ENIGMA OF FRAU VON TOLNA, in: Germanic Review 23 (1948), S. 249-253. – Petersen, J.H.: WIDERSTÄNDE GEGEN DIE REZEPTIONSLENKUNG DURCH ERZÄHLER, HAUPTFIGUR UND AUTOR BEI DER LEKTÜRE VON THOMAS MANNS ROMAN DOKTOR FAUSTUS, in: W. Brandt (Hg.): Erzähler - Erzählen - Erzähltes: Festschrift der Marburger

Arbeitsgruppe Narrativik für Rudolf Freudenberg zum 65. Geburtstag, Stuttgart, 1996, S. 1-12. – Podach, E.F.: NIETZSCHES ZUSAMMENBRUCH. BEITRÄGE ZU EINER BIOGRAPHIE AUF GRUND UNVERÖFFENTLICHTER DOKUMENTE, Heidelberg, 1930. – Podach, E.F.: GESTALTEN UM NIETZSCHE. MIT UNVERÖFFENTLICHTEN DOKUMENTEN ZUR GESCHICHTE SEINES LEBENS UND SEINES WERKS, Weimar, 1932. – Pongs, H.: THOMAS MANNS DOKTOR FAUSTUS, in: H. Pongs: Dichtung im gespaltenen Deutschland, Bd.1, Stuttgart, 1966, S. 166-183, 274-279. – Poser, H.: THOMAS MANN: DOKTOR FAUSTUS, in: R. Geissler (Hg.): Möglichkeiten des modernen deutschen Romans, Frankfurt/Main⁶, 1976, S. 5-44. – Prutti, B.: FRAUENGESTALTEN IN DOKTOR FAUSTUS, in: Thomas-Mann-Jahrbuch 2 (1989), S. 61-78. – Puschmann, R.: MAGISCHES QUADRAT UND MELANCHOLIE IN THOMAS MANNS DOKTOR FAUSTUS, Bielefeld, (1983) 1993. – Pütz, P.: THOMAS MANN UND NIETZSCHE, in: P. Pütz (Hg.): Thomas Mann und die Tradition, Frankfurt/Main, 1971, S. 225-249. – Pütz, P.: KUNST UND KÜNSTLEREXISTENZ BEI NIETZSCHE UND THOMAS MANN. ZUM PROBLEM DES ÄSTHETISCHEN PERSPEKTIVISMUS IN DER MODERNE, Bonn³, 1987. – Pütz, P.: KRANKHEIT ALS STIMULANS. NIETZSCHE AUF DEM ZAUBERBERG, in: Thomas-Mann-Studien 11 (1995), S. 249-264. – Raabe, P.: SPAZIERGÄNGE DURCH NIETZSCHES SILS MARIA, Zürich-Hamburg, 1994. – Reed, T.J.: DIE LETZTE ZWEIHEIT: MENSCHEN-, KUNST- UND GESCHICHTSVERSTÄNDNIS IM DOKTOR FAUSTUS, in: V. Hansen (Hg.): Thomas Mann, Romane und Erzählungen, Stuttgart, 1993, S. 294-324 (= Universal-Bibliothek 8810). – Rehbock, T.: THOMAS MANN - FRIEDRICH NIETZSCHE, in: K Mácha (Hg.): Die menschliche Individualität. Festschrift zum 85. Geburtstag von Herbert Cysarz, München, 1981, S. 29-76. – Reinhardt, G.W.: THOMAS MANN'S DOKTOR FAUSTUS: A WAGNERIAN NOVEL, in: Mosaic 18 (1985), S. 109-123. – Rieckmann, J.: ZEITBLOM UND LEVERKÜHN: TRADITIONELLES ODER AVANTGARDISTISCHES KUNSTVERSTÄNDNIS? in: German Quarterly 52 (1979), S. 50-60. – Roche, M.W.: LAUGHTER AND TRUTH IN DOKTOR FAUSTUS. NIETZSCHEAN STRUCTURES IN MANN'S NOVEL OF SELF-CANCELLATIONS, in: Deutsche Vierteljahrsschrift für Literaturwissenschaft und Geistesgeschichte 60 (1986), S. 309-332. – Ruprecht, E.: THOMAS MANNS DOKTOR FAUSTUS – EIN DOKUMENT DER KRISE DES ROMANS, in: Jahrbuch der Raabe-Gesellschaft, 1967, S. 7-30. – Salaquarda, J.: NOCH EINMAL ARIADNE. DIE ROLLE COSIMA WAGNERS IN NIETZSCHES LITERARISCHEM ROLLENSPIEL, in: Nietzsche-Studien 25 (1996), S. 99-125. – Schäfermeyer, M.: THOMAS MANN: DIE BIOGRAPHIE DES ADRIAN LEVERKÜHN UND DER ROMAN DOKTOR FAUSTUS, Frankfurt/Main, 1984. – Schwarz, E.: DIE JÜDISCHEN GESTALTEN IN DOKTOR FAUSTUS, in: Thomas-Mann-Jahrbuch 2 (1989), S. 79-101. – Sommer, A.U.: THOMAS MANN UND FRANZ OVERBECK, in: Wirkendes Wort 46 (1996), S. 32-55. – Tuska, J.: THOMAS MANN AND NIETZSCHE: A STUDY IN IDEAS, in: Germanic Review 39 (1964), S. 281-299. – Tuska, J.: THE VISION OF DOKTOR FAUSTUS,. in: Germanic Review 40 (1965), S. 277-309. – Vaget, H.R.: THOMAS MANN UND THEODOR FONTANE. EINE REZEPTIONSÄSTHETISCHE STUDIE ZU DER KLEINE HERR FRIEDEMANN, in: Modern Language Notes 90 (1975), S. 448-471. – Vaget, H.R.: KAISERSASCHERN ALS GEISTIGE LEBENSFORM. ZUR KONZEPTION DER DEUTSCHEN GESCHICHTE IN THOMAS MANNS DOKTOR FAUSTUS, in: W. Paulsen (Hg.): Der deutsche Roman und seine historischen und politischen Bedingungen, Bern und München, 1977, S. 200 ff. – Vaget, H.R.: THOMAS MANN – KOMMENTAR ZU SÄMTLICHEN ERZÄHLUNGEN, München, 1984. – Vaget, H.R.: AMAZING GRACE: THOMAS MANN, ADORNO, AND THE FAUST MYTH, in: R. Grimm und J. Hermand (Hg.): Our Faust?: Roots and ramifications of a modern German myth, Madison, Wisc., 1987, S. 168-189 (= Monatshefte. Occasional 5). – Vaget, H.R.: FRAU VON TOLNA: AGNES E. MEYER UND THOMAS MANNS DOKTOR FAUSTUS, in: P. M. Lützeler u.a. (Hg.): Zeitgenossenschaft. Zur deutschsprachigen Literatur im 20. Jh. Festschrift für Egon Schwarz, Frankfurt/Main, 1987, S. 140-152. – Vaget, H.R.: THOMAS MANN UND JAMES JOYCE. ZUR FRAGE DES MODERNISMUS IM DOKTOR FAUSTUS, in: Thomas-Mann-Jahrbuch 2 (1989), S. 121-150. – Vaget, H.R.: SALOME UND PALESTRINA ALS HISTORISCHE CHIFFREN. ZUR MUSIKGESCHICHTLICHEN CODIERUNG IN THOMAS MANNS DOKTOR FAUSTUS, in: H. Gockel/ M. Neumann/ R. Wimmer (Hg.): Wagner – Nietzsche – Thomas Mann. Festschrift für Eckhard Heftrich, Frankfurt/Main, 1993, S. 69-82. – Voss, L.: DIE ENTSTEHUNG VON THOMAS MANNS ROMAN DOKTOR FAUSTUS. DARGESTELLT ANHAND VON UNVERÖFFENTLICHTEN VORARBEITEN, Tübingen, 1975. – Walter, C.: ZUR PSYCHOPATHOLOGIE DER FIGUREN IN THOMAS MANNS ROMAN DOKTOR FAUSTUS, Frankfurt/Main, 1991. – Weinrich, H.: KLEINE LITERATURGESCHICHTE DER HEITERKEIT, in: Rheinisch-Westfälische Akademie der Wissenschaften. Vorträge G 303, Opladen, 1990, S. 7-29. – Wimmer, R.: AH, ÇA C'EST BIEN ALLEMAND, PAR EXEMPLE! RICHARD WAGNER IN THOMAS MANNS DOKTOR FAUSTUS, in: H. Gockel/ M. Neumann/ R. Wimmer Wagner – Nietzsche – Thomas Mann. Festschrift für Eckhard Heftrich, Frankfurt/Main, 1993, S. 49-68. – Windisch-Laube, W.: THOMAS MANN UND DIE MUSIK, in: H. Koopmann (Hg.): Thomas-Mann-Handbuch, Stuttgart², 1995, S. 327-342. – Wißkirchen, H.: ZEITGESCHICHTE IM ROMAN. ZU THOMAS MANNS ZAUBERBERG UND DOKTOR FAUSTUS, BERN, 1986 (= Thomas-Mann-Studien 6). – Wysling, H.: ZU THOMAS MANNS MAJA-PROJEKT, in: P. Scherrer/H. Wysling: Quellenkritische Studien zum Werk Thomas Manns. Bern und München: Francke, 1967, S. 23–47 – Zeder, F.: STUDIENRATSMUSIK: EINE UNTERSUCHUNG ZUR SKEPTISCHEN REFLEXIVITÄT DES DOKTOR FAUSTUS VON THOMAS MANN, Frankfurt/Main, 1995.

Volker Scherliess

Zur Musik im DOKTOR FAUSTUS[1]

Bei keinem anderen Schriftsteller hat Musik, hat das Musikalische in allen seinen Erscheinungsformen solche Bedeutung wie bei Thomas Mann. Seit den frühen Schlüsselerlebnissen im Lübecker Stadttheater – LOHENGRIN, FIDELIO, FREISCHÜTZ – war er ein begeisterter Opern- und Konzertbesucher, in späteren Jahren auch ein passionierter Schallplattenhörer. Er nahm, wo er konnte, am Musikleben teil, ging freundschaftlich mit Komponisten und Interpreten um, und – vor allem – er machte musikalische Kunstwerke mehrfach zum Thema seiner schriftstellerischen Arbeit.

Aber Musik war ihm nicht nur bedachter und beschriebener Gegenstand, sondern auch schriftstellerische Methode: Bauprinzipien wie Thema und Durchführung, Kontrapunkt und polyphone Arbeit, motivische Analogien wie das Erinnerungs- und das von Wagner übernommene Leitmotiv, ferner Transposition, Variation und vieles mehr – solche musikalischen Prinzipien kehren bei Thomas Mann als literarische Techniken wieder. Die Leser kennen Entsprechendes bereits aus der Lektüre von TONIO KRÖGER oder BUDDENBROOKS.

Immer wieder, nicht erst im Zusammenhang mit dem DOKTOR FAUSTUS, hat Thomas Mann betont, er habe als Erzähler musikalische Praktiken geübt: »Was ich machte, meine Kunstarbeiten, urteilt darüber, wie ihr wollt und müßt, aber *gute Partituren waren sie immer,* eine wie die andere; auch haben Musiker sie geliebt [...], und oft habe ich mir Musiker zu öffentlichen Richtern über sie gewünscht« – so heißt es bereits in den 1918 erschienenen BETRACHTUNGEN EINES UNPOLITISCHEN (IV, 319). 1933 schickte er dem italienischen Komponisten Luigi Dallapiccola den ersten Band des JOSEPH mit den Worten »Luigi Dallapiccola, dem Musiker, in der Hoffnung, daß er die Musik nicht ganz darin vermißt«[2], und er dedizierte 1943 ein Exemplar des ZAUBERBERGS »Arnold Schönberg, dem kühnen Meister zum 13. September 1943 von Einem, der auch Musik zu bauen versucht.«[3] Und allgemein: »Mein Verhältnis zur Musik hat einigen Ruf, ich habe mich immer auf das literarische Musizieren verstanden, mich halb und halb als Musiker gefühlt, die musikalische Gewebe-Technik auf den Roman übertragen.« (Reg. III, 220) Solche Zitate ließen sich in großer Fülle anführen.

Zentral, in doppelter Weise, wurde das Musikalische nun im DOKTOR FAUSTUS, in dem es, wie es im Untertitel heißt, um »Das Leben des deutschen Tonsetzers Adrian Leverkühn erzählt von einem Freunde« geht. Dieser Roman handelt also von Musik, und »freilich praktiziert er sie auch.« (XI, 171) So formulierte Thomas Mann häufig, und ebenso heißt es mehrfach in Tagebuch und Briefen: »Ich fühle es wohl, daß mein Buch selbst das werde sein müssen, wovon es handelt, nämlich konstruktive Musik.« (XI, 187)

Dazu seien nur einige markante Motive genannt: die Kälte etwa, das Lachen, die Migräne Leverkühns, das magische Quadrat, der Ort Kaisersaschern oder eine Figur wie Hans Christian Andersens „Kleine Meerjungfrau“. Bei der ersten Erwähnung im Roman scheinen sie eher zufällig, beiläufig, wer-

Hauskonzert bei Bruno Walter, von links: Klaus, Katia und Thomas Mann, Lotte Walter (Tochter), im Vordergrund Bruno Walter, um 1947

den dann aber mit Bedeutung aufgeladen und schließlich zu Symbolen, die eine Fülle von Zusammenhängen (bis hin zum Verhängnis des Romanhelden) aufschließen. Beim wiederholten Lesen erhalten sie von vornherein ein anderes Gewicht – so wie wir ja auch ein Beethovensches Variationsthema oder ein Wagnersches Leitmotiv anders hören, wenn wir es erst einmal kennen und wissen, was alles noch mit ihnen geschehen wird. Also ein musikalisches Verfahren, das neben der reinen »motivischen Arbeit« (ein musiktheoretischer Terminus) auch andere kompositorische Parameter ins Spiel bringt – in analogen Begriffen gesprochen: Dynamik, Instrumentation, Kolorierung, kontrapunktische Verknüpfung mit anderen Motiven und vieles mehr.

Um das Gesagte zu erläutern, greifen wir ein Beispiel heraus: den Schmetterling – ein Leitmotiv mit konkret musikalischer Konnotation, die uns später noch beschäftigen wird. Wir lesen im 3. Kapitel des Romans, wie der junge Adrian farbig illustrierte Bücher mit exotischen Tieren betrachtet: »Es waren da Glasflügler abgebildet, die gar keine Schuppen auf ihren Schwingen führen, so daß diese zart gläsern und nur vom Netz der dunklen Adern durchzogen erscheinen. Ein solcher Schmetterling, in durchsichtiger Nacktheit den dämmernden Laubschatten liebend, hieß *Hetaera esmeralda.* Nur einen dunklen Farbfleck in Violett und Rosa hatte Hetaera auf ihren Flügeln, der sie, da man sonst nichts von ihr sieht, im Flug einem windgeführten Blütenblatt gleichen läßt.« (VI, 23) An einer späteren Stelle, im 16. Kapitel des Romans, berichtet Adrian an Serenus Zeitblom vom Besuch in jenem Leipziger Etablissement mit »Wandleuchtern vor Spiegeln, und seidnen Gautschen, darauf sitzen dir Nymphen und Töchter der Wüste, sechs

oder sieben, wie soll ich sagen, Morphos, Glasflügler, *Esmeralden,* wenig gekleidet, durchsichtig gekleidet, in Tüll, Gaze und Glitzerwerk, das Haar lang, offen, kurzlockig das Haar, gepuderte Halbkugeln, Arme mit Spangen, und sehen dich mit erwartungsvollen, vom Lüster gleißenden Augen an. [...] Neben mich stellt sich dabei eine Bräunliche, in spanischem Jäckchen, mit großem Mund, Stumpfnase und Mandelaugen, *Esmeralda,* die streichelt mir mit dem Arm die Wange.« (VI, 190 f.) Und schließlich: Von der Arbeit am Roman berichtet Thomas Mann seiner amerikanischen Gönnerin Agnes E. Meyer: »Ich habe *während meiner Krankheit* etwas Gutes geschrieben. Das Verhältnis Adrians zu der Prostituierten, bei der er sich, obgleich gewarnt von ihr, die Krankheit holt [...]. Es ist sehr packend und geheimnisvoll. Br.[uno] Frank fand es grossartig. Das Anfangsmotiv der tropischen Schmetterlinge *Hetaera Esmeralda* tritt dabei wieder auf.« (BrAM, 570)

Diese kurzen Belegstellen mögen genügen: Dasselbe Motiv in völlig anderer Konstellation. Einmal geht es um das naturwissenschaftliche Interesse Adrians, dann um das Bordellerlebnis (das bekanntlich der Biographie Friedrich

Der in Brasilien nachgewiesene tropische Schmetterling cithaerias esmeralda der Familie Satyridae (Augenfalter) aus der Ordnung Tagfalter; Vorbild für den Falter „Hetaera esmeralda" im DOKTOR FAUSTUS

Nietzsches entlehnt ist)[4] und schließlich um die Anspielung auf die verhängnisvolle, Wahnsinn und Tod bringende Krankheit. Auch sonst kehrt das Bild des Schmetterlings, wie auch das der Verpuppung und des Aus-der-Puppe-Schlüpfens, mehrfach wieder – sozusagen in anderer Tonart und Instrumentation.

Wie weit tatsächlich – über solche differenziert eingesetzte Leitmotivtechnik hinaus – konkret musikalische Konstruktionsprinzipien · im DOKTOR FAUSTUS angewandt wurden, darüber wird seit langem gestritten. Erst 1992 wurde wieder einmal behauptet, Thomas Mann habe dem Roman eine dezidiert »dodekaphonische Struktur« gegeben[5]; und auf der anderen Seite versuchte man nachzuweisen, daß er ganz nach dem Modell der KLAVIERSONATE OP. 111 von Beethoven komponiert sei.[6] Es mag jeweils ein paar faszinierende Analogien geben, aber die alte Gefahr – bei solchen Parallelisierungen wie auch beim Versuch, durch Zählen bestimmte Zusammenhänge zu entdecken – liegt auf der Hand: »Beziehungszauber« wird leicht zu Beziehungswahn oder gar Beziehungszwang. Freilich dürfte über all dies das letzte Wort noch längst nicht gesagt sein, und es spricht ja nicht gegen ein Kunstwerk, wenn man ihm immer wieder neue Facetten abzugewinnen trachtet.

Wir wollen hier sehr viel weniger spekulativ vorgehen und den DOKTOR FAUSTUS als das verstehen, was er neben allem anderen *auch* ist. Denn wenn die Musik in des Autors Worten »nur Vordergrund und Repräsentation, nur Paradigma war für Allgemeines, nur Mittel, die Situation der Kunst überhaupt, der Kultur, ja des Menschen, des Geistes selbst in unserer durch und durch kritischen Epoche auszudrücken« (XI, 171) und – so kann man hinzufügen – Paradigma auch für deutsche Kunst, das

Szene aus dem Film DOKTOR FAUSTUS von Frantz Seitz mit Jon Finch in der Rolle des Musikers Adrian Leverkühn und Marie Lebée als Prostituierte Esmeralda

Deutsche, Deutschland selbst (»die deutscheste aller Künste« nennt er die Musik in der ENTSTEHUNG DES DOKTOR FAUSTUS: XI, 227), so ist doch allein dieser Vordergrund farbig und vielschichtig genug, um dem rein musikhistorischen Interesse eine Fülle von Fragen zu bieten. Was die Lektüre des Romans gerade für den Musikfreund so reizvoll macht, ist ja – über die musikalisch-literarischen Techniken hinaus – das Konkret-Musikalische, etwa die Beschreibungen bestimmter Kompositionen wie des Meistersinger-Vorspiels (VI, 178) oder der 3. Leonoren-Ouvertüre (VI, 107).

Ganz besonders gilt dies für die fiktiven Werke Adrian Leverkühns. Dabei fällt allerdings auf, daß der Verfasser des FAUSTUS bis in die Jahre seiner amerikanischen Emigration in seinen literarischen Beschreibungen – und offenbar auch in seinem Interesse – nicht über Debussy hinausging, wie er denn mehrfach beteuert hat, daß zeitlebens Wagner, insbesondere »die Dreiklangswelt des Ringes« im Grunde seine »musikalische Heimat« geblieben sei (XI, 208).

Sieht man Thomas Manns Tagebücher und Briefe durch, dann fehlen zunächst, in den zwanziger und dreißiger Jahren, nahezu alle später, im Hinblick auf Leverkühn, naheliegenden Namen. So bemerkt er in einem Brief aus dem Jahre 1932 nur beiläufig, daß er sich für die Kunst Igor Strawinskys »lebhaft interessiere« (Reg. I, 656). Aber das ist die Ausnahme. Alban Berg etwa, der ihm einst, zur Zeit des JOSEPH, einen begeisterten Brief geschrieben, auf den Thomas Mann auch geantwortet hatte, war ihm nicht wirklich bekannt. Erst später, während der Arbeit am FAUSTUS, erfuhr er Einzelheiten über ihn. Ja – es ist deutlich, daß die »Neue Musik« den Autor erst im Zusammenhang mit seinem FAUSTUS-Thema wirklich zu beschäftigen begann – und das

kaum aus Neigung zur modernen Tonkunst, sondern weil sie aus anderen Gründen nahelag. »Ich verstehe mich auf die neue Musik sehr theoretisch. Ich weiß wohl etwas davon, aber genießen und lieben kann ich sie eigentlich nicht« schrieb er am 19. Oktober 1951 dem Musikkritiker Hans Heinz Stuckenschmidt. (Man mag vielleicht an das Mark Twain zugeschriebene Wort über Wagner denken und es Thomas Mann in seiner Meinung über Neue Musik überhaupt unterschieben: »Sie ist viel besser als sie klingt...«)

Nun – nicht zuletzt das, was Thomas Mann von der Neuen Musik wußte, veranlaßte ihn, seinen Faust statt zu einem Wissenschaftler zum Komponisten zu machen: Da war die Ambivalenz von Heiligkeit und Dämonie, Fluch und Erlösung, von Askese und Rausch, Wärme und Kälte, die der Musik seit jeher innewohnte, und da war die offenkundige Krisis der überkommenen musikalischen Mittel, »die Nähe der Sterilität, die eingeborene und zum Teufelspakt prädisponierende Verzweiflung.« Dies sei, so sagt der Autor in der ENTSTEHUNG, das »Grundmotiv des Buches« (XI, 187).

Um sich nun für dieses Projekt die notwendigen Kenntnisse anzueignen, studierte Thomas Mann eine große Zahl musiktheoretischer Arbeiten – von Lexikonartikeln und speziellen Aufsätzen bis zu großen Abhandlungen, etwa Fritz Volbachs INSTRUMENTENKUNDE, Strawinskys ERINNERUNGEN sowie Paul Bekkers BEETHOVEN und seine MUSIKGESCHICHTE ALS GESCHICHTE DER MUSIKALISCHEN FORMWANDLUNGEN.[7] Er las sie, wie alles ihn Interessierende, »mit dem Bleistift«, d.h. er nahm An- und Unterstreichungen und Notizen vor, übertrug viele auf gesonderte Notizblätter, um sie schließlich mehr oder weniger gefiltert in seinen Roman zu übernehmen – teils ganz

Thomas Mann, Notizblatt mit Exzerpten aus musiktheoretischer Lektüre

direkt, teils als Assoziation oder kaum mehr spürbare Anregung, oftmals in Kombination mit anderen Elementen im Sinne des bekannten Montageverfahrens. (Das läßt sich anhand der Quellen im einzelnen verfolgen.)

Vor allem aber fand er im amerikanischen Exil eine Reihe hervorragender Musiker, durch deren persönlichen Umgang er ohnehin stärker, als es vorher je nahegelegen hätte, mit Problemen des Musikalisch-Schöpferischen konfrontiert wurde und die er nun um fachmännischen Rat fragen konnte: Arnold Schönberg, Igor Strawinsky, Ernst Krenek, Hanns Eisler, Ernst Toch, Artur Rubinstein sowie Artur Schnabel und Otto Klemperer (beide ja auch veritable Komponisten) sowie den alten Freund Bruno Walter[8]; nicht zu vergessen den Sohn Michael, der selbst Berufsmusiker war. Sie alle werden in der ENTSTEHUNG DES DOKTOR FAUSTUS, dem ROMAN EINES ROMANS, als musikalische Mittelsmänner genannt.

Allen voran aber Theodor W. Adorno, dessen Anteil an den musikalischen Partien so groß wurde, daß Thomas Mann nicht nur im op. 111-Kapitel die bekannte Hommage an seinen eigentlichen Familiennamen »Wiesengrund« brachte, sondern daß er die ganze ENTSTEHUNG DES DOKTOR FAUSTUS zunächst nur verfaßte, um »dem Dr. Adorno Credit zu geben ... für das, was ich dreist von ihm genommen, und was er mir, am Musikalischen mitarbeitend, gegeben hat. Ein Akt der Loyalität.« (Reg. IV, 115) Was er sich »dreist genommen«, und dazu das ganze prekäre Verhältnis zwischen Thomas Mann und Adorno, wird uns noch beschäftigen.

Zunächst die Hauptfrage, die sich aufdrängt: Wer war Adrian Leverkühn? Beginnen wir bei der Jugend und Ausbildung: Zwar läßt sich aus der Sicht des

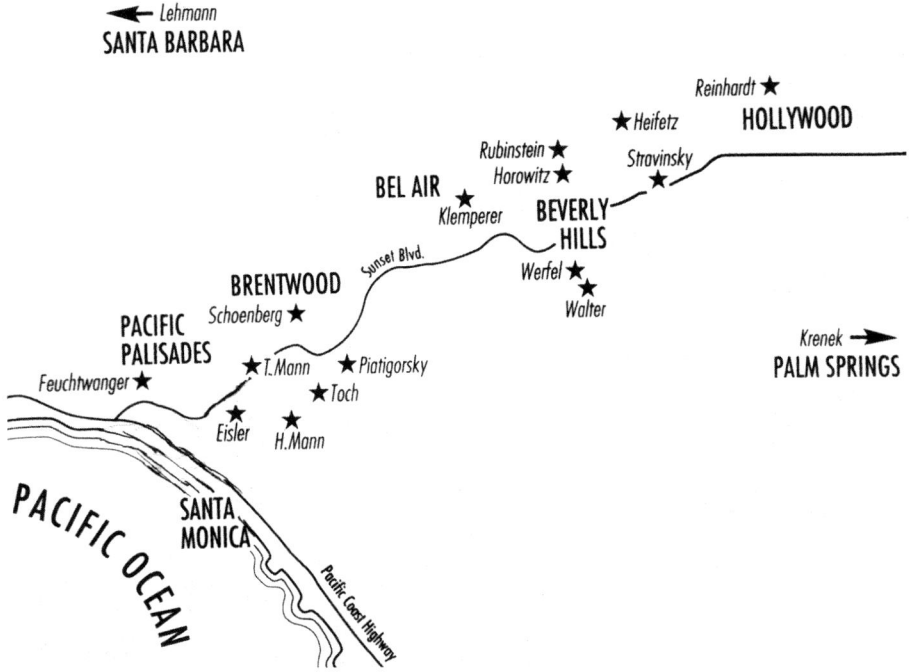

Schematischer Lageplan der Wohnsitze exilierter Künstlerpersönlichkeiten in Los Angeles, Kalifornien

Romans insgesamt alles aus Adrians früher Zeit auf den späteren esoterischen Komponisten hin deuten, aber sein künstlerischer Werdegang hat nichts in bestimmter Richtung Forciertes, kaum etwas Auffälliges. Er war nicht nur kein Wunderkind, sondern sogar ein musikalischer Spätentwickler, der ja dann auch den Umweg über das Theologiestudium nahm. Musik, »das spät ergriffene Fach« (VI, 100), war zunächst nur eines von mehreren Interessengebieten, und wohl niemand in Adrians Umgebung, ja er selbst am wenigsten, hätte die spätere ausschließliche Hinwendung vorausgesehen.

Schon Adrians erste musikalische Erfahrung weist auf das Prinzip strengster musikalischer Technik: das Kanonsingen mit der Stall-Hanne (VI, 42). Zum Vergleich denke man etwa an das erste Musikerlebnis Igor Strawinskys, von dem er zu Beginn seiner Erinnerungen berichtet: Dort singt ein alter Mann eine kurze Melodie von nur zwei Silben und begleitet sie mit schnalzendem Achselpressen[9] – darin ist bereits »der ganze Strawinsky« in nuce enthalten: ostinate Bildungen und Primat des Rhythmischen. Ganz anders Leverkühn: Die Beispiele, an denen er sich schult, sind vierstimmige Psalmen Palestrinas (VI, 99), und seine eigenen Harmonieübungen am Klavier bringen ihm – spielend – die Entdeckung des doppelten Kontrapunkts, also wiederum eine streng polyphone Kategorie. Auch alle anderen geistigen Erfahrungen des Knaben zielen auf den Begriff der Ordnung, der strengen Entwicklung aus einem Kern, der zahlenmäßigen Kontrolle; bereits Vater Leverkühns Versuche mit Kristallen und Eisblumen und das Experiment der Chladnyschen Figuren deuten darauf hin. (VI, 28) Später kommt Adrians Liebe zur Mathematik hinzu (sie sei »das Wahre«), seine Begeisterung für Ordnungsbeziehungen aller Art, selbst wenn diese Ordnun-

gen skurril sind wie bei Johann Conrad Beissel mit seinen seltsamen Herren- und Dienertönen. Doch davon später.

Die zentrale Gestalt in seiner Entwicklung ist der Lehrer: Wendell Kretzschmar führte ihn in allgemeine Fragen ein und regte ihn geistig an; er war ihm nicht nur Musiklehrer, sondern künstlerische und menschliche Autorität, und er blieb es über die eigentliche Lehrzeit hinaus. Vieles eignete Adrian sich autodidaktisch, oder besser: spielend an. Man denke nur an die gründliche Kenntnis der Orchesterinstrumente, die er im Musikalienlager seines Onkels Nikolaus schon als Kind erworben hatte. Seine musikalische Bildung wuchs ganz natürlich, sie war breit und allgemein. Dabei hatte er nie Ambitionen als ausübender Musiker. Sein Gebiet war nicht die Interpretation, ihm ging es nicht um Künstlertum im landläufigen Sinne, sondern um »Versprechung mit der Musik, das hermetische Laboratorium, die Goldküche, die Komposition.« (VI, 177)

Was Leverkühns Werdegang betrifft, so erfuhr Thomas Mann durch Bruno Walter wesentliche Hinweise: »Für heut nur so viel: der interpretierende Musiker braucht eine Konservatoriums-Ausbildung; der Komponist wäre denkbar ohne eigentliche Schule mit ihren 'Fächern' – nicht denkbar aber ohne *Unterweisungen durch einen verehrten Meister.* Vielleicht lesen Sie einmal *Berlioz 'Autobiographie'* – sie wird Ihnen viel Anregung bieten. Mahler war am Wiener Konservatorium – manche Lehrer bewunderten ihn, die Direktion verlachte ihn – eine schülerhafte Komposition gewann grosses Lob, das erste eigenartigere Werk wurde empört abgelehnt. Eine Kompositionslehre ist mir nicht bekannt – *Schönberg's Harmonielehre wird Sie interessieren, auch Berlioz' Instrumentationslehre.* Aber wie gesagt lassen Sie uns darüber reden.«

»mit dem Bleistift studiert«. Dabei bezog er sich auf eine Stelle, in der Berg einer Freundin vom Studium bei Schönberg berichtet: »Heuer [1907] beendige ich bei Schönberg die Kontrapunktstudien und freue mich sehr, seine Zufriedenheit – wie ich durch Zufall erfuhr – erlangt zu haben. Nun geht's auf die *Komposition* im folgenden Herbst. Über Sommer soll ich fleißig arbeiten, teils drauf los komponieren (ich mach jetzt so für mich eine Klaviersonate), teils Kontrapunkt wiederholen (6-8stimmige Chöre und eine Fuge für Streichquintett und Klavierbegleitung).« Und dann folgt als biographischer Kommentar von Willi Reich: »Am 7. November 1907 erste öffentliche Aufführung von Werken Albans: drei Lieder (Liebesode, Die Nachtigall, Traumgekrönt) und Doppelfuge für Streichquintett mit Klavierbegleitung (in der Art eines ausgesetzten Continuo).«[10]

Betrachten wir zwei Episoden aus der Lehrzeit bei Wendell Kretzschmar, die beide auf ihre Weise in Leverkühns Leben »Epoche machen« sollten. Es geht um zwei grundverschiedene Arten von Musik. Erstens: Adrian macht im Zuge seiner kompositorischen Studien, wie es im 18. Kapitel heißt, »Handgelenklockerungen und Schönschreib-Übungen, deren er sich vorher unter Kretzschmars Aufsicht befleißigte: die sechs- bis achtstimmigen Chöre, die Fuge für Streichquintett mit Klavierbegleitung, die Symphonie, deren Particell er ihm stückweise brachte und deren Instrumentation er mit ihm beriet.« (VI, 202)

Greifen wir eine dieser Arbeiten heraus: die »Fuge für Streichquintett mit Klavierbegleitung«. Wie kam Thomas Mann darauf? Er hat Willi Reichs 1937 publizierte Alban-Berg-Biographie, die erste zusammenfassende Darstellung über den 1935 verstorbenen Komponisten, von Theodor W. Adorno ausgeliehen und

Wenn man daran denkt, daß Alban Berg zur selben Zeit, wie in dem zitierten Brief erwähnt, seine KLAVIERSONATE OP. 1 schrieb, muß diese Studienarbeit enttäuschen: Sie ist allzu schulmäßig. Aber sie sollte es sein; es ist eine der Aufgaben, die Schönberg seinen Schülern abverlangte. »In den fünf Themeneinsätzen der ersten Durchführung erklingen die zwei Themen jedesmal in unmittelbarer Folge, so daß sie bereits beim Hinzutreten der zweiten Stimme ihre erste kontrapunktische Verbindung eingehen. Die Themen werden insgesamt viermal durchgeführt. Auf der Grundlage dieses Gerüsts errichtet Berg eine klar strukturierte zweiteilige Großform, indem eine deutliche Zäsur am Ende der zweiten Durchführung einen Neueinsatz aller Stimmen zu Beginn der dritten Durchführung ermöglicht. [...] Berg verzichtet bewußt auf Zwischenspiele, wodurch die ohnehin für diesen Fugentypus charakteristische große Dichte der Themeneinsätze noch

Alban Berg: Fuge mit zwei Themen für Streichquintett und Klavierbegleitung in der Art
eines ausgeführten Continuo

Page from the Brethren's book
showing the beautiful work done by the Ephrata Brethren on the text, music and *fraktur* illumination.

all Ephrata hymns. Beissel, in turn, set up a printing press at Ephrata, and the sect henceforth printed its own hymns and none but its own.

The first representative hymn book of the Seventh-day Baptists left the Ephrata press in 1747, called *Das Gesäng Der einsamen und verlassenen Turtel-Taube, Nemlich der Christlichen Kirche* (The Song of the Lonely and Deserted Turtle-Dove, namely, the Christian Church). A few years afterwards this hymn book was reprinted in a considerably augmented second edition; the title-page and a number of signatures were taken over without change from the first edition. Several smaller hymn books supplemented the *Turtel-Taube* in the course of years. In 1766, finally, a large volume was produced, called *Paradisisches Wunder-Spiel* (Paradisiac Play of Wonders), in which all the hymns written by members of the sect were incorporated. It was edited by Peter Miller, who saw to it that no hymns written by anyone who had forsaken the sect were reprinted from the previous hymnals. The volume contained 441 hymns by Beissel, 74 by solitary Brethren, 100 by solitary Sisters, and 110 by non-celibatarian members of the sect. Altogether, the Seventh-day Baptists of Ephrata

produced approximately 770 hymns, some of which attained considerable length, in less than forty years, an impressive accomplishment. However, when the monumental final collection of hymns was undertaken, the poetic urge within the sect had already died down, and no hymns seem to have been preserved that were written at Ephrata after 1766.

Although all the hymns written by Beissel and his followers were meant to be sung, no tunes were included in the hymn books mentioned. For more than a decade, the hymns represented simply new texts to old melodies; Franklin's Ephrata hymnals as well as Sauer's *Zionitischer Weyrauchs Hügel* identify the melodies to be used, as it was customary, by the first words of their original or best-known texts. But then a change came over Beissel, and he assumed the rôle of composer as he had assumed the rôle of poet and prophet.

There was, for a while, a singing teacher at Ephrata, Ludwig Blum. Beissel let him inaugurate a "singing school," and he himself made an attempt to acquire some of Blum's musical knowledge. Soon he discovered that music offered vast possibilities, of which Blum had but

Hans Theodore David, Hymns and Music of the Penssylvania Seventh-day Baptists;
mit Unterstreichungen Thomas Manns

Titelblatt eines Liederbuches von Conrad Beissel aus dem Jahre 1747

erheblich gesteigert wird: Bei insgesamt 64 Themeneinsätzen in der 68 Takte umfassenden Komposition gibt es buchstäblich keinen Takt, der nicht thematisch ist.«[11] Wie gesagt: das war eine der Aufgaben, die Schönberg seinen Schülern abverlangte, und es war wiederum eine, die Berg von seinem Schüler Theodor Wiesengrund und die Wendell Kretzschmar vom jungen Adrian Leverkühn forderte: strengste Kontrapunktik mit homophonem Satz im Generalbaßstil zu verbinden.

In eine gänzlich andere musikalische Welt führen die Hymnen von Johann Conrad Beissel. Er war der Gegenstand einer der Vorträge in der »Gemeinnützigen Gesellschaft« zu Kaisersaschern (eine Anspielung Thomas Manns auf die 1789 gegründete, heute noch existierende »Gesellschaft zur Beförderung gemeinnütziger Tätigkeit« in Lübeck), mit denen der Musiklehrer Wendell Kretzschmar bildend und anregend auf den jungen Adrian Leverkühn wirkte (VI, 88 ff.). Thomas Mann hat seine Kenntnisse über

den merkwürdigen, aus der Pfalz stammenden und nach Ephrata in Pennsylvania ausgewanderten Mann aus einem amerikanischen Aufsatz übernommen. Die musikalische Seite der Musik von Ephrata, die verstiegenen und kryptischen Texte, »beladen mit Metaphern, dunklen Anspielungen auf Stellen der Schrift« unter Titeln wie »Die Gesäng der einsamen und verlassenen Turtel-Taube, nemlich der christlichen Kirche, oder geistliche und Erfahrungsvolle Leidens- und Liebesgetöne, als darinnen beydes die Vorkost der neuen Welt als auch die darzwischen vorkommende Creutzes – und Leidens-Wege nach ihrer Würde dargestellt, und in geistliche Reimen gebracht von einem friedsamen und nach der stillen Ewigkeit wallenden Pilger. Und nun zum Gebrauch der Einsamen und Verlassenen zu Zion gesammlet und ans Licht gegeben, Ephrata, Druck der Brüderschafft im Jahr 1747« – die musikalische Seite also war durch die seltsame Idee geprägt, daß Beissel »die Mehrzahl der aus Europa überkommenen Choral-Melodien sehr gezwungen, allzu verwickelt und künstlich erschienen, um recht für seine Schäfchen zu taugen. Er wollte es neu und besser machen und eine Musik ins Werk setzen, die der Einfachheit ihrer Seelen besser entsprach und sie instand setzen würde, es bei ihrer ausübenden Leistung zu einer eigenen, schlichten Vollendung zu bringen. Eine sinnvolle und nutzbare Melodie-Lehre war mit kühner Raschheit beschlossen. Er dekretierte, daß »Herren« und »Diener« sein sollten in jeder Tonleiter. Indem er den Dreiklang als das melodische Zentrum jeder gegebenen Tonart anzusehen beschloß, ernannte er die zu diesem Akkord gehörigen Töne zu Meistern, die übrigen Töne der Leiter aber zu Dienern. Die Silben eines Textes nun, auf denen der Akzent lag, hatten jeweils durch einen

Meister, die unbetonten durch einen Diener dargestellt zu werden...« (VI, 90 f.) Ferner heißt es: »Das Ganze sei im Falsett gesungen worden, und die Sänger hätten dabei kaum die Münder geöffnet noch die Lippen bewegt, mit wundersamster akustischer Wirkung. Der Klang sei nämlich dadurch zu der nicht hohen Decke des Betsaals emporgeworfen worden, und es habe geschienen, als ob die Töne, unähnlich allem menschlich Gewohnten, unähnlich jedenfalls jedem bekannten Kirchengesang, von dort herabgestiegen wären und engelhaft über den Köpfen der Versammlung geschwebt hätten.« (VI, 92)

Noch manches Theoretische wird ausgeführt, so daß die beiden Freunde auf dem Nachhauseweg streiten. Serenus Zeitblom ist entsetzt: »Du willst nicht im Ernst ein so absurdes Ordnungsdiktat, einen so kindischen Rationalismus in Schutz nehmen, wie die Erfindung der Herren und Diener. Stelle dir vor, wie diese Beissel-Hymnen geklungen haben, in denen auf jede betonte Silbe ein Ton des Dreiklangs fallen mußte!« Doch Adrian nimmt ihn in Schutz: »Laß mir den Kauz in Frieden, ich habe was für ihn übrig. Wenigstens hatte er Ordnungssinn, und sogar eine alberne Ordnung ist immer noch besser als gar keine« (VI, 94). Dies weist bereits auf einen zentralen Gedanken aus den späteren Gesprächen mit Zeitblom, als es um Freiheit und Bindung, Spontaneität und Gesetz in der Musik geht: »Organisation ist alles!« (VI, 254)

Ein anderer der »Gemeinnützigen Vorträge« Wendell Kretzschmars betraf Beethovens SONATE OP. 111. Dabei handelt es sich um eine der berühmtesten Musikbeschreibungen überhaupt. Man kann lange darüber streiten, ob sie ungeachtet ihres literarischen Ranges auch analytisch wirklich stichhaltig sei. Sie ist es nur zum Teil – in der Intention ohne Zweifel großartig, aber nicht in allen Einzelheiten zutreffend. Bekanntlich ist Thomas Mann den Erläuterungen Adornos gefolgt; offenbar war ein interpretatorisches Privatissimum vorausgegangen. Am 5. Oktober 1943 schrieb der Dichter an seinen »Wirklichen Geheimen Rat«, wie er ihn in der ENTSTEHUNG (XI, 293) nannte, dazu: »Ich wollte Sie noch bitten, mir in ganz einfachen Noten das Arietta-Thema des Variationssatzes aufzuschreiben und mir den Ton anzugeben, der bei den letzten Wiederholungen so eigentümlich tröstlich vermenschlichend *hinzukommt*. War es ferner auch in diesem Satz, daß die Melodie mehr im Akkordischen als in den wiederholten, gleichbleibenden Obertönen besteht? Welcher Ton war es noch, der sich viermal bei wechselnden Akkorden wiederholte? Ich brauche musikalische Intimität und charakteristisches Détail und kann sie nur durch einen so erstaunlichen Kenner wie Sie gewinnen.«

Adorno schickte ihm darauf ein Notenblatt mit dem Thema der Arietta und seinen erläuternden Zusätzen, die dann im 8. Kapitel Wendell Kretzschmar in den Mund gelegt werden. Die Bemerkung zur fraglichen Stelle in den drei letzten Takten, wo in der Oberstimme der rechten Hand zunächst »zweimal d« und dann »3 mal d« erscheinen, lautet im Roman: »... und Kretzschmar spielte uns mit arbeitenden Händen all diese ungeheuren Wandlungen, indem er aufs heftigste mitsang: Dim-dada, und laut hineinredete: Die Trillerketten! schrie er. Die Fiorituren und Kadenzen! Hören Sie die stehengelassene Konvention? Da – wird – die Sprache – nicht mehr von der Floskel – gereinigt, sondern die Floskel – vom Schein – ihrer subjektiven – Beherrschtheit – der Schein – der Kunst wird abgeworfen – zuletzt wirft immer die Kunst – den Schein der Kunst ab. Dim-dada! Bitte zu hören, wie hier – die Melodie vom Fugengewicht – der Akkorde überwogen wird! Sie wird statisch, sie wird monoton – zweimal d, dreimal d hintereinander – die Akkorde machen es – Dim-dada! Bitte nun achtzugeben, was hier passiert -...« Eine berühmte Stelle, wie sie in allen Ausgaben des Romans steht und immer wieder zitiert wurde. Nur muß man feststellen, daß Adorno in seiner schwer lesbaren Handschrift keineswegs vom Fugengewicht der Akkorde geschrieben hatte (was sollte das auch sein?), sondern natürlich von ihrem Eigengewicht.

Dies anzumerken soll keine kleinkarierte Beckmesserei sein, aber es wirft doch ein Licht darauf, daß Thomas Mann, wenn es um musikalische Terminologie ging, mehr Liebhaber als Kenner war. In dieselbe Richtung weist die Frage nach den »Obertönen« (wo Oberstimme, obere Töne gemeint sind). Am Rande sei daran erinnert, daß Joachim Kaiser einmal feststellte, unser Autor habe »sich, trotz immenser Lese- und Hörerfahrungen, keineswegs in einen Musik-Profi, in einen cleveren Anti-Dilettanten verwandelt, verwandeln wollen. Das war bei Thomas Mann natürlich keine Frage der Bildung, des Fleißes, der Intelligenz, der analytischen Fähigkeiten, sondern – vermutlich – vor allem die Folge eines wahrscheinlich ganz unbewußten Entschlusses zum dichterisch produktiven Leben mit immensen musikalischen Erfahrungen.«[12] Und man darf hinzufügen: es war wohl weniger die theoretische Kennerschaft als vielmehr die Unbefangenheit des Musikliebhabers Thomas Mann, der wir seine schönsten, poetischsten Musikinterpretationen verdanken.

Was die merkwürdige Stelle mit dem »Fugengewicht« betrifft, so hat Bernhold Schmid neuerdings eine Stelle im Briefwechsel zwischen Thomas Mann und dem Musikhistoriker Alfred Einstein

publiziert: Einstein hatte am 14. November 1946 begeistert über das op. 111-Kapitel geschrieben, von dem ein Vorabdruck in der »Neuen Rundschau« (April 1946) erschienen war, aber doch bemerkt: »Ich gestehe, daß ich die Wendung vom *Fugengewicht der Akkorde* nicht verstehe«, und er bot sich als Korrekturleser für die musikalischen Passagen an, um »Unfachlichkeiten« mit zu verhüten. Thomas Mann ging darauf nicht ein – wie Bernhold Schmid wohl zu recht vermutet: um Adorno nicht zu kränken.[13]

Auf Einstein ging aber die Korrektur einer anderen Stelle zurück, die im Vorabdruck noch fehlerhaft stand. Dort stellt der Erzähler Serenus Zeitblom Wendell Kretzschmar vor: »Sein Orgelspiel war gelehrt und prächtig, aber an den Fingern einer Hand waren diejenigen herzuzählen, die es in der Gemeinde zu würdigen wußten. Immerhin zogen die drei frei zugänglichen nachmittäglichen Kirchenkonzerte, bei denen er Orgelmusik von Schütz, Buxtehude, Froberger und natürlich Sebastian Bach [...] zum besten gab, eine ziemliche Menge an« (entsprechend VI, 68). Einstein stellte das richtig, und Thomas Mann schrieb daraufhin seiner englischen Übersetzerin: »Haben Sie große Not mit dem Manuskript? Bitte verbessern Sie auf S. 84: *Orgelmusik von Michael Prätorius, Froberger, Buxtehude und natürlich Sebastian Bach!* Schütz hat nämlich keine Orgelmusik geschrieben.« (Reg. III, 315) Entsprechend wurde in der deutschen Erstausgabe (Stockholm 1947, S.76) »Schütz« in »Michael Prätorius« korrigiert. (Unerklärlicherweise hat die Taschenbuch-Ausgabe 1990, S. 65 – als eine von zahlreichen »Verschlimmbesserungen« – den alten Fehler wieder eingesetzt.)

Nicht immer war das Verhältnis Thomas Manns zu seinen Quellen offen und klar, und manches blieb in der ENTSTE-

Das Thema der Arietta aus Beethovens op. 111, notiert und erläutert von Theodor W. Adorno

HUNG DES DOKTOR FAUSTUS, dem ROMAN EINES ROMANS, dem wir so viele Informationen verdanken, verschwiegen. Besonders vom Verhalten gegenüber Adorno ist hier zu reden. Was Thomas Mann sich von ihm »dreist genommen«, stammte zum Teil aus der PHILOSOPHIE DER NEUEN MUSIK, die er vor ihrem Erscheinen (Tübingen 1949) aus einem maschinenschriftlichen Exemplar studiert hatte und deren Publikation er in einem Brief vom 29. Mai 1948 an den Tübinger Verlag begrüßte: »Mit besonderer Anteilnahme höre ich, daß Sie Theodor Adorno's Buch PHILOSOPHIE DER MODERNEN MUSIK herauszugeben beabsichtigen und möchte Sie aufrichtig dazu beglückwünschen, daß Sie diesem Autor, dessen bedeutendes Werk über Kierkegaard Sie früher schon veröffentlichten, durch diese nicht weniger gewichtige Publikation in Deutschland neues Ansehen verschaffen wollen. Dr. Adorno ist einer der feinsten, schärfsten und kritisch tiefsten Köpfe, die heute wirken. Selbst schaffender Musiker, ist er zugleich mit einer analytischen Fähigkeit und einem sprachlichen Ausdrucksvermögen begabt, deren Präzision und aufhellende Kraft ihresgleichen suchen, und ich wüßte nicht, wer dem Publikum über die gegenwärtige Situation der Musik klügere und erfahrenere Auskunft zu geben wüßte, als er. Ich kenne das Werk sehr wohl: es hat mir in gewissen Teilen Anregung und Belehrung gewährt bei meinem Musiker-Roman DOKTOR FAUSTUS, und ich wünsche sehr, daß ihm in dem Lande, in dessen Sprache es geschrieben ist, die Anerkennung zuteil werde, die ihm gebührt.«[14]

Man weiß, daß Thomas Mann neben den persönlichen Mitteilungen teils wörtliche, teils nur wenig veränderte Passagen aus der PHILOSOPHIE DER NEUEN MUSIK übernommen hat – er selbst hat es betont, und die Literaturhistoriker haben etliche aufschlußreiche Gegenüberstellungen vorgenommen.[15] Daneben benutzte er aber auch andere gedruckte Schriften und zahlreiche eigens angefertigte Aufzeichnungen, die Adorno ihm zur Verfügung gestellt hatte und von deren Ausmaß die Öffentlichkeit erst in jüngster Zeit Kenntnis erhielt. Adornos Anteil ist demnach erheblich größer als bisher bekannt. Daß im Verhältnis der beiden Männer neben hohem Respekt auch Eitelkeit und Gereiztheit, von seiten Thomas Manns wohl auch Bosheit im Spiele war, ist offenkundig; ebenso sind die Animositäten zwischen Erika Mann und Adorno bekannt. Wie anders wäre es verständlich, daß Adorno sich (bereits 1957) genötigt sah, eine eidesstattliche Erklärung über seinen Anteil an den musikalischen Partien des DOKTOR FAUSTUS niederzulegen?[16] Und die tiefe Enttäuschung, die er über bestimmte Briefpassagen Thomas Manns gegenüber Dritten empfinden mußte, die nach Manns Tode in der Korrespondenz veröffentlicht wurden, wird jeder verstehen, der sie liest.[17] Adorno fühlte sich, wie er 1968 schrieb, von Thomas Mann »gleichsam aus dem Grabe verleumdet« und sah sich außerstande, noch einmal ein öffentliches Wort über ihn zu schreiben. Allerdings habe sich, wie er erklärte, »von den Materialien dessen, was ich zum Faustroman beitrug, allerlei erhalten, was denn auch nach meinem Tod, wenn es die Leute interessiert, erscheinen mag.« Dies alles veranlaßte Rolf Tiedemann zur Publikation eines äußerst polemisch formulierten, dabei ebenso klärenden wie inhaltsreichen Aufsatzes.[18]

In die Figur Wendell Kretzschmars hat Thomas Mann unverkennbar Züge Adornos hineingenommen: Wie Kretzschmar in seinem berühmten »gemeinnützigen Vortrag« über Beethovens SONATE OP. 111 während des Klavierspiels

Theodor W. Adorno, 1967

analytische Bemerkungen macht: Das ist ein Porträt Adornos, genauso wie Thomas Mann ihn erlebt hatte – spielend, dabei erklärend und sein »Bitte nur achtzugeben, was hier passiert« dazwischenrufend. Übrigens, ausgerechnet dieses liebenswerte Porträt Adornos, jenes in der Realität unbesiegbar eloquenten Mannes, der nie um eine gekonnte Formulierung verlegen schien, im entscheidenden Moment – stottern zu lassen, ist natürlich eine köstliche Ironie. Ob dagegen, wesentlich weniger liebenswürdig, die mittlere der drei Teufelserscheinungen in Palestrina, jene als »Musikintelligenzler«, der »selbst komponiert, wenn eben das Denken es ihm erlaubt« (beschrieben wird er: »auf der gebogenen Nase eine Brille mit Hornrahmen, hinter dem feucht-dunkle, etwas gerötete Augen schimmern – eine Mischung von Schärfe und Weichheit das Gesicht: die Nase scharf, die Lippen scharf, aber weich das Kinn, mit einem Grübchen darin, ein Grübchen in der Wange noch obendrein«, allerdings mit einer »Stirn, aus der das Haar wohl erhöhend zurückgeschwunden, aber von den Seiten dicht, schwarz und wollig dahinstand« [VI, 317]) – ob dies ebenfalls ein Porträt Adornos sein soll? Hans Mayer in seinem Thomas-Mann-Buch nahm es als selbstverständlich, wogegen sich Mann allerdings in einem Brief an Adorno verwahrt: »Es ist viel dankenswert Kluges, aber auch viel Danebengegangenes und Fehlendes in dem Buch [Mayers], und daß der Teufel als Musikgelehrter nach Ihrem Äußeren gezeichnet sein soll, ist nun schon ganz absurd. Tragen Sie überhaupt eine Hornbrille? Jedenfalls gibt es da sonst keinen Zug von Ihnen. Aber man will so viel wie möglich 'merken'«. (Br, III, 158)

So sehr sich Thomas Mann dagegen verwahrt: das »Merkenwollen« wird –

und ja nicht erst im FAUSTUS – ständig provoziert, und er selbst hat zu viele Hinweise gegeben, als daß man nicht immer wieder eine Spur fände.

Fragen wir noch einmal: Wer war Adrian Leverkühn? Wo ist diese so lebendig vorgestellte Komponistenpersönlichkeit in der historischen Realität einzuordnen? »Die Schwierigkeiten beginnen erst,« schrieb Thomas Mann an Agnes E. Meyer, »ihre größte wird die fiktiv-überzeugende Placierung eines Musikers (Komponisten) von Bedeutung innerhalb der zeitgenössischen Musikgeschichte sein, deren Rollen und Plätze ja besetzt sind: da ist Schönberg, da Bartok, da Alban Berg, da Strawinsky, da Krenek etc. Man müßte eine besonders profilierte Künstlerpersönlichkeit nebst ihren Werken erfinden, – eine lächerlich schwierige Suggestionsleistung – und nur eine unter anderen.« (BrAM, 498) Dies blieb natürlich auch, als die Arbeit vollendet war, eine Frage, die von Anfang an alle musikinteressierten Leser beschäftigte: »Nach einer abendlichen Lesung fragte mich Leonhard Frank, ob mir bei Adrian selbst irgendein Modell vorgeschwebt habe. Ich verneinte und fügte hinzu, daß die Schwierigkeit gerade darin bestehe, eine Musiker-Existenz frei zu erfinden, die ihren glaubhaften Platz zwischen den realen Besetzungen des modernen Musiklebens habe.« So heißt es in der ENTSTEHUNG DES DOKTOR FAUSTUS (XI, 203), und an anderer Stelle, das Tagebuch aus der Anfangszeit der Arbeit am Roman zitierend: »Studium von Musikbüchern vorgesetzt... Was noch völlig fehlt, ist die menschenfigürliche Ausstattung des Buches, die Füllung mit prägnanten Umgebungsfiguren. Beim ZAUBERBERG war sie durch das Sanatoriumspersonal gegeben, beim JOSEPH durch die Bibel, deren Gestalten realisierend heranzubringen waren. Beim KRULL hätte die Welt phantasmagorisch sein dürfen. Sie darf es bis zu einem gewissen Grade auch hier, doch ist mehrfache Vollrealität erfordert, und da fehlt es an Anschauungsstütze... Irgendwie muß aus der Vergangenheit, aus Erinnerung, Bildern, Intuition geschöpft werden. Aber die Entourage ist erst zu erfinden und festzustellen.« (XI, 160) Und ein weiteres Mal geht es um »die Einschwärzung lebender, schlechthin bei Namen genannter Personen unter die Figuren des Romans, von denen sie sich nun an Realität oder Irrealität nicht mehr unterscheiden.« (XI, 165)

Diese »Einschwärzung« (als »ein geringeres Beispiel für das Montageprinzip«): da sind etwa die berühmten Dirigenten, die verschiedene Werke Leverkühns zur Aufführung bringen: Otto Klemperer, Volkmar Andreae, Ernest Ansermet, Pierre Monteux oder Paul Sacher mit seinem Basler Kammerorchester (er war nicht nur ein wichtiger Interpret Leverkühnscher Musik, sondern von ihm wurden auch die öffentlichen Leseproben entlehnt). Da sind ferner bestimmte Werke und Aufführungsdaten, mehr oder minder direkte Anspielungen auf Personen und Ereignisse. Durch solche halb angedeuteten, halb ausgeführten Zuordnungen gewinnt der Roman an realistischen Farben.

Es ist reizvoll, den – teils konkret genannten, teils nur indirekt zuerschließenden – Namen und Fakten nachzugehen. Um nur einen Faden aus dem Gewebe herauszulösen, seien einige der Schweizer Kontakte Adrian Leverkühns betrachtet. In ihnen haben sich wohl persönliche Begegnungen Thomas Manns niedergeschlagen, und vielfach ist der Charakter einer Hommage zu spüren – so etwa bei Lily und Hermann Reiff in Zürich: »Es war das in der Mythenstraße, nahe dem See gelegene Heim des Herrn und der Frau Reiff, eines reichen, kinder-losen und kunstfreundlichen, schon betagten Ehepaars, das sich von jeher ein Vergnügen daraus machte, durchreisenden Künstlern von Rang ein gepflegtes Asyl zu bieten und sie gesellschaftlich zu unterhalten. [...] Auch ließ er sich bei seinen Empfängen zuweilen nicht übel auf dem Cello hören, pianistisch begleitet von seiner Frau, die aus dem Reich stammte und einst dem Gesang oblegen hatte. Sie ermangelte seines Humors, stellte aber eine energisch-wirtliche Bürgerin vor, welche in dem Gefallen daran, den Ruhm zu beherbergen und den sorglosen Geist des Virtuosentums in ihren Räumen walten zu lassen, mit ihrem Gatten durchaus übereinstimmte.« (VI, 554)

»Vollrealität« ist auch bei dem Dirigenten gegeben, der von 1906–49 das Tonhalle-Orchester leitete: Leverkühns »Brentano-Gesänge« wurden 1922 »in der Tonhalle von Zürich unter dem Stabe des trefflichen Dr. Volkmar Andreae« aufgeführt (VI, 246). Nur indirekt läßt sich dagegen die Spur des Konzertmeisters Willem de Boer (der übrigens Geigenlehrer von Michael Mann war) verfolgen: Er war öfter bei der Familie Mann »zu Gast, nicht ohne sein Instrument mitzubringen, und noch heute lacht mir das Herz, wenn ich denke, wie er uns nach Tisch mit der »Teufelstriller-Sonate« verblüffte und uns, zum erstenmal, dem akkordischen Vollklang der siebensaitigen Viola d'amore lauschen ließ, die er zu handhaben wußte wie nicht leicht ein Zweiter. Wenn dies Instrument eine gewisse Rolle spielt in meinem jüngsten Roman, so ist das auf die Eindrücke von damals zurückzuführen.« (Br, III, 14)

Im Hause Reiff, wo Adrian anläßlich der Schweizer Aufführungen des Violinkonzertes gemeinsam mit dem Geiger Rudi Schwerdtfeger zu Gast war – »ferner, versteht sich, der Veranstalter des Konzert-Abends, Kapellmeister Sacher, dazu Dr. Andreae, ständiger Dirigent der Tonhalle, und der vortreffliche Musik-Referent der NEUEN ZÜRCHER ZEITUNG, Dr. Schuh« (VI, 555) –, lernte er auch Marie Godeau kennen. »Mit Adrian sprach die Godeau, seinen Erkundigungen willfahrend, über ihre Pariser Tätigkeit, über junge Erzeugnisse des französischen Balletts und der Oper, die ihm nur zum Teil bekannt waren, Werke von Poulenc, Auric, Rieti. Man erwärmte sich im Austausch über Ravels DAPHNIS UND CHLOE und die JEUX von Debussy, über Scarlatti's Musik zu den GUT GELAUNTEN FRAUEN von Goldoni, Cimarosa's HEIMLICHE EHE und DIE MANGELNDE ERZIEHUNG von Chabrier. Zu einem und dem anderen dieser Stücke hatte Marie eine neue Ausstattung entworfen und machte einzelne szenische Lösungen durch skizzierende Bleistiftstriche auf ihrer Tischkarte klar.« (VI, 557) Ein mögliches Vorbild für Marie Godeau war die fran-

zösische Malerin und Bühnenbildnerin Marie Laurencin; so wird Adrian auch persönlich mit der Welt der französisch-russischen Musik, insbesondere der von Diaghilews Ballets Russes vertretenen Stilrichtung in Verbindung gebracht. (Sie war Thomas Mann freilich auch durch die Lektüre von Strawinskys Memoiren vertraut.)

Neben solchen personellen »Einschwärzungen« sei auch an Institutionen wie die Internationale Gesellschaft für Neue Musik, den Schott-Verlag, die Zeitschrift MELOS, die Universal-Edition und die von ihr herausgegebenen MUSIKBLÄTTER DES ANBRUCH usw. erinnert. Derartige konkrete Bezüge dienen der glaubhaften Placierung Adrian Leverkühns in seiner Zeit. Nur zwei Beispiele seien herausgegriffen: Im 21. Kapitel berichtet Serenus Zeitblom von Reisen Adrian Leverkühns: »Es fand nämlich damals, Mai 1906, unter des Komponisten eige-

Sergei Diaghilew und Igor Strawinsky, Sevilla 1921

ner Leitung, in Graz, der Hauptstadt Steiermarks, die österreichische Première der »Salome« statt, zu deren überhaupt erster Aufführung Adrian einige Monate früher mit Kretzschmar nach Dresden gefahren war, und er erklärte seinem Lehrer und den Freunden, die er unterdessen in Leipzig gemacht, er wünsche das glückhaft-revolutionäre Werk, dessen ästhetische Sphäre ihn keineswegs anzog, das ihn aber natürlich in musikalisch-technischer Beziehung und besonders noch als Vertonung eines Prosa-Dialogs interessierte, bei dieser festlichen Gelegenheit wiederzuhören.« (VI, 205)

In einer ganz anderen Quelle, in Alma Mahlers Erinnerungen, heißt es dazu: »Mahler und ich waren im Mai nach Graz zur österreichischen Première der »Salome« gefahren, um sie zu hören, da es Mahler nicht gelungen war, dieses Werk von der Zensurbehörde für Wien freizubekommen. Auch sein Vorschlag, den Jochanaan in Baalschem umzutaufen, war nicht akzeptiert worden, ja, Mahler hatte fast eine Kabinettsfrage daraus gemacht.«[19] Die Premiere wurde zu einem demonstrativen Erfolg für Strauss. Ihr wohnten, wie der Komponist seiner Frau schrieb, nicht nur Gustav und Alma Mahler bei; »der italienische Componist Puccini war eigens angereist, [dazu] viele junge Leute aus Wien, deren einziges Handgepäck ein Klavierauszug war.« Zu ihnen gehörten, wie wir wissen, unter anderen Arnold Schönberg, Alexander Zemlinsky und Alban Berg[20]; und um die Anziehungskraft dieser Aufführung zu belegen, sei noch eine Stelle zitiert: Stefan Zweig erwähnt in seinem Erinnerungsbuch DIE WELT VON GESTERN einen ganz anderen Besucher: »Hitler, der, wie mir Strauss erzählte, schon in seinen Wiener Vagantenjahren mit Geld, das er sich mühsam auf irgendeine Weise verschafft hatte, nach Graz gefahren war, um der

Premiere der »Salome« beizuwohnen«.[21] (Diese Episode hat freilich vor einigen Jahren eine Deutung erfahren, die weitreichende Perspektiven für die Interpretation des Romans insgesamt öffnet.[22] Das sei hier nur erwähnt, um – wie so oft – den Reichtum anzudeuten, der aus einem scheinbar beiläufigen Detail erwachsen kann. Wir wollen uns hier auf's rein musikhistorisch Faktische, also dieses Datum Graz 16. Mai 1906, beschränken.)

Kurz darauf heißt es im Roman: »Adrians Reise nach Graz, die nicht um des Reisens willen geschah, war *eine* Durchbrechung der Gleichmäßigkeit seines Lebens. Eine andere war die mit Schildknapp unternommene Fahrt ans Meer, als deren Frucht man jenes einsätzige symphonische Klanggebilde ansprechen kann. Damit nun wieder hing die dritte dieser Ausnahmen zusammen: eine Reise nach Basel, die er in Gesellschaft seines Lehrers Kretzschmar zur Teilnahme an Aufführungen sakraler Musik des Barock unternahm, die der Basler Kammerchor in der Martinskirche veranstaltete, und bei denen Kretzschmar den Orgelpart versehen sollte. Man hörte Monteverdis »Magnificat«, Orgelstudien von Frescobaldi, ein Oratorium von Carissimi und eine Cantate Buxtehudes. Der Eindruck dieser 'Musica riservata' auf Leverkühn, einer Affektmusik, die als Rückschlag auf den Konstruktivismus der Niederländer das Bibelwort mit erstaunlicher menschlicher Freiheit, deklamatorischer Ausdruckskühnheit behandelte und es mit einer rücksichtslos schildernden instrumentalen Gestik einkleidete, – dieser Eindruck war sehr stark und nachhaltig; viel sprach er mir damals brieflich und mündlich von dieser bei Monteverdi hervorbrechenden Modernität der musikalischen Mittel, saß auch viel danach in der Leipziger Bibliothek und exerpierte Carissimi's »Jephta«

und die »Psalmen Davids« von Schütz. Wer wollte in der quasi-geistlichen Musik seiner späteren Jahre, der Apokalypse und dem »Dr. Faustus«, den stilistischen Einfluß jenes Madrigalismus verkennen? Das Element eines zum Äußersten gehenden Ausdruckswillens war immer herrschend in ihm, zusammen mit der intellektuellen Leidenschaft für herbe Ordnung, das niederländisch Lineare. Mit anderen Worten: Hitze und Kälte walteten nebeneinander in seinem Werk, und zuweilen, in den genialsten Augenblicken, schlugen sie ineinander, das Espressivo ergriff den strikten Kontrapunkt, das Objektive rötete sich von Gefühl, so daß man den Eindruck einer glühenden Konstruktion hatte.« (VI, 237) Das im Roman in die Saison 1907/08 verlegte Konzert, das für Leverkühn so prägend war, hat tatsächlich stattgefunden, allerdings erst am 14. November 1943.

Ähnlich war es in anderen Fällen. So ist im 36. Kapitel vom Musikleben in Deutschland die Rede: »Ich spreche von den zwanziger Jahren des Jahrhunderts, [...] wobei ich an kulturelle Vorkommnisse denke wie das Tonkünstlerfest in Weimar vom Jahre zwanzig und das erste Musikfest zu Donaueschingen im folgenden Jahr. Bei beiden Gelegenheiten wurden – leider in des Komponisten Abwesenheit – vor einem keineswegs unempfänglichen, ich möchte sagen: künstlerisch republikanisch gesinnten Publikum, neben anderen Beispielen einer neuen geistig-musikalischen Haltung auch Werke Leverkühns geboten: in Weimar die »Kosmische Symphonie« unter der rhythmisch besonders zuverlässigen Leitung Bruno Walters.« (VI, 516) Aus dem Programmbuch des Weimarer Tonkünstlerfestes 1920 geht hervor, daß dort als einziges Werk, das mit Leverkühn in Verbindung gebracht werden könnte, die Erste Symphonie (EXPRESSIONISTISCHE) von Eduard Erdmann erklang. Darauf war Thomas Mann möglicherweise durch Ernst Krenek, einen alten Freund Erdmanns aufmerksam gemacht worden. Der Dirigent war damals Peter Raabe gewesen, der allerdings auf Grund seines späteren Amtes als Präsident der Reichsmusikkammer im Roman durch Bruno Walter ersetzt wurde – für Thomas Mann sowohl eine sachliche Notwendigkeit als auch eine freundschaftliche Geste.

Was den »badischen Festort« Donaueschingen betrifft, so sei aus dem Programm zitiert: »Während heute auf den Gebieten der bildenden Künste, der erzählenden, lyrischen und dramatischen Literatur allenthalben ein lebhafter Steit um die Neuerscheinungen ausgefochten wird, hat der junge Tondicher gegen starke Widerstände aller Art zu kämpfen, um überhaupt die Möglichkeit zu erlangen, sein Werk vor der Öffentlichkeit zur Diskussion zu bringen. [...] Aus der Erwägung heraus, auch ihrerseits in

Programm eines Konzertes, das Thomas Mann als Vorlage diente

Stadt-Theater.

=== Direktion: Alfred Cavar. ===

Anfang halb 8 Uhr.   **Anfang halb 8 Uhr.**

Mittwoch den 16. Mai 1906

Bei aufgehobenem Abonnement.   Bei aufgehobenem Abonnement.

=== Bei erhöhten Preisen. ===

Unter persönlicher Leitung des Komponisten.

Neuheit!   Zum erstenmale!   Neuheit!

Salome

Drama in einem Aufzuge nach Oskar Wildes gleichnamiger Dichtung in deutscher Übersetzung von Hedwig Lachmann. Musik von Richard Strauß.

In Szene gesetzt von Karl Schober.

Personen:

Herodes	W. Günther-Braun	Juden	{ Karl Grünwald / Karl Weiker
Herodias	Sara Anderson		
Salome	Jenny Korb	Zwei Nazarener	{ Fritz Aigner / Josef Smidt
Jochanaan	Hermann Jessen		
Narraboth	Gustav Kaitan	Zwei Soldaten	{ Emmer. Schreiner / Max Gillmann
Ein Page der Herodias	Bella Paalen		
		Ein Cappadocier	Heinrich Koch
Juden	{ Karl Koß / Hans Koswitz / August Kretschmer	Eine Sklavin	Mizi Fink

Die Saaltüren bleiben nach Beginn der Vorstellung für den Eintritt geschlossen.

Orchester-Celesta: Karl Simon, Harmoniumhaus, Berlin S. W. 68.

Preise der Plätze inklusive Garderobegebühr.

Loge im Parterre für 4 Pers.	K 84.—	Orchestersitz, 1. Reihe	K 14.—	Sperrsitz, I. Galerie 1. Reihe	
Balkon-Loge Nr. 9 f. 6 Pers.	„ 50.—	Orchestersitz, 2. Reihe	„ 12.—	Mitte und Seite	K 6.—
„ Nr. 8 f. 5 „	„ 42.—	Sperrsitz i. Parkett 1. bis 8. R.	„ 10.—	Sperrsitz, I. Gal. 2. u. 3. R. Mitt.	„ 3.—
„ für 4 Personen	„ 34.—	„ „ 9. „ 15. R.	„ 7.—	Sperrsitz, I. Galerie 4. bis 6. R.	„ 2.60
Loge i. I. Rang Nr. 9 f. 6 Pers.	„ 38.—	i. Parterre 1. u. 2. R.	„ 6.—	„ I. Galerie 7. „ 11. R.	„ 2.20
Loge i. I. Rang Nr. 8 f. 5 Pers.	„ 32.—	„ „ 3. u. 4. R.	„ 5.—	„ Galerie 2. R. Seite	„ 2.50
Loge im I. Rang für 4 Pers.	„ 26.—	am Balkon, 1. Reihe	„ 10.—	Eintritt ins Parterre	„ 2.—
Loge im II. Rang für 4 Pers.	„ 18.—	„ „ 2. u. 5. R.	„ 7.—	„ „ (ermäßigt)	„ —.—
Logensitz	„ —.—	„ „ 6. u. 9. R.	„ 6.—	Galerie-Eintritt	„ 1.—

Blockkarten ungiltig.   Sämtliche Ermäßigungen **ungiltig.**

=== Freier Eintritt gänzlich aufgehoben. ===

Kassa-Eröffnung 7 Uhr.   **Anfang halb 8 Uhr.**   **Ende ¼10 Uhr.**

Donnerstag den 17. Mai 1906, 231. Abonnements-Vorstellung, III. Serie, gelbe Karten.
Gastspiel der Mad. Gemma Bellincioni. La Traviata, Oper in 4 Akten von Giuseppe Verdi.

Plakat zur SALOME-Premiere, Graz 1906

bescheidenem Maße für die Förderung des musikalischen Nachwuchses eintreten zu können, ist die 'Gesellschaft der Musikfreunde zu Donaueschingen' dem Gedanken näher getreten, durch eine musikalische Sonderveranstaltung, die dem Schaffen ausschließlich noch unbekannter oder umstrittener schöpferischer musikalischer Talente gewidmet sein soll, den Jungen den Weg zur Öffentlichkeit ebnen zu helfen. [...] Als Leitsatz galt, durchaus unparteiisch und unbeeinflußt die Auslese aus den Eingängen vorzunehmen. Maßgebend für die Aufnahme in das Programm waren allein der innere Gehalt der Werke, die Stärke der künstlerischen Schöpferkraft, gleichviel aus welchem Boden der Tondichter seine Kräfte gezogen hat, gleichviel welcher Sprache er sich zum Ausdruck seines Fühlens bedient.«[23] Im ersten Jahr erklangen dort Kompositionen von Alois Hába, Wilhelm Grosz, Ernst Krenek, Franz Philipp, Karl Horwitz, Arthur Willner, Philipp Jarnach, Rudolf Peters, Alban Berg, Paul Hindemith; im Roman waren es »in Verbindung mit Hans Platners berühmtem Marionettentheater, alle fünf Stücke der Gesta Romanorum – ein das Gemüt zwischen frommer Rührung und Gelächter, wie nie zuvor hin und her reißendes Erlebnis.« (VI, 516)

Nun – solche und zahllose andere, mehr oder weniger enge Bezüge zur musikalischen Realität sind für den Musikhistoriker nicht ohne Reiz. Es ließen sich noch eine Reihe konkreter Beispiele oder Annäherungen an »Musik um Adrian Leverkühn« finden.

Dazu sei auch die musikalische Tradition betrachtet, in der Leverkühn stand. Wenn wir die Namen aller Komponisten betrachten, die im Roman genannt werden, dann ergibt sich keineswegs, wie Gunilla Bergsten in ihrem grundlegenden Buch zum FAUSTUS meint, ein objektiver

Abriß der Musikgeschichte[24] – dazu erscheinen allzu viele bedeutende Meister, allzu viele Epochen und Gattungen überhaupt nicht. Es ist Thomas Mann keineswegs um historische Ausgewogenheit gegangen, sondern um eine ganz subjektive Darstellung. Unter den rund 80 Komponisten, die im FAUSTUS genannt werden, lassen sich vier Gruppen bilden: Die erste enthält solche Namen, die nur peripher, im Zusammenhang mit musikalischen Veranstaltungen erscheinen, z.B. Ariosti, Borodin, Burck, Buxtehude usw. Sie gehören zwar atmosphärisch in die Erzählung (etwa wenn über Zeitbloms Repertoire als Viola-d'amore-Spieler berichtet wird) oder geben ein gewisses Kolorit zu beschriebenen Konzertveranstaltungen. Aber im Grunde bleiben sie austauschbar. Eine andere, ebenfalls unwesentliche Gruppe betrifft Violinmeister und steht im Zusammenhang mit Leverkühns Studien für Rudi Schwerdtfegers Violinkonzert (etwa Bériot, Delius, Vieuxtemps, Wieniawski). Die dritte Gruppe sind Komponisten, die im Roman mehrfach erwähnt werden und für Leverkühns musikalische Bildung von Anfang an wesentlich waren oder durch bestimmte Begegnungen wichtig wurden: Palestrina, Händel, Haydn, Mozart (im Teufelsgespräch insbesondere Kierkegaards Don Giovanni-Deutung), Schubert, Schumann, Chopin, Berlioz, Bruckner, Tschaikowsky, Mahler, Hugo Wolf oder als älterer Meister Monteverdi. Als vierte, kleinste Gruppe schließlich bleiben Bach, Beethoven, Wagner und Brahms. Das sind die entscheidenden. Sie nehmen als direkte Ahnherren von Leverkühns Musik und als zentrale Figuren in seinem musikalischen Denken den äußerlich wie ideell größten Raum im Roman ein. Bach und Beethoven, und zwar das Verhältnis von polyphonem und homophonem Geist in ihrem Werk, beherrschen ja schon die Unterweisung durch Kretzschmar. Wagner und Brahms werden, jeder auf seine Weise, als geistige Väter Leverkühns und Vorboten einer neuen Musiksprache gesehen. Diese vier Namen stehen denn auch im Mittelpunkt der Gespräche über Musik.

Diese Reihe von prägenden Vorbildern ist bezeichnend. Sie zeigt ein klar umrissenes Traditionsverständnis, in dem Leverkühn zu sehen ist, das der deutschromantischen Haltung. Damit ist nicht nur eine Frage des Repertoires gemeint, sondern auch eine Wertung: Die Linie Bach – Beethoven (besonders das Spätwerk) – Brahms und Wagner bezeichnet höchstes kompositorisches Niveau. Andere Arten von Musik (man denke nur – um ganz unterschiedliche Namen zu nennen, die doch innerhalb ihrer nationalen Tradition maßgeblich waren – an Meister wie Verdi, Berlioz, Purcell oder Mussorgskij) erfüllten demgegenüber nicht die Bedingungen »ganz großer« Kunst. Musik, so lautet das ästhetische Credo, hat dann die höchste Qualität, wenn sie polyphon oder thematisch-motivisch gearbeitet ist. Das ist genau die Musikanschauung der Wiener Schule; und wenn nicht noch im weiteren Verlauf von Leverkühns Schaffen so überdeutliche Verwandtschaften mit Schönberg, Berg und Webern zutage träten – allein dies Traditionsverständnis machte ihn zu einem der Ihren.

Man hat immer wieder versucht, diesen besonderen Bildungsweg Leverkühns mit demjenigen bestimmter realer Komponisten in Verbindung zu bringen. Mehrere prominente Vorbilder für den Privatunterricht und das Fehlen einer Konservatoriumsausbildung bieten sich an: Schönbergs Verhältnis zu Alexander Zemlinsky, Alban Bergs Verhältnis zu Schönberg, Strawinskys Lehrzeit bei Rimsky-Korsakow. Überhaupt haben diese drei auffallend viele Züge sowohl für Leverkühns Biographie als auch für seine geistige Physiognomie abgegeben. Die Quellen, die Thomas Mann dabei benutzen konnte, waren einerseits natürlich Bücher und Aufsätze (besonders aus Strawinskys Erinnerungen hat er viele Details übernommen), aber vor allem waren es seine Gespräche. Mehrfach berichtet er in der ENTSTEHUNG DES DOKTOR FAUSTUS und in seinen Briefen darüber. Nicht nur die großen Fragen wurden dabei besprochen, sondern Thomas Mann übernahm oftmals ganz beiläufige Dinge und Formulierungen; so stammte etwa das Wort von der »animalischen Wärme« der Musik, die man durch strenge Gesetzmäßigkeit »abkühlen« müsse, von Schönberg (Br. III, 17).

Vor allem dürfte hier wieder Adorno der wichtigste Gesprächspartner gewesen sein. Er war ja ein ungewöhnlich intimer Kenner der Neuen-Musik-»Szene« und nicht nur mit ihren sachlichen Fragen, sondern auch mit den persönlichen und ganz privaten Verhältnissen vertraut. Als ehemaligem Kompositionsschüler Alban Bergs wird ihm besonders daran gelegen gewesen sein, diesen Meister dem Dichter nahezubringen, der offenbar ein Werk wie WOZZECK früher nicht zur Kenntnis genommen hatte. So dürften für viele Eigenschaften Leverkühns – vermittelt nicht nur durch Willi Reichs Biographie, sondern auch durch Adornos persönliche Mitteilungen – die Persönlichkeit Bergs Pate gestanden haben: die große literarische Bildung, die Liebe zur französischen, englischen und russischen Kultur – ja überhaupt eine bei allem Urdeutschen erstaunliche Weltbürgerlichkeit und geistiger Kosmopolitismus; dieselbe Großzügigkeit in der undoktrinären Einstellung gegenüber anderer, zumal auch leichterer, unterhaltender Musik; schließlich auch seine »gewisse idealistische

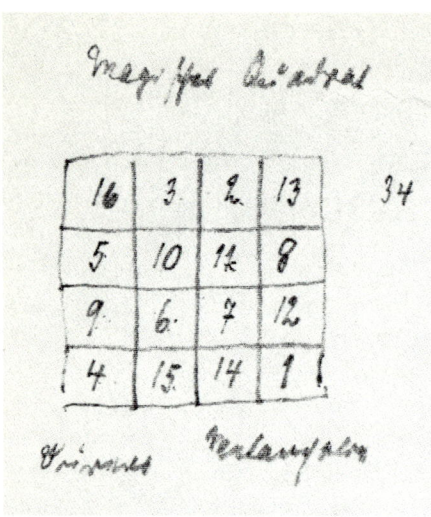

Notizblatt zu Dürers „Melencolia I" von 1514

Härte und Gleichgültigkeit gegen den Körper und seine 'Gesundheit', die er für einen recht philiströsen, um nicht zu sagen: feigen Wert erachtete«.

An Anton Webern, den anderen großen Schönberg-Schüler, den Thomas Mann wohl ebenfalls durch Adornos Erzählungen kennengelernt hatte, erinnert vor allem Leverkühns Vorliebe für jene Verbindung von Mathematik und Magie, die in Form des magischen Quadrats aus Dürers Melancholie-Stich in seinem Zimmer hing und die – eine Chiffre für das Doppelwesen der Musik – sich leitmotivisch durch den ganzen Roman zieht. (VI, 125) Webern hatte ein ähnliches Lieblingssymbol, nämlich das Palindrom SATOR AREPO TENET OPERA ROTAS, das sich in der Art eines magischen Quadrates lesen läßt.

Es hatte für Webern zentrale Bedeutung. Denn die beiden »Ideen« dieser Formel – Vertauschbarkeit der Richtungen sowie Identität von Horizontale und Vertikale – haben ihre musikalischen Entsprechungen: Einheit und Gleichwertigkeit von Melodik und Harmonie; reihenmäßige Behandlung eines Motivs. »Immer verschieden und doch immer dasselbe!

Wenn man zu dieser richtigen Auffassung der Kunst kommt, dann kann es keinen Unterschied mehr geben zwischen Wissenschaft und inspiriertem Schaffen. Je weiter man vordringt, um so identischer wird alles«, bekannte Webern.[25]

Wie viele Züge Leverkühn von Schönberg, besonders aber von Berg und auch von Webern, darüber hinaus auch von Strawinsky und anderen hat, ist häufig besprochen worden. (Andererseits fällt auf, daß bestimmte, ebenfalls wesentliche Aspekte der Musik des 20. Jahrhunderts gänzlich fehlen: etwa Béla Bartóks Rückgriff auf folkloristische Quellen oder charakteristische Züge Paul Hindemiths. Das mag ganz äußerlich daran gelegen haben, daß sie – auch im amerikanischen Exil, aber nicht in Kalifornien lebend – zu wenig in Thomas Manns Blickfeld gerieten; so werden sie in den Tagebüchern nur am Rande erwähnt.) Freilich wäre es unsinnig, alle Eigenschaften und Lebensumstände Leverkühns im einzelnen durchbuchstabieren und aus konkreten Vorbildern ableiten zu wollen. Das würde der Absicht und der Leistung Thomas Manns in keiner Weise gerecht (sonst wäre der Roman nicht mehr als eine kompilatorische Fleißarbeit), denn er hat

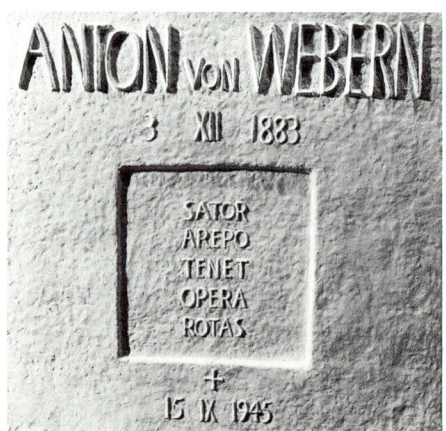

Anna Mahler: Entwurf einer Gedenktafel für Anton Webern

ja nicht schlicht kopiert, sondern – eben – montiert: Leverkühn ist nicht das Abbild einer einzelnen historischen Persönlichkeit, sondern in ihm faßt Thomas Mann verschiedenste Facetten zusammen.

In besonderer Weise sind Fiktion und Realität in Leverkühns später Kammermusik gemischt: seinem »Streichquartett« und insbesondere dem »Streichtrio«. Für beide hat vor allem Arnold Schönbergs Musik als Vorbild gedient, aber auch einzelne Anspielungen auf Alban Berg, besonders seine Lyrische Suite für Streichquartett, sind spürbar. Viele Informationen, die der Autor in seine Beschreibungen der Musik eingearbeitet hat, waren offenbar von Adorno vermittelt, andere stammten von Schönberg selbst. Da sind zunächst allgemeine Charakterisierungen , etwa: »'Ich habe', sagte Adrian, 'keine Sonate schreiben wollen, sondern einen Roman.' Diese Tendenz zur musikalischen 'Prosa' kommt auf ihre Höhe in dem »Streichquartett«, Leverkühns esoterischstem Werk vielleicht, das dem Ensemblestück [»Ensemblemusik für drei Streicher, drei Holzbläser und Klavier«: VI, 605] auf dem Fuße folgte. Wenn sonst Kammermusik den Tummelplatz thematisch-motivischer Arbeit abgibt, so ist diese hier geradezu provokatorisch vermieden. Es gibt überhaupt keine motivischen Zusammenhänge, Entwicklungen, Variationen und keine Wiederholungen; ununterbrochen, in scheinbar völlig ungebundener Weise, folgt Neues, zusammengehalten durch Ähnlichkeit des Tones oder des Klanges oder, fast mehr noch, durch Kontraste. Von überlieferten Formen nicht eine Spur. Es ist, als ob der Meister in diesem scheinbar anarchischen Stück tief Atem holte zur »Faust-Kantate«, dem Gebundensten seiner Werke. In dem Quartett hat er sich nur seinem Ohr überlassen, der inneren Logik des Einfalls. Dabei ist die Polyphonie aufs äußerste gesteigert und jede Stimme in jedem Augenblick ganz selbständig. Artikuliert wird das Ganze durch sehr deutlich gegeneinander abgesetzte Tempi, obgleich die Teile ohne Unterbrechung durchzuspielen sind.« (VI, 605 f.) Der Terminus 'musikalische Prosa' stammte von Schönberg und war auch bei seinen Schülern sehr beliebt (er bezeichnet die musikalisch »ungebundene Rede«); dem entsprach die Analogie zwischen musikalischer Form und einem 'Roman', auf die beispielsweise Alban Berg in seinen analytischen Arbeiten häufig hinwies.

Aber was Thomas Mann hier beschreibt, läßt sich in hohem Maße auch auf ein reales Vorbild beziehen, nämlich Arnold Schönbergs Streichtrio op. 45. Es war in unmittelbarer zeitlicher Nähe entstanden, nämlich im Sommer 1946. Schönberg, der die Partitur nach der Genesung von einer schweren Krankheit in einem Zuge, wie im Rausch niederschrieb, hatte Thomas Mann von »den Lebenserfahrungen erzählt, die er in die Komposition hineingeheimnist habe, deren Niederschlag das Werk gewissermaßen sei. [...] Übrigens sei die Ausführung äußerst schwierig, ja fast unmöglich, oder nur für drei Spieler von Virtuosenrang möglich, dabei aber sehr dankbar vermöge außerordentlicher Klangwirkungen. Die Verbindung 'Unmöglich, aber dankbar' nahm ich in das Kapitel von Leverkühns Kammermusik hinein.“ (XI, 290)

Im Roman lautet die entsprechende Passage: »Und vollends dann das Trio für Geige, Viola und Violoncell, das, kaum spielbar, in der Tat nur von drei Virtuosen allenfalls technisch zu bezwingen, ebenso durch seinen konstruktiven Furor, die Hirnleistung, die es darstellt, wie durch die ungeahnten Klangmischungen in Erstaunen setzt, die ein das Unerhörte begehrendes Ohr, eine

Alban Berg und Anton Webern, 20er Jahre

kombinatorische Phantasie sondergleichen den drei Instrumenten abgewonnen hat. 'Unmöglich, aber dankbar', so kennzeichnete Adrian in guter Laune das Stück. [...] Es war ein exuberantes Ineinander von Eingebungen, Forderungen, Erfüllungen und Abberufungen zur Bewältigung neuer Aufträge, ein Tumult von Problemen, die sozusagen mit ihren Lösungen hereinbrachen, – 'eine Nacht', sagte Adrian, 'in der es vor Blitzen nicht dunkel wird.'« (VI, 607)

Solche konkreten Realitätsbezüge bleiben freilich die Ausnahme. Wenn es schon unmöglich ist und (bei allem Spaß, den man dabei haben kann) müßig bleibt, Adrian Leverkühns Person und Leben letztlich zu »entschlüsseln« – wie viel mehr noch seine einzelnen Werke! Gleichwohl stellt sich, wie im Falle der späten Kammermusik, auch sonst immer wieder die Frage: Wie klänge die

beschriebene Musik; welchen bekannten Kompositionen käme sie am nächsten? Einige Werke kann man sich auf Grund klarer musikhistorischer Analogien ganz gut vorstellen: so dachte das Uraufführungspublikum beim »Meeresleuchten«, einem »Stück ausgesuchter Tonmalerei« und »koloristisch-orchestralen Könnens« mit Recht an „die Linie Debussy/Ravel" (VI, 202); so wird bei den frühen Liedern – Vertonungen alter romanischer Lyrik – ausdrücklich der Einfluß Gustav Mahlers genannt (VI, 215). Doch je mehr Leverkühn sich vom Nachahmen großer Vorbilder befreit, je mehr er seine eigene musikalische Sprache findet, desto komplexer wird die Lage. Denn »seine Sprache« – das ist nicht weniger als eine Summe wichtigster Stationen der neuen Musik. Schönbergs Persönlichkeit und Werk, vor allem aber seine theoretische Leistung, ist vielfach gegenwärtig, aber in der Anwendung der Zwölftontechnik verfährt Leverkühn eher wie Alban Berg. So basiert »Dr. Fausti Weheklag«, das letzte Werk, auf einer einzigen Zwölftonreihe, dem »Generalthema«, das den Silben des Satzes »Denn ich sterbe als ein guter und böser Christ« unterlegt ist (VI, 646). Aus diesem Material wird unter den verschiedensten Prozeduren das ganze Oratorium gestaltet. Dies nun ist genau dasselbe Verfahren, das Alban Berg in seiner letzten, unvollendeten Komposition, der Oper LULU, angewendet hat. Auch hier erscheint die Urgestalt der Reihe, ganz wie bei Leverkühn, erst in der Mitte des Werkes, auch hierzu einem Text mit zentraler Bedeutung, dem LIED DER LULU: »Wenn sich die Menschen um meinetwillen umgebracht haben, so setzt das meinen Wert nicht herab...« Damit ist allerdings vor allem etwas über die Technik von »Fausti Weheklag« gesagt; ihr ideeller Gehalt, die »Zurücknahme der Neunten

Sinfonie« läßt sich so noch nicht verstehen. Dafür läge unter anderem auch das Vorbild Mahlers nahe, insbesondere das Finale seiner Neunten und »Abschied« aus dem LIED VON DER ERDE. Dennoch, wenn man überhaupt eine Vorstellung der klanglichen Dichte und Vielfalt dieses Spätwerks gewinnen will, wird man wohl an eine Partitur wie LULU denken müssen. Aber, leichter zu belegen, auch in ganz konkreten klanglichen Einzelheiten, verfährt Leverkühn oft so wie Alban Berg, etwa wenn er Tonalität ironisierend zur Darstellung des Banalen, Unreflektierten und Platten einsetzt, dissonante Akkorde dagegen zur musikalischen Deutung des Komplizierten, Intellektuellen, Seriösen. Dies war ein Bergscher Lieblingsgedanke seit dem WOZZECK (und es war ein Lieblingsgedanke Adornos). Musikalisch fällt nicht zuletzt eine formale Parallele des »Violinkonzertes« für Rudi Schwerdtfeger mit dem Bergschen Konzert ins Auge: in beiden steht das Adagio am Schluß, »als Verklärung«.

Über Strawinsky ließe sich Ähnliches herausfinden. Sein Name erscheint – im Gegensatz zu den anderen großen Vertretern der neuen Musik, die an der »Realisierung« Leverkühns teilhatten – einmal ausdrücklich im FAUSTUS, als es nämlich um die russisch-französische Ballettradition geht, deren Hauptrepräsentanten Tschaikowsky, Ravel und eben Strawinsky seien (VI, 368). Das ist eine marginale Erwähnung, und sie macht nur deutlich, was ohnehin klar ist: daß Leverkühn und Strawinsky nicht ein und derselbe sind. (Mit den Namen der Wiener Meister war das ja nicht so einfach möglich, sonst wäre die Illusion musikhistorischer Realität tangiert und der Prioritätsstreit um die Zwölftontechnik schon in den Roman hineingenommen worden.) Aber mehr: wesentliche Züge von Strawinskys ästhetischen Anschauungen finden sich auch bei Leverkühn; so hat der folgende Abschnitt aus der POÉTIQUE MUSICALE (1939/40) manches mit Adrians Vorstellungen über das Verhältnis von schöpferischer Freiheit und Gesetz gemeinsam: »Ich brauche nur eine theoretische Freiheit. Man gebe mir etwas Begrenztes, bestimmtes, eine Materie, die meiner Arbeit insofern dienen kann, als sie im Rahmen meiner Möglichkeiten liegt. Sie bieten sich mir mit ihren Grenzen dar. Es ist an mir, ihr nun die meinigen aufzuerlegen [...] Meine Freiheit besteht also darin, mich in jenem engen Rahmen zu bewegen, den ich mir selbst für jedes meiner Vorhaben gezogen habe. Ich gehe noch weiter: meine Freiheit wird um so größer und umfassender sein, je enger ich mein Aktionsfeld abstecke und je mehr Hindernisse ich um mich aufrichte. Wer mich meines Widerstandes beraubt, beraubt mich meiner Kraft. Je mehr Zwang man sich auferlegt, um so mehr befreit man sich von den Ketten, die den Geist fesseln.«[26] Interessant genug, wie verwandt solche Formulierungen mit den Erfahrungen und Prinzipien der Schönberg-Schule wirken! Wenn auch ihre Musik grundsätzlich eine andere Sprache spricht, so waren die ästhetischen Probleme dieser Generation, eben das Verhältnis zwischen Freiheit und Zwang, offenbar ganz ähnliche. Es waren auch Leverkühns Probleme.

Ein weiteres Charakteristikum Strawinskys begegnet in Leverkühns Begriff der Parodie, wenn er etwa an Kretzschmar schreibt: »Warum muß es mir vorkommen, als ob fast alle, nein, alle Mittel und Konventionen der Kunst heute nur noch zur Parodie taugen?« (VI, 180) Und die »Gesta Romanorum«, ein Hauptwerk aus Leverkühns mittlerer Zeit, entsprechen in Orchesterbesetzung, dramaturgischer Anlage (Beteiligung des Erzählers) und musikalischer Sprache –

»eine Art von Kindertrompetenstil« (VI, 426) – deutlich der HISTOIRE DU SOLDAT. Allerdings ist hier die Strawinsky-Anleihe mit der Idee des Kleistschen Marionettentheater-Aufsatzes verbunden, und Thomas Mann hat die GESTA ROMANORUM zum Puppenspiel gemacht (VI, 516), wofür nun wiederum eine persönliche Erfahrung aus Zürich, nämlich die Marionettenaufführung 1926 von Manuel de Fallas MEISTER PEDROS PUPPENSPIEL den Anstoß gegeben haben dürfte. Abermals ein Fall von Montage.

Nun ist es keineswegs so, daß mit diesen Hauptnamen – Strawinsky, Berg, Schönberg – die ideellen Vorlagen der Leverkühnschen Musik erschöpft wären. Sicher, sie geben die wichtigsten Anhaltspunkte, und besonders Bergs Musik mochte dank Adornos Vermittlung in ihrer ganzen Haltung und in einzelnen Zügen hinter vielen Beschreibungen gestanden haben. Vieles aber bleibt dichterische Imagination, die aus ganz heterogenen Quellen, zum Teil auch aus der Phantasie gespeist ist. Da wären zum Beispiel die Vokal-Glissandi zu nennen (VI, 496) – man kann sie sich wie eine gesteigerte Form der Chorvokalisen in Ravels DAPHNIS UND CHLOE vorstellen – oder die Verwendung von Lautsprechern in der »Apokalypsis cum figuris« (VI, 501) oder der Einfluß älterer Musik, beispielsweise des wortgezeugten Ausdrucks der Madrigalisten in Leverkühns Oratorien (VI, 237).

Bedeutend sind auch die verschiedenen Bezüge zu Gustav Mahler. Abgesehen von der alten Verehrung diesem Komponisten gegenüber[27], war Thomas Mann während der Entstehungszeit des DOKTOR FAUSTUS mit Alma Mahler-Werfel freundschaftlich verbunden (im Mai 1940 beschäftigte er sich intensiv mit ihrer Mahler-Biographie) und hörte mehrfach Lieder und Symphonien. Im Roman selbst lassen sich mehrere Bezüge zu Mahler erkennen – bis hin zur These, er habe für die Teufelsgestalt als »Musikgelehrter« beim Teufelsgespräch in Palestrina Pate gestanden.[28] Ausdrücklich ist von seinem Einfluß auf Leverkühn die Rede (VI, 215). Ob jedoch mit Leverkühns Dante-Vertonungen aus dem Purgatorio und »Paradiso der Divina commedia« (VI, 215) auf Mahlers Fragment der 10. Symphonie angespielt wird, muß offenbleiben. Möglicherweise hat Thomas Mann das 1924 erschienene Faksimile gekannt, in dem neben Noten und musikalischen Bezeichnungen auch Worte erscheinen, die auf die Sphäre Teufel und Wahnsinn weisen – etwa im Scherzo: *»Der Teufel tanzt es mit mir/ Wahnsinn, fass mich an, Verfluchten!/ vernichte mich/ dass ich vergesse, dass ich bin!/ dass ich aufhöre, zu sein/ dass ich ver«* (hier bricht die Schrift ab). Oder die Seite aus den PURGATORIO – Notenskizzen mit verbalen Beischriften: *»Erbarmen!!! O Gott! O Gott! Warum hast du mich verlassen?/ Dein Wille geschehe!«*

Der tiefsinnigste Bezug auf Mahler ist aber wohl das Ende von Adrian Leverkühns letzter Komposition »Doktor Fausti Weheklag« mit jener ungeheuren, an das Finale von Mahlers 9. SYMPHONIE erinnernden Gebärde des Verstummens: »Was übrigbleibt, womit das Werk verklingt [...], ist der letzte entschwebende Laut, in Pianissimo-Fermate langsam vergehend. Dann ist nichts mehr, – Schweigen und Nacht. Aber der nachschwingend im Schweigen hängende Ton, der nicht mehr ist, dem nur die Seele noch nachlauscht, und der Ausklang der Trauer war, ist es nicht mehr, wandelt den Sinn, steht als ein Licht in der Nacht.« (VI, 651)

Lange hatte es gedauert, bis dieser Schluß stand; und wieder war es Adorno, der entscheidend geholfen hatte. Thomas Mann erinnert sich: Er »zeigte sich [...]

grämlich des Schlusses wegen, der letzten vierzig Zeilen, in denen es nach all der Finsternis um die Hoffnung, die Gnade geht und die nicht dastanden, wie sie jetzt dastehen, sondern einfach mißraten waren. Ich war zu optimistisch, zu gutmütig und direkt gewesen, hatte zu viel Licht angezündet, zu dick Trost aufgetragen.« (XI, 294) Und bei Adorno liest man später: »Ich aber war selber viel zu vertiert in der Sache, hatte mir Leverkühns Kompositionen viel zu genau ausgedacht, als daß ich in der Diskussion viel Rücksicht genommen hätte. Nachdem es mir gelungen war, dem Dichter abzuhandeln, daß wenigstens Leverkühn, wenn er schon wahnsinnig wird, das Faust-Oratorium zu Ende schreiben darf – bei Mann war es ursprünglich als Fragment geplant –, stellte sich die Frage nach dem Schluß, dem instrumentalen Nachspiel, in das unmerklich der Chorsatz übergeht. Wir hatten sie lange erwogen; eines schönen Nachmittags las mir der Dichter den Text vor. Ich rebellierte wohl ein wenig ungebührlich. Gegenüber der Gesamtanlage von 'Doktor Fausti Wehklag' nicht nur sondern des ganzen Romans fand ich die höchst belasteten Seiten zu positiv, zu ungebrochen theologisch. Ihnen schien abzugehen, was in der entscheidenden Passage gefordert war, die Gewalt bestimmter Negation als der einzig erlaubten Chiffre des Anderen.«[29]

Leverkühns Musik ist nicht nur aus zahllosen Einzelfakten zusammengetragenen, sondern auch eine Verbindung heterogener Ideen. Um nur einen konkreten Fall herauszugreifen, blenden wir uns in das zentrale Gespräch zwischen Serenus Zeitblohm und Adrian Leverkühn (22. Kapitel) ein. Es geht um Freiheit und Gesetz beim kompositorischen Schaffen – um Gefühlswärme und Formstrenge, Subjektivität und Objektivität, Seele und Verstand, »Stallwärme« und Abkühlung,

kurz eben: um das Verhältnis zwischen individuellem Ausdruck und dem Gesetz, an dem jede Freiheit sich bewähren muß: »›Es ist doch immer die Hoffnung auf die Entbindung produktiver Kräfte, um deretwillen Freiheit erobert wird!‹« – so beginnt der Ich-Erzähler. Und dann Adrian Leverkühn: »›Wahr; [...] und sie leistet auch eine Weile, was man sich von ihr versprach. Aber Freiheit ist ja ein anderes Wort für Subjektivität, und eines Tages hält die es nicht mehr mit sich aus, irgendwann verzweifelt sie an der Möglichkeit, von sich aus schöpferisch zu sein, und sucht Schutz und Sicherheit beim Objektiven. Die Freiheit neigt immer zum dialektischen Umschlag. Sie erkennt sich selbst sehr bald in der Gebundenheit, erfüllt sich in der Unterordnung unter Gesetz, Regel, Zwang, System – erfüllt sich darin, das will sagen: hört darum nicht auf, Freiheit zu sein.‹ ›Ihrer Meinung nach, [...] Soviel sie weiß! Aber in Wirklichkeit ist sie doch dann nicht Freiheit mehr, sowenig wie die aus der Revolution geborene Diktatur noch Freiheit ist.‹ ›Bist du dessen sicher? [...] Übrigens ist das ein politisch Lied. In der Kunst jedenfalls verschränken das Subjektive und Objektive sich bis zur Ununterscheidbarkeit, eines geht aus dem anderen hervor und nimmt den Charakter des anderen an, das Subjektive schlägt sich als Objektives nieder und wird durch das Genie wieder zur Spontaneität erweckt, – 'dynamisiert', wie wir sagen; es redet auf einmal die Sprache des Subjektiven. Die heute zerstörten musikalischen Konventionen waren nicht allezeit gar so objektiv, so äußerlich auferlegt. Sie waren Verfestigungen lebendiger Erfahrungen und erfüllten als solche lange eine Aufgabe von vitaler Wichtigkeit: die Aufgabe der Organisation. Organisation ist alles. Ohne sie gibt es überhaupt nichts, am wenigsten Kunst. Und nun war es die

Thomas Mann: Manuskript zum DOKTOR FAUSTUS, 22. Kapitel

ästhetische Subjektivität, die sich der Aufgabe annahm; sie machte sich anheischig, das Werk aus sich heraus, in Freiheit, zu organisieren.‹ ›Du denkst an Beethoven.‹ ›An ihn und an das technische Prinzip, durch das die herrische Subjektivität sich der musikalischen Organisation bemächtigte, also die Durchführung. Die Durchführung war ein kleiner Teil der Sonate gewesen, eine bescheidene Freistatt subjektiver Beleuchtung und Dynamik. Mit Beethoven wird sie universell, wird zum Zentrum der gesamten Form, die, auch wo sie als Konvention vorgegeben bleibt, vom Subjektiven absorbiert und in Freiheit neu erzeugt wird. Die Variation, also etwas Archaisches, ein Residuum, wird zum Mittel spontaner Neuschöpfung der Form. Die variative Durchführung breitet sich über die ganze Sonate aus. Sie tut das bei Brahms, als thematische Arbeit, noch durchgreifender und umfassender. Nimm ihn als Beispiel dafür, wie Subjektivität in Objektivität sich wandelt! Bei ihm entäußert sich die Musik aller konventioneller Floskeln, Formeln und Rückstände und erzeugt sozusagen die Einheit des Werks jeden Augenblick neu, aus Freiheit. Aber gerade damit wird die Freiheit zum Prinzip allseitiger Ökonomie, das der Musik nichts Zufälliges läßt und noch die äußerste Mannigfaltigkeit aus identisch festgehaltenen Materialien entwickelt. Wo es nichts Unthematisches mehr gibt, nichts, was sich nicht als Ableitung eines immer Gleichen ausweisen könnte, da läßt sich kaum noch von freiem Satze sprechen...‹ ›Aber auch nicht von strengem im alten

VIER STUDIEN NACH H-E-A-E-E-S. DEM ANDENKEN ADRIAN LEVERKÜHNS von Albert Moeschinger, gewidmet Thomas Mann, 1948

Arnold Schönberg um 1948

Sinn.‹ ›Alt oder neu, ich werde dir sagen, was ich unter strengem Satz verstehe. Ich meine damit die vollständige Integrierung aller musikalischer Dimensionen, ihre Indifferenz gegeneinander kraft vollkommener Organisation.‹ ›Siehst du einen Weg dazu?‹ ›Weißt du […], wo ich einem strengen Satz am nächsten war? Einmal im Brentano-Cyklus, […] in O lieb Mädel. Das ist ganz aus einer Grundgestalt, einer vielfach variablen Intervallreihe, den fünf Tönen h-e-a-e-es abgeleitet, Horizontale und Vertikale sind davon bestimmt und beherrscht, soweit das eben bei einem Grundmotiv von so beschränkter Notenzahl möglich ist...‹« (VI, 253 ff.)

Und dann entwickelt Adrian Leverkühn sein System der Arbeit mit Grundgestalten, d.h. der Bildung von Reihen und deren unterschiedlichen Kombinationsmöglichkeiten – eine Vorform der späteren Zwölftontechnik. Er wendet es an auf die Tonfolge h-e-a-e-es, die er aus

jenem Namen *Hetaera esmeralda* abgeleitet hatte (ein Verfahren, das Thomas Mann wiederum aus Willi Reichs Alban Berg-Buch kannte).[30]

Mehrfach hat es Komponisten gereizt, die von Thomas Mann beschriebene Musik Leverkühns zum Klingen zu bringen oder sich von den Ideen zu eigenen, weiterführenden Deutungen anregen zu lassen. So hat gerade das *Hetaera-esmeralda*-Motiv – nicht wohl zuletzt wegen seiner Begrenztheit der musikalischen Möglichkeiten, die Leverkühn selbst eingesehen hatte – schon 1948 den Schweizer Komponisten Albert Moeschinger (1897-1985) veranlaßt, VIER STUDIEN NACH H-E-A-E-ES (DEM ANDENKEN ADRIAN LEVERKÜHNS) zu schreiben und Thomas Mann zu widmen.[31]

Es gibt auch eine Reihe neuerer Versuche, die im Roman beschriebene Musik Leverkühns auf eigene Weise zu realisieren – etwa von Konrad Böhmer, Otto Brusatti, Frank Michael Beyer, Giacomo Manzoni und anderen. Der Komponist der Filmmusik zur FAUSTUS-Verfilmung, Rolf Wilhelm, schrieb eine Musik unter Verwendung von Vorlagen Benjamin Brittens[32], Karl-Wieland Kurz bezog sich indirekt auf Leverkühns »Apocalipsis cum figuris«.[33] An der Lübecker Musikhochschule wurden im Zusammenhang mit einer Ausstellung anläßlich der Eröffnung des Heinrich-und-Thomas-Mann-Zentrums im Buddenbrookhaus (Mai 1993) zwei Vertonungen des Brentano-LIEBES MÄDEL, ACH MÄDEL, WIE SCHLECHT BIST DU (von Reso Kiknadze und Marc-Aurel Floros) vorgestellt. Hier ist ein weites Feld, das sicherlich noch manchen Musiker reizen wird.

Schließlich ist zu erwähnen, wodurch der DOKTOR FAUSTUS eine traurige Berühmtheit erlangte: durch die Kontroverse mit Arnold Schönberg. Vorhin wurde gesagt, Leverkühns Musik sei eine Summe wichtigster Stationen der neuen Musik – nicht nur aus zusammengetragenen Einzelfakten, sondern auch aus gegenläufigen Ideen.

Hätte man diese Tatsache von Anfang an bedacht, nämlich daß Thomas Mann in der Figur Leverkühns trotz aller Verschlüsselungen und Realisierungsbemühungen kein bestimmtes Einzelporträt, sondern eben eine Summe – gewissermaßen die personifizierte Idee der neuen Tonkunst – dargestellt hat, dann hätte jenes unselige und peinvolle Mißverständnis gar nicht aufkommen können, das die Diskussionen um den Roman in den ersten Jahren begleitete – ein Mißverständnis, mit dem man meinte, den DOKTOR FAUSTUS wie einst BUDDENBROOKS als Schlüsselroman lesen und in Adrian niemand anderen als Schönberg erkennen zu müssen. Den Anlaß dazu gaben natürlich die musiktheoretischen Ausführungen über den strengen Satz, über den Begriff des musikalischen Materials und seiner linearen und akkordischen Identität, schließlich die daraus entwickelte Reihentechnik – alles in der Tat Schönbergsche Gedanken. Der Meister selbst und seine Vertrauten empfanden es als geistigen Diebstahl, und Thomas Mann fügte dem Roman in den späteren Auflagen – »ein wenig gegen meine Überzeugung«, wie er zugab (XI, 168), aber aus menschlicher Rücksichtnahme – jene berühmte Nachbemerkung, die alle Leser seit der zweiten Auflage kennen: »Es scheint nicht überflüssig, den Leser zu verständigen, daß die im XXII. Kapitel dargestellte Kompositionsart, Zwölf Ton- oder Reihentechnik genannt, in Wahrheit das geistige Eigentum eines zeitgenössischen Komponisten und Theoretikers, Arnold Schönbergs, ist und von mir in bestimmtem ideellem Zusammenhang

auf eine frei erfundene Musikerpersönlichkeit, den tragischen Helden meines Romans, übertragen wurde. Überhaupt sind die musiktheoretischen Teile des Buches in manchen Einzelheiten der Schönbergschen Harmonielehre verpflichtet.«

Aus späterer Sicht, seit Schönbergs überragende Bedeutung für die Musik des 20. Jahrhunderts allgemein bekannt wurde, ist die Affäre kaum mehr nachvollziehbar. Mit Kopfschütteln und Rührung nimmt man heute seine aus ängstlicher Naivität und borniertem Zorn gemischten Äußerungen zur Kenntnis. Sie sind nur aus einer völligen Überreiztheit eines Mannes zu erklären, der sich – sein Leben lang meist verkannt, in einer Situation existentieller Unsicherheit und seelischer Bedrückung – nun auch seines geistigen Eigentums beraubt und mit dem Teufel in Verbindung gebracht sah (»die Nähe der Sterilität, die eingeborene und zum Teufelspakt prädisponierende Verzweiflung«: XI, 187). Eine eingehende Deutung, die vom Begriff der Intoxikation, der ansteckenden Vergiftung, ausgeht (in dem für Schönberg auch der alte antisemitische Vorwurf des Vergiftens mitgeschwungen habe) und dazu das prekäre Verhältnis Schönbergs zu Adorno analysiert, wurde kürzlich von Walter Levin vorgelegt.[34]

Wir müssen das hier nicht weiter ausführen. Thomas Mann hat sich in dieser Affäre von Anfang bis zum Schluß menschlich verständnisvoll und nobel gezeigt: »Wollen Sie durchaus mein Feind sein, es wird Ihnen nicht gelingen, mich zu dem Ihren zu machen«, schrieb er an Schönberg (Br, III, 122), und diese Haltung trug letztlich den Sieg davon. Beide beschlossen, zunächst untereinander, später auch öffentlich den Streit zu begraben. Dazu kam es durch Schönbergs Tod nicht mehr.

So unangemessen, so unnötig und menschlich traurig dieses Nachspiel nach dem Erscheinen des DOKTOR FAUSTUS bleibt – es zeigt doch deutlich, in welch starkem Maße Thomas Mann das gelungen war, was er sich vorgesetzt hatte, nämlich »das Lebenswerk eines bedeutenden Komponisten aufzubauen, so, daß es wirklich schien, daß man es hörte, daß man daran *glaubte*.« (XI, 171)

ARNOLD SCHOENBERG
116 N. ROCKINGHAM AVENUE
— LOS ANGELES, CALIF.
Phone ARizona 35077

2⅔ Februar 1948

Lieber Dr Mann,
herzlichsten Dank für Ihren Brief.
Ich bin über diese Lösung sehr erfreut,
obwohl ich immer davon überzeugt war, das
es mir gelingen werde, Ihnen meine Ge-
fährdung deutlich genug darzustellen.

Mein synthetischer Hugo Triebsamen,
den ich aus Hugo Riemann und Dr Rub-
samen hergestellt hatte ist vielleicht eine
Drohung in der näheren Zukunft, nicht
vielleicht erst im Jahr 2048. Ich kann
das belegen, aus Druckwerken. Denn
wie ich in einem kleinen Artikel vor
einigen Monaten geschrieben habe; ---das
Bedürfnis der Urheber meiner Ideen zu
sein, ist so bedrängend, dass sehr bald jeder
es sein wird, ausgenommen ich.

Meine Situation ist ungewöhnlich
im Vergleich zu anderen Neuerern. Den
Deutschen bin ich Jude, den Romanen
Deutscher, den Kommunisten bin ich
Bourgeois und die Juden sind für
Hindemith und Strawinsky. Im Ver-
gleich dazu sind die gewöhnlichen Ursachen
der Schwerfaßlichkeit unbedeutend, weil
jene nicht einmal auf soviel Sachlichkeit
bauten wie diese.
Ich weiss, dass ich nur auf Nachruhm
rechnen darf und den sollte ich nicht
noch verteidigen müssen.
Herzlichsten Dank. Ich bin froh, das
ich mich nicht in Ihnen getäuscht habe
Mit vielen herzlichsten Grüßen,
Ihr
Arnold Schönberg

Brief Schönbergs an Thomas Mann vom 25. Februar 1948

[1] Der Text geht zurück auf den Katalog der Kabinett-Ausstellung ADRIAN LEVERKÜHN (1885-1940) – EIN DEUTSCHER KOMPONIST IN DER DARSTELLUNG THOMAS MANNS – DICHTUNG UND WIRKLICHKEIT, die zur Eröffnung des Heinrich-und-Thomas-Mann-Zentrums im Buddenbrookhaus gezeigt wurde (Lübeck 1993). Er bildete zugleich die Grundlage für mündliche Vorträge (u.a. auf einem Kolloquium im Januar 1994 anläßlich der Emeritierung von Prof. Dr. Dr. h.c. Eckard Heftrich an der Universität Münster) und einen Beitrag im Programm DIE MUSIKALISCHE WELT DES ADRIAN LEVERKÜHN. EIN PROJEKT ZUM FAUSTUS-ROMAN VON THOMAS MANN (Konzerthaus Berlin 1996/97). Copyright Volker Scherliess.

[2] Fiamma Nicolodi (Hg.): OMAGGIO A LUIGI DALLAPICCOLA, Ausstellungskatalog, Firenze 1975, S. 34.

[3] Faksimile in: Nuria Nono-Schoenberg (Hg.): ARNOLD SCHÖNBERG. LEBENSGESCHICHTE IN BEGEGNUNGEN, Klagenfurt 1992, S. 414.

[4] Eine weitere Parallele, die in der Literatur gesehen wird, zu Hugo Wolf nämlich, wurde Thomas Mann erst später bewußt (vgl. XI, 296).

[5] Harald Wehrmann: »DER ROMAN PRAKTIZIERT DIE MUSIK, VON DER ER HANDELT«. ÜBER DEN VERSUCH THOMAS MANNS, SEINEM ROMAN »DOKTOR FAUSTUS« EINE DODEKAPHONISCHE STRUKTUR ZU GEBEN. In: Die Musikforschung 1993, S. 5-16

[6] Michael Saffle: »MUSIC AS TEXT/TEXT AS MUSIC« – BEETHOVEN'S OP. 111 SONATA AND MANN'S DOKTOR FAUSTUS, Referat auf dem Internationalen Kongreß der Gesellschaft für Musikforschung, Freiburg/Breisgau 1993 (im Druck).

[7] Eine Liste der Quellen findet sich bei Lieselotte Voss: DIE ENTSTEHUNG VON THOMAS MANNS ROMAN »DOKTOR FAUSTUS«. DARGESTELLT ANHAND VON UNVERÖFFENTLICHTEN VORARBEITEN. Tübingen 1975, S. 259 ff.

[8] Mit ihm und seiner Familie pflegte Thomas Mann seit den Münchner Jahren freundschaftliche Beziehungen. »Wirklich ist er ein Dirigent ersten Ranges, ein musikalisches Ingenium von großer Gewalt und Innigkeit. Aufgewachsen unter Mahler in Wien, dessen Büste von Rodin sein Arbeitszimmer schmückt, und dem er einen glühenden Erinnerungs- und Freundschaftskultus weiht, ist er wohl eine weichere, weniger steile und cäsarische Natur als sein Meister, aber sein Verhältnis zur Kunst ist von derselben frommen und leidenschaftlichen Unbedingtheit, die das Leben Mahlers kennzeichnete, und dem symphonischen Ringen dieses tragischen Religiosen mit dem Genius ist er ein unvergleichlicher Interpret.« (BRIEF AUS DEUTSCHLAND, 1923: XIII, 281/2)

[9] Igor Strawinsky: LEBEN UND WERK (ERINNERUNGEN, MUSIKALISCHE POETIK, ANTWORT AUF 35 FRAGEN). Zürich/Mainz 1957, S. 17.

[10] Willi Reich: ALBAN BERG. MIT BERGS EIGENEN SCHRIFTEN UND BEITRÄGEN VON THEODOR WIESENGRUND-ADORNO UND ERNST KRENEK, Wien/Leipzig/Zürich 1937, S. 9. Vgl.: Rolf Tiedemann, »MITDICHTENDE EINFÜHLUNG«. ADORNOS BEITRÄGE ZUM DOKTOR FAUSTUS – NOCH EINMAL. in: Frankfurter Adorno Blätter I. München (text + kritik) 1992, S. 9-33.

[11] Ulrich Krämer: SCHÖNBERGS KONTRAPUNKTLEHRE, Kongreß der Internationalen Schönberg-Gesellschaft Duisburg 1993 (Manuskript).

[12] Joachim Kaiser: THOMAS MANN, DIE MUSIK UND WAGNER, in: BEZIEHUNGSZAUBER. München 1988, S. 21.

[13] Bernhold Schmid: ALFRED EINSTEIN IM BRIEFWECHSEL MIT THOMAS MANN, in: Musik in Bayern (Halbjahresschrift der Gesellschaft für Bayerische Musikgeschichte), Heft 46, 1993, S. 5-16.

[14] Schreiben vom 29.5.1948 an den Verlag J.C.B. Mohr (Paul Siebeck). Nach einem (undatierten) Verlagsprospekt.

[15] Vgl. etwa Voss sowie Gunilla Bergsten: THOMAS MANNS DOKTOR FAUSTUS. UNTERSUCHUNGEN ZU DEN QUELLEN UND ZUR STRUKTUR DES ROMANS. 2. Auflage Tübingen 1974 .- Lieselotte Voss: DIE ENTSTEHUNG VON THOMAS MANNS ROMAN »DOKTOR FAUSTUS«. DARGESTELLT ANHAND VON UNVERÖFFENTLICHTEN VORARBEITEN. Tübingen 1975.

[16] Vgl. Hans Wysling und Marianne Eich-Fischer (Hg.): SELBSTKOMMENTARE: »DOKTOR FAUSTUS« und »DIE ENTSTEHUNG DES DOKTOR FAUSTUS«, Frankfurt am Main 1992, S. 370.

[17] Vgl. etwa Thomas Mann an Jonas Lesser, 15.10.1951.

[18] Tiedemann, S. 9-33.

[19] Alma Mahler: ERINNERUNGEN AN GUSTAV MAHLER. Frankfurt am Main/Berlin/Wien 1971, S. 124 f.

[20] Vgl. Reich, S. 8.

[21] Stefan Zweig: DIE WELT VON GESTERN, Frankfurt am Main 1970, S. 425.

[22] Vgl. Eckhard Heftrich: LEVERKÜHN AUF DER REISE NACH PREßBURG ODER: HITLER IN GRAZ, in: Vom Verfall zur Apokalypse. Thomas Mann-Studien 2. Band, S. 173 ff.

[23] Programm der Donaueschinger Kammermusik-Aufführungen zur Förderung zeitgenössischer Tonkunst 1921.

[24] Bergsten, S. 93 f.

[25] Anton Webern: WEGE ZUR NEUEN MUSIK. Wien 1960, S. 60 f.

[26] Igor Strawinsky: LEBEN UND WERK (ERINNERUNGEN, MUSIKALISCHE POETIK, ANTWORT AUF 35 FRAGEN), Zürich/Mainz 1957, S. 202 f.

[27] Thomas Mann sah in Mahler denjenigen, »in dem sich der ernsteste und höchste künstlerische Wille unserer Zeit verkörpert« (Brief nach der Uraufführung der 8. Symphonie am 9. September 1910) und beschäftigte sich, angeregt nicht zuletzt durch Bruno Walter, mehrfach mit ihm. Dabei verehrte er ihn nicht nur als Komponisten, sondern war von der ganzen Persönlichkeit dieses »Leistungsethikers« fasziniert. Für die Novelle DER TOD IN VENEDIG (1912) entschloß er sich, dem Schriftsteller Gustav von Aschenbach »die leidenschaftlich strengen Züge der mir vertrauten Künstlerfigur zu geben« (ON MYSELF, XIII, 149).

[28] Vgl. Michael Maar: DER KALTE SCHATTEN GROSSER MÄNNER. ÜBER DEN TEUFEL IN THOMAS MANNS DOKTOR FAUSTUS, in: Frankfurter Allgemeine Zeitung 13. 6. 1992, Beilage.

[29] Theodor W. Adorno: ZU EINEM PORTRÄT THOMAS MANNS, in: Notizen zur Literatur III. Frankfurt am Main 1965, S. 26 f.

[30] Vgl. Tiedemann, S. 13.

[31] Vgl. Hans Oesch: ALBERT MOESCHINGERS BRIEFWECHSEL MIT THOMAS MANN, in: Schweizerische Musikzeitung 1972, S. 3-11.

[32] »Um diese Worte dem Betrachter des Films so verständlch und suggestiv wie möglich zu Gehör zu bringen, entschloß ich mich, die von Thomas Mann bereits bei der APOKALYPSE vorgeschriebene Chorbehandlung anzuwenden. Ich applizierte die Texte, mythisch und teilweise auf bestimmte Tonhöhen fixiert, auf eine beschwörende Stelle aus Benjamin Brittens SINFONIA DA REQUIEM, Opus 20, 1. Satz. Damit ist meines Erachtens die kompositorische Einheit beibehalten und ein wesentliches, von Thomas Mann erdachtes, kühn seiner Zeit vorauseilendes und sicherlich eindrucksvolles Kompositionsmerkmal in die Filmmusik mit eingebracht.« (Rolf Wilhelm: MUSIK VON KAISERSASCHERN, in: DOKTOR FAUSTUS. EIN FILM VON FRANZ SEITZ NACH DEM ROMAN VON THOMAS MANN. Frankfurt am Main 1982, S.145).

[33] APOCALIPSIS SINE FIGURIS. NACHLASS EINES ORATORIUMS FÜR 4 SPRECHER, COUNTERTENOR, TENOR, BARITON, BASS, 4 AD HOC-SPIELER-VOKALISTEN, CONCERT-ART-PERFORMER, SAALBLECH, 3 DIRIGENTEN, TONBÄNDER UND ORCHESTER, 1985-87, Uraufführung Frankfurt am Main 1988.

[34] Walter Levin: ADORNOS ZWEI STÜCKE FÜR STREICHQUARTETT OP. 2 (UND GEDANKEN ZUM GESTÖRTEN VERHÄLTNIS SCHÖNBERG/ADORNO), in: Theodor W. Adorno – Der Komponist (= Musik-Konzepte 63/64), München (text + kritik) 1989, S. 74-99.

Christoph Schwöbel

„…alles ist und geschieht in Gott, besonders auch der Abfall von ihm…"

Theologisches in Thomas Manns DOKTOR FAUSTUS

1. Nicht auflösbare Mehrdimensionalität

DOKTOR FAUSTUS ist ein mehrdimensionales Kunstwerk. Verschiedene, in sich durchaus selbständige Dimensionen sind zu einem Kontinuum verwoben, das durch seine Mehrdimensionalität aus unterschiedlichen Perspektiven gelesen werden kann. Jede dieser Lesarten greift eine der Dimensionen heraus und stellt sie in den Vordergrund, ohne daß sie ganz aus ihrem Zusammenhang mit den anderen Dimensionen herausgelöst werden könnte. Es läßt sich nicht im Voraus entscheiden, welche Dimension die grundlegende ist. Unterschiedliche Interpretationen können nur versuchsweise mal die eine, mal die andere Dimension in den Vordergrund stellen und aus der jeweiligen Perspektive die multidimensionale Einheit des Romans erschließen. Keine dieser Interpretationen kann eine abschließende Deutung des Romans geben, weil jede der Dimensionen mit den anderen unverbrüchlich verbunden ist. Die Multidimensionalität läßt sich nicht dadurch auflösen, daß eine der Dimensionen als die für die *intentio auctoris* grundlegende behauptet wird. In allen Äußerungen Manns über den Faustus finden wir die gleiche Mehrdimensionalität. Die Mehrdimensionalität kann aber auch kaum von der Seite der Leser und Leserinnen her aufgehoben werden. Zwar ist die Aufmerksamkeit der Lesenden immer durch spezifische, zu ihrer Rezeptionsper-spektive hinzugehörige Schwerpunktsetzungen gekennzeichnet. Jedoch kehrt auch in der Rezeption die Multidimensionalität wieder, da kaum vorgestellt werden kann, daß der Roman als ganzer aus einer einzigen Rezeptionsperspektive wirklich gelesen werden kann. Die Multidimensionalität erscheint als eine vom Autor für die Lesenden intendierte und von den Lesenden unausweichlich zu rezipierende konzipiert zu sein. Der Versuch einer Reduktion dieser Komplexität hat die faktische Nicht-Lesbarkeit zur Folge.

Versuchen wir, einige der Hauptdimensionen zu benennen, lassen sich zumindest vier identifizieren. Ihre Reihenfolge läßt sich variieren und in den einzelnen Teilen des Romans steht bald die eine, bald die andere mehr im Vordergrund, abhängig von den jeweiligen Konstellationen, die von Mann hergestellt werden. Da ist zunächst der DOKTOR FAUSTUS als Nietzsche-Roman. Mann selbst bemerkte in der ENTSTEHUNG DES DOKTOR FAUSTUS, daß »so viel 'Nietzsche' in dem Roman ist, so viel, daß man ihn geradezu einen Nietzsche-Roman genannt hat« (IX, 166), und weist als wichtigsten Beleg darauf hin, daß Nietzsches »Name wohlweislich in dem ganzen Buch nicht erscheint, eben weil der euphorische Musiker an seine Stelle gesetzt ist, so daß es ihn von nun nicht mehr geben darf« (IX, 165). Die »Verflechtung der Tragödie Leverkühns mit derjenige Nietzsche's« (ebd.) ist ein intendierte Zusammenstellung, die Mann als Interpret seines Romans den Lesenden näherbringen will, indem er auf die Zitate aus der realen Biographie Nietzsches in dem fiktionalen »Leben des deutschen Tonsetzers Adrian Leverkühn« hinweist: »...die wörtliche Übernahme von Nietzsche's Kölner Bordell-Erlebnis und seiner Krankheitssymptomatik, die Ecce-Homo-Zitate des Teufels...« (IX, 165f.)

Zweitens wäre auf den DOKTOR FAUSTUS als Musik-Roman zu verweisen. Die Musik des Tonsetzers gehört nicht allein zum Kontext der Lebensgeschichte Adrian Leverkühns, sondern zum Text des Romans. Mann importiert ein anderes Zeichensystem als das der Sprache, das er dann aber wiederum in sprachlichen Mitteln vorstellen muß. Auch hier handelt es sich um eine Übernahme aus der »realen« Welt der Musiktheorie und -praxis in die fiktionale Welt des Romans. Diese Übernahme wirft Eigentumsfragen auf. Wem »gehört« die Kompositionstechnik Leverkühns? Eine (Teil-)Antwort auf diese Frage gibt die dem Roman seit dem 25. – 29. Tsd. beigefügte Bemerkung: »Es scheint nicht überflüssig, den Leser zu verständigen, daß die im XXII. Kapitel dargestellte Kompositionsart, Zwölfton- oder Reihentechnik genannt, in Wahrheit das geistige Eigentum eines zeitgenössischen Komponisten und Theoretikers, Arnold Schoenbergs, ist und von mir in bestimmtem ideellen Zusammenhang auf eine frei erfundene Musikerpersönlichkeit, den tragischen Helden meins Romans übertragen wurde.«

Diese von Schönberg eingeforderte Erklärung ist allerdings nur eine Teilantwort. Sie läßt außeracht, welchen Stellenwert die Entwicklung der Kompositionskunst Leverkühns für den Roman insgesamt hat. Die von Mann mit größter musikwissenschaftlicher Genauigkeit – unter der Beratung Theodor W. Adornos – ausgearbeiteten Stadien der Geschichte von Leverkühns musikalischem Schaffen sind ein im »ideellen Zusammenhang« des Romans unverzichtbares Gestaltungselement. Der Einspruch Schönbergs weist allerdings auf eine wichtige Frage hin: Wie »real« ist die Fiktion, wenn sie Eigentumsfragen aufwirft? Wie »realistisch« ist die Inkorporation der »außerliterarischen Realität«, wenn es zumindest einem Leser, Schönberg, schwer gefallen ist, »mit Lächeln« in dem Buch »einfach ein Stück zeitgenössischer Literatur zu sehen« (IX, 685)?

Drittens kann der DOKTOR FAUSTUS als Deutschland-Roman gelesen werden. Die genaue Lokalisierung der Handlung in der Zeitgeschichte und der sorgfältig inszenierte Parallelismus der Geschichte von Leverkühns Bund mit dem Bösen und seinen Folgen mit der Geschichte dessen, was Mann als die »faschistische Intoxikation der Völker« (Brief an Albert Oppenheimer, 12. 1. 1949) und vor allem des deutschen Volkes beschrieb. Dieser Parallelismus wird im letzten Satz der Nachschrift des Romans, dem Gebet des Chronisten Serenus Zeitblom, pointiert zusammengefaßt: »Gott sei eurer armen Seele gnädig, mein Freund, mein Vaterland.« (VI, 676) Für Mann, im amerikanischen Exil schreibend, ist diese politische Dimension des Romans, so lassen sich seine selbst-kommentierenden Äußerungen interpretieren, gleichermaßen Aussage *über* Deutschland wie Anrede *an* Deutschland.

Die vierte Dimension ist in der Ausarbeitung der Geschichte Leverkühns als Faustus-Geschichte zu sehen, in der Mann, die unterschiedlichen Traditionselemente und ihre literarischen Verarbeitungen rezipierend und reinterpretierend, das Motiv des Teufelsbundes gestaltet. Der Sagen-Charakter dieser Dimension deutet darauf hin, daß sie eine andere Funktion hat als das Zitat der Nietzsche-Biographie im Roman, oder die Übertragung der zu Manns Zeit neuesten Musik- und Zeitgeschichte von der geschichtlichen Erfahrung ins Medium der literarischen Gestaltung. Wahrscheinlich ist es durchaus angemessen, in dieser Dimension das Integral der anderen Dimensionen zu sehen. Dafür gibt allein schon der Titel des Romans das entscheidende Indiz.

Es ist sicherlich möglich, noch weitere Dimensionen aufzuspüren und sie im Roman nachzuweisen. So z.B. legt die Lektüre der ENTSTEHUNG nahe, die Krankengeschichte, die Leverkühns und die Manns, als eine eigene, von der Lebens- und Leidensgeschichte Nietzsches relativ unabhängige Dimension zu betrachten. In jedem Fall wird jede Interpretation des Werkes nicht umhinkönnen, die vier Hauptdimensionen in ihrer jeweils eigenen Bedeutung und in ihrem, in unterschiedlichen Konstellationen entfalteten, Zusammenhang zu betrachten.

Wo kommt nun in alldem das Theologische vor? Zunächst fällt auf, daß in jeder der dargestellten Hauptdimensionen theologische Elemente enthalten sind. Nietzsches Biographie ist ohne dessen dauernde Auseinandersetzung mit dem Christentum nicht zu verstehen, sie ist ein entscheidendes Kontinuitätselement im Schaffen und Leiden des Künders des »Todes Gottes«. Sich auf Nietzsche zu beziehen, bedeutet, sich auf seine Auseinandersetzung mit der christlichen Theologie und ihren (von ihm behaupteten) Folgen zu beziehen. Die Darstellung des musikalischen Schaffens Leverkühns ist durch die Wahl der Stoffe seiner kompositorischen Tätigkeit und durch seine literarische Umsetzung und Kommentie-rung durch Mann geradezu durchtränkt von theologischen Motiven, kulminierend in Leverkühns letztem Werk, das zu gleichen Maßen als musikalischer wie als theologischer Versuch erscheint. Der katholische Humanist Serenus Zeitblom gestaltet seine Darstellung der Geschichte seines Freundes und seines Vaterlandes permanent als Frage nach der Vorsehung Gottes in der Biographie Leverkühns und in der Geschichte Deutschlands. Weiterhin kann das Faustus-Motiv des Teufelsbundes nur gestaltet werden, wenn es eine Gegenmacht zur Macht des Bösen gibt, die Mann als Frage nach dem wahren Schöpfer und der wahren Quelle menschlicher Kreativität gestaltet.

In allen vier Hauptdimensionen gibt es den Verweis auf religiöse und theologische Fragen. In der Tat, so scheint es, ist der Bezug aller vier Dimensionen auf religiöse Fragen eines ihrer wichtigsten Verbindungsglieder. Man könnte sogar versuchen zu belegen, daß der vier-dimensionale erzählerische Raum des DOKTOR FAUSTUS von den zitierten religiösen Symbolen und ihren theologischen Deutungen zusammengehalten wird. Es fällt auf, daß Mann die Zeichenwelt religiöser Symbole und ihre theologischen Deutungen sorgfältig vorbereitet und einführt und sie mit der Dynamik seiner Erzählung genau verbindet. Dieses würde dafür sprechen, in der theologischen Deutung religiöser Symbole eine weitere, fünfte Dimension zu sehen. Der Art und Weise der Einführung religiöser Zeichen und ihrer Funktion im Roman gilt es nun etwas genauer nachzugehen.

2. Montierte Theologie

Thomas Mann selbst hat die literarische Technik des DOKTOR FAUSTUS als Montage bezeichnet.

»Diese mich selbst fortwährend befremdende, ja bedenklich anmutende Montage-Technik gehört geradezu zur Konzeption, zur 'Idee' des Buches, sie hat zu tun mit einer seltsamen und lizenziösen seelischen Lockerung, aus der es hervorgegangen, seiner übertragenen und auch wieder baren Direktheit, seinem Charakter als Geheimwerk und Lebensbeichte, der die Vorstellung seines öffentlichen Daseins überhaupt von mir fernhielt, solange ich daran schrieb.« (IX, 165)

Die Integration theologischen Materials in den Roman ist ein exzellentes Beispiel für diese Montage-Technik. Sie läßt sich besonders gut illustrieren an der Darstellung des Theologiestudiums Leverkühns.

Mann wandte sich am 12. April 1943 an Paul Tillich, Professor am Union Theological Seminary in New York »mit Erkundigungen über den Prozeß des Theologie-Studiums« (IX, 160). Tillich antwortete darauf am 23. Mai (vgl. IX, 169). Der Brief Manns an Tillich ist verloren gegangen. Tillichs Brief an Mann findet sich im Zürcher Thomas-Mann Archiv.[1]

Tillich war für Mann eine ideale Informationsquelle. 1886 geboren, hatte er von 1904 bis 1909 in Berlin, Tübingen, Halle und wieder Berlin Theologie und Philosophie studiert und promovierte 1910 in Breslau zum Dr. phil. und 1911 in Halle zum Lic. theol.[2] Nach dem Vikariat und der Ordination 1912 wurde Tillich Hilfsprediger in Berlin-Moabit, bis er am 1. Oktober 1914 Feldgeistlicher wurde. Nach seiner Habilitation 1916 wandte er, der bis dahin ganz in der idealistischen Philosophie Schellings und der lutherischen Theologie seines Hallenser Lehrers Martin Kähler intellektuell beheimatet war, sich dem Studium Nietzsches und des Expressionismus in der Malerei zu. Zu Beginn des Jahres 1919

aus dem Militätdienst entlassen, nahm Tillich seine Lehrtätigkeit als Privatdozent an der Berliner Universität auf und nahm an der Umbruchszeit nach Kriegsende und Revolution intensiv erlebend und theologisch kommentierend teil. Der Neuaufbruch nach der durch Kriegserfahrung und Revolution ausgelösten Krise schlägt sich in einer programmatischen Hinwendung zum religiösen Sozialismus und zum Expressionismus nieder. Im Wintersemester 1923/24 nimmt Tillich einen Ruf als Extraordinarius für Systematische Theologie an der Universität Marburg an. Die von Tillich empfundene kleinstädtische Enge Marburgs hatte für ihn – trotz der Kollegen Rudolf Bultmann und Martin Heidegger – keine bleibende Attraktivität. So nahm er 1925, einen Ruf auf ein Ordinariat in Gießen ausschlagend, die Berufung auf eine Professur an der Technischen Hochschule Dresden an, wo er Viktor Klemperer, Richard Kroner und Fedor Stepun zu Kollegen hatte. Im März 1929 folgte Tillich dann einem Ruf auf den Lehrstuhl für Philosophie und Soziologie an der Universität Frankfurt. Theodor W. Adorno, schon Doktorand, als Tillich nach Frankfurt kam, beendete seine Dissertation über die Ästhetik Kierkegaards unter Tillichs Anleitung, eben jenes Buch, das Mann dann 1944 während der Abfassung des DOKTOR FAUSTUS studiert (vgl. IX, 201). Nach der Machtergreifung der Nationalsozialisten wurde Tillich im April 1933 suspendiert und im November desselben Jahres entlassen. Das Entlassungsschreiben erreichte Tillich schon in Amerika. Er folgte einer Einladung des Union Theological Seminary in New York, das bis zum Jahr 1955 seine akademische Heimat wurde. Bis 1962 war er University Professor in Harvard, danach lehrte er in Chicago. Tillich starb am 21. 10. 1965.

UNION THEOLOGICAL SEMINARY
BROADWAY AT 120TH STREET
NEW YORK

May 23. 1943

Mr. Thomas Mann
1550 San Remo Drive
Pacific Palisades, Calif.

Lieber Herr Thomas Mann :

Herzlichen Dank fuer Ihren Brief. Nachdem ich gestern meine student papers beendet habe, beginne ich heute meine Antwort. Obgleich es fuer mich befriedigender waere , Ihre Fragen in Form eines biographischen Essays zu beant worten , glaube ich doch, dass Ihnen mehr mit einer " stueckhaften " Beantwortung Ihrer Fragen gedient ist. Ausserdem nimmt es weniger Zeit in Anspruch.

Der theologische Studiengang auf den deutschen Universitaeten um die Jahrhundertwende begann nach bestandenem Abiturienten examen von einem humanistischen Gymnasium. Griechisch und Latein und meistens auch Hebraeisch war/vorausgesetzt, wenn man das Studium begann.

Ich selber wurde im Herbst 1904 in Berlin immatrikuliert, im Fruehjahr 1905 ging ich nach Tuebingen und im Herbst 1905 nach Halle,wo ich vier Semester studierte. Herbst 1907 kehrte ich nach Berlin zurueck und machte im Winter 1909 mein erstes theologisches Examen vor dem Konsistorium der Provinz Brandenburg, 1912 mein zweites theologisches Examen vor derselben Behoerde; im August 1912 wurde ich von dem General- Superintendenten der Provinz Brandenburg ordiniert. Dazwischen machte ich 1910 meinen Doktor der Philosophie in Breslau und 1911 mein Lic. der Theologie in Halle. Ich schreibe dies , weil es ein typischer Studiengang fuer den evangelischen Theologen war, der sich gleichzeitig fuer den praktischen Dienst

Erste Seite des Antwortbriefes von Paul Tillich an Thomas Mann vom 23. May 1943;
mit Unterstreichungen von Thomas Mann

157

Es gibt eine innere Affinität zwischen der Gedankenwelt des DOKTOR FAUSTUS und dem theologischen und philosophischen Werk Tillichs, die sich vor allem an zwei Punkten festmachen läßt: Tillichs radikaler Reinterpretation des Verständnisses der Gnade und seiner Deutung des Dämonischen. Von seinem Hallenser Lehrer Martin Kähler, dessen Portrait durch Tillich die Vorlage für den wuchtigen Ehrenfried Kumpf im DOKTOR FAUSTUS abgeben sollte, hatte Tillich den Gedanken aufgenommen, daß die Botschaft der Gnade, zusammengefaßt in der lutherischen Rechtfertigungslehre, das organisierende Zentrum des christlichen Glaubens und der christlichen Theologie sei. In einer Arbeit aus dem Jahr 1924 mit dem Titel RECHTFERTIGUNG UND ZWEIFEL[3] arbeitete Tillich diesen Gedanken für das Gebiet der Erkenntnislehre in radikaler Form aus. Er geht dort von der Frage aus: »Welche Bedeutung hat die Rechtfertigung, das Durchbruchsprinzip des Protestantismus, gegenüber dem Zweifel an seinen Voraussetzungen?« (54) Der Zweifel ist für Tillich das notwendige Schlußstadium eines Prozesses, in dem die Autonomie des Menschen zur Grundorientierung des Daseins geworden ist. Hier wird »der Zweifel an Gott zum Zweifel an der Wahrheit selbst und damit in letzter Vertiefung zum Zweifel an dem Lebenssinn überhaupt.« (58) Damit stellt sich die Frage: Ist mit dem Zweifel an Gott, im radikalen Sinne des Zweifels an der Wahrheit, auch der Gedanke der Gnade, der unbedingten Bejahung des Menschen durch die einzige Instanz, die ihn unbedingt bejahen kann, hinfällig geworden? Ist mit der radikalen Erfahrung des Zweifels als Sinnleere jede Möglichkeit einer Transzendierung dieser Situation negiert? Tillich skizziert den Zweifler folgendermaßen:

»Der Zweifler im religiös bedeutungsvollen Sinn ist derjenige Mensch, der mit dem Verlust der religiösen Unmittelbarkeit Gott, die Wahrheit und den Lebenssinn verloren hat oder auf irgendeinem Punkte des Weges zu diesem Verlust steht und doch nicht in diesem Verlust ausruhen kann, sondern getroffen ist von der Forderung, Sinn, Wahrheit und Gott zu finden. Der Zweifler ist also derjenige, den das Gesetz der Wahrheit mit seiner ganzen rücksichtslosen Gewalt gepackt hat und der, da er dieses Gesetz nicht erfüllen kann, der Verzweiflung entgegengeht. Der Zweifler befindet sich also in der Lage dessen, der an seinem Heil verzweifelt, nur daß für ihn das Unheil nicht das Verwerfungsurteil Gottes, sondern der Abgrund der Sinnleere ist.« (58)

Für Tillich ist das Entscheidende, daß der Prozeß des Zweifels auf die unbedingte Wahrheit ausgerichtet ist, die im Abgrund der Sinnleere Halt bieten kann. Er kann deswegen nicht bei einer nur bedingten Wahrheit stehen bleiben, die nur die Form des Kompromisses hätte. Gegenüber der Verzweiflung erweist sich eine sie nur mäßigende, aber nicht überwindende, bedingte Wahrheit als kraftlos. Daraus folgert Tillich:

»Soll aber die Wahrheit die Unbedingtheit des Göttlichen erreichen, so muß sie die Form der Gnade annehmen, die Form des Durchbruchs. Und das ist die entscheidende Frage: Wie kann die Gnade durchbrechen in der Sphäre der Wahrheit und des Sinnes?« (59)

Mit der Metapher des »Durchbruchs« ist angedeutet, daß die unbedingte Gewißheit der Wahrheit, die der Zweifler sucht, wenn alle bedingten Gewißheiten sich als sinnleer erwiesen sind, nicht das Ziel eines aktiv beschrittenen Weges sein kann, sondern sich nur kontingent ereignet und passiv angenommen werden kann, indem die Wahrheit, die als Ziel

Paul Tillich, (1886-1965)

vergeblich gesucht wurde, sich als Voraussetzung des Suchens offenbart. Dieser Durchbruch der »reinen«, d.h. ganz und gar unverdienten und nicht aktiv produzierten Gnade ist die Rechtfertigung des Zweiflers.

»Die Rechtfertigung des Zweiflers ist nur möglich als Durchbruch der unbedingten Gewißheit durch die Sphäre der Ungewißheiten und Irrungen; es ist der Durchbruch der Gewißheit, daß die Wahrheit, die der Zweifler sucht, der Lebenssinn, um den der Verzweifelte ringt, nicht das Ziel, sondern die Voraussetzung alles Zweifels bis zur Verzweiflung ist. Es ist das Erfassen der Wahrheit als Gericht an jeder Wahrheitserkenntnis.« (60)

Der Gehalt dieser Offenbarung ist für Tillich nur im Paradox auszudrücken: »Was hier offenbar wird, ist der Gott der Gottlosen, die Wahrheit der Wahrheitslosen, die Sinnfülle der Sinnentleerten. Das ist kein leeres Paradox, kein Gedankenkunststück, denn auf das Denken als Werk ist ja verzichtet, sondern es ist der Durchbruch der Fülle und des Sinnes.« (61)

Nun scheint es so, als habe Tillich die ganze Rechtfertigungsproblematik in die Sphäre der Erkenntnis übertragen und habe seine Rede vom Durchbruch der Gnade damit ganz aus dem ursprünglichen Kontext der Frage nach Schuld und Vergebung gelöst. Tillich ist aber sehr daran gelegen, diese Dimension nicht zu verlieren, obwohl er, wie er sagt, »nach dem Sieg des Humanismus und der Autonomie auf protestantischem Boden« (68) wenig Möglichkeiten sieht, daß ein individuelles Schuldbewußtsein in seiner geschichtlichen Bedeutsamkeit vertieft werden kann. Aber damit ist es nicht einfach verschwunden.

»Ein Bewußtsein um die Schuld ist dennoch da und harrt der Vertiefung. Es ist das Bewußtsein um die Herrschaft des Dämonischen vor allem in den Ordnungen der Gesellschaft, unter dem jeder steht und an dem jeder sich ständig mitschuldig macht. Vertieft werden kann dies Bewußtsein aber nur in einem machtvollen Durchbruch der Grundoffenbarung, von dem aus dann auch ein neues individuelles Schuldgefühl sich durchsetzen kann.« (68)

Die Affinität zwischen diesen Überlegungen Tillichs und dem am deutlichsten im Schlußkapitel des DOKTOR FAUSTUS anklingenden Gnadenmotiv mit der Formel von der »Transzendenz der Verzweiflung« (VI, 651), das dann das Thema des »Erwählten« stellen sollte, wird sofort deutlich, wenn man das Tillichsche Paradigma der Erkenntnis auf das der künstlerischen Kreativität erweitert. In ihrer radikalen, alle Grenzen der Konvention sprengenden aktiven Verfolgung kommt Adrian Leverkühn an den Punkt, der wie Tillichs »absolute Sinnleere« nur noch als »Verzweiflung« beschrieben werden kann – und hier klingt – »als leiseste Frage nur« (ebd.) der Ton der reinen Gnade, die nur gegeben, aber nicht geschaffen werden kann, an.

Die Affinität zwischen der Gedankenwelt Tillichs und der des DOKTOR FAUSTUS kann auch noch an einem anderen Punkt festgemacht werden: der Darstellung des Dämonischen. Tillich hat ihr eine kleine Schrift aus dem Jahr 1926 gewidmet, die in ihrer existentiellen Tiefe wie in ihrer zeitdiagnostischen Allgemeinheit viele Strukturanalogien mit Manns Behandlung des Dämonischen erkennen läßt. Die Arbeit trägt den Untertitel »Ein Beitrag zur Sinndeutung der Geschichte«.[4] Schon die Einleitung weist auf eine analoge Wahrnehmung des Dämonischen hin. Kann das Dämonische erkannt werden?

»Echtes Erkennen ist immer Lieben, Sich-Einen mit seinem Gegenstand, der dadurch aufhört, nur Gegenstand zu sein.

Mit dem Dämonischen aber kann man sich nur einen um den Preis der Selbstzerstörung: Entweder wird der Dämon aufgeweckt, der in jedem wohnt und bereit ist, ihn zu verderben. Oder das, was schöpferisch ist im Dämonischen, das um dessenwillen man überhaupt von ihm reden kann, wird enthüllt, aus der Tiefe gehoben und dadurch entleert.« (96)

Mit dem Dämonischen wird nach Tillich die »Einheit von formzerstörerischer und formzerbrechender Kraft« (99) benannt. Das erlaubt Tillich eine Verhältnisbestimmung des Dämonischen und des Satanischen. Zwar ist »[m]ythologisch gesprochen der Satan der oberste der Dämonen«, ontologisch gesehen das Satanische »das im Dämonischen wirksame negative, zerstörerische, sinnfeindliche Prinzip, in Isolierung und Vergegenständlichung gedacht« (ebd). Das Satanische ist mit dem Dämonischen nicht einfach identisch, weil das Dämonische eben nicht nur formzerstörerisch, sondern auch schöpferisch ist. Darum definiert Tillich: »Dämonie ist gestaltwidriges Hervorbrechen des schöpferischen Grundes in den Dingen.« (101) Ihr Ort sind nicht Geister oder Dämonen, vielmehr ist »die geistige Persönlichkeit das vornehmste Objekt der dämonischen Zerstörung« (102). Dämonie ist darum nicht »Rückfall auf eine vorgeistige Seinsstufe«, sondern die nur im Geistigen mögliche »Besessenheit« als »Zerspaltung« des »Persönlichen«. Darum ist das Dämonische nicht einfach mit einer organischen Erkrankung zu identifzieren. »Nur da ist das Dämonische anschaubar, wo die Ichzerspaltung ekstatischen, in aller Zerstörung schöpferischen Charakter hat.« (103) Dieser ekstatische Charakter ist gerade das, was die Auslieferung an das Dämonische und das Ergriffensein von der göttlichen Gnade verbindet: »Besessenheit und Begnadetheit entspre-

chen sich, dämonisches und göttliches Überwältigtsein, Inspiriertsein, Durchbrochensein sind Korrelate.« (103)

Das Dämonische muß also für Tillich von seinen schöpferischen Erscheinungsformen her verstanden werden, die gleichwohl nicht die wahre Schöpferkraft sind, weil das Dämonische das Schöpferische in das Zerstörerische verkehrt.

»Das Dämonische ist die Verkehrung des Schöpferischen und gehört als solches zu den Erscheinungen der Wesenswidrigkeit oder Sünde. Im schöpferischen Akt an sich ist das Dämonische Grund und Tiefe, aber es bricht nicht als dämonisch hervor; es trägt, aber es erscheint nicht, es ist gebunden an die Form. Es durchbricht wohl die gegebene Form um der höheren willen, aber es zerbricht nicht um des Zerbrechens willen.« (106)

Wegen dieser Beziehung des Dämonischen zum Schöpferischen ist für Tillich das Dämonische nicht mit der Sünde gleichzusetzten. Es gibt viele Formen der Sünde, denen gerade das Schöpferische, das sich im Dämonischen findet, fehlt, die sich deswegen auf den Charakter des Widerspruchs, des Wesenswidrigen reduzieren lassen. Es ist sozusagen nur die schöpferische Sünde, in der das Dämonische hervortritt. Darum ist für Tillich das Dämonische vor allem an der Versuchung festzumachen.

»Es ist durchaus notwendig, die Versuchung vom Dämonischen her zu verstehen, denn nur so kann die positive Kraft aufgewiesen werden, die ständig über den Stand der Unschuld hinausdrängt und die nur deswegen Versuchung werden kann, weil sie die Kraft des Schöpferischen ist.« (107)

Tillich kann diese Analyse des Dämonischen auf einen großen Bereich von Phänomenen der Geistesgeschichte anwenden, von der Religionsgeschichte bis zur Geschichte der griechischen Plastik und der Geschichte der Tragödie von der antiken Tragödie über Shakespeare bis zum 20. Jahrhundert. Ebenso dient ihm die Kategorie des Dämonischen zur Analyse der Zeitsituation. »Intellektualismus« und »Ästhetizismus« sind für ihn nur in ihrem dämonischen Charakter richtig gekennzeichnet und auch nur so zu bekämpfen. Ähnliches gilt für die praktische, soziale Sphäre. Hier sind es für Tillich die »Dämonie der autonomen Wirtschaft, der Kapitalismus, und die Dämonie des souveränen Volkes, der Nationalismus« (123), die in einer Auseinandersetzung mit den Dämonien der Zeit bedacht werden müssen. Dabei ist es für Tillich – 1926! – charakteristisch, daß die »nationalen Dinge ... Unantastabarkeit und kultische Würde erlangen«, gerade weil sie der »technischen Ökonomisierung des gesamten abendländischen Daseins Widerstand zu leisten« (124) vermochten.

»Eben damit aber beginnt die Dämonisierung. Mit den schöpferisch-tragenden Kräften verbinden sich die zerstörerischen: die Lüge, mit der die Selbstgerechtigkeit der einen Nation das wahre Bild der eigenen und fremden Wirklichkeit entstellt; die Vergewaltigung, die das andere Volk zum Gegenstand macht, dessen Eigenwesen und Selbstmächtigkeit mißachtet und zertreten wird; der Mord, der im Namen des der Nation verpflichteten Gottes zum heiligen Krieg geweiht wird.« (124)

Das »Dämonische« ist für Tillich also eine Kategorie, die für eine »Sinndeutung der Geschichte« in ihren individuellen und sozialen Dimensionen unentbehrlich ist, weil nur durch sie die Probleme seiner Gegenwart in ihrer Tiefe gedeutet werden. Dabei muß sich der das Dämonische in seinen vielen wechselnden Gestalten identifizierende Prophet damit

begnügen, es zu kennzeichnen. Mittel und Wege aufzuweisen, die Dämonien zu überwinden, ist für Tillich nicht möglich: »Die Frage nach Mitteln und Wegen ist die Frage des Intellektualismus, also schon als Frage der dämonischen Lage entsprungen und mit jeder Antwort den Dämon stärkend.« (125) So bleibt auch hier nur, wie Mann formuliert hätte, die »Hoffnung jenseits der Hoffnungslosigkeit«:

»Die Dämonie zerbricht allein vor der Göttlichkeit, die Besessenheit vor der Begnadetheit, das zerstörerische vor dem erlösenden Schicksal.« (125)

Es gibt keinerlei Hinweise darauf, daß diese Schriften Tillichs Thomas Manns DOKTOR FAUSTUS direkt beeinflußt haben. Interessant ist jedoch die Strukturanalogie, die zwischen dem theologischen Denken Tillichs und der literarischen Verwendung theologischer Gedanken im DOKTOR FAUSTUS besteht. Tillich radikalisiert die lutherische Rechtfertigungslehre, indem er sie auf das Gebiet der Erkenntnis überträgt. Die Situation des Zweiflers, der die radikale Sinnleere erfährt und der Verzweiflung gegenübersteht, wird so zur Situation der Rechtfertigung, des Durchbruchs der Gnade als unbedingte Gewißheit. Er beschreibt damit »die Geburtsstunde der Religion in jedem Menschen, der zur Tiefe der Verzweiflung aus Zweifel und Sinnentleerung gedrungen ist, der die dämonische Frage: Sollte Gott sein, sollte Wahrheit sein, sollte Sinn sein? vernommen hat«[5]. Man gelangt in der künstlerischen Gestaltung des Weges Adrian Leverkühns zu der Frage, ob der künstlerischen Paradoxie, zu der das musikalische Schaffen des Tonsetzers führt, die religiöse Paradoxie entspräche, daß aus der Heillosigkeit der Verzweiflung »Hoffnung jenseits der Hoffnungslosigkeit« entsteht.

Universität Halle, Treppenhaus des Hauptgebäudes von 1894; führt u.a. auch zur Aula

»Aber wie, wenn der künstlerischen Paradoxie, daß aus der totalen Konstruktion sich der Ausdruck – der Ausdruck als Klage – gebiert, das religiöse Paradoxon entspräche, daß aus tiefster Heillosigkeit, wenn auch als leiseste Frage nur, die Hoffnung keimte? Es wäre die Hoffnung, jenseits der Hoffnungslosigkeit, die Transzendenz der Verzweiflung, – nicht der Verrat an ihr, sondern das Wunder, das über den Glauben geht.« (VI, 651)

Tillich ist in der protestantischen Theologie des 20. Jahrhunderts einer der ganz wenigen, der die geschichtliche Situation in ihren personalen und in ihren sozialen Dimensionen durch die Kategorie des »Dämonischen« zu deuten versuchte und dabei die Verbindung zwischen dem Dämonischen und dem Schöpferischen als Wesen des Dämonischen erkennt. Es ist gerade das Schöpferische des Dämonischen, das ihm die Qualität einer Versuchung gibt, daß es eine Form zerbrechen läßt, um eine höhere Form zu gewinnen und insofern als »Einheit von formschöpferischer und formzerbrechender Kraft« verstanden werden kann. Dabei wird von Tillich die Auslieferung der geistigen Persönlichkeit an das Dämonische mit der Wirksamkeit des Dämonischen im Nationalismus kühn verbunden. Analog finden wir bei Mann – in vielen Varianten im Teufelsgespräch des DOKTOR FAUSTUS – das Versprechen der schöpferischen Zeit als Angebot des Dämonischen, in der dann jeder formschöpferische Gewinn mit einem formzerbrechenden Verlust bezahlt werden muß, so daß »Aufschwünge ..., Erleuchtungen, Erfahrungen von Enthobenheit und Entfesselung, von Freiheit, Sicherheit, Leichtigkeit, Macht- und Triumpfgefühl« »... nicht nur in Leere und Öde und vermögende Traurigkeit, sondern auch in Schmerzen und Übelkeiten« (310) führen. Und stärker noch als bei

Tillich so scheint es, wird im DOKTOR FAUSTUS die personale mit der sozialen Dimension des Dämonischen verbunden, indem das individuelle Schicksal Adrians und die Geschichte Deutschlands so parallel gesetzt und miteinander verwoben werden, daß dem sich dem Dämonischen ausliefernden und so leidend preisgebenen Tonsetzer stellvertretend das Geschick seines Volkes widerfährt.

Der DOKTOR FAUSTUS war nicht die erste Gelegenheit für einen Briefwechsel zwischen Mann und Tillich. Schon im ersten Jahr Manns in den Vereinigten Staaten hatte sich Tillich in einem Brief vom 12. 10. 1938 an ihn gewandt, um ihn zu bitten, bei der »Fellowship of Socialist Christians« zu sprechen, deren Vorsitzender Reinhold Niebuhr war, Tillichs berühmtester amerikanischer Kollege, dessen Hauptwerk THE NATURE AND DESTINY OF MAN Thomas Mann in der Vorbereitung auf den DOKTOR FAUSTUS studierte (vgl. XI, 162). Als Thema war das Verhältnis von Christentum und Humanismus vorgesehen, »wobei die sozialistische Linie als ein Versuch gezeichnet werden könnte, die Prinzipien, in denen Christentum und Humanismus übereinstimmen, in einer bestimmten Situation zu verwirklichen«[6]. Zu diesem Vortrag Thomas Manns ist es wohl nie gekommen. Immerhin verweist dieser Brief von Tillich auf ein früheres Gespräch über »neuen Kollektivismus und Mythos« – ein im DOKTOR FAUSTUS im Scheunengespräch wieder aufgenommener Fragenkomplex –, der auch als mögliches Thema für Manns Vortrag in Betracht gezogen wurde.[7] Mit Manns Fragen an Tillich über das Theologiestudium zu seiner eigenen Studienzeit wurde also ein schon bestehendes Verhältnis wieder aufgenommen.[8]

Da Manns Brief an Tillich nicht erhalten zu sein scheint, können wir nur aus

Tillichs Brief, der, wie er Mann schreibt, glaubte, »daß Ihnen mehr mit einer ‘stückhaften’ Beantwortung Ihrer Fragen gedient ist«[9] (B 48), versuchen, Manns Fragen zu rekonstruieren. Die erste Frage mußte sich auf den typischen Aufbau eines Theologiestudiums zur Studienzeit Tillichs (und Adrian Leverkühns) beziehen.

Tillich antwortet darauf: »Das theologische Studium wurde im allgemeinen so vorgenommen, daß in den ersten Jahren die exegetischen und historischen Fächer entscheidend waren, in den mittleren die systematischen und am Ende die praktischen (Predigtlehre, Seelsorge, religiöse Erziehung usw.). Doch ermöglichte die akademische Freiheit, daß man je nach seiner Vorliebe für bestimmte Fächer oder bestimmte Professoren diese Ordnung umwarf.« (B 48)

Dazu die Passage aus dem DOKTOR FAUSTUS: »Im Studienplan eines Theologie-Studenten liegt in den ersten Jahren das Schwergewicht auf den exegetischen und historischen Fächern, also auf Bibelwissenschaft, Kirchen- und Dogmengeschichte, Konfessionskunde, die mittleren gehören der Systematik, will sagen: der Religionsphilosophie, der Dogmatik, Ethik und Apologetik, und am Ende stehen die praktischen Diziplinen, das heißt: Liturgik, Predigtlehre, Katechetik, Seelsorge und Ekklesiastik nebst Kirchenrecht. Aber die akademische Freiheit läßt der persönlichen Vorliebe viel Spielraum...« (VI, 128)

Tillich beschreibt dann sein eigenes Studium in Halle. Zum Eingang gibt er eine kurze Beschreibung der Prägungen Halles durch »2 Traditionen, die pietistische, die von August Hermann Francke und seinen Hallenser Waisenhäuser herkommt, und die rationalistische, die aus der Zeit Wolffs und der Aufklärung stammt« (B 49). Auch von dieser Cha-

rakterisierung findet sich ein Echo im DOKTOR FAUSTUS (vgl. VI, 117 und 121). Besonders interessantes Material aber lieferte Tillich mit seiner Beschreibung der Hallenser Theologie und vor allem seines Lehrers, Martin Kähler:

»Der Typus der Hallenser Theologie zu meiner Zeit war eine Mischung von konservativer Vermittlungstheologie und Ritschlianismus. Die überragende Persönlichkeit des ersten Typs war Martin Kaehler, in seiner Jugend ein begeisterter Student der klassischen Dichtung und Philosophie, der sich uns gegenüber rühmte, alle wichtigeren Werke Goethe’s auswendig gekonnt zu haben, der dann durch die Erweckungsbewegung der Mitte des vorigen Jahrhunderts ergriffen wurde und die Paulinische Botschaft von Sünde und Rechtfertigung dem ästhetischen Humanismus des großen ‘Heiden’ Goethe, wie er ihn nannte, gegenüber stellte.« (B 49)

Diese lebhafte Beschreibung wird im DOKTOR FAUSTUS so verarbeitet:

»Theologisch gesehen war Kumpf ein Vertreter jenes *Vermittlungs-Konservatismus* mit kritisch-liberalen Einschlägen, von dem ich sprach. *In seiner Jugend war er,* wie er uns in seinen peripatetischen Extempores erzählte, *ein* hellicht *begeisterter Student* unserer *klassischen Dichtung und Philosophie* gewesen und *rühmte sich, alle ‘wichtigeren’ Werke* Schillers und *Goethe’s auswendig* gewußt *zu haben.* Dann aber war etwas über ihn gekommen, was mit der *Erweckungsbewegung des vorigen Jahrhunderts* zusammenhing, und die *Paulinische Botschaft von Sünde und Rechtfertigung hatte ihn dem ästhetischen Humanismus* abwendig gemacht.« (129)[10]

Man kann leicht sehen, daß Mann zwar große Textpassagen übernimmt, aber durch kleine Hinzufügungen ironisierende Überzeichnungen vornimmt. So war Kumpf »hellicht« begeistert, und

Martin Kähler (1835-1912) eines der Vorbilder für »Ehrenfried Kumpf« im DOKTOR FAUSTUS

seine erstaunliche Gedächtnisleistung bezog sich nicht nur auf die wichtigeren Werke Goethes, sondern gar noch auf die Schillers. Beibehalten aber werden die entscheidenden Stichworte der »paulinischen Botschaft von Sünde und Rechtfertigung« und des »ästhetischen Humanismus«.

Tillichs Schilderung der Persönlichkeit und des Vorlesungsstils Kählers boten die Basis für eine Anreicherung mit Elementen der Person Luthers, die möglicherweise wiederum Anklänge an den Historiker Treitschke auslöste.

»Gegenüber der Wucht dieses Mannes erschienen uns alle anderen klein. Wir gingen in seine Kollegs nicht wegen der etwas trockenen und nach einem gedruckten Lehrbuch vorgetragenen Systematik, sondern wegen dessen, was wir als Studenten seine ‘Ex-Pauken’ nannten, seine Reden außer dem Zusammenhang, von denen wir alle bis in unsere reifen Jahre auf das Tiefste beeinflußt wurden.« (B 49)

Diese Schilderung wird im DOKTOR FAUSTUS zum Ausgangspunkt einer Persönlichkeits-Collage gemacht, in der Mann wichtige Elemente, die in Tillichs Beschreibung Kählers nicht zu finden sind, seinem Ehrenfried Kumpf, der wie Luther und Kähler auch zuerst den Vornamen Martin tragen sollte, andichtet.

»Jener war durchaus das, was die Studenten eine ‘wuchtige’ Persönlichkeit nannten... (VI, 128) Es ist wahr, daß Kumpf gewöhnlich seinen Stoff nach einem gedruckten Lehrbuch übrigens eigener Provenienz vortrug; aber sein Ruhm waren die sogenannten ‘Ex-Pauken’, die er ... in die Lesung einschaltete.« (VI,129)

Es scheinen das von Tillich gegebene Stichwort der »Wucht« und die Beschreibung der »Ex-Pauken« gewesen zu sein, die den Anlaß boten, Kumpf, hauptsächlich in Zitaten aus Luthers Briefen, »auf gut alt-deutsch, ohn' einige Bemäntelung und Gleisnerei« (VI, 129) reden zu lassen. Dies wiederum ermöglichte es, in eine Beschreibung eines theologischen Studienganges am Anfang dieses Jahrhunderts ein Reden vom Teufel einfließen zu lassen, das Luther in ähnlicher Form im 16. Jahrhundert geübt hatte und weiter zurück ins Mittelalter weist. Es ist das Lutherdeutsch Kumpfs, das dann in den späteren Passagen des Romans die Einführung des Teufels erlaubt und das noch bis in Adrain Leverkühn letzte Rede nachklingt.

Mann hat diese Brücke sorgfältig an briefliche Äußerungen Tillichs angeknüpft. Tillich schrieb von Kähler: »Ihm verdanke ich und meine Freunde die Einsicht, daß auch unser Denken gebrochen ist und der ‘Rechtfertigung’ bedarf, und daß darum Dogmatismus die intellektuelle Form des Pharisäismus ist.« (B 49)

Goethe; Kupferstich, von Johann Heinrich Lips

Luther in einer Darstellung Lucas Cranachs

Im DOKTOR FAUSTUS: »Kumpf hatte sich überzeugt, *daß auch unser Denken gebrochen ist und der Rechtfertigung bedarf,* und eben hierauf beruhte sein Liberalismus, denn es führte ihn dazu, im Dogmatismus die intellektuelle Form des Pharisäismus zu sehen.« (130)

Hier bleibt Mann auf der einen Seite ganz eng an seiner Vorlage, geht aber andererseits theologisch unvertretbar darüber hinaus, indem er Kumpfs Position nun als »Liberalismus« charakterisiert. Man mag darüber spekulieren, ob es dadurch ausgelöst ist, daß Tillich schrieb, daß er und seine Freunde »der liberalen Theologie, deren wissenschaftliche Überlegenheit unbestreitbar war« (B 50), im Blick auf exegetisch-historische Fragen zustimmten. Tillich betont aber, daß das nur für die historischen Fragen gilt.

»Dagegen war es uns unmöglich, der theologischen Position der Liberalen zuzustimmen. Es fehlte uns in ihr die Einsicht in den 'dämonischen' Charakter der menschlichen Existenz (in dem Sinne wie ich es in meiner zwischen den Weltkriegen entwickelten Theologie dargestellt habe und wie es sich, zum Teil mit Hilfe von Niebuhr, gegenüber dem liberalen Moralismus und Humanismus zur Zeit weithin durchgesetzt hat.) Wir fanden, daß die konservative Tradition mehr von einem wahren Verständnis der menschlichen Natur und der Tragik der Existenz bewahrt hat, als die liberale fortschrittlich-bürgerliche Ideologie. Uns fehlte in der liberalen Theologie die Tiefe und das Paradox; und ich glaube, die Weltgeschichte hat uns recht gegeben.« (B 50)

Mann hatte diesem Problemkomplex offensichtlich zwei eigene Fragen gewidmet, über »den anti-metaphysisch-ethisch-erkenntnistheoretischen Charakter der Ritschl'schen Theologie« und »nach dem Kulturbejahenden der liberalen Theologie« (B 50). Tillichs Antwort auf die zweite Frage ist in die kritische Betrachtung der neueren Theologiegeschichte eingegangen, die der katholische Humanist Serenus Zeitblom seiner

Erzählung der Hallenser Studienzeit Adrian Leverkühns voranstellt. Tillich antwortete, daß das »Kulturbejahende« »in der Tat eine weitgehende Anpassung an die Ideale der bürgerlichen Gesellschaft war, vor allem das ethisch fundierte Persönlichkeitsideal aufs stärkste betonte. Das Religiöse wurde sozusagen eine Funktion der menschlichen Humanität und an dem Maße der entwickelten menschlichen Persönlichkeit gemessen. Das Ekstatische und Paradoxe des Religiösen wurde herabgedämpft zu einem ethischen Fortschrittsglauben.« (B 50)

Mann montiert in Zeitbloms Theologiekritik diese Passage mit der vorhergehenden Stellungnahme Tillichs zum Unvermögen der liberalen Theologie und benutzt diese Schilderung als Hintergrund für die Einführung einer Gegentendenz, die in Gefahr ist, zur »Dämonologie« zu werden: »Kulturbejahend und willig zur Anpassung an die Ideale der bürgerlichen Gesellschaft, wie sie ist, setzt sie das Religiöse zur Funktion der menschlichen Humanität herab und verwässert das Ekstatische und Paradoxe, das dem religiösen Genius wesentlich ist, zu einer ethischen Fortschrittlichkeit. Das Religiöse geht im bloß Ethischen nicht auf, und so kommt es, daß der wissenschaftliche und der eigentlich theologische Gedanke sich wieder scheiden. Die wissenschaftliche Überlegenheit der liberalen Theologie, heißt es nun, sei zwar unbestreitbar, aber ihre theologische Position sei schwach, denn ihrem Moralismus und Humanismus mangle die Einsicht in den dämonischen Charakter der menschlichen Existenz. Sie sei zwar gebildet, aber seicht, und von dem wahren Verständnis der menschlichen Natur und der Tragik des Lebens habe die konservative Tradition sich im Grunde weit mehr bewahrt, habe darum aber auch zur Kultur ein tieferes, bedeutenderes Verhält-

nis als die fortschrittlich-bürgerliche Ideologie.« (VI, 122)

Hier nun setzt Mann mit einer Neukonstruktion der Theologiegeschichte an, indem er die liberale Theologie zum Hintergrund für »die Infiltration des theologischen Denkens durch irrationale Strömungen der Philosophie, in deren Bereich ja längst das Untheoretische, das Vitale, der Wille oder Trieb, kurz ebenfalls das Dämonische zum Hauptthema geworden war« macht: »... die Theologie, in Verbindung gebracht mit dem Geist der Lebensphilosophie, dem Irrationalismus, läuft ihrer Natur nach Gefahr, zur Dämonologie zu werden.« (VI, 122f.)

Warum nun diese Neukonstruktion der Theologiegeschichte, die vor dem Ersten Weltkrieg nicht stattgefunden hat und auch nach dem Ersten Weltkrieg eine durchaus andere Gestalt hatte, wie wir an Tillichs Behandlung des Dämonischen sehen konnten. Einer der Gründe scheint zu sein, daß Mann auf die für das Faustusprojekt wesentliche Frage nach der Existenz eines wie auch immer gearteten Teufelsglaubens und der sie entfaltenden Lehre von Tillich eine negative Antwort bekam.

»Ihre Frage nach einer massiven Orthodoxie mit Teufels-[,] Wunder[-], Höllen- und Himmelsglauben in mythologischem Sinn ist für mich nicht leicht zu beantworten. Zweifellos hat die orthodox-lutherische Theologie jener Tage, wie sie in Leipzig, Erlangen, Greifswald vertreten war, alle Elemente der biblischen Religion, so weit es überhaupt möglich war, zu retten versucht. Doch spielte der Teufelsglaube in jener Zeit überhaupt keine Rolle, auch wenn man für ein irgendwie persönlich gedachtes satanisches Princip plädierte, kümmerte man sich nicht viel darum. Daß man natürliche Vorgänge und Gegenstände, etwa schädliche Tiere und dergleichen auf den

Teufel zurückführte, ist mir nie vorgekommen und wäre von konservativen Theologen als eine Verneinung des Schöpfungsgedankens abgelehnt worden. Dagegen spielte der Wunderglaube, die Frage der Berechtigung der historischen Kritik, das christologische Problem, eine große Rolle. Hier standen sich die positive (orthodoxe) und liberale Theologie scharf gegenüber. Aber beide nahmen Begriffe wie Himmel und Hölle symbolisch (Hölle mit Gottesferne und Himmel mit Gottesgemeinschaft identifizierend).« (B 51)

Angesichts dieser negativen Auskunft bestand nun für Mann, wollte er am Teufelsmotiv festhalten und es in das Theologiestudium Leverkühns »hineinmontieren«, die Aufgabe, auch hier Anschlüsse zu schaffen. Einer bot sich dort, wo Tillich davon sprach, daß »die konservative vermittlungstheologische Schule sich an den strengeren Offenbarungs-Begriff hielt«. (49f.) Mann nimmt diesen Gedanken auf, um den von ihm eingeführten, und theologiegeschichtlich kaum plausiblen Liberalismus Ehrenfried Kumpfs, an dieser wichtigen Stelle einzuschränken und an den Offenbarungsgedanken den Teufelsgedanken anzuschließen. Zum anderen läßt er Zeitblom Tillichs Auskunft über das »symbolische« Verständnis von Himmel und Hölle zitieren, und baut darauf einen Gegensatz zwischen »moderner« Theologie, die der Vernunft entscheidende Glaubenseinsichten »preisgibt«, und dem »Volksmann« Kumpf auf, der die Vernunft als besondere Wirkungssphäre des Teufels zu verstehen schien.

»Sein Liberalismus nämlich, der ja nicht in dem humanistischen Zweifel am Dogma, sondern in dem religiösen Zweifel an der Vertrauenswürdigkeit unseres Denkens gründete, hinderte ihn nicht nur nicht an einem strammen Offenbarungsglauben, sondern auch daran nicht, mit dem Teufel auf sehr vertrautem, wenn auch natürlich gespanntem Fuße zu stehen. Ich kann und will nicht untersuchen, wieweit er an die persönliche Existenz des Widersachers glaubte, sage mir aber, daß wo überhaupt Theologie ist ... auch der Teufel zum Bilde gehört und seine komplementäre Realität zu derjenigen Gottes behauptet. Man hat leicht sagen, daß ein moderner Theolog ihn 'symbolisch' nehme. Nach meiner Meinung kann Theologie überhaupt nicht modern sein, was man ihr als großen Vorzug anrechnen mag; und was die Symbolik betrifft, so sehe ich nicht ein, warum man die Hölle symbolischer nehmen sollte als den Himmel ... Ich sagte ja, daß Kumpf als Gelehrter, als Mann der Wissenschaft, der rationalen Kritik am Bibelglauben Zugeständnisse machte und, wenigstens anfallsweise, im Ton intellektueller Biederkeit, manches 'preisgab'. Im Grunde aber sah er den Lügner, den bösen Feind gerade in der Vernunft vorzüglich am Werke und ließ sie selten zu Worte kommen, ohne hinzuzufügen 'Si Dabolus non esset mendax et homicida!'« (VI, 130f.)

Die Verwendung des Tillichschen Briefes zeigt die Kunstfertigkeit von Manns Montage. Auf der einen Seite montiert er die Tillichschen Informationen zum Teil in den exakten Wendungen in seine Erzählung, wobei immer zu beachten ist, daß der katholische Humanist Zeitblom als Erzähler noch eine weitere Brechung hinzubringt. Zum anderen nimmt er Stichworte Tillichs, die »Wucht« der Persönlichkeit Kählers und der Eindruck seiner »Ex-Pauken«, auf und entwickelt sie mit anderen Elementen, hier vor allem mit dem Lutherdeutsch Kumpf fort. Am auffälligsten ist Manns Technik dort, wo er das Faustus-Thema des Teufelsbundes in die Schilderung theologiegeschichtlicher Strömungen einbaut und dabei, wie im Fall des »symbolischen« Verständnisses des Teufels, seiner Vorlage direkt widerspricht. Damit entstehen zwar theologiegeschichtliche Konstellationen, wie im Fall von Kumpfs 'Liberalismus', die außerhalb des Romans nicht mehr identifiziert werden, aber sich innerhalb des Romans bewähren können.[11]

3. Querverbindungen

Mit der Beschreibung des Theologiestudiums Adrian Leverkühns mit Darstellung von Ehrenfried Kumpf, die »sein kräftig persönliches und animoses Verhältnis zu Gottes Gegner« (131f.) illustriert, ist der Teufel in den Roman eingeführt, und es ist zugleich eine Sprachebene geschaffen, in der über den Teufel geredet werden kann, indem das Lutherdeutsch des Hallenser Lehrers imitiert wird. Nach dieser Einführung, die in der ironisch übertriebenen Lutherszene von Kumpfs Semmelwurf gegen den »Speivogel« auf die Spitze getrieben und von Adrians »Lachanfall« kommentiert wird (vgl. VI, 132f.), ist die Bühne vorbereitet für den Auftritt des Privatdozenten Eberhard Schleppfuß, dessen Gestalt und Lehre die schon vorher von Zeitblom vorgetragene These (vgl VI, 123) illustriert, »daß die Theologie ihrer Natur nach dazu neigt und unter bestimmten Umständen jederzeit dazu neigen muß, zur Dämonologie zu werden« (VI, 134). In den Ausführungen Schleppfuß' nun wird das lutherisch-mittelalterlich Abständige an Kumpfs grobianistischem Teufelsglauben in »sehr fortgeschrittener und intellektueller Art, da seine dämonische Welt- und Gottesauffassung psychologisch illuminiert war und dadurch dem modernen wissenschaftlichen Sinn annehmbar« (VI, 134), in die Gegenwart eingeholt. Neben dem Kumpfschen

Lutherdeutsch gibt es nun die raffinierte Dialektik von Gut und Böse, Freiheit und Versuchung, die in der weiteren Entfaltung von Adrians Schicksal aufgenommen werden kann.[12] Dabei scheint es die vorrangige Funktion der »Religionspsychologie« von Schleppfuß zu sein, daß sie die Verbindung zwischen dem Dämonischen und dem Sexuellen – illustriert durch reiches Anschauungsmaterial aus seinen Vorlesungen – etabliert.

Im XIV. Kapitel dann scheint eine weitere Anregung aus Tillichs Brief für die Gestaltung richtungweisend gewesen zu sein. Tillich hatte in der Beantwortung von Manns Fragen noch ein donum superadditum mitgegeben, das einen weiteren Baustein für Adrians Studienerfahrungen abgab.

»Vielleicht mag es für Ihre Darstellung von Interesse sein, daß ich der christlichen Studenten-Verbindung 'Wingolf' angehörte und daß der Sommer 1907, wo ich '1er Chargierter' dieser etwa 70 Mann starken Verbindung war, mir bis heute als der größte Abschnitt meines Lebens erscheint. Was ich theologisch, philosophisch und menschlich geworden bin, verdanke ich nur zum Teil den Professoren, in überragendem Maße dagegen der Verbindung, wo die theologischen und philosophischen Debatten nach Mitternacht und die persönlichen Gespräche vor Sonnenaufgang für das ganze Leben entscheidend blieben. Musik spielte dabei eine große Rolle und das romantische Verhältnis zur Natur, das ich der calvinistisch-amerikanischen Naturfremdheit in all meinen hiesigen Kolleges gegenüberstelle, verdanke ich vor allem den Wanderungen durch Thüringen und zur Wartburg in jenen Jahren, in Gemeinschaft mit den Verbindungsbrüdern.« (B 51)

Diese Tillichsche Reminiszenz liest sich fast wie ein Exposé zum Kapitel XIV des DOKTOR FAUSTUS. Zeitbloms

Tacte puer mentem Satbanâ pictore, Voluptas
Iniecit pedibus vincula lenta tuis.

Des Sathans fchildery van ɕweerelts yedelheydt
Bevanght des Menfchen hart: dies Luſt hem ſtricken leydt.

Willem Swanenburg, »Satan malt das Bild der weltlichen Eitelkeit«; Kupferstich

Erzählung von Adrians Umgang mit der christlichen Verbindung »Winfried«, die geschilderte Wanderung »ins liebliche Thüringerland«(VI, 154), »nach Eisenach und zur Wartburg« (VI, 158), die Rolle der Musik und natürlich das nächtliche Scheunengespräch, entfaltet die Tillichschen Stichworte zu einer voll durchgestalteten und in sich geschlossenen Szene. Die Diskussion treibt auf eine Verhältnisbestimmung des religiösen Glaubens zur Gesellschaft hin, wie sie sich im religiösen Sozialismus präsentierte, den Mann ja hauptsächlich durch die Beziehung zu Reinhold Niebuhr, Tillich und der »Fellowship of Socialist Christians«kannte. Mann selbst erwähnt in der ENTSTEHUNG, daß er »eine deutsche Jugend-Zeitschrift aus der Wandervogel-Sphäre, oder einer ähnlichen benutzte« (IX, 192). Gunilla Bergsten hat nachgewiesen, daß es sich dabei um ein Heft der »Freideutschen Position« aus dem Jahr 1931 handelt, das in den Gesprächsbeiträgen von Deutschlin und von Teutleben, Hubmeyer und Schappeler aufgenommen wird, mit der sie auf die christlich-sozialistische Position von Matthäus Arzt antworten.[13] Und – wie könnte es anders sein – das Gespräch läuft wieder auf das Dämonische zu. Ist das »Trachten nach neuen Ganzheitsordnungen« ein »Mythos von zweifelhafter Echtheit und unzweifelbarer Hoffart«, der »nichts weiter ist als christlich verbrämtes, naturales Heidentum und Christus zum 'Herrn der himmlischen Heerscharen' stempelt«, »eine entschieden dämonisch bedrohte Position« (VI, 167)? Oder ist zu entgegnen: »Dämonische Kräfte stecken neben Ordnungsphären in jeder vitalen Bewegung« (VI, 167)? Mit diesen Überlegungen ist die Diskussion ganz nah bei Tillichs Überlegungen zum »Dämonischen« angekommen, und es ist nicht von ungefähr, daß dabei Begriffe zitiert werden, die

sich in Tillichs Schriften der Zeit zwischen den Weltkriegen nachweisen lassen: »naturale Lebensbezüge«, »theonome Bindung", die Rede vom »sakralen Raum", vom »dialektischen Spannungsverhältnis« und von »seinshaften Entsprechungen« und weitere solcher »Preziositäten« (VI, 162), wie sie von Zeitblom ironisiert werden. Und immer wieder wird auf Kierkegaard Bezug genommen, wobei Tillich allerdings darauf hingewiesen hatte: »Kierkegaard wurde erst zwischen den Kriegen wirksam, in Theologie und Philosophie.« (B 51)

Dieses Kapitel stellt das durch das Theologiestudium eingeführte Thema des Dämonischen nun in den Zusammenhang der Gesellschaft und der Diskussion um den deutschen Nationalismus. Auch hier dienen die Zitate aus dem Umkreis des religiösen Sozialismus, die mit den Zitaten der »Freideutschen Position« gemischt werden, der Herstellung eines für den Roman zentralen Bezuges: des Verhältnisses zwischen dem Dämonischen und dem deutschen Nationalismus. Die einzelnen Dimensionen des Romans mit ihren Hauptsträngen und Nebensträngen werden durch den Bezug auf den theologisch eingeführten Begriff des Dämonischen miteinander verbunden und zueinander in Beziehung gesetzt. Durch diese Verbindungen werden die Parallelbeziehungen geschaffen, von denen der Roman lebt, und die ihn zu einer vieldimensionalen Einheit machen.

4. Das Zitat im Roman

Betrachtet man die montierte Theologie in der Darstellung des Theologiestudiums Leverkühns im DOKTOR FAUSTUS und die Querverbindungen, die durch den gemeinsamen Bezug auf das Dämonische etabliert werden, stellt sich sofort die Frage, welche Funktion diese Form der Gestaltung für das Ganze des Romanwerks hat. Es ist nicht nur theologisches Lokalkolorit, das Thomas Mann mit Zeitbloms Berichten von der Hallenser theologischen Szene und ihren Akteuren und mit der Darstellung der christlichen Verbindung »Winfried« einfängt, das nach dem Abbruch des Theologiestudiums nun beiseite gelassen werden könnte. Vielmehr sind hier für die Rede vom Dämonischen Sprachgestalten geschaffen worden, Kumpfs Lutherdeutsch, Schleppfuß psychologisch-erotische Dialektik und die Gesellschafts- und Staatstheorien des Scheunengesprächs, die im Verlauf des Romans immer wieder aufgenommen werden können, wenn das Dämonische in einer seiner vielen Gestalten in der Handlung auftritt. Die von Mann z.T. anhand von Tillichs Anregungen geschaffenen Sprachgestalten werden so zu Signaturen des Dämonischen in der Romanhandlung.

Der entscheidende Hinweis für dieses Verfahren findet sich im Roman selbst, in Adrians Brief an Zeitblom nach dem Wechsel nach Leipzig. Die Parodie der Redeweise Kumpfs wird zur Chiffre der Begegnung mit dem Dämonischen, das in der Parodie verschleiert und durch die Parodie zugleich enthüllt wird. So schreibt Zeitblom, bevor er den Brief zur Kenntnis bringt, daß Leverkühns »altertümliche Ausdrucksweise natürlich parodisch gemeint und Anspielung auf skurrile Hallenser Erfahrungen, das sprachliche Gebaren Ehrenfried Kumpfs ist, – zugleich aber auch Persönlichkeitsausdruck und Selbststilisierung, Kundgebung eigener innerer Form und Neigung, die auf eine höchst kennzeichnende Weise das Parodische verwendet, sich dahinter verbirgt und erfüllt.« (VI, 185f.)

In dieser Sprache wird dann die Irreführung durch den Dienstmann, den »Gose-Schleppfuß«, in die »Schlupfbude«

und die erste Begegnung mit Esmeralda erzählt (VI, 190), die mit der Bitte schließt: »Amen hiemit und betet für mich!« (VI, 191). Mann deckt die literarische Technik selbst auf, indem er den Philologen Zeitblom den Brief analysieren läßt, der bemerkt, daß nach der Beschreibung der »Fehlführung« der Kumpfsche Stil sofort fallengelassen wird. So fragt Zeitblom:

»Ist es nicht, als hätte der archaische Ton seinen Zweck erfüllt, sobald die Geschichte der Fehlführung auf dem Papier steht, und danach aufgegeben wird, nicht sowohl, weil er für die ablenkenden Schlußbetrachtungen nicht paßt, sondern weil er, vom Datum an, nur eingeführt war, um *die Geschichte* darin erzählen zu können, die dadurch die ihr angemessene Atmosphäre erhält? Ich will es aussprechen, so wenig die Bezeichnung, die ich im Sinn habe, auf eine Farce anwendbar scheint. Es ist die religiöse Atmosphäre. Dies war mir klar: wegen seiner historischen Affinität zum Religiösen war das Reformationsdeutsch für einen Brief gewählt worden, der mir diese Geschichte bringen sollte. Wie hätte ohne das Spiel mit ihm das Wort hingeschrieben werden können, das doch hingeschrieben sein wollte: 'Betet für mich!'?« (VI, 194)

Diese Technik wird im DOKTOR FAUSTUS in vielfältigen Varianten wiederholt und verfeinert. Der Höhepunkt ist dabei zweifellos das »Teufelsgespräch«, das, die Kierkegaard-Lektüre unterbrechend, nicht umsonst »fein altdeutsch«, »ohn einige Bemäntelung und Gleisnerei« (VI, 298) beginnt, auf »gut Kumpfisch« (VI, 301). Hier werden die von Mann durch Zeitblom in den Kapiteln des Theologiestudiums gelegten Spuren wieder aufgenommen und zu ihrem Ziel geführt. Zeitbloms These, daß Theologie eine Tendenz zur Dämonologie habe, wird von Adrians dämonischem Gesprächspartner als eigentliches Motiv seines Theologiestudiums entlarvt: »Willst du leugnen, daß du die beste der Künste und Wissenschaften auch nur als Spezialist und Liebhaber studiert hast? Dein Interesse galt – mir.« (VI, 313) Die in Schleppfuß' Kolleg erörterte These von der Dialektik von Gott, Gutem und Bösem wird aufgenommen und auf das Verhältnis von Krankheit und Gesundheit ausgeweitet:

»Hast du vergessen, was du auf der Hohen Schul gelernt hast, daß Gott aus dem Bösen das Gute machen kann und daß die Gelegenheit dazu ihm nicht verkümmert werden darf? Item, einer muß immer krank und toll gewesen sein, damit die anderen es nicht zu sein brauchten.« (VI, 314)

Schließlich behauptet der dämonische Gesprächspartner, der wahre Theologe zu sein, der sich auf das Religiöse so versteht, wie es die bürgerliche Kultur und mit ihr die ihr verschwisterte liberale Theologie nicht konnte:

»Ich hoffe doch, du wunderst dich nicht, daß dir Sankt Veltin vom Religiösen spricht? Potz Stern! Wer anders, möchte ich wissen, soll dir wohl heute davon sprechen? Der liberale Theolog doch nicht? Bin ich doch nachgerade der einzige, ders konserviert! Wem willst du theologische Existenz zuerkennen, wenn nicht mir? Und wer will eine theologische Existenz führen ohne mich? Das Religiöse ist so gewiß mein Fach, wie es kein Fach der bürgerlichen Kultur ist.« (324f.)

Das Teufelsgespräch belegt mit seiner virtuosen Zitationstechnik die Beobachtung, die für die Einführung der Theologie im Zusammenhang des Romans ausschlaggebend zu sein scheint. Man muß theologisch reden, um vom Dämonischen reden zu können. Nur in der »religiösen Atmosphäre« läßt sich das Dämonische benennen. Wer vom Teufel reden will, muß von Gott reden. Gleichzeitig, auch das belegt das Teufelsgespräch, wer in dem von Mann angelegten Zusammenhang vom Bösen und vom Teufel redet, von Abtrünnigkeit und Sünde, der muß auch von Gott und Gnade reden. Das ist ja die Pointe der von Kumpf vertretenen »Paulinischen Lehre von Sünde und Rechtfertigung", die wir bei Tillich im Blick auf den radikalen Zweifel und das Dämonische radikalisiert fanden, daß erst in der Situation der absoluten Verzweiflung die »Transzendenz der Verzweiflung« als Gnade anklingen kann. Auch dieses Motiv klingt schon früh an, bei Leverkühns theologisch gedeuteter Abkehr von der Theologie zur Musik: »Abtrünnigkeit ist ein Akt des Glaubens, und alles ist und geschieht in Gott, besonders auch der Abfall von ihm.« (VI, 176)

Auch dieses Motiv, die Gegenlinie zur Linie von der Theologie zur Dämonie, die Linie von Verwerfung und Verzweiflung zur Gnade, wird im »Teufelsgespräch« in höchst raffinierter scholastischer Diskussion der Distinktion zwischen der »attritio« und der »contritio«, die »die eigentliche und wahre protestantische Zerknirschung über die Sünde« (VI, 328) bezeichnet, debattiert.

Adrian erprobt die These: »Die contritio ohne jede Hoffnung und als völliger Unglaube an die Möglichkeit der Gnade und Verzeihung, als die felsenfeste Überzeugung des Sünders, er habe es zu grob gemacht, und selbst die unendliche Güte reiche nicht aus, seine Sünde zu verzeihen – erst das ist wahre Zerknirschung, und ich mache Euch darauf aufmerksam, daß sie der Erlösung am allernächsten, für die Güte am unwiderstehlichsten ist ... Eine Sündhaftigkeit so heillos, daß sie ihren Mann von Grund auf am Heil verzweifeln läßt, ist der wahrhaft theologische Weg zum Heil« (VI, 329)

Darauf der dämonische Er: »Schlaukopf! Und woher will deinesgleichen die Einfalt nehmen, die naive Rückhaltlosigkeit der Verzweiflung, die die Voraussetzung wäre für diesen heillosen Weg zum Heil? Es ist dir nicht klar, daß die bewußte Spekulation auf den Reiz, den große Schuld auf die Güte ausübt, dieser den Gnadenakt nun schon aufs äußerste unmöglich macht?"

Adrians Antwort: »Und doch kommt es erst durch dieses Non plus ultra zur höchsten Steigerung der dramatisch-theologischen Existenz, das heißt: zur verworfenen Schuld und dadurch zur letzten Herausforderung an die Unendlichkeit der Güte.« (VI, 330)

Diese Gegenlinie, die noch nicht erreicht ist, wenn auf den Reiz der Schuld für die Gnade spekuliert ist, erzeugt nach Ablauf der Zeit das Paradox, das musikalisch darin besteht, »daß aus der totalen Konstruktion sich der Ausdruck – der Ausdruck als Klage gebiert", das die Frage aufwirft, ob dieser »künstlerischen Paradoxie« das »religiöse Paradoxon entspräche, daß aus tiefster Heillosigkeit, wenn auch als leiseste Hoffnung nur, die Hoffnung keimte?« (VI, 647f?) Sie kommt erst dort zum Zuge, wo in Adrian Leverkühns Abschiedsrede, beginnend in der von Ehrenfried Kumpf eingeführten Sprache dann in die Sprache von Schleppfuß' Kolleg wechselnd, die Spekulation auf die Güte als Signum der Verdammnis entlarvt wird und darum die Einsicht der Verzweiflung erreicht wird, daß es kein Erbarmen gibt.

»Meine Sünde ist größer, denn daß sie mir verziehen, und ich habe sie auf Höhest getrieben dadurch, daß mein Kopf spekulierte, der zerknirschte Unglaube an die Möglichkeit der Gnade und Verzeihung könnte das allerreizendste sein für die ewige Güte, wo ich doch einsehe, daß solch freche Berechnung das Erbarmen vollends unmöglicht macht. Darauf aber fußend, ging ich weiter im Spekulieren und rechnete aus, daß diese letzte Verworfenheit der äußerste Ansporn sein müsse für die Güte, ihre Unendlichkeit zu beweisen. Und so immer fort, also, daß ich einen verruchten Wettstreit trieb mit der Güte droben, was unausschöpflicher sei, sie oder mein Spekulieren, – da seht ihr, daß ich verdammt bin, und ist kein Erbarmen für mich, weil ich ein jedes im Voraus zerstöre durch Spekulation.« (VI, 666)

Mit der so zum Ziel gekommenen »contritio«, die im Bekenntnis des Verlustes des Anspruchs auf Erbarmen endet, ist die Situation der Rechtfertigung beschrieben, in der es kein menschliches Mitwirken an der Gnade, auch nicht im spekulativen Wettstreit, mehr gibt. Dieser Situation gegenüber, in der »als leise Frage nur« von Hoffnung und so vom »Wunder, das über den Glauben geht« (VI, 648) geredet werden kann, in der das Äußerste ein »vielleicht« unterhalb der Hoffnung ist – »vielleicht kann gut sein aus Gnade, was in Schlechtigkeit geschaffen wurde« (VI, 666) – ist die einzig menschliche Reaktion das von Frau Schweigestill, einer der Frauen unter dem Kreuz Adrian Leverkühns, geforderte Verständnis – und damit endet der Roman:

»Viel hat er von der ewigen Gnaden geredt, der arme Mann, und i weiß net, ob die reicht. Aber a recht's a menschlich's Verständnis, glaubt's mir, des reicht für all's.« (VI, 664)

5. Die Unersetzbarkeit der religiösen Zeichen

Wir haben betrachtet, wie Thomas Mann theologische Reflexionen in die multidimensionale Struktur des DOKTOR FAUSTUS einführt, indem er von Paul Tillich gegebene Informationen in die Erzählstränge seines Romans einmontiert und durch seinen Erzähler Serenus Zeitblom kommentieren läßt. Dabei werden die aufgenommenen Details und ihre theologiegeschichtlichen Einbettungen vielfach mit anderem Material, etwa aus Luthers Briefwechsel, angereichert und in der Sprache des an Tillichs Reminiszenzen an seinen Lehrer Martin Kähler angelehnten Professors Ehrenfried Kumpf eine distinkte Ausdrucksform geschaffen, in der das Dämonische durch seine sprachliche Form identifizierbar und in seinen Inhalten diskutierbar wird. Immer, wenn im DOKTOR FAUSTUS »gut Kumpffisch« geschrieben oder gesprochen wird, vor allem in Adrians eigenen Mitteilungen, dient der theologische Sprachgestus des Kumpfschen Lutherdeutsch der Einführung des Dämonischen. Erkennen Sie die Melodie?, ist die ironisch-ernste Frage, die Mann seinen Lesern und Leserinnen auf diese Weise stellt. Durch das Zitat des Kumpfschen Sprachgestus im Roman kann auf diese Weise der theologisch-dämonologische Problemhorizont des Theologiestudiums in weiteren Stadien und neuen Konstellationen der Erzählung immer wieder eingeholt und weiter bearbeitet werden.

Dabei ist es auffällig, daß Mann die theologische Dimension zwar als eigene Dimension etabliert, sie aber mit anderen Dimensionen der Darstellung, der sexuell-erotischen der Begegnung mit Esmeralda, und so mit dem Nietzsche-Thema, und der gesellschaftlich-nationalen Dimension des Deutschlandthemas verbindet. Dadurch kann das in diesen Dimensionen enthaltene Dämonische zur Sprache gebracht und gestaltet werden. Wir haben das anhand von Schleppfuß' Kolleg und in bezug auf das Scheunengespräch kurz angedeutet. Es ließe sich auch in der Geschichte des musikalischen Schaffens von Adrian Leverkühn zeigen, in dem die Entwicklung der musikalischen Gestaltungsformen durch ihre thematischen Bezüge theologisch gedeutet werden. Ebenso wird die Krankheitsgeschichte Leverkühns durch die von Mann hergestellten theologisch gedeuteten religiösen Bezüge in den Kontext der »heiligen Krankheit« gestellt, womit er die religiös-theologische Deutung von Krankheit und Gesundheit und die medizinisch-physiologische Deutung von Religion und Theologie im Werk Nietzsches aufnimmt und weitergestaltet.

Dient das Theologische dem Zur-Sprache-Bringen des Dämonischen – das ist die eine Linie der Entfaltung -, so dient umgekehrt die im theologischen Sprachgestus vorgetragene Rede vom Dämonischen – das ist die Gegenlinie – dem Zur-Sprache-Bringen der Gnade. Beide Linien sind schon bei Kumpf und seiner Kählerschen Überzeugung, daß auch »unser Denken gebrochen ist und der Rechtfertigung bedarf« (VI, 128), vorhanden und werden dann in Schleppfuß Dialektik problematisiert, was in der scholastischen Disputation des »Teufelsgesprächs« über »attritio« und »contritio« fortgesetzt wird. Aber erst im letzten Werk Leverkühns und in der Abschiedsrede ist die Radikalität und die Exklusivität des reformatorischen »sola gratia« erreicht. Wir hatten gesehen, daß hier eine Strukturanalogie zu Tillichs Anwendung des reformatorischen »sola gratia« der Rechtfertigungslehre auf das Gebiet des Erkennens vorliegt. Es ist diese radikale Exklusivität der Gnade, die auf dem Grund der erbarmungslosen Verzweiflung anklingt, die Manns weiteres Schaffen bestimmt und im »Erwählten", dessen einziges Thema die Gnade ist, voll ausgearbeitet wird. Fast möchte man gegenüber den großen Dualismen, die Mann wahrscheinlich von Mereschkowskij übernahm und die große Perioden seines literarischen Schaffens bestimmt, von einem Monismus der Gnade sprechen. Erst aus dieser Perspektive kann die Aussage Leverkühns eingeholt werden: »... alles ist und geschieht in Gott, besonders auch der Abfall von ihm.« (VI, 176)

Frage man auf der Basis dieser Beobachtungen, die mehr Hinweise geben als umfassenderen Untersuchungen vorgreifen sollen, nach der Funktion des Theologischen im DOKTOR FAUSTUS, ist Zeitbloms Diagnose der »religiösem Atmosphäre«, die durch das theologische Idiom geschaffen wird, entscheidend. Mann gelingt es durch dieses Stilmittel, letzte Fragen, in denen sich die quaestio perennis des menschlichen Lebens ausspricht, in vorletzten Fragen sichtbar zu machen. Durch das Stilmittel der theologischen Rede, die diese letzten Fragen, die Fragen nach Verdammnis und Heil, nach Verwerfung und Gnade zur Sprache kommen läßt, kann die gemeinsame Tiefendimension der unterschiedlichen Darstellungsformen des Romans aufgedeckt werden. Wo theologische Rede eingeführt wird, wird die Dimension der Letztgültigkeit im Alltäglichen aufgedeckt, und damit wird beides sichtbar: die Realität des Dämonischen und die Hoffnung auf Gnade.

Der DOKTOR FAUSTUS konfrontiert seine Leser und Leserinnen mit einer komplexen Zeichenwelt. Unterschiedliche historische Epochen werden ineinander verschoben, verschiedene auch nichtsprachliche Zeichensystem in die Zeichenwelt des Romans eingeholt, allen voran die Musik – in dieser Hinsicht ist der DOKTOR FAUSTUS sicher der größte Versuch, das Zeichensystem der Musik in die sprachliche Zeichenwelt zu montieren –, aber auch die Mathematik. Indem diese unterschiedlichen Zeichen-

systeme mit den in theologischer Begrifflichkeit gedeuteten religiösen Zeichen verbunden werden, wird durch diese in den verschiedenen Zeichensystemen die Tiefendimension letzter Fragen aufgedeckt. Darin besteht die Unersetzbarkeit der religiösen Zeichen.

Zwei Dinge sind dabei wichtig zu beachten. Zum einen wird das zunächst als Zitat in den Text Montierte, das in die Erzählung inkorporierte Fremde, schrittweise zum Eigenen der Erzählung. Ein Paradebeispiel ist dafür die Behandlung des Dämonischen und der Gnade. Zum anderen wird das, was zunächst im Modus humorvoll-ironischer Distanzierung zitiert wird, wie das »Kumpfisch« des Hallenser Systematikers, zum Ernst der Erzählung, von dem dem Leser – wie bei Leverkühns Abschiedsrede – kaum Distanzierung gestattet wird. Die Aneignung des Fremden und die Zurücknahme der Ironie als Verringerung der Distanz – beides selbst im DOKTOR FAUSTUS thematisiert – lassen das Gewicht der religiösen Dimension in diesem Werk graduell zunehmen.

Ist der DOKTOR FAUSTUS darum ein religiöser Roman? Mann selbst hat dazu in einem Brief an Albrecht Goes Stellung genommen:

»Ein Teufelsroman ist natürlich ein religiöser Roman, und ein Buch, worin steht, daß alles in Gott geschieht, besonders auch der Abfall von ihm, dem braucht man als Christ nicht 'an den Hals zu springen'. Von Sünde, Schuld und Buße weiß doch dies Buch eine ganze Menge – und schließlich sogar von dem 'Wunder, das über den Glauben geht', der Gnade. Wer von der Bekenntnisansprache des armen Leverkühn am Schluß sich nicht ein bißchen ergreifen läßt, der ist am Ende gar kein so guter Christ wie zu sein er sich einbildet.« (Br. III, 69)

[1] Der Brief wurde in Heft 5 der Blätter der Thomas Gesellschaft Zürich, 48-52, gedruckt.

[2] Zur Biographie Tillichs vgl. Wilhelm und Marion Pauck, PAUL TILLICH. SEIN LEBEN UND DENKEN Bd. 1: LEBEN, Stuttgart 1978. Zur Einführung in das Denken Tillichs vgl. Carl Heinz Ratschow, PAUL TILLICH. EIN BIOGRAPHISCHES BILD SEINER GEDANKEN, in: TILLICH-AUSWAHL, hrsg. von Manfred Baumotte, Gütersloh 1980, Bd. 1: DAS NEUE SEIN, 11-104.

[3] Der Text ist am leichtesten zugänglich in: TILLICH AUSWAHL, a.a.O., Bd. 2: DIE ZWEIDEUTIGKEIT DES LEBENS, 54-69. Darauf beziehen sich die folgenden Seitenangaben im Text.

[4] Hier zitiert nach: TILLICH-AUSWAHL, a.a.O. Bd. 3: DER SINN DER GESCHICHTE, 96-125. Darauf beziehen sich die folgenden Seitenangaben im Text.

[5] A.a.O. (Anm. 3), 61.

[6] Zitiert bei Herbert Lehnert, THOMAS MANN – FIKTION, MYTHOS, RELIGION, Stuttgart-Berlin-Köln-Mainz 1965, 182. Lehnert liefert dort (179-187) die bisher eingehendste Analyse von»Thomas Manns Berührung mit Reinhold Niebuhr und Paul Tillich« (179).

[7] Nach Lehnert, a.a.O. 251, der sich auf Erinnerungen von Eduard Heimann beruft, hat Mann nie bei einer der halbjährlich stattfindenden Tagungen der»fellowship« gesprochen.

[8] Nach dem Briefwechsel gab es eine weitere Berührung Manns und Tillich im Frühjahr 1944 in der Frage der Beteiligung am Council for a Democratic Germany. Tillichs Biograph schreibt dazu:»Man sprach davon, daß Thomas Mann aufgefordert worden sei, den Vorsitz dieses Ausschusses zu übernehmen, sich aber geweigert habe, in diesem Kreis mitzuarbeiten, weil ihm ein Freund in der amerikanischen Regierung davon abgeraten habe. Nach einigen Auseinandersetzungen unter den Gründungsmitgliedern wurde Tillich zu dessen vorläufigen Vorsitzenden gewählt.« W. und M. Pauck, PAUL TILLICH, a.a.O. (Anm. 2), 209. Tillich blieb Vorsitzender bis zur Auflösung des Council im September 1945.

[9] Vgl. Anm. 1. Der Brief wird im folgenden als B im Text zitiert.

[10] Die wörtlichen Übernahmen sind kursiv gekennzeichnet. Eine genaue Gegenüberstellung der Texte und Hinweise zu Manns Textgestaltung bot zuerst Gunilla Bergsten in ihrer in erster Auflage 1963 in Uppsala erschienen Arbeit: THOMAS MANNS DOKTOR FAUSTUS. UNTERSUCHUNGEN ZU DEN QUELLEN UND ZUR STRUKTUR DES ROMANS, 2., ergänzte Auflage, Tübingen 1974, 44-46.

[11] Zur»theologischen Verwirrung« im DOKTOR FAUSTUS vgl. Lehnert, a.a.O. 184f. Der entscheidende Gesichtspunkt für die theologiegeschichtliche Konstruktion, die Thomas Mann durch Zeitblom entwickelt, scheint allerdings nicht ihre gedankliche Plausibilität oder ihre historische Verifizierbarkeit am tatsächlichen Verlauf der Theologiegeschichte, sondern ihre Funktion für den Roman.

[12] H. Lehnert schreibt in seinem in Anm. 6 genannten Werk:»Unter den theologischen Quellen des DOKTOR FAUSTUS wurde bisher nicht erwähnt: DER HEXENHAMMER von Jakob Sprenger und Heinrich Institoris, übersetzt von J.W.R. Schmidt, Berlin 1906, 3 Bände, davon Band I ganz, Band II teilweise benutzt. Aus diesem oft zitierten, aber wenig bekannten Werk stammt der Stoff des Schleppfuß-Kapitels einschließlich dessen Theologie, unbekümmert darum, daß diese Theologie natürlich katholisch ist (auf freilich sehr primitive Art). Schleppfuß ist eine Teufelsgestalt, und so kann man zur paritätischen Befriedigung darauf hinweisen, daß Thomas Manns Teufel nicht nur lutherische Quellen hat. Aus dem HEXENHAMMER stammen auch die Zitate aus der Patristik, die gelegentlich im Faustus-Text auftauchen.« 255 Anm. 115. Der Name des zweiten Herausgebers gibt den Hinweis für die weitere Verwendung dieses Materials im Roman.

[13] Vgl. Bergsten, a.a.O. (Anm. 10),48ff.

Hans Wißkirchen

Verbotene Liebe

Das Deutschlandthema im DOKTOR FAUSTUS

Am 16. Oktober 1947 erschien in der Schweiz der DOKTOR FAUSTUS, jener Roman, der Thomas Manns »am teuersten« war und an dem er hing »wie an keinem anderen.« (DüD III, 280) Schon zehn Tage später hielt er die erste Kritik in den Händen, die der Verleger Bermann-Fischer über den Atlantik nach Pacific Palisades gesandt hatte. Sie stammte von Max Rychner, und in der Antwort Thomas Manns dominiert sofort das Deutschlandthema: »Was werden die Deutschen sagen zu diesem Roman? Es ist dafür gesorgt, daß sie eine eigene Ausgabe bekommen. Vielleicht lehrt er sie doch, daß es ein Irrtum war, einen Deserteur vom Deutschtum in mir zu sehen.« (DüD III, 103)

Hier spielt Thomas Mann auf die große Debatte an, die sich um die Frage seiner Rückkehr in das kriegszerstörte Deutschland entsponnen hatte. In einem offenen Brief war er durch Walter von Molo gebeten worden, in die Heimat zurückzukehren. In seiner ausführlichen Antwort, die in den unmittelbaren Nachkriegsmonaten Furore machte, hatte Thomas Mann dieses Ansinnen zurückgewiesen und gleichzeitig sein Verhältnis zu Deutschland definiert.

Wie so oft bei ihm, findet sich hier ein ausgeprägter Gegensatz, der allerdings sehr einseitig wahrgenommen wurde, was sicher damit zusammenhing, daß die antideutsche Position in aller Schärfe und Eindeutigkeit zum Ausdruck kam. »Ja, Deutschland ist mir in all diesen Jahren doch recht fremd geworden. Es ist, das

müssen Sie zugeben, ein beängstigendes Land. Ich gestehe, daß ich mich vor den deutschen Trümmern fürchte, den steinernen und den menschlichen.« Und auch gegen alle Bücher, die zwischen 1933 und 1945 erschienen sind, wendet Thomas Mann sich in ausgesprochener Schärfe: »Ein Geruch von Blut und Schande haftet ihnen an; sie sollten alle eingestampft werden.« (Br II, 443) Diese Bemerkungen erweckten natürlich eine Abwehrhaltung, und man warf Thomas Mann vor, sich von Deutschland abgewandt zu haben, sich dem notwendigen geistigen und moralischen Wiederaufbau zu verweigern. Man überlas dabei die andere, wenn auch schwächer zum Ausdruck kommende Seite des Briefes. Denn Thomas Mann sprach sehr wohl von den »unzerreißbaren Banden« mit der Heimat, seinen unausrottbaren »Wurzeln« und fügt die Beteuerung an: »Nie werde ich aufhören, mich als deutscher Schriftsteller zu fühlen«. (Br II, 445)

Aus dieser Haltung heraus muß die obige Bemerkung verstanden werden. Es trafen 1947 zwei unterschiedliche Erwartungshaltungen aufeinander. Da war auf der einen Seite eine deutsche Öffentlichkeit, die zu wichtigen Teilen in Thomas Mann den unter der Sonne Kaliforniens weilenden Exilanten sah, der als amerikanischer Staatsbürger mit seinem Vaterland nichts mehr zu tun haben wollte. Und auf der anderen Seite stand ein Autor, der einer jüdischen Leserin gegenüber bekannte, beim DOKTOR FAUSTUS handle es sich um ein »Buch, das

Walter von Molo (1880-1958)

sich außerordentlich tief in das Deutschtum einwühlt und Gefahr läuft, als eine Verklärung des Deutschtums empfunden zu werden« (DüD III, 124).

Die Rezeption und Wirkung ging dann auch in die Richtung dieser Befürchtung. Es erschienen im Herbst 1947 und im Frühjahr 1948 eine gewaltige Zahl von Kritiken, die Thomas Mann fast alle sammelte und registrierte.[1] Nur eine allerdings erfährt eine ausführliche Würdigung und wird in ihrer Kernaussage in einem Brief an Kuno Fiedler fast wörtlich wiedergegeben. Es ist die Rezension von Ludwig Marcuse. In dem Brief heißt es unter anderem: »Was Sie im Grunde *gegen* das Buch haben (neben dem, was sie dafür haben) glaube ich zu sehen. Es ist ihnen zu deutsch, sogar zu prodeutsch, und das kann ich verstehen, teile auch selbst manchmal das Gefühl und fürchte dann, gewissen üblen prodeutschen Tendenzen damit geschmeichelt zu haben. Manche Ausbrüche des Enthusiasmus sind mir in diesem Sinne

etwas unheimlich, und ich bin mehr als halb bereit, dem jüdischen Kritiker (er nannte den Roman übrigens ›ein Wunderwerk der deutschen Literatur‹) recht zu geben, der im New Yorker ›Aufbau‹ schrieb, Adrian schillere etwas faschistisch und das Dritte Reich etwas genialisch, und das Buch entgehe nicht ganz der Gefahr, dieses noch nachträglich mit einem Leverkühn zu beschenken.«[2] (DüD III, 135)

Soweit das Kritikerreferat, das nicht zufällig aus Emigrantenkreisen stammte. In das Zentrum des Themas führt aber Thomas Manns Kommentierung dieser Tatsache. »Das hat etwas für sich und entspricht gewiß Ihren Empfindungen. Aber so ist das nun einmal, und diese Gefahr muß mit so vielen anderen des aufgewühlten und vielschichtigen Werkes in Kauf genommen werden.« (DüD III, 135) Die lapidare Anerkennung eines so grundlegenden Vorwurfes muß stutzig machen. Daß Thomas Mann mit einem »so ist das nun einmal« über das faschi-

Arthur Schopenhauer (1788-1860)

Richard Wagner (1813-1883)

stische Oszillieren seines großen Alterswerkes hinweggeht, überrascht. Was sind es für Gründe, die ihn diese Gefahr hinnehmen lassen?

Politik und Literatur

Sie reichen weit zurück, nämlich bis zu den Anfängen der Politisierung in Thomas Manns Leben und Werk. Es war der Erste Weltkrieg, der ihn ab 1914 zwang, sich mit den aktuellen Fragen des Tages auseinanderzusetzen. Das waren tiefdeutsche Fragen, die schon damals mit der Frage nach der Kriegsschuld eng zusammenhingen. Und dann muß man bedenken: Thomas Mann hat seine geistige Sozialisation im 19. Jahrhundert erfahren, das »Dreigestirn ewig verbundener Geister« (XII, 79)[3], Schopenhauer, Nietzsche und Wagner, stellte die Grundlage seines Welt- und Kunstbildes dar. Zudem ist er fast vierzig, als der Erste Weltkrieg ausbricht. Ohne Zweifel ist seine Kunst und auch seine Sicht der Gesellschaft davon entscheidend geprägt. Ein Grundpfeiler dafür ist sein statisches Geschichtsbild. Thomas Mann haßte im Grunde die Bewegung der Geschichte. Was er über Wagner sagt, daß der die »machtgeschützte Innerlichkeit« (IX, 419) des wilhelminischen Reiches geschätzt habe, gilt auch für ihn. Geschichte und Politik interessierten ihn bis 1914 nur, solange sie der Kultur einen festen und stabilen Lebensrahmen garantierten, aus dem der Künstler die Materialien für seine Werke auswählen konnte. Die strikte Trennung von Staat und Kunst vor 1914 ließ Politik und Geschichte für den Künstler Thomas Mann als fixe Größe erscheinen, deren Existenz man hinzunehmen hatte. Es ist diese Sicht des Politischen, die den Schock des Weltkrieges hervorruft und Thomas Mann dazu zwingt, die BETRACHTUNGEN EINES UNPOLITISCHEN

zu schreiben. Der Titel ist glänzend gewählt, denn er trifft genau seine Situation. Einer, der sich nie um Politik gekümmert hat, nicht darum kümmern mußte, tut dies nun gezwungenermaßen, und er tut dies auf eine durchaus problematische Art und Weise.

Was den BETRACHTUNGEN EINES UNPOLITISCHEN als einem der Vorläufertexte des DOKTOR FAUSTUS im Bereich des Politischen anzumerken ist, das kann man am besten mit der Formel von der »erzwungenen Politisierung« bezeichnen. Hier muß jemand sein Welt- und Menschenbild aus einem politikfreien Raum in einen sich neu bildenden ideologischen Bezugsrahmen einordnen. Er wählt dazu einen konservativen Kontext, freilich ohne daß er mit dem Herzen daran hängt. Fakt aber ist: Thomas Mann glaubt von 1914 bis etwa 1922, daß seine Sicht eines romantischen Deutschtums, das sich über die Kultur definiert, am besten bei den konservativen Kräften aufgehoben ist. Ein gewisses Unbehagen bleibt jedoch in diesen Jahren erhalten. Er ahnt instinktiv, daß er sich nicht als Parteigänger der Deutschnationalen eignet, und daher sind auch den schlimmsten Ausfällen gegen das fortschrittliche Denken immer noch Seitenwege eingeschrieben, die einen Rückzug ermöglichen und auch das Gegenteil denkbar erscheinen lassen. Ein anschauliches Beispiel für diese Behandlung der Politik ist die »Vorrede« zu den BETRACHTUNGEN EINES UNPOLITISCHEN, die im Frühjahr 1918, also nicht lange vor der deutschen Niederlage im Ersten Weltkrieg, geschrieben wurde.

Da findet sich zum einen das eindeutige Bekenntnis für Deutschland, das unlösbar mit einer Invektive gegen das demokratische Denken verknüpft ist. »Ich bekenne mich tief überzeugt, daß das deutsche Volk die politische Demo-

Klaus Mann vor dem zerstörten Elternhaus Poschingerstraße 1, München

kratie niemals wird lieben können, aus dem einfachen Grunde, weil es die Politik selbst nicht lieben kann, und daß der vielverschriene ›Obrigkeitsstaat‹ die dem deutschen Volke angemessene, zukömmliche und von ihm im Grunde gewollte Staatsform ist und bleibt.« (XII, 30) Das hat viel von einer endgültigen Feststellung und Festlegung.

Wer nun glaubt, Thomas Mann wegen solcher Äußerungen problemlos in eine Reihe mit den nationalen Kräften im Ersten Weltkrieg und der Zeit nach 1918 stellen zu können, der irrt. Entscheidend nämlich ist, daß seine politischen Meinungen niemals nur als direkte, tagesaktuelle Äußerungen, sondern als ästhetische Politik verstanden werden müssen. Gemeint ist damit: Hier äußert sich ein Künstler und die Politik steht nicht als das Primäre da, sondern verdankt ihre Bedeutung immer der Stellung innerhalb eines Werkes, eines übergeordneten ästhetischen Gebildes. Das ist auch und gerade in den BETRACHTUNGEN EINES UNPOLITISCHEN so. Sinnfällig wird dies am Ende der Vorrede, wenn Thomas Mann seine eigenen Ansichten aus Künstlersicht betrachtet. Dann liest sich einiges in einem anderen Lichte. Thomas Mann beginnt mit einer schonungslosen Selbstanklage. Sein Buch argumentiere gegen den Fortschritt, gegen den Weg Deutschlands »von der Musik zur Demokratie«. Er fragt dann, warum er dies alles tue, wo weder Ehre noch Lob zu erwarten sei. Die Antwort überrascht: Es ist die heimliche Liebe zur Demokratie, die er als das Movens seiner Bemühungen ausmacht. Sie ist freilich nicht im politischen Teil seines Ichs angesiedelt, sondern in einem anderen. »Und was für ein Teil wäre das dann? Vielleicht das *literarische?* Denn die Literatur [...] ist demokratisch und zivilisatorisch von Grund aus: richtiger noch: sie ist *dasselbe* wie Demokratie und Zivili-

sation. Und mein Schriftstellertum also wäre es, was mich den ›Fortschritt‹ Deutschlands an meinem Teile – noch fördern ließe, *indem ich ihn konservativ bekämpfe?*-« (XII, 40) Es wäre zu kurz gegriffen, wenn man diese Wendung alleine mit einem sophistischen Rettungsversuch erklären wollte, einem ironischen Entweichen vor der endgültigen politischen Festlegung. Dahinter steckt mehr, nämlich die Angst, sich mit seinem Bild des Deutschen falsch festzulegen, wenn man es nur auf den konservativen Machthabern gründet. Es ist wohl die geheime Angst, daß seine Vorstellung des Deutschen, die Liebe zu Schopenhauer, Nietzsche und Wagner, hier dann doch nicht ihre wahre Heimat hat. Im weiteren Verlauf der deutschen Geschichte in den 20er und 30er Jahren sollte sich dies leider drastisch bestätigen.

Diese historische Entwicklung führte bei Thomas Mann zu einer neuen Qualität im Verhältnis zur deutschen Tradition, die als Zuspitzung der durch den Politisierungszwang erfolgten Abwehrhaltung im Ersten Weltkrieg verstanden werden muß. Der Haß auf die Politisierung ihm zentraler Werte der deutschen Geisteskultur wurde abgelöst durch den Haß auf eine ganz *bestimmte* Form der Politisierung dieser Werte: Nämlich die Erschleichung der romantischen deutschen Tradition durch die konservativen Kräfte und später dann sogar durch die Faschisten.

Das Urmuster dieser Ablehnung ist im ZAUBERBERG gestaltet. Im Abschnitt »Fülle des Wohllauts« werden die Vorzugsschallplatten Hans Castorps vorgestellt. Seine unbedingte Liebe gilt dabei Schuberts Lied DER LINDENBAUM, das als etwas »exemplarisch Deutsches« eingeführt wird.[4] Um diese Liebe steht es freilich äußerst problematisch, denn Schuberts Lied ist für Thomas Mann in den zwanziger Jahren nicht mehr primär das »Urbild des Innigen«, sondern ein für konservativ-völkische Zwecke mißbrauchtes Kunstwerk. Man habe dem »Liede Riesenmaße« gegeben und sogar »Reiche« darauf gegründet, die mit seinen ursprünglichen Intentionen nichts mehr gemein hätten, sondern »in welchem das Lied zur elektrischen Grammophonmusik verdarb.« In diesem Sinne steht das Lied für »eine Welt verbotener Liebe« (III, 907). Damit ist die entscheidende Formel für das Spätere gegeben!

Thomas Mann haßte den Nationalsozialismus vor allem als eine Bewegung, die sich große Werte der deutschen Vergangenheit auf eine seiner Meinung nach unberechtigte Art und Weise angeeignet und sie in ihrem Sinne verbogen und zuschanden gemacht hatte. Es haßte sie vor allem deshalb, weil sie damit seine *eigene* intellektuelle Geschichte, seine eigenen kulturellen und geistigen Traditionen, seine ganz persönliche Vorstellung von Deutschland als Kulturnation zu einem wesentlichen Teil hatten obsolet werden lassen. Wie eng Hitler und diese Tradition zusammenhängen, zeigt die folgenden Passage aus einem Brief an Walter Rehm, dem Thomas Mann für die Übersendung eines Buches über Jacob Burckhardt dankt: »Der Geist des Humanismus, der mich daraus anspricht, schmeichelt meinen Instinkten, es ist als ob ich Muttererde berührte, hier bin auch ich noch zu Hause, d.h. im 19. Jahrhundert [...] Heute ist seine Welt gründlich dahin,– was denjenigen, der durch Schopenhauer, ihn und Nietzsche noch etwas, noch Entscheidendes von ihr erfahren hat, nicht hindern darf, sie zu lieben. Wir sehen [...] das alles heute in den Händen von bösartigen Spießbürgern und Militaristen, die, wenn sie ›Seele‹ sagen den Gaskrieg meinen und tief verärgert sind, wenn wir ihnen nicht auf den Leim dieser

Agnes E. Meyer als Reporterin

Verwechslung gehen. Die besten Dinge von damals sind verhunzt, der Humanismus ist erniedrigt oder tot.«[5]

Die Nationalsozialisten werden hier verknüpft mit dem hochpersönlichen Motiv der »verbotenen Liebe«, eben der Tatsache, daß der Faschismus sich genau die Elemente der deutschen romantischen Sondertradition zu eigen gemacht hatte, auf der auch Thomas Manns Weltanschauung gründete. Was er liebte, durfte er nun nicht mehr lieben, weil Hitler es liebte. Was im ZAUBERBERG am Lindenbaumlied exemplifiziert wurde, hatte jetzt ab 1933 eine reale geschichtliche Dimension gewonnen, da auf dem Lied vom Lindenbaum ein wirkliches Reich gegründet worden war, das sich das Dritte nannte.

Wie aktuell das Motiv der verbotenen Liebe auch noch während der Arbeit am DOKTOR FAUSTUS war, zeigt ein Brief an die amerikanische Gönnerin Agnes E. Meyer vom 8. Juli 1945. Sie werde sicher »verstehen, warum ich den Narcismus für die letzte Geistesverfassung halte, die

Erscheinungen wie Nietzsche und Dostojewski, Erscheinungen des Religiösen, worin das Heilige sich mit dem Verbrecherischen mischt, gewachsen wäre. Planwirtschaft ist gut, aber es ist kein bloßer Aesthetizismus, wenn man Nietzsche interessanter findet. Ich werde fortfahren, meine Pflicht zu tun und habe noch bei dem sehr gelungenen ›Nation‹-Dinner eine tadellose politische Rede gehalten. Aber es war wohl zu erwarten, dass es durch das Hinscheiden A. Hitlers zu einer gewissen Lockerung meiner demokratischen Tugendhaftigkeit kommen würde.« (Br AM, 630)

Natürlich ist es eine in ihrer Radikalität falsche Übertreibung, wenn er den Nationalsozialismus als die »letzte Geisteserscheinung« beschreibt, die Phänomenen wie Nietzsche und Dostojewski gewachsen sei. Gemeint ist etwas anderes: Das »Dritte Reich« ist trotz seiner ganzen Verabscheuungswürdigkeit für Thomas Mann der letzte Ausläufer und damit zugleich das fürchterliche Ende des 19. Jahrhunderts in seiner Gegenwart. Es stellt – einzig unter dieser hochprekären Prämisse gesehen – die angemessenen Kriterien für eine adäquate Beurteilung der aus dem 19. Jahrhundert stammenden Geistesgrößen wie Nietzsche, Schopenhauer und Wagner dar. Das Ende Hitlers ist daher für Thomas Mann in einem ganz persönlichen Sinne eine Befreiung, es läßt nämlich die »verbotene Liebe« wieder zu und drängt die pflichtbewußt erfüllte »demokratische Tugendhaftigkeit« ein wenig in den Hintergrund.

Man muß sich nun vor Augen halten, daß der DOKTOR FAUSTUS mit seiner Entstehungszeit von 1943 bis 1947 fast symmetrisch um das Kriegsende herum zentriert ist. Der Übergang, der im Brief an Agnes E. Meyer markiert wird, vollzieht sich *während* der Arbeit am Roman und stellt damit eine Erklärung für die lax

erscheinende Antwort auf die Einwände Ludwig Marcuses dar. Zudem macht er verständlich, daß man das Deutschlandthema einzig im Kontext des Motivs der verbotenen Liebe angemessen verstehen kann.

Deutschland im Bilde Kaisersascherns

Was hat dies nun für das Deutschlandthema im Roman für Konsequenzen? Zuerst muß man die Grenzen akzeptieren, die Thomas Mann sich setzen mußte. Denn daß er die oben geschilderte Sicht der deutschen Kulturgeschichte nicht aufgeben konnte, daß er auf neuer und letzter Stufe fortführt, was er sein Leben lang über Deutschland gedacht und geschrieben hatte, das ist wohl verständlich geworden. Und man muß vor allem eine klare Prämisse machen: Die Politik ist *im* Roman, das Kunstwerk ist der entscheidende Bezugsrahmen, in dem die Äußerungen über Deutschland zu verstehen sind. Es hieße das Deutschlandbild im DOKTOR FAUSTUS gänzlich mißverstehen, wenn man das Werk im Sinne einer politischen Äußerung betrachtete.

Thomas Mann war sich von Beginn der Arbeit an über die Schwierigkeiten bewußt, die das Thema mit sich brachte. Dies kommt auch darin zum Ausdruck, daß er diesmal ganz genau wußte, auf welches Unternehmen er sich eingelassen hatte. Während die früheren Werke alle als mehr oder minder überschaubare Geschichten geplant waren, die sich unter der Arbeit dann auswuchsen – von den BUDDENBROOKS bis hin zu den JOSEPH-Romanen läßt sich das nachvollziehen –, war es beim DOKTOR FAUSTUS anders. »Hier war schon der Vorsatz groß, und ich muß innig hoffen, daß das dem Buch nicht geschadet hat.« (DüD III, 113)

Zerstörtes München mit Liebfrauenkirche nach den schweren Luftangriffen

Dieser Äußerung gegenüber Agnes E. Meyer merkt man an, daß sich Thomas Mann durchaus des Risikos bewußt war, das er mit dem DOKTOR FAUSTUS eingegangen war. Es ging ihm darum, die zentralen Lebensthemen ein letztes Mal in einer gültigen Form in einem großen Werk zu gestalten. Dazu gehörte natürlich auch das Deutschlandthema. Er persönlich hat in aller Deutlichkeit Grenzen und Möglichkeiten des Romans gekennzeichnet. Gegenüber Ernst Fischer, der das Buch von einem marxistischen Standpunkt aus zwar gelobt, aber die mangelnde Zukunftsperspektive beklagt hatte, sagt er in aller Eindeutigkeit:

»Der ›Faustus‹ ist die Synthese eines Lebens, das natürlich in seinen generationsmäßigen, geistesgeschichtlichen Horizont geschlossen ist, seine angeborenen und angebildeten Grenzen hat. Aber so sehr es Geschlossenheit *will* und sie zu einer gewissen persönlichen Kultur, einer kleinen Welt ausgeformt hat, so sehr ist es doch auch wieder bestimmt von *Sympathie,* die Offenheit bedeutet und bewirkt, daß diese Lebensformung mit ihren Spitzen in Neues reicht, das ihr nicht angehört, das aber doch von ihr mit vorsichtiger Zutraulichkeit angesprochen wird. Das geschieht vielfach in meinem Altersroman, und Ihnen ist es nicht entgangen. Das Buch, als Kunst, ist etwas Spätes, Letztes, Äußerstes und hat seine Kühnheit und Ehre eben darin, ein Äußerstes zu sein. Nach ihm und dem, was ihm verwandt, muß wohl ganz anderes kommen. Es komme! Ich halte es von Herzen mit dem fortschreitenden Leben.« (DüD III, 211 f.)

Was hier angesprochen wird ist das Thema Deutschland und seine endgültige Behandlung im Sinne des 19. Jahrhunderts. In genau diesem Sinne will der Roman als ein »Endwerk« verstanden werden. Darüber wird gleich zu reden

sein. Aber Thomas Mann weist auch auf die Elemente des Romans hin, die die Diagnose der Zeit überschreiten. Sie stehen zweifellos nicht im Zentrum, ragen als utopische Einsprengsel jedoch in die Traurigkeit der deutschen Welt hinein. Es ist die Vorstellung einer »Kunst mit der Menschheit auf Du und Du«, wie sie Adrian Leverkühn einmal im Gespräch mit dem Freund Zeitblom entwickelt. (VI, 429) Und es ist die Passage am Ende des Romans, in der Wahnsinnsrede des auf die Paralyse zusteuernden Helden. Hier ist von dem Wunsch die Rede, »daß unter den Menschen solche Ordnung sich herstelle, die dem schönen Werke wieder Lebensgrund und ein redliches Hineinpassen bereiten« (VI, 662).

Dominant ist aber die »Synthese« mit den »angeborenen und angebildeten Grenzen«. Auch heute noch ist von Interesse, wie weit jemand innerhalb dieser Grenzen gelangen konnte, wenn es darum ging, die Fragen nach der deutschen Geschichte in den Jahren um das Ende des Zweiten Weltkrieges herum zu beleuchten. Speziell in diesem Bereich wirkt der DOKTOR FAUSTUS heute noch stärker, als es bei einem vor fünfzig Jahren erschienenen Buch, das zudem den Rang eines modernen Klassikers längst erreicht hat, gemeinhin üblich ist.

Schon 1947 gab es bei der Beurteilung des Deutschlandbildes verschiedene Sichtweisen der Kritik. So wird etwa für viele Rezensenten der Zusammenhang zwischen Adrian Leverkühn und der deutschen Geschichte, die in den Faschismus mündet, nicht deutlich oder zu einseitig dargestellt. Emil Staiger, der hier repräsentativ genannt werden soll, sieht den Hauptgrund dafür in der verkürzten Sicht der deutschen Geschichte. Ihm fehlen Hofmannsthal, Lessing, Kant, Schiller und Mozart. Es fehlt, mit einem Wort, die aufklärerische Linie. In Staigers Worten: »Das ›andere Deutschland‹, das lichte, das sich bereichert mit nationalen Gütern, dem europäischen Geist anschließt und das Dunkle ›begütigend einbezieht‹, es bleibt im großen und ganzen beschränkt auf die Person des Serenus Zeitblom.«[6] Man kann wohl nicht umhin, diesen für das Nachkriegsdeutschland typischen Einwand als eine besonders sublime Form der Verdrängung zu bezeichnen. Wer, und das stellt auch Staiger für den Roman als eine der zentralen Wirkungsabsichten fest, »die ganze Vorgeschichte des dritten Reiches« geben will, der kommt eben mit Notwendigkeit auf den romantisch-völkischen Strang der deutschen Geschichte zu sprechen. Das aufklärerisch-europäische Gedankengut gehört weder zur Vorgeschichte des Faschismus, noch findet es sich als ausgeprägte Gegenposition zu Hitler. Nicht Thomas Mann ist mithin die Adresse, an die hier der Vorwurf zu richten ist. Er stellt mit dem DOKTOR FAUSTUS lediglich den historischen Ablauf korrekt dar. Das »andere Deutschland« gab es zwischen 1933 und 1945 eben nur im Exil und in einigen wenigen Ausnahmen innerhalb der Reichsgrenzen.

Es bleibt aber das Faktum, daß Thomas Mann in seinem Roman ein ganz bestimmtes und durchaus eingeschränktes Bild der deutschen Geschichte gestaltet, ein Bild, das keinen Anspruch auf Vollständigkeit erheben will. Die entscheidende Frage ist: Welche Analysen des Faschismus und der Nachkriegsgegenwart in Deutschland ließen sich in das im Roman gestaltete Geschichtsmodell integrieren?

Dafür ist es notwendig, auf die Verschränkung der verschiedenen Zeiten im Roman hinzuweisen. Der DOKTOR FAUSTUS spielt auf drei Zeitebenen. Ausgangspunkt ist die Gegenwart, eben die Erzählzeit, in der Serenus Zeitblom die

Geschichte von seinem Freund Adrian Leverkühn niederschreibt. Sie reicht vom 23. Mai 1943 bis zum Ende des Zweiten Weltkrieges, also dem Mai 1945.[7] Die zweite Ebene reicht von 1883, dem Geburtsjahr des Erzählers, bis zum 25. August 1940, dem Todestag Adrian Leverkühns. Und schließlich wird die deutsche Geschichte in den tausend Jahren vor 1900 erzählt.

Es ist Serenus Zeitblom, der die verschiedenen historischen Ebenen vermittelt und dadurch eine bestimmte Linie der deutschen Geschichte im Roman erst herstellt. Thomas Mann hat einmal von der geheimen Identität gesprochen, die Held und Erzähler auszeichnet. (XI, 204) Der Fluchtpunkt dieser Identität ist der Autor. Dies gilt auch für das Deutschlandthema.[8]

Ein Beleg für die hohe Integrationsdichte des Romans ist die Tatsache, daß die zweite und dritte Zeitebene ihren Anfang an einem Ort nehmen, nämlich in der fiktiven Stadt Kaisersaschern, in der die Lebensläufe der beiden Helden, Adrian Leverkühn und Serenus Zeitblom, beginnen. Diese urdeutsche Stadt ist in Thüringen, in Deutschlands Mitte angesiedelt. Aus den Arbeitsnotizen zum DOKTOR FAUSTUS weiß man, daß die verschiedensten Vorbilder in diese Beschreibung eingeflossen sind: Wittenberg, Merseburg, Eisleben, Quedlinburg, Wolfenbüttel, schließlich auch Nürnberg, die Stadt Dürers, und Lübeck, die Geburtsstadt.[9]

In einem ersten Beschreibungsschritt wird das Äußere der Stadt vor die Augen der Leser gestellt. Dann folgt das für den Erzähler Wichtigere: »Dies nur vom Stadtbilde. Aber in der Luft war etwas hängengeblieben von der Verfassung des Menschengemütes in den letzten Jahrzehnten des fünfzehnten Jahrhunderts, Hysterie des ausgehenden Mittelalters,

Ansichten von Kaisersaschern

Bildmontage der fiktiven Romanstadt Kaisersaschern im DOKTOR FAUSTUS

Von Thomas Mann
handschriftlich verfaßter
'Lexikonartikel',
einmontiert in ein aktuelles
Konversationslexikon von 1979

Kaiserstuhl: Weindorf Bickensohl

Kakadus:
OBEN Gelbhauben-K.,
UNTEN Inka-K.

Kaisersage, die Sage von einem im Berg schlafenden Kaiser, der einst aufwachen und entschwundene Kaiserherrlichkeit wiederherstellen wird. Karl d. Gr. soll im Untersberg b. Salzburg, Friedrich Barbarossa (urspr. Kaiser Friedrich II.) im Kyffhäuser, Widukind in der Babilonie zw. Lübbeke und Holzhausen in Westfalen, König Dan in einem Hügel bei Tönningen in Eiderstedt leben. Die Kyffhäusersage wurde im Anschluß an J. PRAETORIUS (17. Jh.) durch die Romantiker und durch F. RÜCKERTS Ballade ›Barbarossa‹ (1813) weit verbreitet.

Kaisersaschern, *an der Saale, Reg. bezk. Merseburg, südlich von Halle,* gegen das Thüringische hin. Weder Halle noch Leipzig, noch auch Weimar, noch selbst Dessau und Magdeburg sind fern, aber die Stadt, mit ihren *27000 Einwohnern, Bahnknotenpunkt* ist durchaus komplett und sich selbst genug, fühlt sich wie jede deutsche Stadt als ein Kulturcentrum von geschichtlicher Würde. Nährt sich von versch. Industrieen, wie *Maschinen, Leder,* Spinnereien, *Samenhandel u. Gärtnereien, Armaturen, Chemikalien und Mühlen.* Hat ein *Museum,* sehr schätzenswerte *Bibliothek von 25000 Bänden und 5000 Handschriften,* mit *zwei allitterierenden Zaubersprüchen* aus dem 10. Jahrhundert, Fuldaer Mundart. Schloß und Dom. War *Bistum 968-81 und 1004-1561.* Im Dom (oder der Pankratius- Kirche) *Grabmal* Kaiser Ottos III., Sohnes der Adelheid und Gemahls der Theophano, Imperator Romanorum, Saxonicus, der 1002 nach seiner Vertreibung aus Rom, dem geliebten, starb, und dessen Reste, obgleich er zeit seines Lebens so sehr unter seinem Deutschtum gelitten hatte, nach Kaisersaschern gebracht wurden.

Die Stadt hatte oder hat *Kali-, Kupfer-, Silberbergbau* und ist *z. T. von den heute wirtschaftl. unbedeutenden Gruben unterteuft. Aktiengesellschaft für Bergbau und Hüttenbetrieb.* K. hat atmosphärisch u. selbst in seiner Architektur etwas stark Mittelalterliches bewahrt. Alte Kirchen. Konservierte Bürgerhäuser und Speicher, Bauten mit offen sichtbarem Holzgebälk und überhängenden Stockwerken. Dergleichen stellt für das Lebensgefühl die Kontinuität mit der Vergangenheit her: es ist derselbe Ort, im J. 1600, i.J. 1000, und die Identität des Ortes behauptet sich gegen den Fluß der Zeit, der darüber hingeht und vieles fortwährend verändert, während einiges, aus Pietät, aber auch aus einem gewissen Trotz gegen die Zeit, zur Erinnerung stehen bleibt. In der Luft ist etwas hängen geblieben von der Verfassung des Menschengemüts in den letzten Jahrzehnten des 15. Jahrhunderts, Hysterie des ausgehenden Mittelalters, etwas von latenter

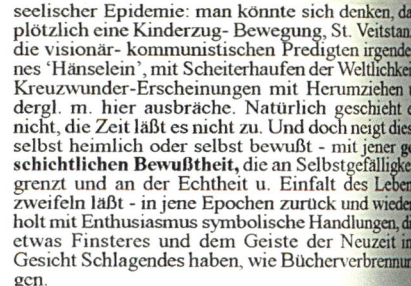

seelischer Epidemie: man könnte sich denken, daß plötzlich eine Kinderzug- Bewegung, St. Veitstanz, die visionär- kommunistischen Predigten irgendeines 'Hänselein', mit Scheiterhaufen der Weltlichkeit, Kreuzwunder-Erscheinungen mit Herumziehen u. dergl. m. hier ausbräche. Natürlich geschieht es nicht, die Zeit läßt es nicht zu. Und doch neigt diese selbst heimlich oder selbst bewußt - mit jener **geschichtlichen Bewußtheit,** die an Selbstgefälligkeit grenzt und an der Echtheit u. Einfalt des Lebens zweifeln läßt - in jene Epochen zurück und wiederholt mit Enthusiasmus symbolische Handlungen, die etwas Finsteres und dem Geiste der Neuzeit ins Gesicht Schlagendes haben, wie Bücherverbrennungen.

Kaiserstuhl, markantes Bergland östlich des Oberrheins, nordwestlich von Freiburg i. Br. Der K., im Totenkopf 557 m hoch, ist im O aus mesozoischen und tertiären Sedimenten, im W aus vulkan. Material aufgebaut. Der dazwischen gelegene Badberg besteht aus Kalk, der durch die vulkan. Vorgänge in eine Art Marmor umgewandelt wurde. Mächtiger Löß, der im O stärker als im W meist den Untergrund verdeckt, begünstigt zusammen mit mildem Klima (hohe sommerl. Temperaturen, relativ geringe Niederschläge) die landwirtschaftl. Nutzung mit Wein- und Obstbau. Oberhalb von etwa 400 m finden sich Trockenrasen und vereinzelt Waldbezirke (Trockenwald), die an das nördl. Mittelmeergebiet erinnern. Die zahlreichen kleinparzellierten Terrassen sind ebenso wie die typ. tiefen Hohlwege im Rahmen der Flurbereinigung weitgehend beseitigt.

Der K., hg. von der Landesstelle für Naturschutz und Landschaftspflege Bad.-Württ. (1974).

Kaiserswerther Verband Deutscher Diakonissen-Mutterhäuser e. V., →Diakonisse.

Kaiserwald, tschech. **Slavkovský les** [sl'afkofski: les], Bergland in NW-Böhmen, ČSSR; Lesný 983 m.

Kaiser-Wilhelm-Akademie, preuß. Anstalt für die Ausbildung der Militärärzte in Berlin, 1895 hervorgegangen aus der Vereinigung der 1795 gegr. **Pépinière** (seit 1818 **Medizinisch-Chirurgisches Friedrich-Wilhelms-Institut**) und der 1811 gegr. **Medizinisch-Chirurgischen Akademie für das Militär;** durch den Versailler Vertrag 1919 aufgelöst. 1934–45 gab es wieder eine **Militärärztliche Akademie** in Berlin.

Kaiser-Wilhelm-Gesellschaft zur Förderung der Wissenschaften e. V., unter dem Protektorat Kaiser WILHELMS II. am 11. 1. 1911 in Berlin zur Pflege bes. der naturwissenschaftl. Forschung gegr.; nach dem 2. Weltkrieg (1948) auf Verlangen der amerikan. Militärregierung in →Max-Planck-Gesellschaft zur Förderung der Wissenschaften umbenannt; war Trägerin der **Kaiser-Wilhelm-Institute.**

Kaiser-Wilhelm-Kanal, früherer Name des →Nord-Ostsee-Kanals.

Kaiser-Wilhelm-II.-Land, Teil der Ostantarktis, ein Plateau des Inlandeises, im Innern 2 000 m hoch; an der Küste der eisfreie Gaußberg (369 m); 1902 durch die dt. antarkt. Expedition (1901–03, E. VON DRYGALSKI) entdeckt.

Kaiser-Wilhelms-Land, das frühere dt. Schutzgebiet von NO-Neuguinea (→Neuguinea).

Kaiserwurz(el), Meisterwurz, Ostruz, Peucedanum ostruthium, Art der Doldenblüter auf Gebirgswiesen.

Kaisheim, Marktgem. im Kr. Donau-Ries, Schwaben, Bayern, (1978) 3 150 Ew. Die Kirche des ehem. bis 1802 reichsunmittelbaren Zisterzienserklosters (14. Jh.) zählt zu den bedeutendsten got. Bauten Schwabens.

Kaisöng, korean. Stadt, →Kaesöng.

Kaiwurm, Larve des →Apfelblütenstechers.

Kajaani, Stadt (1651 gegr.) in Finnland, am SO-Ufer

etwas von latenter seelischer Epidemie: Sonderbar zu sagen von einer verständig-nüchternen modernen Stadt (aber sie war nicht modern, sie war alt, und Alter ist Vergangenheit als Gegenwart, eine von Gegenwart nur überlagerte Vergangenheit) – möge es gewagt klingen, aber man konnte sich denken, daß plötzlich eine Kinderzug-Bewegung, ein Sankt-Veits-Tanz, das visionär-kommunistische Predigen irgendeines ›Hänselein‹ mit Scheiterhaufen der Weltlichkeit, Kreuzwunder-Erscheinungen und mystischem Herumziehen des Volkes hier ausbräche.« (VI, 51 f.)[10]

Kaisersaschern wird hier als ein mythischer Ort gesehen, als ein Ort, an dem die deutsche Geschichte des späten Mittelalters in Resten immer noch in die Gegenwart hineinragt, noch präsent ist. Es ist eine mehrschichtige Stadtmetapher, die hier entworfen worden ist. Zum ersten will Thomas Mann damit auf eine grundsätzliche Affinität der deutschen Geschichte zum Nationalsozialismus hinweisen. Er sieht im Deutschland der Jahrhundertwende eben keine moderne Gesellschaft, sondern eine Welt, die immer noch von den Zeiten Luthers und dem Spätmittelalter mitbestimmt wird.

Thomas Mann kritisiert aber auf der Basis dieses Bildes auch den Nationalsozialismus, den er als eine rückwärts gewandte geschichtliche Bewegung versteht, die sich ganz gezielt diese in einer spezifischen Vergangenheit wurzelnde Mentalität der Deutschen zunutze gemacht habe. Die Hauptproblematik ist für Thomas Mann aber nicht diese Tatsache, sondern die Falschheit der Geschichtlichkeit, die dadurch entsteht, daß man in der Gegenwart eine Vergangenheit unreflektiert wieder lebendig macht, die in keinem sinnvollen Bezug zu den Forderungen des Tages steht.

Thomas Mann verbindet also das Historische im Stadtbild mit den Rücknei-gungstendenzen der Nationalsozialisten. Es heißt in diesem Sinne über die Tagphantasien von den mittelalterlichen Umzügen: »Natürlich geschah es nicht,– wie hätte es geschehen sollen? Die Polizei hätte es nicht zugelassen, im Einverständnis mit der Zeit und ihrer Ordnung. Und doch! wozu nicht alles hat in unseren Tagen die Polizei stillgehalten, – wiederum im Einverständnis mit der Zeit, die nachgrade dergleichen sehr wohl wieder zuläßt. Diese Zeit neigt ja selbst, heimlich, oder auch nichts weniger als heimlich, sondern sehr bewußt, mit sonderbar selbstgefälliger Bewußtheit, die an der Echtheit und Einfalt des Lebens zweifeln läßt und vielleicht eine ganz falsche, unselige Geschichtlichkeit produziert, – sie neigt, sage ich, selbst in jene Epochen zurück und wiederholt mit Enthusiasmus symbolische Handlungen, die etwas Finsteres und dem Geist der Neuzeit ins Gesicht Schlagendes an sich haben, wie Bücherverbrennungen und anderes, woran ich lieber mit Worten nicht rühren will.« (VI, 52)

Bis in die Sprache hinein geht hier die Anknüpfung an den ZAUBERBERG und das in diesem Roman der zwanziger Jahre entwickelte Motiv der Rückneigung. (vgl. III, 906) Kaisersaschern steht für das Lindenbaumlied – auf diese Formel kann man das oben Gesagte bringen. Thomas Mann beschreibt exakt das Phänomen der historischen Ungleichzeitigkeit und den engen Zusammenhang, in dem der Erfolg des Faschismus damit steht.

Bei der weiteren Beschreibung der Stadt überschreitet Thomas Mann auch die nur kulturelle Erklärung des Faschismus, die sich auf die geistigen Traditionen des gebildeten Bürgertums beschränkt. Hier kommt einmal das einfache Volk in den Blick. Der Roman macht deutlich, daß der Appell der Faschisten an ganz bestimmte Affekte die Bewegung so erfolgreich macht, und zwar an Affekte, die man gemeinhin nicht wahrhaben will und daher verdrängt. Es ist die Rede von dem »archaischen Grauen«, das die Originale von Kaisersaschern auslösten und heißt dann weiter: »Hier ein ungescheutes Wort, das aus den Erfahrungen unserer Tage kommt. Für den Freund der Aufhellung behalten Wort und Begriff des ›Volkes‹ selbst immer etwas Archaisch-Apprehensives, und er weiß, daß man die Menge nur als ›Volk‹ anzureden braucht, wenn man sie zum Rückständig-Bösen verleiten will. Was ist vor unseren Augen, oder auch nicht just vor unseren Augen, im Namen des ›Volkes‹ nicht alles geschehen, was im Namen Gottes, oder der Menschheit, oder des Rechtes nicht wohl hätte geschehen können! – Tatsache nun aber ist, daß wirklich Volk immer Volk bleibt, wenigstens in einer bestimmten Schicht seines Wesens, eben der archaischen, und daß Leute und Nachbarn vom Kleinen Gelbgießer-Gang, die am Wahltage einen sozialdemokratischen Stimmzettel abgaben, gleichzeitig imstande waren, in der Armut des Mütterchens, das sich keine oberirdische Wohnung leisten konnte, etwas Dämonisches zu sehen und bei ihrer Annäherung nach ihren Kindern zu greifen, um sie vor dem bösen Blick der Hexe zu schützen. Müßte ein solches Weib wieder brennen, wie es bei leichten Veränderungen in der Begründung heute keineswegs mehr aus dem Bereich des Denkbaren fällt, sie würden hinter den vom Magistrat errichteten Schranken stehen und gaffen, wahrscheinlich aber nicht revolieren. – Ich spreche vom Volk, aber die altertümlich-volkstümliche Schicht gibt es in uns allen [...].« (VI, 53 f.)[11]

Hier vermischen sich persönliche Erfahrungen aus der Jugendzeit in Lübeck mit später hinzugewonnenen Kenntnissen. Die geschilderten Originale tauchen teilweise schon in BUDDENBROOKS auf. Dort allerdings in einem harmlos-naiven Kontext, wenn die kleine Tony Buddenbrook mit den anderen Kindern aus hohem Hause sich einen Spaß mit den städtischen Außenseitern macht. (vgl. I, 66) Die tiefere Bedeutung im fünfzig Jahre später geschriebenen Altersroman erhalten diese Beobachtungen nicht zuletzt durch Heinrich Heine, den er während der Arbeit am Roman intensiv liest.[12]

Bei Heine findet sich speziell das Bild von der Dialektik des Volkes vorgeprägt, von der Unterscheidung zwischen der aufklärerisch-vernünftigen Oberfläche, die nur einen dünnen zivilisatorischen Firnis darstellt, und der konservativ-rückständigen Tiefe. Gestalt gewinnt dieses Bild etwa in der Vision von der Situation nach einer gelungenen deutschen Revolution, die Heine in der Börne-Denkschrift gibt. Er fürchtet dann als Jude um sein Leben. Denn die »Deutschtümler« seien an Zahl zwar der »an den Grundsätzen der französischen Freiheitslehre« orientierten Partei unterlegen, aber »ihr Fanatismus, welcher mehr religiöser Art, überflügelte leicht einen Fanatismus, den nur die Vernunft ausgebrütet hat«. Von daher gilt für Heine: Die Parolen der Deutschtümler »elektrisieren die unklaren Volksmassen noch immer weit sicherer« als alle fortschrittliche Politik.[13]

Aber noch etwas anderes ist in der Schilderung Kaisersaschern von Bedeutung, nämlich das Geschichtsmodell der historischen Ungleichzeitigkeit, das hier entworfen wird. Es wird von zwei Seiten her angegangen. Zum einen ist ja Altes in Kaisersaschern stehengeblieben und steht quer zur historischen Gegenwart. Dies

Ernst Bloch, um 1970

die deutsche Welt in der ersten Hälfte des 20. Jahrhunderts angesehen wird, hängt paradoxerweise genau damit zusammen. Denn seine erfahrenen und gestalteten Beobachtungen stehen nicht isoliert, sondern für einen großen Teil der Intellektuellen. Darauf weisen die Epochenidentitäten hin.

Das Modell der historischen Ungleichzeitigkeit hat etwa auch Ernst Bloch in ERBSCHAFT DIESER ZEIT in den dreißiger Jahren bei einer der ersten Faschismusanalysen von fortschrittlicher Seite entwickelt.

Es heißt da etwa: »Nicht alle sind im selben Jetzt da. Sie sind es nur äußerlich, dadurch, das sie heute zu sehen sind. Damit aber leben sie noch mit den anderen zugleich.«[14] Bloch knüpft daran nun eine marxistisch grundierte Gegenposition gegen die Nationalsozialisten in den dreißiger Jahren. Für uns von Interesse ist eine andere Gedankenidentität mit Thomas Mann, denn auch Bloch kennt als erste Stufe der Auseinandersetzung mit dem politischen Gegner den klaren Blick auf die Ideologie des Dritten Reiches. Dabei beobachtet er bei den Nationalsozialisten dieselbe Methode der Vergangenheitserschleichung wie Thomas Mann. »Nichts darf diesen Blick verlegen oder selber blind machen. Im Folgenden ist von mancherlei Altem und Sonderbarem die Rede. Es ist vergaunert worden, und wie, aber man muß dem Gauner nicht nur auf die Finger sehen, sondern auf das, was er darin hält. Besonders wenn er es gestohlen hat, wenn die verdreckte Sache einmal in besseren Händen war.«[15]

Interessant ist nun, daß Thomas Mann Bloch kannte und auch sein Buch gelesen hatte.[16] Von daher verwundert es nicht, wenn es weitere Analogien gibt, denn der Roman kennt auch das positive Alte, das sich in der Landbevölkerung aufbewahrt. Als Repräsentant steht dafür der Vater

heißt, daß sich zwei verschiedene Zeiten in einer Gegenwart treffen. Zum anderen macht sich ja der Faschismus ganz bewußt das Altdeutsch-Mittelalterliche zunutze und läßt es in der Gegenwart abermals virulent werden, reproduziert es ganz bewußt aufs neue. Beides wird sehr wohl von Thomas Mann wahrgenommen. Dabei steht er nicht alleine, sondern hat prominente Weggefährten.

Die persönliche Sicht der Dinge bekommt so eine repräsentativere Bedeutung. Es zeigt sich hier ein Muster, das für den ›politischen‹ Thomas Mann insgesamt gilt. Zu konstatieren ist: Thomas Mann bekommt das historische Geschehen im Deutschland der ersten Jahrhunderthälfte nur insofern in den Blick, als es sein Ich tangiert, einen direkten persönlichen Bezug hat. Aus dieser subjektiven Perspektive heraus gestaltet er dann auch seine politischen Ansichten in den Werken. Die Welthaftigkeit seiner Kunst, die Tatsache, daß er inzwischen weltweit als einer der wichtigsten Repräsentanten für

Adrian Leverkühns, von dem es mit direktem Bezug auf die Nationalsozialisten heißt:

»Jonathan Leverkühn war ein Mann besten deutschen Schlages, ein Typ, wie er in unseren Städten kaum noch begegnet und gewiß nicht unter denen zu finden ist, die heute unser Menschentum mit oft denn doch beklemmendem Ungestüm gegen die Welt vertreten, – eine Physiognomie, wie geprägt von vergangenen Zeiten, gleichsam ländlich aufgespart und herübergebracht aus deutschen Tagen von vor dem Dreißigjährigen Kriege.« (VI, 20) Ernst Bloch lobt ausdrücklich den »schiefen Rest«, den die Bauern gegen Hitler ins Feld führen. Er komme besonders in der gotischen Aura der Bauernhäuser und den abgelegenen Orten der Höfe zum Ausdruck.[17]

Kaisersaschern als Synonym für Thomas Manns Deutschland bleibt nun als Leitmotiv im Roman präsent. Speziell der Lebenslauf des Helden Adrian Leverkühn ist auf das engste mit der Stadt seiner Herkunft verknüpft. Das beginnt, als er die Heimatstadt verläßt und der Freund Zeitblom daran die folgende Überlegung knüpft:

»Hat Kaisersaschern ihn jemals freigegeben? Hat er es nicht mit sich genommen, wohin immer er ging, und ist er nicht von ihm bestimmt worden, wann immer er zu bestimmten glaubte? [...] Er widmete sich später der Komposition. Aber wenn es sehr kühne Musik war, die er schrieb,– war es etwa ›freie‹ Musik, Allerweltsmusik? Das war es nicht. Es war die Musik eines nie Entkommenen, war bis in die geheimste genialisch-skurrile Verflechtung hinein, in jedem Kryptenhall und -hauch, der davon ausging, charakteristische Musik, Musik von Kaisersaschern.« (VI, 113)

Auch die Musik, das andere zentrale Paradigma des Romans, wird hier mit

Ludwig Marcuse (1894-1971)

Kaisersaschern, der zentralen Chiffre für das Deutschlandthema, in Verbindung gebracht. Damit hängt der schon erwähnte Vorwurf Marcuses zusammen, daß die Gleichung *Adrians Musik = Deutschland* zu überladen sei, als Allegorie nicht trage und daher eine partielle Affinität zum faschistischen Deutschland entstehe. Wir sahen schon, wie beinahe stoisch Thomas Mann diesen Vorwurf hingenommen hatte. Nicht übersehen werden darf dabei sein Hinweis, daß diese Gefahr nur deswegen in Kauf genommen werden könne, weil noch anderes im Werk gestaltet sei. Dies gilt auch für den Bereich des Politischen und des Deutschen. Kaisersaschern nämlich ist mehr als dämonisches Mittelalter, faustische Sphäre und altdeutsches Grauen.

Einzig Hans Rudolf Vaget hat bisher darauf hingewiesen, daß Thomas Manns Deutschlandbild im DOKTOR FAUSTUS durchaus nicht so einseitig auf die dunklen Seiten der deutschen Geschichte und die Zeit von 1600 bis 1945 reduziert werden kann.[18] Er weist besonders auf das

Grab Otto III. in Kaiseraschern hin. Dies ist ein ganz bewußtes Element in der Montage Thomas Manns. Denn das Grab gehört in einem doppelten Sinne nicht in die spätmittelalterliche, deutsch-romantische Umgebung Kaisersascherns. Zum einen liegt der Kaiser in Wirklichkeit zu Aachen im Dom begraben. Zum anderen ist er ein Herrscher gewesen, dessen problematisches Verhältnis zum Deutschen mit Nachdruck hervorgehoben wird. Grundlegend für Otto III. war ein ausgeprägter Universalismus. Für den Erzähler steht das Grab in Kaisersaschern im Widerspruch zum Wirken des Kaisers. Im geliebten Rom gestorben, war der Kaiser »das Musterbeispiel deutscher Selbst-Antipathie und hatte sein Leben lang schamvoll unter seinem Deutschtum gelitten.« (VI, 51) Anzumerken ist, daß die deutsche Geschichte erst damit über das Spätmittelalter nach hinten ausgeweitet wird, denn Otto III. starb im Jahre 1002.

Genau dieses universalistische und das Deutsche problematisierende Element findet sich im weiteren Verlauf des Lebens und Wirkens Adrian Leverkühns immer wieder aufgerufen. Über den ganzen Roman hin hat der Autor Signale versteckt und eingelagert, die es zu entdecken gilt, weil sie der Hauptline des Deutschlandbildes, Adrian als modernen Faust, eine gegenläufige Linie entgegensetzen.

Wenn er also Kaisersaschern niemals entkommt, dann entkommt er auch dieser Sicht des Deutschen niemals. Ich gebe einige Belege.

Über Leverkühns Beharren, das Libretto von LOVE'S LABOUR'S LOST in englisch zu verfassen, äußert Zeitblom die folgende Vermutung: »Es war eine barocke Idee, die aber tief in seinem aus hochmütiger Weltscheu, dem altdeutschen Provinzialismus von Kaisersa-

schern und einem ausgesprochenen Gesinnungskosmopolitismus sich zusammensetzenden Wesen wurzelte. Nicht umsonst war er der Sohn der Stadt, in der Otto III. begraben lag. Seine Abneigung gegen das Deutschtum, das er verkörperte [...], trat in die beiden Erscheinungsformen versponnener Schüchternheit vor der Welt und eines inneren Bedürfnisses nach Welt und Weite auseinander«. (VI, 219)

In der Figur des Helden wird ein gebrochenes Deutschtum gestaltet. Hier kennt einer die Deutschen ganz genau und ist gerade von daher in der Lage, sie gleichsam von innen heraus zu kritisieren. Er ist dabei oft das geheime Selbst seines Autors. Dies wird deutlich bei den ›Schlafstrohgesprächen‹, die die jungen Studenten in Halle führen. Dem deutschtümelnden Ton, dem Beharren auf einem historischen Sonderweg der Deutschen – diese beliebte Formel allen konservativen Denkens bis in unsere Tage hinein – wird zweimal in aller rationalen Schärfe der Prozeß gemacht.

Der These von der spezifischen Frische und Jugendlichkeit des deutschen Volkes gegenüber den abgewirtschafteten Staaten des übrigen Europas begegnet Adrian mit dem Einwand: »Wir sind doch schließlich so weither wie die anderen, und vielleicht spiegelt nur unsere Geschichte, daß wir ein bißchen verspätet zusammenfanden und ein gemeinsames Selbstbewußtsein ausbildeten, uns eine besondere Jugendlichkeit vor.«

Dem Pathos von der Unmittelbarkeit des deutschen Geistes, dem Pochen auf »Tod und Wiedergeburt« hält er die europäische Perspektive, die Renaissance und Rousseau, entgegen: »Wiedergeburt hieß einmal rinascimento und ging in Italien vor sich. Und ›Zurück zur Natur‹, das wurde zuerst auf französisch empfohlen.« (VI, 159)

Zerstörtes Lübeck nach dem Bombenangriff 1942,
Blick in die obere Mengstraße mit Buddenbrookhaus

Diese Sicht der deutschen Geschichte erreicht ihren Gipfelpunkt im berühmten 25. Kapitel des Romans, dem Gespräch mit dem Teufel im nahe Rom liegenden Palestrina. Die Ortsnähe, die damit zu Otto III. hergestellt wird, ist keineswegs zufällig. Dies zeigt sich, als der Teufel auf die verwunderte Bemerkung des Helden, was er denn so fern ab von seinen Stammlanden mache, eine überraschende Antwort gibt: »Wenn du den Mut hättest, dir zu sagen: ›Wo ich bin, da ist Kaisersaschern‹, gelt, so stimmte die Sache auf einmal, und der Herr Ästheticus brauchte nicht mehr über Stillosigkeit zu seufzen. Potz Strahl! Du hättest schon recht, so zu sprechen, hast nur eben den Mut nicht dazu oder tust so, als fehlte er dir. Selbstunterschätzung mein Freund, – und mich unterschätzest du auch, wenn du mich dermaßen einschränkst und willst mich gänzlich zum deutschen Provinzler machen. Ich bin zwar deutsch, kerndeutsch meinetwegen, aber doch eben auf alte, bessere Art, nämlich von Herzen kosmopolitisch.« (VI, 301)

Dieses Credo des Teufels weitet das in Kaisersaschern angelegte Deutschlandbild ins Große und Weite aus. Auf die Nähe zu Thomas Mann deutet das kryptische Selbstzitat hin. »Wo ich bin, da ist Deutschland« hatte er bei der Ankunft in der Fremde, in den USA gesagt.[19] Wichtig ist vor allem die Verbindung von »kerndeutsch« und der Hinzufügung »auf die alte, bessere Art.« Dies spielt auf den Kosmopolitismus an, wie er *vor* der im späten Mittelalter erst begonnenen Verengung der deutschen Geschichte geherrscht hatte. Dem selbsternannten tausendjährigen Reich, das ja nur 12 Jahre währte, wird die reale tausendjährige Geschichte seit Otto III. gegenübergestellt, die mehr umfaßt als die Zeit seit 1600. Dies ist hier die Lehre des Teufels über die deutsche Geschichte.

Musik und Politik

Nun wäre es einseitig, das Deutschlandthema auf Adrian Leverkühn zu beschränken. Nicht minder wichtig ist die Entwicklung Zeitbloms, die vom Motiv der verbotenen Liebe entscheidend geprägt ist. Bei der ersten Einschaltung der aktuellen Erzählzeit auf der Zeitebene des Zweiten Weltkrieges spürt man sehr deutlich die immer noch vorhandene Sympathie gegenüber Deutschland. Und dies, obwohl Zeitblom als innerer Emigrant gestaltet ist, der den Schuldienst quittiert hat und in vollkommener Zurückgezogenheit in Freising bei München lebt. Selbst mit seinen Söhnen, die beide überzeugte Nationalsozialisten sind, hat er sich überworfen. Dennoch bleibt ein Rest von Liebe, wenn er über die Kriegsereignisse berichtet. Angesichts der deutschen Erfolge im Unterseebootkrieg lobt er »die durch noch so viele Rückschläge nicht zu beugende nationale Tüchtigkeit, welche immer noch voll und ganz dem Regime zur Verfügung steht, das uns in diesen Krieg geführt hat und uns tatsächlich den Kontinent zu Füßen gelegt, den Intellektuellentraum von einem europäischen Deutschland durch die allerdings etwas beängstigende, etwas brüchige und, wie es scheint, der Welt unerträgliche Wirklichkeit eines deutschen Europa ersetzt hat.« (VI, 229)

Schon am Ende der Passage wird jedoch deutlich, daß die Liebe zu Deutschland auf eine unhaltbare Probe gestellt wird, denn Zeitblom macht sich keine Illusionen über den weiteren Verlauf der neuesten Zeitgeschichte: »Es ist aus mit Deutschland, wird aus mit ihm sein, ein untrennbarer Zusammenbruch, ökonomisch, politisch, moralisch und geistig, kurz allumfassend, zeichnet sich ab, – ich will es nicht gewünscht haben, was droht, denn es ist die Verzweiflung, ist der Wahnsinn. Ich will es nicht gewünscht haben, weil viel zu tief mein Mitleid, mein jammervolles Erbarmen ist mit diesem unseligen Volk.«

Er spricht dann von der nationalen Erhebung, dem »scheinbar heiligen Taumel«, der aber schon viel »Falschheit« enthalten habe. Seine Ambivalenz gegenüber dem Geschehen wird deutlich, wenn er fortfährt: »Nein, ich will's nicht gewünscht haben – und hab' es doch wünschen müssen – und weiß auch, daß ich's gewünscht habe, es heute wünschen und es begrüßen werde: aus Haß auf die frevlerische Vernunftverachtung, die sündhafte Renitenz gegen die Wahrheit, den ordinär schwelgerischen Kult eines Hintertreppenmythus, die sträfliche Verwechslung des Heruntergekommenen mit dem, was es einmal war, den schmierenhaften Mißbrauch und elenden Ausverkauf des Alt- und Echten, des Treulich-Traulichen, des Ur-Deutschen, woraus Laffen und Lügner uns einen sinnenberaubenden Giftfusel bereitet.« (VI, 233 f.)

Das sind starke Töne für einen ansonsten streng und korrekt im humanistischen Duktus erzählenden Narrator. Sie resultieren aus der Erregung darüber, daß die zentralen Werte, auf denen er seine Existenz gegründet hat, von den Nationalsozialisten erschlichen, verbogen und verhunzt worden sind.

Die Ambivalenz Zeitbloms, die langsam wachsende Einsicht, daß die Liebe zu Deutschland eine verbotene wird, weil das, was man liebt, von den Nazis desavouiert worden ist, läßt sich nun nicht nur auf dem Gebiet der direkten politischen Äußerungen, sondern auch im Bereich der Musik aufzeigen.

Die musikalische Entwicklung Adrian Leverkühns kulminiert in der großen und letzten Kantate »Dr. Fausti Weheklag«. Hier sind noch einmal alle Themen des Werkes zusammengefaßt, findet sich im

Bereich der musikalischen Kunst die Summa des Romans.

Es ist ein Werk der Klage, und die Verschränkung der Zeitebenen stellt Zeitbloms der Musikbeschreibung vorangestellte Bemerkung über die endgültige Zerstörung und Niederlage Deutschlands her: »Nürnberg ergab sich, die Stadt der unklugen Herzen hoch erhebenden Staatsfeste.« (VI, 636) – das ist der zeithistorische Kontext, in dem die Kantate beschrieben wird.

Neben der Klage steht auch hier wieder das Motiv der verbotenen Liebe an zentraler Stelle. Es kleidet sich hier in den Begriff der Zurücknahme. Zurückgenommen werden soll Beethovens Neunte Symphonie. Sie steht für »das Gute, die Freude, die Hoffnung«, und sie wird mit der Liebe zum Kind Echo in Bezug gebracht. Adrians »Ach, es soll nicht sein«, gesprochen beim Tod des geliebten Kindes, steht dann auch als »musikalische Weisung und Vorschrift« (VI, 649) über dem letzten Werk. Das drückt zuerst den geheimen Verweis auf das vom Teufel verhängte Liebesverbot aus. Das was er liebt, das muß sterben. Das meint natürlich Echo, kann aber auch auf Deutschland übertragen werden. Das Thema Beethoven weist dann auch aus dem Roman heraus direkt auf das Geschehen im Dritten Reich hin, wie aus dem Brief hervorgeht, den Thomas Mann am 7. September 1945 an Walter von Molo geschrieben hat. Beethovens Werk steht hier beispielhaft für die Inbesitznahme der »hohen Kunst« der Deutschen durch die Nationalsozialisten. Thomas Mann beklagt sich darüber, daß Beethoven überhaupt noch in Hitler-Deutschland aufgeführt werden durfte. »Es war ein Skandal, daß er nicht verboten war, sondern daß es hochkultivierte Aufführungen davon gab, daß sich Sänger fanden, ihn zu singen, Musiker, ihn

zu spielen, ein Publikum, ihm zu lauschen.« Für Thomas Mann stellt es eine fürchterliche Vorstellung dar, daß man dem Werk unter Hitler habe lauschen können, »ohne das Gesicht mit den Händen zu bedecken und aus dem Saal zu stürzen!« (Br II, 444)

Adrians Werk stellt mit der Zurücknahme von Beethovens Musik gleichzeitig die Rettung der verbotenen Liebe dar. Ausdrücklich nämlich wehrt Zeitblom sich dagegen, die Zurücknahme mit der Verneinung zu verwechseln. Was er will, ist etwas Paradoxes, nämlich die Rettung Beethovens aus den Händen der Nazis durch eine Musik der zurücknehmenden Liebe. So wandelt der letzte Ton der Kantate, das hohe g eines Cellos, am Ende seinen Sinn, er wird vom »Ausklang der Trauer« zum »Licht in der Nacht«. Diese »Hoffnung jenseits der Hoffnungslosigkeit« findet sich auf der politischen Ebene am Schluß des Romans, wenn es über das in die Niederlage taumelnde Deutschland heißt: »Wann wird aus letzter Hoffnungslosigkeit, ein Wunder, das über den Glauben geht, das Licht der Hoffnung tagen? Ein einsamer Mann faltet seine Hände und spricht: Gott sei eurer armen Seele gnädig, mein Freund, mein Vaterland«. (VI, 676) Jetzt, ganz am Ende des Werkes und des Krieges, ist die Liebe zum Vaterland wieder möglich. Wer das jedoch vorschnell mit einer Affinität verwechselt, mit einer Akzeptanz des deutschen Schicksals, der übersieht, welche Voraussetzungen die Interpretation von »Dr. Fausti Wehklag« geschaffen hat. Denn Thomas Mann stellt am Ende der Nachschrift eine strenge Parallelität zum musikalischen Schluß des Romans her. Anhand von Michelangelos STURZ DER VERDAMMTEN faßt er die deutsche Geschichte in den letzten Tagen des Weltkrieges in ein Bild, das mit dem Schluß der Faust-Kantate strukturell identisch ist.

Am Ende des Sturzes wartet ja nicht die Zerstörung an des »Schlundes Grund«, sondern tagt »das Licht der Hoffnung«. (VI, 676)

Kriegsschuld und Romanwirkung

Das Deutschlandthema im DOKTOR FAUSTUS wäre unvollständig behandelt, ohne auf die Position einzugehen, die der Roman zur Frage der Kriegsschuld und dem Verhältnis der Deutschen zu ihrer Vergangenheit in der unmittelbaren Nachkriegszeit einnimmt.

In diesen Komplex gehört auch das Verhältnis Zeitbloms zu den Kommunisten während des Zweiten Weltkrieges, wenn er die Situation von 1918 in direkten Bezug zum ›Dritten Reich‹ setzt. Besonders die Kulturfeindlichkeit der Faschisten wird in aller Schärfe betont. So spricht Zeitblom davon, daß er eine erziehungsbedingte Abneigung »vor der radikalen Revolution und der Diktatur der Unterklasse« habe. Dies sei auch in der Gegenwart um 1940 noch der Fall. Ein anderes bürgerliches Vorurteil, die »Kulturzerstörung« als wesentlicher ideologischer Bestandteil des Kommunismus, seit Heinrich Heine ein grundlegender Topos der Kommunismus-Kritik,[20] erscheint für Zeitblom angesichts der augenblicklichen politischen Weltkonstellation in einem neuen Licht. »Wenn ich mich aber der grotesken Anekdote erinnere, wie die beiden vom Großkapital bezahlten Retter der europäischen Gesittung, der deutsche und der italienische, zusammen durch die Florentiner Uffizien schritten, wohin sie wahrhaftig nicht gehörten, und der eine dem anderen versicherte, daß alle diese ›herrlichen Kunstschätze‹ also der Zerstörung durch den Bolschewismus anheimgefallen wären, wenn nicht der Himmel durch ihrer beider Erhöhung dem vorgebeugt hätte, – so rücken meine

Begriffe von Pöbelherrschaft sich neuartig zurecht, und die Herrschaft der Unterklasse will mir, dem deutschen Bürger, als ein Idealzustand erscheinen im nun möglich gewordenen Vergleich mit der *Herrschaft des Abschaums.*« (VI, 451)

Der Haß auf den Nationalsozialismus, der sich auch bei Thomas Mann an einer Direktheit, Schärfe und bis zur Gefahr der Plakativität sich steigernden Wortwahl festmachen läßt – in den zwischen 1940 und 1945 gesendeten Reden an die deutschen Hörer finden sich ebenfalls Beispiele dafür[21] – findet eine zusätzliche Steigerung in der Zeit nach 1945. Auch dies schlägt sich noch im Roman nieder, der ja gut anderthalb Jahre nach Kriegsende erst beendet wurde.

Schonungslos legt der DOKTOR FAUSTUS die Verbrechen der Deutschen bloß und scheut sich auch nicht, die Frage nach der Schuld, nach dem »Was-haben-die-Deutschen-gewußt?« zu stellen. Allegorisch verdichtet kommt dies in einer Szene zum Ausdruck, die zwei zentrale Orte in Zusammenhang bringt: Weimar und Buchenwald, das gute und das böse Deutschland.

Aus einer amerikanischen Wochenschau vom 15. Juni 1945, die 13 Berichte über deutsche Konzentrationslager enthielt, montierte Thomas Mann die folgende Romanstelle zusammen:[22] »Unterdessen läßt ein transatlantischer General die Bevölkerung von Weimar vor den Krematorien des dortigen Konzentrationslagers vorbeidefilieren und erklärt sie – soll man sagen: mit Unrecht? –, erklärt diese Bürger, die in scheinbaren Ehren ihren Geschäften nachgingen und nichts zu wissen versuchten, obgleich der Wind ihnen den Stank verbrannten Menschenfleisches von dorther in die Nasen blies, – erklärt sie für mitschuldig an den nun bloßgelegten Greueln, auf die er sie zwingt, die Augen zu richten.« (VI, 637)

Mussolini bei einem Höflichkeitsbesuch im Quirinalpalast, in dem Adolf Hitler Wohnung genommen hat: »Die Führer der beiden Völker, die nun Schulter an Schulter im Kampf um die neue europäische Ordnung stehen«; 4.5.1938

Aus dieser Schilderung, die auf eine der zentralen Fragen der deutschen Nachkriegsgeschichte zu antworten sucht, nämlich: Wer wußte von den Deutschen Bescheid? – entwickelt Zeitblom in einem grandios-traurigen Stakkato von Sätzen weitere entscheidende Fragen, die aus den Ereignissen der deutschen Geschichte zwischen 1933 und 1945 resultieren. Es sind dies Fragen, die bis heute noch nicht geklärt sind und gerade wieder durch die Debatte um das Buch von Daniel Jonah Goldhagen diskutiert worden sind. Hier spielt auch Thomas Manns 1945 in der Rede DEUTSCHLAND UND DIE DEUTSCHEN vorgebrachter Erklärungsversuch des Faschismus noch in die aktuelle Debatte hinein. In der Rede heißt es: »Das böse Deutschland, das ist das fehlgegangene Gute«. (XI, 1146) Sicher im Anklang daran hat Jürgen Habermas den zentralen philosophischen Gedanken von Goldhagens Buch folgendermaßen zusammengefaßt: »Böse ist nicht die schiere Aggression als solche, sondern die, zu der sich der Täter berechtigt glaubt. Das Böse ist das *verkehrte Gute*.«[23]

Zeitblom läßt auch in der weiteren Analyse keine Ausflüchte zu. Der Roman gestaltet vielmehr immer die schlimmste der möglichen Antworten. Ehrlichkeit, vielleicht ein überspitztes Schuldbewußtsein, ist sein ästhetisch-politisches Credo. In diesem Sinne hat Thomas Mann das Werk als »ein Lebens- und Bekenntnisbuch von eigentümlicher, fast wilder Direktheit, kaum noch Kunst, kaum noch ein Roman« bezeichnet. (DüD III, 153 f.)

Wer alles war an den Massenvernichtungen beteiligt? – das ist die erste Frage.

Die Antwort: »Man nenne es finstre Möglichkeiten der Menschennatur überhaupt, die hier zutage kommen, – deutsche Menschen, zehntausende, Hundert-

tausende, sind es nun einmal, die verübt haben, wovor die Menschheit schaudert«. (VI, 638)

Wie konnte es dazu kommen, daß das Volk Goethes und Schillers solche Untaten beging? Kann man dem deutschen Volk eine kollektive Schuld anlasten oder ist es von einer verbrecherischen Minderheit tyrannisiert, gegen seinen Willen auf eine grausame Bahn gezwungen worden? Auch auf diese zentrale Frage scheut der Roman die Antwort nicht. Sie wird ganz im Sinne der verbotenen Liebe gegeben, jener hochpersönlichen Sicht des Deutschen und dem daraus resultierenden Haß auf den Nationalsozialismus.

In einem ersten Schritt kritisiert Zeitblom die Machthaber, die die Deutschen, eine in der »Theorie lebende Menschenart in die Schule des Bösen nahmen«. (VI, 638) Das deutet hin auf die Zwei-Deutschland-Lehre, also die Theorie von der kleinen faschistischen Clique, die den großen Teil der Bevölkerung manipuliert und gezwungen habe.[24] Aber das scheint dem Erzähler dann doch zu schlicht zu sein, und er relativiert die anfangs geäußerte Position. Bis in die gewundene Satzkonstruktion hinein merkt man ihm dabei die Qual an, die ihm dieses Eingeständnis macht. »Eine Vaterlandsliebe aber, die kühnlich behaupten wollte, daß der Blutstaat, dessen schnaubende Agonie wir nun erleben: der unermeßliche Verbrechen, lutherisch zu reden, ›auf seinen Hals nahm‹; [...] daß er etwas unserer Volksnatur durchaus Fremdes, Aufgezwungenes und in ihr Wurzelloses gewesen wäre, – eine solche Vaterlandsliebe schiene mir hochherziger, als sie mich gewissenhaft dünkt.« (VI, 638 f.)

Das lenkt hin zum Thema der verbotenen Liebe. Denn Zeitblom ist, zusammen mit seinem Autor, davon überzeugt, daß eine solche Sicht der jüngsten deutschen Geschichte eine vorschnelle Entlastung, ein Ausweichen vor den eigentlichen Ursachen jener zwölf Jahre, die ein tausendjähriges Reich werden sollten, bedeutet. Und so schließt der Passus mit jener schon bekannten Gedankenfigur, daß Hitler nur die Verhunzung der großen deutschen Männer, die Umbiegung *der* deutschen Werte gewesen ist, auf denen vor Hitler seine Liebe zum deutschen Volk gegründet war. »War diese Herrschaft nicht nach Worten und Taten nur die verzerrte, verpöbelte, verscheußlichte Wahrwerdung einer Gesinnung und Weltbeurteilung, der man charakterliche Echtheit zuerkennen muß, und die der christlich humane Mensch nicht ohne Scheu in den Zügen unserer Großen, der an Figur gewaltigsten Verkörperungen des Deutschtums ausgeprägt findet? Ich frage – und frage ich zuviel?« (VI, 639)

Es waren genau diese Fragen, die man nach 1945 nur allzu schnell verdrängte, weil man die Antworten nicht hören mochte, die die Rezeption des DOKTOR FAUSTUS in Deutschland von Anbeginn mitgeprägt haben. Sie standen dabei sehr schnell im Kontext des kalten Krieges.

Hans Egon Holthusen war der Debattenführer für die junge Generation in der Stunde Null nach dem verlorenen Krieg. Die um seine Broschüre DIE WELT OHNE TRANSZENDENZ gebundene Banderole markiert das Spannungsfeld der Auseinandersetzung. Versprochen wird die »grundlegende, aus der jüngeren Generation vorgetragene Auseinandersetzung mit Thomas Mann«, der »als repräsentativer Ideenträger des ausgehenden neunzehnten Jahrhunderts« abqualifiziert wird.

Der Gegensatz ist sicher richtig gesehen. Die Frage ist nur, wo die größere Zukunftsmächtigkeit lag. Das war auf der einen Seite Thomas Mann, der allerdings die Fragen der deutschen Schuld und Zukunft aus einem nach rückwärts gerichteten Blick zu beantworten sucht, wie es oben bei Serenus Zeitblom deutlich wurde, den man mit Fug und Recht als einen Mann des 19. Jahrhunderts bezeichnen kann.

Da war auf der anderen Seite Hans Egon Holthusen, dem nichts weiter zu Gebote stand in der Auseinandersetzung mit der in seinen Augen vergangenen Größe, als die Aneinanderreihung von Stereotypen und Platitüden. Thomas Mann wird der »Patriotismus« nicht nur abgesprochen, sondern er wird, in perfider Zuspitzung, als »amerikanischer Patriot« bezeichnet, dem alles Verständnis für die deutsche Situation fehle. Holthusen wirft Thomas Mann sodann vor, die Theorie von der »Kollektivschuld« zu vertreten. Er setzt gegen die Fragen des unzeitgemäßen Zeitblom die Antworten der gegenwärtigen Meinungsmacher. Holthusen fragt etwa: »Wo war Deutschland in jenen Jahren? War es in der Reichskanzlei, auf den Präsidentenstühlen der Volksgerichtshöfe, oder war es in den Zellen der Widerstandskämpfer? Etwa bei den Männern um den unvergeßlichen Grafen Moltke, die mitten in einer satanischen Welt in zehntausend Qual- und Gebetsminuten das Zeugnis eines bis in den Tod getreuen Christentums abgelegt haben, bis sie am Strick des Henkers ihre Passion vollenden mußten, während jemand anders auf kalifornischem Boden die Mannen Luthers verdächtigte und die Theologie als Teufelswissenschaft ›entlarvte‹?«[25]

Holthusens Blick auf die jüngste Geschichte stellt eine unbewußte Art der Verdrängung dar. Die maßlose Aufwertung des Widerstandes, der einseitige Blick auf das gute Deutschland, macht die Frage nach den Gründen für Krieg, Vertreibung und die Greultaten der Nationalsozialisten überflüssig. Solche

Sicht der Dinge kann mit den KZ-Schilderungen des Romans, wie sie ja von Zeitblom gegeben werden, nicht viel anfangen, sondern stellt einfach die Gegenfrage: »Und wenn ›Deutschland‹ in den Konzentrationslagern gewesen ist: war es bei den Wachmannschaften oder in den Baracken der Häftlinge?«[26]

Hier war keine Verständigung mehr möglich! Was das für den DOKTOR FAUSTUS für Konsequenzen hatte, konnte Thomas Mann ebenfalls nicht übersehen. So schreibt er an Otto Veit aus Pacific Palisades am 24. März 1950: »Moralisch ist freilich der ›Faustus‹ arg überholt, – wie Holthusens Wort überholt und veraltet ist: ›Wir stehen vor der Welt in der Rolle des Angeklagten und Diffamierten‹. Wie lange ist das her! Ich habe Deutschland recht einfältig religiöse Ehre erwiesen, indem ich ihm eine Höllenfahrt andichtete und den Gedanken der Gnade, eine mir unentbehrliche Idee, aus meinem Herzen in seines verlegte. Sein Weizen blüht unter der Gunst einer Weltkonstellation, die sonst freilich alles niederhält. Es ist nie zur Hölle gefahren, und auf Schuld und Gnade pfeift es. Es verbittet sich, durch Herrn Holthusen, daß man ›seine Geschichte dämonisiert‹. Es ist arroganter und selbstgerechter als je, trägt den Kopf höher als je und ist niemandem etwas schuldig. Die Holthusen, die mein Buch heruntermachen, glauben Literaturkritik zu treiben, sind aber in Wahrheit die Sprecher der deutschen Restauration – zur ›normalcy‹, zum Guten-Alten, zum Alten-Unerträglichen.« (DüD III, 248)

Thomas Mann hat den DOKTOR FAUSTUS immer wieder als ein »Buch des Endes« bezeichnet, und zwar in einem vielfachen Sinne. Es ist das letzte große und welthaftige Buch Thomas Manns, es ist wahrscheinlich auch das letzte die Zeitgeschichte umfassende Buch eines bürgerlichen Schriftstellers, der aus dem 19. Jahrhundert stammt und daher von dort seine geistigen Werte hernimmt.

Der neuen Welt nach dem Zweiten Weltkrieg stand Thomas Mann in den zehn Jahren, die er sie noch erlebte, sehr skeptisch und teilweise ablehnend gegenüber. Da war zu vieles, auf das er sich nicht mehr einlassen konnte und wollte. Er nahm dabei oftmals die Rolle des Unzeitgemäßen ein, so wie etwa in der Reaktion auf die Holthusen-Kritik. So wandte er sich auch gegen die deutsche Teilung, die er nie akzeptiert hat. Gegen die wütenden Proteste Adenauer-Deutschlands besuchte er etwa 1949 Frankfurt am Main und Weimar anläßlich des 200. Geburtstags Goethes.

Die antideutsche Position Thomas Manns, wie sie sich etwa in den Auslassungen über Holthusen darstellt, muß aus der Enttäuschung über die Nachkriegsentwicklung verstanden werden. Die zentralen Themen seines Lebens spielten im Verhältnis zur Heimat keine Rolle mehr. Das Motiv der verbotenen Liebe, das in der Weimarer Republik eine große Bedeutung gehabt hatte, da die Gründung der Demokratie auf einer im menschenfreundlichen Sinne verstandenen Aktualisierung der deutschen Romantik repräsentativ für weite Teile des Bürgertums war, hatte jede politische Relevanz verloren. Die Nähe des Romans zu diesem Deutschland wurde dann auch in der Kritik kaum noch wahrgenommen. Nach 1945 dominierte in der Politik und der Literatur der Neuanfang, wie es etwa in der Gruppe 47 zum Ausdruck kam. Der DOKTOR FAUSTUS wirkte dabei nur störend aus der Vergangenheit in die Gegenwart hinein. Thomas Mann hat sich darüber keinen Illusionen hingegeben: »Aber in Deutschland, das ist deutlich, hat das Buch schon wieder ausgespielt. Die nationale Restauration steht

Thomas Mann, Besuch in Frankfurt, 1949   Und in Weimar, ebenfalls 1949

ihm entgegen, die ja in vollem Gange ist, und für sie ist es ›deutschfeindlich‹. Deutschfeindlich! Seit den ›Meistersingern‹ ist so etwas an dick aufgetragenem Deutschtum nicht mehr gewesen. Ich muß mich ja beinah genieren. Aber die nationale Restauration ist eben die Restauration der Dummheit. Es kann wieder schlimmes aus ihr kommen.« (DüD III, 250)

Bleibt die Frage: Was kann der Roman für das heutige Verständnis der deutschen Vergangenheit in diesem Jahrhundert noch bedeuten? Die Bemerkung Thomas Manns, der schon 1950 davon spricht, daß der DOKTOR FAUSTUS »schon wieder ausgespielt« habe, muß eher zur Skepsis

Anlaß geben. Aber große Literatur liefert keine Anweisungen für politisch und historisch korrektes Verhalten. Der Dichter »als Melde-Instrument, Seismograph, Medium der Empfindlichkeit« (XI, 240) und seine Literatur in diesem Sinne als Gestaltung der von ihm stellvertretend erfahrenen Zeittendenzen, so hatte sich Thomas Mann gesehen, und in diesem Sinne ist der DOKTOR FAUSTUS auch heute noch aktuell. Er ist dann gegen das Vergessen geschrieben, weil er eine bestimmte Sicht der deutschen Geschichte, die eine nicht unwesentliche Erklärung des Faschismus geben kann, gültig gestaltet und damit der Nachwelt überliefert hat.

[1] Vgl. zur frühen deutschen Rezeption des Romans: Hans Dahlke: GESCHICHTSROMAN UND LITERATURKRITIK IM EXIL, Berlin/Weimar, 1976, S. 326-345. – Ulrike Gollnick: THOMAS MANN – REPRÄSENTANT DER NACHKRIEGSZEIT? in: Gerhard Hay (Hg.): Zur literarischen Situation nach 1945-1949, Frankfurt a.M., 1977, S. 205-226. – Gert Sautermeister: VERGANGENHEITSBEWÄLTIGUNG? THOMAS MANNS »DOKTOR FAUSTUS« UND DIE WEGE DER FORSCHUNG, in: Basis. Jahrbuch für deutsche Gegenwartsliteratur 7 (1977), S. 26-53. – Edward Dvoretzky: THOMAS MANNS DOKTOR FAUSTUS. EIN RÜCKBLICK AUF DIE FRÜHE DEUTSCHE KRITIK, in: Blätter der Thomas Mann Gesellschaft, Zürich, Nr. 17 (1979), S. 9-24. – Hubert Orlowski: DIE GRÖßERE KONTROVERSE. ZUR DEUTSCHEN ›NICHTAKADEMISCHEN‹ REZEPTION DES »DOKTOR FAUSTUS« VON THOMAS MANN (1947-1950), in: Erzählung und Erzählforschung im 20. Jahrhundert, Stuttgart/Berlin/Köln/Mainz, 1981, S. 245-253. – Hans Wißkirchen: THOMAS MANNS ROMANWERK IN DER EUROPÄISCHEN LITERATURKRITIK, in: Helmut Koopmann (Hg.): Thomas-Mann-Handbuch, Stuttgart, 1990, [Über den FAUSTUS: S.908-912.]

[2] Die entsprechende Stelle bei Marcuse lautet: »Aber Thomas Mann parallelisiert doch die Katastrophe Adrians und die Katastrophe des Dritten Reichs: so schillert Adrian ein wenig faschistisch und das Dritte Reich ein wenig genialisch. Das hat Thomas Mann bei Gott nicht gewollt; aber das kommt davon, wenn man auch nur eine einzige Zeile von Nietzsche nazistisch interpretiert. Weil der Nazismus viele befeindete, die Nietzsche vorher befeindet hatte – sind sie deshalb vergleichbar? Vielleicht waren, was Leverkühn seit je hörte, die Trommeln in der Nacht der langen Messer? Aber als er sie hörte – tanzte er dazu? Das Buch entgeht nicht ganz der Gefahr, das Dritte Reich nachträglich mit einem Leverkühn zu beschenken.« Aus: Ludwig Marcuse: ESSAYS, PORTRAITS, POLEMIKEN. DIE BESTEN ESSAYS AUS VIER JAHRZEHNTEN, Harold v. Hofe (Hg.), Zürich, 1979, S. 259.

[3] Die Texte Thomas Manns werden im folgenden direkt im Text nachgewiesen. Die Angaben beziehen sich auf Bandnummer und Seitenzahl der GESAMMELTEN WERKE IN DREIZEHN BÄNDEN, Frankfurt: S. Fischer, 1974.

[4] Vgl. dazu den Lindenbaum im DOKTOR FAUSTUS, der mit den musikalischen Anfängen Adrian Leverkühns zusammengebracht wird. (VI, 41)

[5] Thomas Mann: BRIEFE I. 1889 – 1936, Erika Mann (Hg.), Frankfurt: Fischer, 1979, S. 301

[6] Emil Staiger: THOMAS MANNS »DOKTOR FAUSTUS«, in: Neue Schweizer Rundschau, N.F. 15., Zürich, 1947, S. 423-430.

[7] Der Beginn ist identisch mit dem Schreibbeginn Thomas Manns, wie aus dem Tagebuch hervorgeht. Zeitblom wird dann aber schneller fertig als der Autor, der erst am 29. Januar 1947 abschließt.

[8] An Max Rychner schreibt er am 24. Dezember 1947: »Sereni Zeitbloms ›Politik‹, seine ›Durchbruchs‹-Philosophie etc. haben Sie sich entgehen lassen. Sein Dégoût vor der jakobinisch-puritanischen Tugend, seine Neigung zum revolutionären Rußland 1919, dann seine Option für den Westen, sie entsprechen ziemlich genau den Stationen meiner eigenen ›Entwicklung‹«. (DüD III, 120)

[9] Siehe dazu Lieselotte Voß: DIE ENTSTEHUNG VON THOMAS MANNS ROMAN »DOKTOR FAUSTUS«. DARGESTELLT ANHAND VON UNVERÖFFENTLICHTEN VORARBEITEN, Tübingen, 1975, S. 47-55.

[10] Dies deutet auf die Nähe Kaisersascherns zu Lübeck hin. Schon 1931, in der Ansprache zum 60. Geburtstag von Heinrich Mann wird die Heimatstadt mit fast identischen Formulierungen beschrieben. (X, 309)

[11] Das Politisch-Aktuelle dieses Bildes war Thomas Mann durchaus bewußt. So heißt es im Tagebuch unter dem 13. Juni 1945:»H. E. Jakobs über seine Erfahrungen im Lager: das Archaische im Volk, ganz übereinstimmend mit gewissen Bemerkungen im Faustus. (Tb1943-45, 215)

[12] Heine-Lektüre ist in den Tagebüchern während der Arbeit am DOKTOR FAUSTUS mehrfach verbürgt. So etwa Anfang Februar 1945: 3.2.: »... las in Heines ›Elementargeistern‹«. – 5.2.: »Mit Anteil Heine über deutsche Philosophie«. – 7.2.: »Heine, Die Romantische Schule.«

[13] Heinrich Heine: LUDWIG BÖRNE. EINE DENKSCHRIFT, in: Sämtliche Schriften, Klaus Briegleb (Hg.), Bd. 7., München/Wien, 1976, S. 90 f.

[14] Ernst Bloch: ERBSCHAFT DIESER ZEIT, Frankfurt, 1977, S. 104. – Die Bedeutung Ernst Blochs für den DOKTOR FAUSTUS findet sich bisher nur in einer Arbeit kurz angedeutet: Franz Futterknecht: DAS DRITTE REICH IM DEUTSCHEN ROMAN DER NACHKRIEGSZEIT. UNTERSUCHUNGEN ZUR FASCHISMUSTHEORIE UND FASCHISMUSBEWÄLTIGUNG, Bonn, 1976, S. 52-56.

[15] Ebenda, S. 126.

[16] Im Tagebuch sind in der Exilzeit mehrere Treffen mit Bloch verzeichnet. Unter dem 9.12.1934 heißt es: »... heute Abend lange, mit Interesse und Zweifel, in Blochs ›Erbschaft dieser Zeit‹«.

[17] ERBSCHAFT DIESER ZEIT, S. 106

[18] Hans Rudolf Vaget: KAISERSASCHERN ALS GEISTIGE LEBENSFORM. ZUR KONZEPTION DER DEUTSCHEN GESCHICHTE IN THOMAS MANNS DOKTOR FAUSTUS, in: Der deutsche Roman und seine historischen und politischen Bedingungen, Wolfgang Paulsen (Hg.), Bern, 1977, S. 200 ff.; vgl. zur Quelle für die Informationen über Otto III. Hans Rudolf Vaget: ERICH KAHLER. THOMAS MANN UND DEUTSCHLAND. EINE MISZELLE ZUM DOKTOR FAUSTUS, in: Ethik und Ästhetik. Frankfurt, 1995, S. 509-518.

[19] Thomas Mann hat die Formulierung erstmals am 21. Februar 1938 gebraucht, wie ein Interview-Abdruck in der New York Times vom 22. Februar belegt. Vgl. dazu Volkmar Hansen: »WHERE I AM, THERE IS GERMANY«. THOMAS MANNS INTERVIEW VOM 21. FEBRUAR 1938 IN NEW YORK, in: Martin Stern (Hg.): Textkonstitution bei mündlicher und schriftlicher Überlieferung, Tübingen, 1991, S. 176-188. (editio.1. Beiheft)

[20] Vgl. etwa die folgende Stelle aus der LUTEZIA: »In der Tat, nur mit Grauen und Schrecken denke ich an die Zeit, wo jene dunklen Ikonoklasten zur Herrschaft gelangen werden: mit ihren rohen Fäusten zerschlagen sie alsdann alle Marmorbilder meiner geliebten Kunstwelt, sie zertrümmern alle jene phantastischen Schnurrpfeifereien, die dem Poeten so lieb waren; sie hacken mir meine Lorbeerwälder um, und pflanzen darauf Kartoffeln.« In: SÄMTLICHE WERKE. Bd. 9, S. 232.

[21] So schreibt er in der Rede vom April 1941 über Hitler: »Möchte er sich doch überzeugen lassen, daß das Individuum Hitler in seiner unergründlichen Verlogenheit, seiner schäbigen Grausamkeit und Rachsucht, mit seinem unaufhörlichen Haßgebrüll, seiner Verhunzung der deutschen Sprache, seinem minderwertigen Fanatismus, seiner feigen Askese und armseligen Unnatur, seiner ganzen defekten Menschlichkeit, die jeden kleinsten Zug von Großmut und höherem seelischem Leben vermissen läßt, die abstoßendste Figur ist, auf die je das Licht der Geschichte fiel.« (XI, 1001)

[22] Im Tagebuch sind Kinobesuche am 18.6.1945 und 21.6.1945 dokumentiert.

[23] Jürgen Habermas: GESCHICHTE IST EIN TEIL VON UNS. WARUM EIN »DEMOKRATIEPREIS« FÜR DANIEL J. GOLDHAGEN?, in: Die Zeit, Nr. 12 vom 14. März 1997, S. 14.

[24] Zum Streit innerhalb der deutschen Emigration über die Frage nach den Ursachen des Faschismus und den Perspektiven in der Zeit nach dem Krieg vgl. den grundlegenden Aufsatz von Herbert Lehnert: BERT BRECHT UND THOMAS MANN IM STREIT ÜBER DEUTSCHLAND, in: Hermann Kurzke (Hg.): Stationen der Thomas Mann-Forschung. Aufsätze seit 1970, Würzburg, 1985, S. 247-275.

[25] Hans Egon Holthusen: DIE WELT OHNE TRANSZENDENZ, Hamburg, 1949, S. 65.

[26] Ebenda

Albrecht Dürer, Melencolia I, 1514

Thomas Sprecher

Tabellarische Übersicht
zur Entstehung des DOKTOR FAUSTUS

Datum Entstehung[1]	Vorbereitung, Nachbearbeitung, Verschiedenes	Kapitel	GW[2]	Inhalt
1904		Erste Notizen (Drei-Zeilen-Plan)	Notb II, 107, 121	
1933-1942	Vereinzelte Beschäftigung mit der »Faust«-Idee			
10.8.1940-4.1.1943		JOSEPH, DER ERNÄHRER	IV, 1279-1822	
18.1.-13.3.1943		DAS GESETZ	VIII, 808-876	
14.3.-23.5.1943	Vorarbeiten: Lektüre, Exzerpieren, Konzipieren		XI, 155-164	
23.-31.5.1943[3]	28.6.1943: Erste Lesung (Kap. I-III)	I	VI, 9-13; XI, 164 f., 168	Einleitende Feststellungen des Erzählers über sein Vorhaben
1.-7.6.1943		II	VI, 13-19; XI, 169	Über die Herkunft Zeitbloms
8.-24.6.1943[4]	April 1946, 10.6.1946, 1.1.1947: Vorabdrucke	III	VI, 19-32; XI, 169 (28 Manuskriptseiten)	Zur Herkunft Adrian Leverkühns, Beschreibung seines Vaters Jonathan Leverkühn
25.6.-7.7.1943[5]		IV	VI, 32-44; XI, 169	Adrians Mutter Elsbeth und dem heimatlichen Ambiente auf dem Buchel-Hof gewidmet
8.-13.7.1943[6]		V	VI, 44-49	Bericht über Zeitbloms Situation im Krieg; Adrians Schulunterricht
13.-17.7.1943		VI	VI, 50-55	Über Kaisersaschern
19.7.-3.8.1943[7]	18.7.1943 Vorarbeiten[8]; 5.8.1943: Umarbeitung; 22.12.1944: Vorabdruck »Das Harmonium«	VII	VI, 55-68; XI, 172 (70 Manuskriptseiten)	Das Instrumenten-Magazin von Oheim Leverkühn, Adrians erste Versuche auf dem Harmonium
4.8.-22.9.1943[9]	15.8.1943: Beginn der maschinenschriftlichen Abschrift; 30.9.-2.10.1943, 6.-8.10.1943, 14.-20.12.1943, 23.12.1943, 3.1.1944: Umarbeitungen;	VIII	VI, 68-96; XI, 175, 179, 189, 271 (109 Manuskriptseiten)	Bericht über Wendell Kretschmars Musikvorträge in Kaisersaschern

Datum Entstehung[1]	Vorbereitung, Nachbearbeitung, Verschiedenes	Kapitel	GW[2]	Inhalt
	31.5.1945: Besichtigung in der Library of Congress der Skripte von J.C. Beissel (VI, 88-93; XI, 226); 18.9.1945: Änderungen und Striche[10]; April 1946: Vorabdruck »Opus 111«; 1.6.1946: Änderungen			
23.9.1943-14.1.1944[11]	18.-20.8.1946: Kürzungen[12]	IX	VI, 96-109; XI, 175, 180, 189	Das Kapitel, »worin Adrians musikalischer Bildungsgang weitergeführt wird« (XI, 180)
16.-26.1.1944[13]	31.1.1944: »Besserungen«; 18.-20.8.1946: Änderungen[14]	X	VI, 109-116	Leverkühn gibt seinen Entschluß bekannt, Theologie zu studieren
31.1.-8.2.1944[15]	27.1.-30.1.1944: Vorbereitungen	XI	VI, 116-124; XI, 192	Schilderung von Adrians Theologie-Studium an der Universität Halle
8.-19.2.1944[16]		XII	VI, 124-133	Vorlesungen des Professors Kumpf
20.2.-8.3.1944[17]		XIII	VI, 133-149; XI, 192 (190 Manuskriptseiten)	Schleppfuß; religionspsychologische Expectorationen
9.3.-17.4.1944[18]		XIV	VI, 149-170; XI, 193	Studentengespräche
19.4.-9.5.1944[19]	27.4.1944: weitere maschinenschriftliche Abschrift; 3.9.1944: Nachtrag	XV	VI, 170-183; XI, 196 (1.5.1944: 220 Manuskriptseiten)	Adrian Leverkühn erklärt seine Abwendung von der Theologie und seinen Entschluß, Musiker zu werden
10.5.-24.5.1944[20]	23.-26.6.1944: Änderungen	XVI	VI, 183-192; XI, 198 f.	Adrians Brief aus Leipzig, der Nietzsches Kölner Bordell-Abenteuer »montiert« (XI, 198)
30.5.-7.6.1944[21]		XVII	VI, 192-198; XI, 198 (gegen 300 Manuskriptseiten)	Zeitblom analysiert den Brief Leverkühns
9.-15.6.1944[22]	8.6.1944: Vorbereitungen	XVIII	VI, 199-203	Bericht von Leverkühns Musikstudium bei Wendell Kretschmar
16.6.-4.7.1944[23]	3.9.1944: Nachtrag	XIX	VI, 203-211	Beschreibung des geheimnisvollen, vom Teufel inszenierten Verschwindens der beiden von Adrian Leverkühn wegen seiner »Verwundung« aufgesuchten Ärzte
6.-24.7.1944	14.-16.7.1944: Korrektur der Maschinenabschrift; 20.-21.8.1944: Änderung	XX	VI, 211-229; XI, 202 f.	Einführung des Dichters und Übersetzers Rüdiger Schildknapp; Leverkühn gibt dem Erzähler vor dem Besuch einer Aufführung durch das Schaffgosch-Quartett eine Analyse von Beethovens spätem Streichquartett a-moll (VI, 212-214; XI, 185; Tb, 29.4.1944)

Datum Entstehung[1]	Vorbereitung, Nachbearbeitung, Verschiedenes	Kapitel	GW[2]	Inhalt
26.7.-25.8.1944[24]	29.-30.8.1944: Änderung; 12.9.1944: Feststehen des definitiven Titels; 6.-7.9.1946: Kürzungen[25]	XXI	VI, 229-246; XI, 206	Eingeleitet von der Montage von Teilen der ersten Zeittafel (Juni 1943 bis September 1943); Schilderung der Leipziger Jahre Leverkühns und seiner Schweizer Reise; Analyse der Brentano-Gesänge
14.9.-4.10.1944[26]	25.8.1944: Vorbereitung	XXII	VI, 246-259; XI, 174, 206 (etwa 300 Manuskript-seiten)	Beschreibt die Hochzeit von Adrians Schwester, das Ehe- sowie das Musikgespräch über die geplante Shakespeare-Oper; notiert grundsätzliche Probleme der Kunst allgemein und des strengen Satzes in der Musik insbesondere und verweist gegen Schluss auf den Teufelspakt
6.10.-1.11.1944[27]		XXIII	VI, 260-280; XI, 208	Beschreibung der Münchner Gesellschaft von 1910
24.11.-10.12.1944[28]	20.-23.11.1944: Vorbereitungen	XXIV	VI, 281-294; XI, 213	Adrian Leverkühns und Rüdiger Schildknapps Aufenthalt bei der Familie Manardi in Palestrina
12.12.1944-20.2.1945[29]	30.8.1944: Notizen; 21.7.1945: »Besserung«	XXV	VI, 294-333; XI, 214	Dialog Adrian Leverkühns mit dem Teufel
27.2.-18.3.1945[30], 19.5.1945	20.-22.3.1945: Korrektur von Maschinenabschriften (Kap. XXIV und XXV)	DEUTSCH-LAND UND DIE DEUTSCHEN	XI, 219	
12.4.-16.5.1945[31]	23.3.-11.4.1944: Vorbereitungen zu weiteren Kapiteln	XXVI	VI, 333-348; XI, 220, 222	Das Kapitel beginnt mit einer Reflexion über die doppelte Zeitrechnung des Romans und die politische Situation im April 1945 und erzählt dann von Adrians Übersiedlung nach Pfeiffering
ca. 21.5.-6.8.1945[32]	15.5.1945: Vorbereitungen	XXVII	VI, 348-366; XI, 223, 232	»Adrians Fahrt in die Meerestiefe und ins ›Gestirn‹« (XI, 232)
8.-18.8.1945[33]	19.8.1945: »Verbesserungen«	XXVIII	VI, 366-378; XI, 234	»die Verwirrungen des Barons von Riedesel« (XI, 234)
21.8.-22.9.1945[34]		XXIX	VI, 378-398 (ca. 500 Manu-skriptseiten)	Anläßlich des Münchener Faschings 1914 angestellte Meditationen Zeitbloms über die weiteren Schicksale der Schwestern Rodde, Ines' Bindung an Helmut Institoris sowie die Vorbereitungen auf die Schwerdtfeger-Katastrophe
25.9.-7.10.1945[35]	25.9.1945: Vorbereitungen (XI, 241)	XXX	VI, 398-412; XI, 241	Bericht Zeitbloms vom »Ausbruch« des Ersten Weltkriegs und der Kriegsbegeisterung in München
9.-30.10.1945[36]	12.10.1945: Motiv für DER ERWÄHLTE gefunden; 29.10.1945: Korrektur der Maschinenabschrift; 4.11.1945: Änderungen[37]	XXXI	VI, 412-430; XI, 242	Bringt »das Ende des Krieges, die Figuren der ›dienenden Frauen‹ und die Wendung Adrians zur Puppen-Oper« (XI, 242)

Datum Entstehung[1]	Vorbereitung, Nachbearbeitung, Verschiedenes	Kapitel	GW[2]	Inhalt
9.-29.11.1945[38]	29.11.1945: Streichung des Anfangs[39]	XXXII	VI, 430-446; XI, 243	»beklemmendes Gespräch zwischen Ines [Rodde] und Zeitblom« (XI, 243)
1.-27.12.1945[40]	30.11.1945: Vorbereitungen; 23.12.1945: Korrektur der Maschinenabschrift (Kap. XXXI und XXXII); 28.12.1945: »Besserungen«; 10.-12.1.1946: »Nachtrag«	XXXIII	VI, 446-467; XI, 243, 246	Das Kapitel will »wieder mit der ›doppelten Zeit‹ arbeiten, das Motiv der kleinen Seejungfrau ausführen und Schwerdtfegers elbische Flirtnatur recht zu Gemüte führen« (XI, 243)
14.1.1946-?[41]	30.12.1945-13.1.1946: Vorbereitungen; Tb, 17.8.1946: »Verbesserungen am Oratorium«; Striche[42]	XXXIV	VI, 468-480; XI, 247, 249	Bericht von der Entstehung des Oratoriums ›Apocalipsis cum figuris‹
?-17.2.1946[43]		XXXIV (Fortsetzung)	VI, 480-492	Beschreibung des Kridwiß-Kreises
18.2.-2.3.1946	26.6.1946: Nachtrag	XXXIV (Schluß)	VI, 492-503	Beschreibung des Zusammenhangs zwischen Adrians Werk und den Diskussionen im Kridwiß-Kreis
Ende März-Ende Mai 1946	Erkrankung, Lungen-Operation im Billings Hospital, Chicago		XI, 252-269	
12.-25.6.1946[44]	26.6.1946: »Verbesserungen«; Striche[45]	XXXV	VI, 503-514; XI, 272	»das Schicksal der armen Clarissa, frei nach dem Leben einer geschwisterlichen Wirklichkeit« (XI, 272)
29.6.-15.7.1946	27.6.1946: Vorbereitungen	XXXVI	VI, 514-526; XI, 272	Kapitel, »das die deutsche Atmosphäre der zwanziger Jahre erinnert, die sich unsichtbar haltende Freundin einführt [...] und sich an der Beschreibung ihres Ringgeschenkes vergnügt« (XI, 272)
21.7.-16.8.1946[46]	18.-20.7.1946: Vorbereitungen	XXXVII	VI, 526-542; XI, 279	Einführung des Konzertagenten Saul Fitelberg
23.8.-5.9.1946[47]	21.-22.8.1946: Vorbereitungen; Ende August 1946: Beginn der Übersetzung ins Englische durch Helen T. Lowe-Porter; 21.12.1946: Striche[48]; 3.2.1947: »Umarbeitung«; 4.-6.2.1947: Striche[49]	XXXVIII	VI, 553-563; XI, 282	»das Kapitel der Violinsonate und die Konversation bei Bullinger über sinnliche Schönheit« (XI, 281)

Datum Entstehung[1]	Vorbereitung, Nachbearbeitung, Verschiedenes	Kapitel	GW[2]	Inhalt
7.-ca. 19.9.1946[50]		XXXIX	VI, 542-552; XI, 281	Das Kapitel, »das, anfangs in Zürich spielend, Marie Godeau in den nun immer romanhafter, das heißt dramatischer werdenden Roman einführt« (XI, 282)
ca. 22.9.-4.10.1946	5.10.1946: Änderungen	XL	VI, 563-575; XI, 286	»das mythische Drama von der Frau und den Freunden«, »Adrians Kundgebung seiner Heiratswünsche«, »winterlicher Gesellschaftsausflug ins bayerische Gebirge« (XI, 286 ff.)
6.-ca. 12.10.1946		XLI	VI, 576-585; XI, 286	»Dialog zwischen Adrian und Schwerdtfeger in Pfeiffering« (XI, 286)
13.-23.10.1946[51]	25.10.1945: Notiz vom Motiv der Werbung	XLII	VI, 585-599; XI, 286; Notb I, 207 ff.; Notb II, 11, 52	Kapitel über Rudis Werbung bei Marie, die Verlobung, das letzte Konzert, den Tod in der Tram
30.10.-7.11.1946	27.-29.10.1946: Vorbereitungen	XLIII	VI, 599-609; XI, 287	»das Kapitel der Kammermusik [...], hinführend schon zu dem Klage-Oratorium, dessen Ausführungen dann durch das Erscheinen und den furchtbaren Hingang des wunderbaren Kindes noch verzögert wird« (XI, 287)
7.11.-ca. 2.12.1946[52]	12. und 27.12.1946: »Besserung«; 30.1.1947: Änderungen	XLIV	VI, 609-626; XI, 290	»das erste Echo-Kapitel« (XI, 290)
ca. 3.-11.12.1946	12. und 27.12.1946: »Besserung«	XLV	VI, 627-636; XI, 292	Echos Tod
17.12.1946-1.1.1947	13.-16.12.1946: Vorbereitungen; 13.-14.1.1947: Änderungen	XLVI	VI, 636-651; XI, 293 (809 Manuskriptseiten)	Ende des Zweiten Weltkriegs, Kantate
2.-19.1.1947[53]	8.1.1947: Erste Anzeige des Romans gesehen	XLVII	VI, 651-667; XI, 298	Adrians Abschiedsrede, Beschreibung des Zusammenbruchs
21.-29.1.1947[54]	20.1.1947: Vorbereitungen; 29.1.1947: »Schrieb um 1/2 12 Uhr die letzten Worte des ›Dr. Faustus‹. Bewegt immerhin«; 30.1.1947 ff.: Änderungen; 5.2.1947: Striche[55]; 6.2.1947: Das Manuskript »endgültig abgelegt«; 24.-25.2.1947: Korrektur der Maschinenabschrift	Nachschrift	VI, 668-676; XI, 299	Was nachher mit Adrian geschah

Datum Entstehung[1]	Vorbereitung, Nachbearbeitung, Verschiedenes	Kapitel	GW[2]	Inhalt
Juni/Juli 1947	Druck des Romans in der Buchdruckerei Winterthur AG; Korrekturlesen			
17.10.1947	Erscheinen der deutschsprachigen Erstausgabe (Bermann-Fischer, Stockholm)			
November 1947	Kürzungen (mit Erika Manns Assistenz)			
1948	Gekürzte Ausgaben (Bermann-Fischer, Wien; Lizenzausgabe Suhrkamp)			
28.6.-20.10.1948	Seit Februar 1948 geplant; seit Mai 1948 Vorarbeiten; Ende Oktober - Anfang Dezember 1948: Überarbeitungen und Striche	DIE ENTSTEHUNG DES DOKTOR FAUSTUS. ROMAN EINES ROMANS	XI, 145-301	
21.1.1948-26.10.1950		DER ERWÄHLTE	VII, 9-261	

---

[1] In den nachfolgenden Anmerkungen werden die Schriften zum Tage aufgeführt, die jeweils während oder unmittelbar nach der Niederschrift eines Kapitels zustande gekommen sind; kursiv gesetzt sind die vom Herausgeber gewählten Titel.

[2] VI: DOKTOR FAUSTUS; XI: DIE ENTSTEHUNG DES »DOKTOR FAUSTUS«.

[3] DEUTSCHE HÖRER! [35], 24.-25.5.1943.

[4] THE FALL OF THE EUROPEAN JEWS, 9.-11.6.1943; [An Ernst Reuter], 24.6.1943.

[5] DEUTSCHE HÖRER! [36], 27.6.1943.

[6] [Vorwort zu FREE WORLD THEATRE], 10.-11.7.1943.

[7] [Erklärung zum Manifest des 'Nationalkomitees Freies Deutschland'], 25.7.1943; DEUTSCHE HÖRER! [37], 26.-27.7.1943.

[8] Zahlreiche weitere im Tagebuch belegte Vorbereitungsarbeiten und Textänderungen lassen sich nicht einzelnen Kapiteln zuordnen.

[9] An Alfred Döblin, 8.8.1943; THE WAR AND THE FUTURE [Schicksal und Aufgabe], 17.-21.8.1943; DEUTSCHE HÖRER! [38], 29.8.1943; [Ansprache auf der Veranstaltung ›Writers in Exile‹], 18.-21.9.1943; [Für die Time-Capsule. Nachtrag 1943], vor 23.9.1943.

[10] Vgl. Tb 1944-1946, S. 826 f.

[11] DEUTSCHE HÖRER! [39], 29.9.1943; DEUTSCHE HÖRER! [40], 30.10.1943; IN MEMORIAM MAX REINHARDT, 5.11.1943; ALVIN JOHNSON – WORLD CITIZEN, 14.-18.11.1943; *To Alvin Johnson,* 19.11.1943; [*Dementi der Beteiligung am ›Free German Committee‹*], 26.11.1943; [*Über Hermann Brochs 'Der Tod des Vergil'*], vor 8.12.1943; DEUTSCHE HÖRER! [41], 7.-9.12.1943; GEDENKREDE AUF MAX REINHARDT, 10.-13.12.1943; DEUTSCHE HÖRER! [42], 30.-31.12.1943; ON THE VALUE OF MODERN LANGUAGE IN AMERICAN EDUCATION, 14.1.1944; [*Statement zum Palestine White Paper*], 14.-16.1.1944.

[12] Vgl. Tb 1946-1948, S. 418 f., 869 ff.

[13] *An C.B. Boutell,* 20.-21.1.1944.

[14] Vgl. Tb 1946-1948, S. 419.

[15] DEUTSCHE HÖRER! [43], 30.1.1944; [*Grußbotschaft an die Heinrich Mann-Kundgebung in New York*], 5.2.1944.

[16] DIE SENDUNG DER MUSIK, 14.-16.2.1944; DEUTSCHE HÖRER! [44], 27.-28.2.1944.

[17] IS WORLD SECURITY POSSIBLE?, 20. und 22.2.1944.

[18] DEUTSCHE HÖRER! [45], 26.-28.3.1944; [*Vorwort zum Katalog der Ausstellung von Werken Ernst van Leydens, 7.-31.5.44*], 9.4.1944.

[19] VOM BUCH DER BÜCHER UND JOSEPH, 22.-25.4.1944; [*Dem Andenken Carl von Ossietzkys*], 29.4.1944; DEUTSCHE HÖRER! [46], 30.4.-1.5.1944.

[20] *Alvin Johnson,* vor 22.5.1944; [*Zur Erklärung des ›Council for a Democratic Germany‹*], 27.5.1944; DEUTSCHE HÖRER! [47], 28.-29.5.1944.

[21] AN ENDURING PEOPLE, 1.6.1944.

[22] [*Für Martin Andersen Nexö zum fünfundsiebzigsten Geburtstag*], 14.6.1944.

[23] [*Dank für die Übersetzungen von Helen Tracy Lowe-Porter I*], 20.6.1944; [*Protest gegen die Judenverfolgung unter den ungarischen Künstlern*], 26.6.1944; IN MY DEFENSE, 1.-2.7.1944.

[24] [*Radioansprache anläßlich der russischen Invasion Ostpreußens*], 8.-9.8.1944; [*Zur Eröffnung der Vernissage von William Earl Singer*], 11.-12.8.1944; [*Zur Befreiung von Paris*], 23.8.1944; [*Vorwort zur ersten schwedischen Ausgabe von Grimmelshausens Simplicius Simplicissimus*], 1.9.1944; The Statue of Liberty, 9.9.1944, [*Vorwort zu Bruno Franks Cervantes*], 1.-12.9, 16.9., 4.10.1944.

[25] Vgl. Tb 1944-1946, S. 807-810; Tb 1946-1948, S. 876 f.

[26] EIN MANN DER GUTEN TAT, 23.9.1944; [*Ansprache für ein Meeting der Kalifornischen PEN-Club-Section*], 24.9.1944; [*Aufruf zum War-Bond-Drive*], 25.9.1944; [*Glückwunsch für die Zeitschrift ›Freies Deutschland‹*], 1.10.1944.

[27] EIN REICHES LEBEN. 14.-15.10.1944; [*Rede für Franklin D. Roosevelt im Wahlkampf 1944*], 19.10.1944; *Glückwunsch für den Aufbau* [I], 10.11.1944.

[28] [*Für Eugen Spiro*], 10.-11.12.1944.

[29] [*Ansprache auf der Massenversammlung ›Rally against Franco‹ in New York*], 25.-26.12.1944; DEUTSCHE HÖRER! [48], 31.12.1944; SHOULD WE OUTLAW ANTISEMITISM?, 8.1.1945; DEUTSCHE HÖRER! [49], 14.1.1945; DEUTSCHE HÖRER! [50], 15.-16.1.1945; [*Diskussionsrede zur Filmpremiere von ›Tomorrow the World‹*], 29.1.1945; DEUTSCHE HÖRER! [51], 31.1.1945; DAS ENDE, 8.-11.2.1945; DEUTSCHE HÖRER! [52], 16.2.1945; [*Äußerung zu einer Gedenkfeier für Romain Rolland*], 24.2.1945.

[30] DEUTSCHE HÖRER! [53], 4.3.1945; DEUTSCHE HÖRER! [54], 19.-20.3.1945; [*An das Jewish Labour Committee*], 30.3.1945; [*Berthold Viertel zum sechzigsten Geburtstag*], 2.4.1945; DEUTSCHE HÖRER! [55], 4.-5.4.1945.

[31] *Franklin Roosevelt,* 14.4.1945; [*Rede bei der Gründungsfeier der ›Association for Interdependence‹*], 15.-18.4.1945; DEUTSCHE HÖRER! [56], 18.-19.4.1945; [*Zum Tode Hitlers*], 1.5.1945; DIE LAGER, 2.-3.5.1945; DEUTSCHE HÖRER! [57], 9.-10.5.1945; [*Thomas Mann an Monty Jacobs, Konzept*], 12.-13.5.1945.

[32] [*Tischrede beim Festessen anläßlich des siebzigsten Geburtstags*], 17.-18.6.1945; *Bruno Frank †*, 23.-24.6.1945; [*Dank für die Übersetzungen von Helen Tracy Lowe-Porter II*], 28.6.1945; DOSTOJEWSKI – MIT MABEN, 8.-20.7.1945; [*Glückwunsch zum zweijährigen Bestehen der ›Demokratischen Post‹*], vor 1.8.1945.

[33] [*Trauerrede auf Bruno Frank*], 12.-13.8.1945.

[34] *Franz Werfel †*, 27.-28.8.1945; WARUM ICH NICHT NACH DEUTSCHLAND ZURÜCKGEHE, 2.-10.9.1945 (vgl. XI, 236); *Erich von Kahler,* 15.-16.9.1945.

[35] [*Ansprache bei der öffentlichen Gedenkfeier für Bruno Frank*], 27.9.1945; *An die Leser der ›New Yorker Staats-Zeitung und Herold‹,* 4.10.1945.

[36] IN EIGENER SACHE, 22.10.1945; RETTET DIE JUDEN EUROPAS, 29.10.1945, MEINE GLÜCKWÜNSCHE, 30.10.1945; [*An Mrs. Shipler*], 31.10.-1.11.1945, WELT-ZIVILISATION, 1.11.1945; *Einleitung für die Christmans Book Section der ›Chicago Daily News‹,* 2.-3.11.1945; [WHAT IS CIVILIZATION?], 6.11.1945; [*Über die tschechische Staatsbürgerschaft*], 6.11.1945; DEUTSCHE HÖRER! [58], 5.-8.11.1945.

[37] Vgl. Tb 1944-1946, S. 829-831.

[38] *Über Paul Merkers Buch,* Nov. 1945; INDEFATIGABLE VIGILANCE, 19.11.1945; [*Zu den Nürnberger Prozessen*], 24.11.1945.

[39] Vgl. Tb 1944-1946, S. 279.

[40] [*Nachwort zu einem Hörspiel über Rassendiskriminierung*], 12.12.1945; [*Zum Tode von Theodore Dreiser*], 31.12.1945.

[41] [*Über akademische Freiheit*], 18.1.1946; [*Radiosendung für die amerikanischen Truppen in Deutschland*], 28.1.1946.

[42] Vgl. Tb 1946-1948, S. 866-868.

[43] BERICHT ÜBER MEINEN BRUDER, 2.-6.2.1946.

[44] [*Von rassischer und religiöser Toleranz*], Juni 1946.

[45] Vgl. Tb 1946-1948, S. 863-864.

[46] *An Bruno Walter zum siebzigsten Geburtstag,* 5.-10.8.1946; [*Statement in Sachen eines falschen Goethe-Zitats*], 17.8.1946; [*Statement zum Verbot von Edmund 'Wilsons Memoirs of Hecate County'*], 21.8.1946.

[47] [*Hedwig Fischer zum fünfundsiebzigsten Geburtstag*], Anfang September 1946.

[48] Vgl. Tb 1946-1948, S. 879-882.

[49] Vgl. Tb 1946-1948, S. 884 f.

[50] AN DIE LESER DES AUFBAUS, 11.9.1946; [*An Bohus Benes über 'God's Village'*], 20.-21.9.1946.

[51] [*Zu* WORTE GOETHES ÜBER DIE DEUTSCHEN], vor 15.10.1946.

[52] [*An David McCoy*], 8.-13.11.1946; *Für Fritz von Unruh,* 17.11.1946.

[53] [*Über die Zeitschrift ›Der Ruf‹*], 6.1.1947.

[54] [*Dank für die Erneuerung des Bonner Ehrendoktordiploms*], 28.1.1947.

[55] Vgl. Tb 1946-1948, S. 885 f.

Nathalie Bielfeldt

DOKTOR FAUSTUS:
Handlung – Orte – Figuren

Die Geschichte von Adrian Leverkühn, der ein Bündnis mit dem Teufel eingeht, um seine künstlerische Sterilität zu überwinden, ist ebenso komplex wie beziehungsreich. Sein Leidensweg wird aus der Sicht eines engen Freundes, Serenus Zeitblom, erzählt. Der Roman spielt auf mehreren Zeitebenen: Die erzählte Zeit umspannt die Lebensspanne von Adrians Geburt 1885 bis zu seinem Tode 1940. Serenus Zeitblom nimmt seine Niederschrift am selben Tag wie Thomas Mann auf, nämlich am 23. Mai 1943, und endet, im Gegensatz zu Thomas Mann, nicht 1947, sondern 1945 mit der Kapitulation Deutschlands. Während Zeitblom das Schicksal Adrian Leverkühns niederschreibt, bleibt so die unmittelbare Wirklichkeit des Zweiten Weltkrieges präsent und zeigt Parallelen zwischen dem Schicksal des Helden und der Geschichte des deutschen Volkes auf. Diese »doppelte Zeitrechnung« wird durch eine dritte Zeitebene ergänzt: Das Deutschland des Mittelalters und der Reformation begleitet als Ursprung des Faust-Mythos die Handlung.

Adrian wächst in der Mitte Deutschlands auf einem Bauernhof heran. In seinen Kindertagen lernt er von der Stallmagd Hanne das Kanonsingen unter einem Lindenbaum, der auf Schuberts Lied AM BRUNNEN VOR DEM TORE verweist, das bereits im ZAUBERBERG Hans Castorp in die Katastrophe des Ersten Weltkrieges begleitete. Die Eltern Adrians beschreibt Thomas Mann als schlichte bescheidene Menschen, deren Physiognomie »altdeutsche Züge« aufweist.

Das Interesse des auffallend intelligenten Adrian ist auf die sonderbaren biologischen und chemisch-physikalischen Studien seines Vaters gerichtet, die eine besondere Faszination auf ihn ausüben. Adrians außergewöhnliche Begabung ist bereits in Kindertagen durch ein schweres Migräneleiden gekennzeichnet, das ihn zeitweise in die völlige Zurückgezogenheit drängt. So scheint die tiefe Zuneigung des Erzählers Serenus Zeitblom zu seinem einsamen Freund einseitig zu sein.

Zum Besuch der Schule zieht Adrian nach Kaisersaschern in der Nähe seines Geburtsortes zu seinem Onkel in ein Haus, das auf die Beschreibung des Wohnhauses Albrecht Dürers in Nürnberg zurückgeht. Die fiktive Stadt Kaisersaschern ist das Ergebnis einer kunstvoll angefertigten Collage, die Thomas Mann aus ihm zugänglichen Informationen über die deutschen Städte Wittenberg, Merseburg an der Saale, Eisleben bei Merseburg, Quedlinburg bei Magdeburg, Wolfenbüttel, Aachen und seiner Geburtsstadt Lübeck komponierte. Kaisersaschern ist durch ein mittelalterliches Erscheinungsbild geprägt, das auch seine Spuren in der geistigen Mentalität der Stadtbewohner zurückgelassen zu haben scheint. Hier entwickelt sich Adrians leidenschaftliches Interesse für die Musik, das ganz im Gegensatz zu seinem häufig kühlen Wesen steht. In Kaisersaschern hört er auch die Ausführungen seines Musiklehrers Wendell Kretschmar über Musik, vor allem über Beethovens Klaviersonate opus 111, in denen Kretschmar Geisterhaftigkeit und Herausgelöstheit dieses Werkes aus seiner Zeit betont. Dem geheimnisvoll-irrationalen Aspekt der Musik setzt Adrian bereits in jungen Jahren seine mathematischen Studien entgegen, die das sinnliche Element der Musik durch Ordnungsbeziehungen und Abstraktion entkräften sollen. Trotz seiner Begeisterung für die Musik und erster eigener Kompositionen nimmt Adrian zunächst ein Theologiestudium in Halle auf. Hier erhält er Unterricht von einem gewissen Ehrenfried Kumpf, dessen Physiognomie derjenigen Luthers nachempfunden ist und begegnet Eberhard Schleppfuß, einer Diabolus-Gestalt, deren »dämonische Welt- und Gottesauffassung psychologisch illuminiert« ist und die auf die notwendige Verbundenheit des Bösen mit dem Heiligen und Guten hinweist.

Adrian besucht in den Semesterferien weiterhin Wendell Kretschmar, der ihn dazu bewegt, das Studium der Theologie zugunsten seiner musikalischen Begabung aufzugeben und nach Leipzig zu ziehen. Hier macht er die Bekanntschaft mit Rüdiger Schildknapp, einem Dichter und Übersetzer, der ihm bei der Übertragung von Shakespeares LOVE'S LABOUR'S LOST behilflich ist, das er unter dem Titel »Verlorene Liebesmüh'« vertonen will. Thomas Manns langjähriger Freund Hans Reisiger, der Herausgeber und Übersetzer der Werke Walt Whitmans, hat Rüdiger Schildknapp seine Züge geliehen. Die vollständige Zuwendung Adrians zur Musik erfolgt jedoch voller Zweifel, da er erkannt zu haben glaubt, daß das musikalische Material der Vergangenheit ausgeschöpft und verbraucht sei und der Künstler jenes lediglich parodieren könne. Adrian ist zu stolz, mit den überlieferten Formen lediglich zu spielen und sucht verzweifelt nach neuen Möglichkeiten künstlerischen Ausdrucks. Er wünscht den »Durchbruch aus geistiger Kälte in eine Wagniswelt neuen Gefühls« und schließt einen Pakt mit dem Teufel: Ein mephisto-ähnlicher Fremdenführer leitet ihn in Leipzig anstatt in einen Gasthof in ein Bordell. Dort trifft Adrian auf ein Mädchen, das er in Anlehnung an den Namen eines tropischen Tagfalters »Hetaera Esmeralda« nennt. Bei seinem ersten Besuch flieht Adrian nach einer Berührung aus dem Bordell, kehrt jedoch später hierhin zurück, folgt ihr nach Preßburg und verbringt mit ihr die Nacht, obwohl sie ihn vor ihrem kranken Körper warnt. Die blutige Unterzeichnung des Teufelspaktes wird im Roman durch Adrians bewußte Ansteckung mit der Syphilis ersetzt. Sein künstlerisches Schaffen ist also zeitlich begrenzt, da er weiß, daß er in geistige Umnachtung fallen wird. Den Namen des Mädchens übernimmt Adrian in der Tonfolge h-e-a-e-es in seine Kompositionen und setzt ihr so in seiner Musik ein Denkmal. Die Geschichte von Adrians Infizierung und Krankheit hat Thomas Mann stark an die Biographie Friedrich Nietzsches angelehnt.

Adrian siedelt hierauf nach München um, wo er in den illustren Salons seiner Zeit verkehrt und der Leser anhand der Diskussionen in einer »das Künstlerische und Aristokratische umfassenden Gesellschaft« ein umfassendes Bild der Geistesströmungen der Periode vor dem Ersten Weltkrieg erhält und einprägsame Persönlichkeiten wie Jeanette Scheurl kennenlernt, für die Annette Kolb das Vorbild war und die Thomas Mann in seinem Roman als eine Frau »von mondäner Häßlichkeit, mit elegantem Schafsgesicht« charakterisiert.

Adrian und Serenus befreunden sich mit den Senatorentöchtern Clarissa und Ines Rodde, deren Schicksal dem der Schwestern Thomas Manns, Carla und Julia, nachempfunden ist. Die Schauspielerin Clarissa strebt in ein »entschiedenes Künstlertum«, während die »feinmelancholische und von Grund auf lebensängstliche« Ines die Sicherheit einer bürgerlichen Existenz sucht. Beide werden hiermit scheitern. In München schließt Adrian Freundschaft mit dem begabten jungen Geiger und »eifrigen Salonbesucher« Rudi Schwerdtfeger, der Züge von Thomas Manns Münchener Jugendfreund Paul Ehrenberg trägt. Das freundschaftliche Verhältnis Rudis zu Adrian wird von Serenus Zeitblom eifersüchtig überwacht, scheint es doch seine außergewöhnliche Vertrautheit mit Adrian abzuschwächen. Von München aus besucht Adrian zuerst den Hof Schweigestill in Pfeiffering, der dem Hof Polling in Oberbayern ähnelt, auf dem Thomas Manns Mutter einige Jahre lebte und auf dem sich Carla Mann das Leben nahm. Zu dieser Zeit fällt Adrians Werk »Verlorene Liebesmüh'« bei seiner Uraufführung in Lübeck durch.

Die endgültige Besiegelung des Teufelspaktes trägt sich ein paar Jahre später im italienischen Palestrina zu, in einem großen hallenartigen Raum, der stark dem ähnelt, in dem Thomas Mann fünfzig Jahre zuvor an den BUDDENBROOKS arbeitete. Der Preis für die künstlerische Inspiration ist das Liebesverbot, dem sich Adrian zu unterwerfen hat. Das Teufelsgespräch markiert gleichzeitig Mittel- und Wendepunkt des Romans. Von dem Zeitpunkt der endgültigen Teufelsverschreibung Adrians an verschränkt Serenus Zeitblom das Schicksal Adrians in zunehmendem Maße mit der Geschichte des nationalsozialistischen Deutschland, so daß die gezogenen Parallelen der »Höllenfahrt« Deutschlands zu dem Schicksal Adrian Leverkühns an Eindeutigkeit zunehmen.

Aus Italien zurückgekehrt, läßt sich Adrian in Pfeiffering im bayrischen Waldshut nieder, wo er von der Welt zurückgezogen bis zu seinem Tod lebt. 1914 ist Serenus Zeitblom der einzige aus seinem illustren Münchener Freundeskreis, der an die Front zieht. Zunächst euphorisch, erkennt er bald den Wahnsinn und die Unmenschlichkeit des Krieges und kehrt 1915 nach Bayern zurück, wo er sich mit seiner Ehefrau Helene ganz in der Nähe Adrians, in Freising, niederläßt. Die beiden Weltkriege miteinander vergleichend, bezeichnet Zeitblom den Ersten Weltkrieg im Vergleich zu dem Zweiten lediglich als ein »mäßiges Mißgeschick«.

Zu dieser Zeit heiratet Ines Rodde den labilen Helmut Institoris, einen ästhetisierenden Nietzscheaner, den sie kurze Zeit nach der Eheschließung mit Rudi Schwerdtfeger betrügt. Im Mittelpunkt Adrians zunehmend von Migräneanfällen erschwerten Schaffens steht die Komposition dramatischer Grotesken für das Puppentheater nach der Vorlage der »Gesta Romanorum«, deren Besetzung Igor Strawinskys GESCHICHTE VOM SOLDATEN nachempfunden ist. Im Mittelpunkt der Dramatisierung für das Puppentheater steht der Stoff der Gregorius-Sage, die Thomas Mann nach dem DOKTOR FAUSTUS als Grundlage seines Romans DER ERWÄHLTE nutzte.

Als der Erste Weltkrieg zuende geht, nimmt Adrian die Arbeit an seinem Werk »Apocalipsis cum figuris« auf, dessen Entstehungszeit von menschlichen Tragödien und Katastrophen begleitet wird: Clarissa Rodde begeht Selbstmord in Schweigstill, da der Gegensatz zwischen Bühne und Leben für sie unüberbrückbar geworden ist, ihre Schwester Ines ist nach dem Ende ihres Liebesverhältnisses mit Rudi Schwertfeger morphiumsüchtig geworden. Auch hat sich das gesellschaftliche Bild gewandelt: Die Diskussionen, die sich in München um einen gewissen Sixtus Kridwiß entspinnen, einen Mann »der ohne feststellbare gesinnungsmäßige Richtung, rein neugierigerweise die Bewegungen der Zeit behorcht«, werden zunehmend von irrational-revolutionär gefärbten Ideologien beherrscht und der Nietzschesche Ästhetizismus erweist sich als »Wegbereiter der Barbarei«. Die Figur des Sixtus Kridwiß ist dem Graphiker, Illustrator und Bühnenbildner Emil Preetorius nachempfunden.

Nach der Uraufführung der »Apocalipsis cum figuris« erhält Adrian einen Vertrag mit einem Verlag, der auf das rätselhafte Wirken einer Frau von Tolna zurückzuführen ist, die sich im Verborgenen hält, ganz so wie die unsichtbare Freundin Peter Tschaikowskys.

1923 scheitert der Versuch des jüdischen Impressarios Saul Fitelberg, Adrian von Polling »in das Leben« zurückzuholen, stattdessen beginnt Adrian die Komposition eines Violinkonzertes für seinen Freund Rudi Schwerdtfeger, das Serenus Zeitblom als die »Apotheose der Salonmusik« bezeichnet, da es musikalisch dem unbekümmerten Wesen Schwertfegers Rechnung trägt. Als dieses Konzert in Zürich aufgeführt wird, lernt Adrian die »liebliche« Marie Godeau kennen und beschließt, sie zu heiraten. Um ihr nicht direkt gegenübertreten zu müssen, schickt er als Brautwerber seinen Freund Rudi Schwerdtfeger, der als »Fanatiker des Flirts« die Situation für sich nutzt. Die verzweifelte Ines Institoris erschießt ihn darauf in der Münchener Tram der Linie 10.

Als 1926 die »Apocalipsis cum figuris« uraufgeführt wird, ist Adrian selbst nicht anwesend. Er befindet sich in einer tiefen künstlerischen Schaffenskrise und nimmt erst nach dem Tode seines Vaters 1927 zunächst mit Kammermusik das Komponieren wieder auf. In dieser Zeit entsteht auch sein Hauptwerk, die symphonische Kantate »Dr. Fausti Weheklag«, von Adrian selbst als die »Zurücknahme der Neunten Symphonie« Beethovens bezeichnet. Die Entstehung dieses Werkes ist überschattet vom Tod seines Neffen Nepomuk, genannt Echo, der an einer Meningitis qualvoll zugrundegeht. Dieser Schicksalsschlag wird vom Erzähler Zeitblom als »unfasslichste Grausamkeit« bezeichnet. Thomas Mann hat dem engelhaften Knaben die Züge seines Lieblingsenkels Frido geliehen. Adrian gibt sich selbst die Schuld an dem Tod des kleinen Echo, da er, der doch nicht lieben darf, zu diesem Kind eine zärtliche Zuneigung gefasst hatte. So endet seine Symphonie mit dem »Lied an die Trauer«. Auch Adrian erkrankt zunehmend, zieht sich vollends aus dem Leben zurück und arbeitet in dem Bewußtsein, daß ihm nicht viel Zeit verbleibt.

Als Adrian seine Freunde in die Einsamkeit des Hauses Schweigestill lädt, um ihnen am Klavier aus »Dr. Fausti Weheklag« vorzustellen, löst seine Krankheit, die nun für alle ersichtlich zum Wahnsinn geführt hat, bei vielen zunächst Belustigung und dann Erschrecken aus, und sie verlassen ihn, bevor er zu spielen beginnt. Am Klavier leidet er einen paralytischen Schock und fällt in geistige Umnachtung.

Als gebrochener Mann kehrt Adrian in den mütterlichen Schutz auf den Hof der Eltern zurück, wo er vor sich hin dämmert. 1939, als die Deutschen in Polen einmarschieren, besucht ihn Serenus ein letztes Mal. Auf dem Hof seiner Eltern sitzt er oft bei dem Lindenbaum, unter dem zu Kinderzeiten sein Interesse für die Musik ihren Ausgang genommen hatte. Bis zu seinem Tod, der auf den vierzigsten Todestag Friedrich Nietzsches fällt, erwacht er nicht mehr aus der geistigen Umnachtung. Serenus Zeitblom schließt seine Erzählung mit den Worten: »Ein einsamer alter Mann faltet seine Hände und spricht: Gott sei eurer armen Seele gnädig, mein Freund, mein Vaterland.«

1945, nach der Kapitulation Deutschlands, hält Thomas Mann vor amerikanischen Studenten den Vortrag DEUTSCHLAND UND DIE DEUTSCHEN, in dem er sich auf den DOKTOR FAUSTUS bezieht, der 1947 zum ersten Mal erscheint. Im selben Jahr verfasst Thomas Mann den Aufsatz NIETZSCHES PHILOSOPHIE IM LICHTE UNSERER ERFAHRUNG, den er als »essayistisches Nachspiel des Faustus« bezeichnet hat. Zwei Jahre später veröffentlicht Thomas Mann DIE ENTSTEHUNG DES DOKTOR FAUSTUS.

Auswahlbibliographie zum DOKTOR FAUSTUS

zusammengestellt von Cornelia Bernini,
Thomas-Mann-Archiv der ETH Zürich

1. Primärliteratur

Thomas Mann: DOKTOR FAUSTUS. DAS LEBEN DES DEUTSCHEN TONSETZERS ADRIAN LEVERKÜHN ERZÄHLT VON EINEM FREUNDE. Sonderausgabe. Frankfurt/Main 1995.

Thomas Mann: DIE ENTSTEHUNG DES DOKTOR FAUSTUS. ROMAN EINES ROMANS. In: Gesammelte Werke in dreizehn Bänden. Bd. XI, Frankfurt/Main 1974, S. 145-301.

Thomas Mann: DEUTSCHLAND UND DIE DEUTSCHEN. In: Gesammelte Werke in dreizehn Bänden. Bd. XI, Frankfurt/Main 1974, S. 1126-1148.

Thomas Mann: NIETZSCHES PHILOSOPHIE IM LICHTE UNSERER ERFAHRUNG. In: Gesammelte Werke in dreizehn Bänden. Bd. IX, Frankfurt/Main 1974, S. 675-712.

2. Hilfsmittel

Thomas Mann: TAGEBÜCHER 1940-1943; 1944-1.4.1946; 28.5.1946-1948. Hrsg. von Peter de Mendelssohn; ab 1986 von Inge Jens. Frankfurt/Main 1982; 1986; 1989.

Thomas Mann: BRIEFE 1937-1947; 1948-1955. Hrsg. von Erika Mann. Frankfurt/Main 1963; 1965.

Thomas Mann: Selbstkommentare: DOKTOR FAUSTUS und DIE ENTSTEHUNG DES DOKTOR FAUSTUS. Hrsg. von Hans Wysling unter Mitwirkung von Marianne Eich-Fischer. Frankfurt/Main 1992 (= Fischer Taschenbuch. Informationen und Materialien zur Literatur 6893).

Thomas Mann: NOTIZBÜCHER 1-6; 7-14. Hrsg. von Hans Wysling und Yvonne Schmidlin. 2 Bde. Frankfurt/Main 1991; 1992.

THOMAS-MANN-HANDBUCH. Hrsg. von Helmut Koopmann. 2. Aufl. Stuttgart 1995 (siehe auch Sekundärliteratur: Helmut Koopmann).

3. Sekundärliteratur

Sam-Huan Ahn: EXILLITERARISCHE ASPEKTE IN THOMAS MANNS ROMAN DOKTOR FAUSTUS. Bonn 1975.

Jan Albrecht: LEVERKÜHN ODER DIE MUSIK ALS SCHICKSAL. In: Deutsche Vierteljahrsschrift für Literaturwissenschaft und Geistesgeschichte 45, 1971, H. 2, S. 375-388.

Dietrich Assmann: THOMAS MANNS ROMAN DOKTOR FAUSTUS UND SEINE BEZIEHUNGEN ZUR FAUST-TRADITION. Helsinki 1975 (= Annales academiae scientiarum fennicae. Dissertationes humanarum litterarum 3).

Gunilla Bergsten: THOMAS MANNS DOKTOR FAUSTUS. UNTERSUCHUNGEN ZU DEN QUELLEN UND ZUR STRUKTUR DES ROMANS. Stockholm 1963, Tübingen 2. Aufl. 1974.

Bernhard Böschenstein: ERNST BERTRAMS NIETZSCHE – EINE QUELLE FÜR. In: Euphorion 72, 1978, H. 1, S. 68-83.

Dieter Borchmeyer: MUSIK IM ZEICHEN SATURNS. MELANCHOLIE UND HEITERKEIT IN THOMAS MANNS DOKTOR FAUSTUS. In: Thomas Mann Jahrbuch 7, 1994, S. 123-167.

Hanspeter Brode: MUSIK UND ZEITGESCHICHTE IM ROMAN. THOMAS MANNS DOKTOR FAUSTUS. In: Jahrbuch der deutschen Schillergesellschaft 17, 1973, S. 455-472.

Carl Dahlhaus: FIKTIVE ZWÖLFTONMUSIK. In: Musica 1983, S. 245-252.

Hansjörg Dörr: THOMAS MANN UND ADORNO. EIN BEITRAG ZUR ENTSTEHUNG DES DOKTOR FAUSTUS. In: Literaturwissenschaftliches Jahrbuch, N.F., 11, 1970, S. 285-322.

Volker C. Dörr: APOCALIPSIS CUM FIGURIS. DÜRER, NIETZSCHE, DOKTOR FAUSTUS UND THOMAS MANNS WELT DES ›MAGISCHEN QUADRATS‹. In: Zeitschrift für deutsche Philologie 112, 1993, H. 2, S. 251-270.

J. Elema: THOMAS MANN, DÜRER UND DOKTOR FAUSTUS. In: Euphorion 59, 1965, H. 1/2, S. 97-117 (auch in: Thomas Mann. Hrsg. von Helmut Koopmann. Darmstadt 1975, S. 320-350).

John Francis Fetzer: CHANGING PERCEPTIONS OF THOMAS MANN'S DOCTOR FAUSTUS. CRITICISM 1947-1992. Columbia 1996.

John Francis Fetzer: MUSIC, LOVE, DEATH AND MANN'S DOKTOR FAUSTUS Columbia, S.C. 1990 (= Studies in German Literature, Linguistics, and Culture, 45).

Wolf-Dietrich Förster: LEVERKÜHN, SCHÖNBERG UND THOMAS MANN. MUSIKALISCHE STRUKTUREN UND KUNSTREFLEXION IM DOKTOR FAUSTUS. In: Deutsche Vierteljahrsschrift für Literaturwissenschaft und Geistesgeschichte 49, 1975, H. 4, S. 694-720.

Manfred Frank: KAUM DAS URTHEMA WECHSELND. DIE ALTE UND DIE NEUE MYTHOLOGIE IM DOKTOR FAUSTUS. In: Fugen, 1980, S. 9-42.

Elisabeth Frenzel: DER DOPPELGESICHTIGE LEVERKÜHN. MOTIVVERSCHRÄNKUNGEN IN THOMAS MANNS DOKTOR FAUSTUS. In: Gelebte Literatur in der Literatur. Studien zu Erscheinungsformen und Geschichte eines literarischen Motivs. Hrsg. von Theodor Wolpers. Göttingen 1986 (= Abhandlungen der Akademie der Wissenschaften in Göttingen 152), S. 311-320.

Heinz Gockel: FAUST IM FAUSTUS. In: Thomas Mann Jahrbuch 1, 1988, S. 133-148.

Heinz Gockel: DAS MUSIKALISCHE IM WERK THOMAS MANNS. In: Hefte der Deutschen Thomas-Mann-Gesellschaft, August 1987, H. 6/7, S. 40-54.

Heinz Gockel: THOMAS MANNS FAUSTUS UND KIERKEGAARDS DON JUAN. In: Akten des VI. Internationalen Germanisten-Kongresses Basel 1980. Hrsg. von Heinz Rupp und Hans-Gert Roloff. Bern u.a. 1980, T. 3, S. 68-75.

Theodor Göllner: WIESENGRUND. SCHÖNBERGS KRITIK AN THOMAS MANNS ARIETTA-TEXTIERUNGEN IN BEETHOVENS OP. 111. In: Festschrift Horst Leuchtmann. Hrsg. von Stephan Hörner/Bernhold Schmid. Tutzing 1993, S. 161-178.

Käte Hamburger: ANACHRONISTISCHE SYMBOLIK. FRAGEN AN THOMAS MANNS FAUSTUS-ROMAN. in: GESTALTUNGSGESCHICHTE UND GESELLSCHAFTSGESCHICHTE. LITERATUR-, KUNST- UND MUSIKWISSENSCHAFTLICHE STUDIEN. In Zusammenarbeit mit Käte Hamburger hrsg. von Helmut Kreuzer. Stuttgart 1969, S. 529-553 (auch in: Helmut Koopmann: Thomas Mann. Darmstadt 1975, S. 384-413).

Eckhard Heftrich: DOKTOR FAUSTUS. DIE RADIKALE AUTOBIOGRAPHIE. In: Thomas Mann 1875-1975. Vorträge in München-Zürich-Lübeck. Hrsg. von Beatrix Bludau, Eckhard Heftrich, Helmut Koopmann. Frankfurt/Main 1977, S. 135-154.

Eckhard Heftrich: VOM VERFALL ZUR APOKALYPSE. ÜBER THOMAS MANN. Bd. II. Frankfurt/Main 1982, S. 173-188.

Bodo Heimann: THOMAS MANNS DOKTOR FAUSTUS UND DIE MUSIKPHILOSOPHIE ADORNOS. In: Deutsche Vierteljahrsschrift für Literaturwissenschaft und Geistesgeschichte 38, 1964, H. 2, S. 248-266.

Erich Heller: DOKTOR FAUSTUS UND DIE ZURÜCKNAHME DER NEUNTEN SYMPHONIE. In: Thomas Mann 1875-1975. Vorträge in München-Zürich-Lübeck. Hrsg. von Beatrix Bludau, Eckhard Heftrich, Helmut Koopmann. Frankfurt/Main 1977, S. 173-188.

Ulrike Hermanns: THOMAS MANNS ROMAN DOKTOR FAUSTUS IM LICHTE VON QUELLEN UND KONTEXTEN. Frankfurt/Main u.a. 1994.

Hans Hilgers: SERENUS ZEITBLOM. DER ERZÄHLER ALS ROMANFIGUR IN THOMAS MANNS DOKTOR FAUSTUS. Frankfurt/Main 1995.

Eberhard Hilscher: THOMAS MANNS POLYHISTORISCHER ROMAN DOKTOR FAUSTUS. in: Der Deutsche Roman nach 1945. Hrsg. von Manfred Brauneck. Bamberg 1993, S. 7-20.

Ulla Hofstaetter: DÄMONISCHE DICHTER. DIE LITERARISCHEN VORLAGEN FÜR ADRIAN LEVERKÜHNS KOMPOSITIONEN IM ROMAN DOKTOR FAUSTUS. In: Die Beleuchtung, die auf mich fällt, hat... oft gewechselt. Neue Studien zum Werk Thomas Manns. Hrsg. von Hans Wisskirchen. Würzburg 1991, S. 146-188.

Hans Egon Holthusen: DIE WELT OHNE TRANSZENDENZ. EINE STUDIE ZU THOMAS MANNS DOKTOR FAUSTUS UND SEINEN NEBENSCHRIFTEN. Hamburg 1949.

Walter Huder: DOKTOR FAUSTUS VOM THOMAS MANN ALS NATIONALROMAN DEUTSCHER SCHULD IM AMERIKANISCHEN EXIL KONZIPIERT. In: Exilforschung 10, 1992, S. 201-210.

Jürgen Jung: ALTES UND NEUES ZU THOMAS MANNS ROMAN DOKTOR FAUSTUS. QUELLEN UND MODELLE. MYTHOS, PSYCHOLOGIE, MUSIK, THEO-DÄMONOLGIE, FASCHISMUS. Frankfurt/Main u.a. 1985.

Erich Kahler: SÄKULARISIERUNG DES TEUFELS. THOMAS MANNS FAUST. In: Die Neue Rundschau 59, 1948, S. 185-202.

Karl Kerényi: THOMAS MANN UND DER TEUFEL IN PALESTRINA. In: Die Neue Rundschau 73, 1962, H. 2/3, S. 328-346.

Helmuth Kiesel: KIERKEGAARD, ALFRED DÖBLIN, THOMAS MANN UND DER SCHLUSS DES DOKTOR FAUSTUS. In: Literaturwissenschaftliches Jahrbuch, N.F., 31, 1990, S. 233-249.

Helmuth Kiesel: THOMAS MANNS DOKTOR FAUSTUS. REKLAMATION DER HEITERKEIT. In: Deutsche Vierteljahrsschrift für Literaturwissenschaft und Geistesgeschichte 64, 1990, H. 4, S. 726-743.

Ulrich Kinzel: ZWEIDEUTIGKEIT ALS SYSTEM. ZUR GESCHICHTE DER BEZIEHUNGEN ZWISCHEN DER VERNUNFT UND DEM ANDEREN IN THOMAS MANNS ROMAN DOKTOR FAUSTUS. Frankfurt/Main u.a. 1988.

Paul Gerhard Klussmann: THOMAS MANNS DOKTOR FAUSTUS ALS ZEITROMAN. In: Thomas-Mann-Symposion Bochum 1975. Vorträge und Diskussionsberichte. Hrsg. von Paul Gerhard Klussmann und Jörg-Ulrich Fechner. Kastellaun 1978, S. 82-100.

Konzerthaus Berlin, DIE MUSIKALISCHE WELT DES ADRIAN LEVERKÜHN. EIN PROJEKT ZUM ›FAUSTUS‹-ROMAN VON THOMAS MANN. Publikation begleitend zu einem Zyklus von Konzerten und Veranstaltungen in der Saison 1996/97.

Helmut Koopmann: DOKTOR FAUSTUS. In: Thomas-Mann-Handbuch. Hrsg. von Helmut Koopmann. Stuttgart 2. Auflage 1995, S. 475-497.

Helmut Koopmann: DOKTOR FAUSTUS ALS WIDERLEGUNG DER WEIMARER KLASSIK. In: Internationales Thomas-Mann-Kolloquium 1986 in Lübeck. Hrsg. von Eckhard Heftrich und Hans Wysling. Bern 1987 (= Thomas-Mann-Studien VII), S. 92-109.

Helmut Koopmann: DOKTOR FAUSTUS – SCHWIERIGKEITEN MIT DEM BÖSEN UND DAS ENDE DES STRENGEN SATZES. In: Helmut Koopmann: Der schwierige Deutsche. Studien zum Werk Thomas Manns. Tübingen 1988, S. 125-144.

Helmut Koopmann: DOKTOR FAUSTUS UND SEIN BIOGRAPH. ZU EINER EXILERFAHRUNG SUI GENERIS. In: Thomas Manns Doktor Faustus und die Wirkung. Hrsg. von Rudolf Wolff. T. 2. Bonn 1983, S. 8-26.

Hans J. Kreutzer: FAUSTS WEG VOM WISSENSCHAFTLER ZUM KÜNSTLER ODER THOMAS MANNS DEUTUNG DER DEUTSCHEN GESCHICHTE. In: Zeitschrift für deutsche Studien 8, 1989/1990, S. 79-95.

Klaus Kropfinger: THOMAS MANNS MUSIK-KENNTNISSE. In: Thomas Mann Jahrbuch 8, 1995, S. 241-279.

Claas Lahmann: HETAERA ESMERALDA. DIE BEDEUTUNG DER KRANKHEIT FÜR DIE KUNST IN THOMAS MANNS ROMAN DOKTOR FAUSTUS. Frankfurt/Main 1995.

Uta Ilse Landwehr: DIE DARSTELLUNG DER SYPHILIS IN THOMAS MANNS ROMAN: DOKTOR FAUSTUS – DAS LEBEN DES DEUTSCHEN TONSETZERS ADRIAN LEVERKÜHN ERZÄHLT VON EINEM FREUNDE. Lübeck 1982.

Victor Lange: THOMAS MANN. TRADITON UND EXPERIMENT. In: Thomas Mann 1875-1975. Vorträge in München-Zürich-Lübeck. Hrsg. von Beatrix Bludau, Eckhard Heftrich, Helmut Koopmann. Frankfurt/Main 1977, S. 566-585.

Herbert Lehnert: DIE DIALEKTIK DER KULTUR. MYTHOS, KATASTROPHE UND DIE KONTINUITÄT DER DEUTSCHEN LITERATUR IN THOMAS MANNS DOKTOR FAUSTUS. In: Schreiben im Exil. Zur Ästhetik der deutschen Exilliteratur 1933-1945. Hrsg. von Alexander Stephan und Hans Wagener. Bonn 1985, S. 95-108.

Herbert Lehnert: THE LUTHER-ERASMUS-CONSTELLATION IN THOMAS MANN'S DOKTOR FAUSTUS. In: Michigan Germanic Studies 10, 1984, H. 1/2, S. 142-158.
Herbert Lehnert: DER NARZISS UND DIE WELT. ZUM BIOGRAPHISCHEN HINTERGRUND DES DOKTOR FAUSTUS VON THOMAS MANN. In: Orbis litterarum 44, 1989, H. 3, S. 234-251.

Herbert Lehnert: ZUR THEOLOGIE IN THOMAS MANNS DOKTOR FAUSTUS. ZWEI GESTRICHENE STELLEN AUS DER HANDSCHRIFT. In: Deutsche Vierteljahrsschrift für Literaturwissenschaft und Geistesgeschichte 40, 1966, H. 2, S. 248-256.

Michael Maar: DER TEUFEL IN PALESTRINA. NEUES ZUM DOKTOR FAUSTUS UND ZUR POSITION GUSTAV MAHLERS IM WERK THOMAS MANNS. In: Literaturwissenschaftliches Jahrbuch, N.F., 30, S. 211-247.

Ludwig Marcuse: DER UNERLÖSTE FAUST. In: Aufbau 14, New York 16. 1. 1948, S. 11-12.

Hans Mayer: THOMAS MANNS DOKTOR FAUSTUS. ROMAN EINER ENDZEIT UND END-ZEIT DES ROMANS. In: Hans Mayer: Von Lessing bis Thomas Mann. Wandlungen der bürgerlichen Literatur in Deutschland. Pfullingen 1959, S. 383-404.

Peter de Mendelssohn: NACHBEMERKUNGEN DES HERAUSGEBERS. In: Thomas Mann: Doktor Faustus. Das Leben des deutschen Tonsetzers Adrian Leverkühn erzählt von einem Freunde. Frankfurt/Main 1980, S. 685-744.

Horst Meixner: THOMAS MANNS DOKTOR FAUSTUS. ZUM SELBSTVERSTÄNDNIS DES DEUTSCHEN SPÄTBÜRGERTUMS. In: Jahrbuch der deutschen Schillergesellschaft 16, 1972, S. 610-622.

Thomas Multerer: DIE MUSIKPHILOSOPHIE THEODOR W. ADORNOS UND THOMAS MANNS ROMAN DOKTOR FAUSTUS. Langenthal 1988.

Hubert Orlowski: PRÄDESTINATION DES DÄMONISCHEN. ZUR FRAGE DES BÜRGERLICHEN HUMANISMUS IN THOMAS MANNS DOKTOR FAUSTUS. Poznan 1969.

Heinz Peter Pütz: DIE TEUFLISCHE KUNST DES DOKTOR FAUSTUS BEI THOMAS MANN. In: Zeitschrift für deutsche Philologie 82, 1963, H. 4, S. 500-515.

Rosemarie Puschmann: MAGISCHES QUADRAT UND MELANCHOLIE IN THOMAS MANNS DOKTOR FAUSTUS. VON DER MUSIKALISCHEN STRUKTUR ZUM SEMANTISCHEN BEZIEHUNGSNETZ. Bielefeld 1983.

Rolf Günter Renner: LEBENS-WERK. ZUM INNEREN ZUSAMMENHANG DER TEXTE VON THOMAS MANN. München 1985.

Jens Rieckmann: ZUM PROBLEM DES ›DURCHBRUCHS‹ IN THOMAS MANNS DOKTOR FAUSTUS. In: Wirkendes Wort 29, 1979, H. 2, S. 114-128.

Marc W. Roche: LAUGHTER AND TRUTH IN DOKTOR FAUSTUS. NIETZSCHEAN STRUCTURES IN MANN'S NOVEL OF SELF-CANCELLATIONS. In: Deutsche Vierteljahrsschrift für Literaturwissenschaft und Geistesgeschichte 60, 1986, H. 2, S. 309-332.

Susan von Rohr Scaff: UNENDING APOCALYPSE. THE CRISIS OF MUSICAL NARRATIVE IN MANN'S DOKTOR FAUSTUS. In: The Germanic Review 65, 1990, H. 1, S. 30-39.

Doris Runge: HETAERA ESMERALDA UND DIE KLEINE SEEJUNGFRAU. In: Wagner – Nietzsche – Thomas Mann. Festschrift für Eckhard Heftrich. Hrsg. von Heinz Gockel, Michael Neumann, Ruprecht Wimmer. Frankfurt/Main 1993, S. 391-403.

Hans-Joachim Sandberg: DER KIERKEGAARD-KOMPLEX IN THOMAS MANNS ROMAN DOKTOR FAUSTUS. ZUR ADAPTION EINER BEZIEHUNGSREICHEN THEMATIK. In: Text & Kontext 6.1/6.2, 1978, S. 257-274.

Paul Ludwig Sauer: ZWISCHEN AUSSENSEIN UND DABEISEIN. EXILLITERARISCHE ASPEKTE IN THOMAS MANNS DOKTOR FAUSTUS. In: Die Künste und die Wissenschaften im Exil 1933-1945. Hrsg. von Edith Böhne u. Wolfgang Motzkau-Valeton. Gerlingen 1992, S. 47-69.

Karol Sauerland: ER WUSSTE NOCH MEHR.... ZUM KONZEPTIONSBRUCH IN THOMAS MANNS DOKTOR FAUSTUS UNTER DEM EINFLUSS ADORNOS. In: Orbis litterarum 34, 1979, H. 2, S. 130-145.

Volker Scherliess: ADRIAN LEVERKÜHN (1885-1941) – EIN DEUTSCHER KOMPONIST IN DER DARSTELLUNG THOMAS MANNS – DICHTUNG UND WIRKLICHKEIT. Eine Ausstellung im Buddenbrookhaus. Lübeck: Heinrich-und-Thomas-Mann-Zentrum 1993.

Bernhold Schmid: NEUES ZUM DOKTOR FAUSTUS -STREIT ZWISCHEN ARNOLD SCHÖN-BERG UND THOMAS MANN. In: Augsburger Jahrbuch für Musikwissenschaft 6, 1989, S. 149-179.

Bernhard Schubert: DAS ENDE DER BÜRGERLICHEN VERNUNFT? ZU THOMAS MANNS DOKTOR FAUSTUS. In: Zeitschrift für deutsche Philologie 105, 1986, H. 4, S. 568-592.

Egon Schwarz: ADRIAN LEVERKÜHN UND ALBAN BERG. In: Modern Language Notes 102, 1987, H. 3, S. 663-667.

Oskar Seidlin: DOKTOR FAUSTUS REIST NACH UNGARN. NOTIZEN ZU THOMAS MANNS ALTERSROMAN. In: Heinrich Mann-Jahrbuch 1, 1983, S. 187-204.

Oskar Seidlin: THE OPEN WOUND. NOTES ON THOMAS MANN'S DOKTOR FAUSTUS. In: Michigan Germanic Studies 1, 1975, H. 2, S. 301-315.

Elvira Seiwert: BEETHOVEN-SZENARIEN. THOMAS MANN'S DOKTOR FAUSTUS UND ADORNOS BEETHOVEN-PROJEKT. Stuttgart 1995.

Dolf Sternberger: DEUTSCHLAND IM DOKTOR FAUSTUS UND DOKTOR FAUSTUS IN DEUTSCHLAND. In: Thomas Mann 1875-1975. Vorträge in München-Zürich-Lübeck. Hrsg. von Beatrix Bludau, Eckhard Heftrich, Helmut Koopmann. Frankfurt/Main 1977, S. 155-172.

Dietmar und Ruth Strauss: SPRACHE EINES UNBEKANNTEN STERNS. ADORNO UND DIE MUSIK IM DOKTOR FAUSTUS. Saarbrücken 1993 (= Fragment, H. 2).

Rolf Tiedemann: ADORNOS BEITRÄGE ZUM DOKTOR FAUSTUS – NOCH EINMAL. In: Frankfurter Adorno Blätter 1, 1993, S. 9-33.

Thomas Mann Jahrbuch Bd. 2, 1989, enthält Beiträge eines Symposiums Zur Modernität von Thomas Manns ›Doktor Faustus‹.

Martin Travers: THOMAS MANN, DOKTOR FAUSTUS AND THE HISTORIANS. THE FUNC-TION OF ›ANACHRONISTIC SYMBOLISM‹. In: The Modern German Historical Novel. Hrsg. von David Roberts and Philip Thomson. New York 1991, S. 145-159.

Frank Trommler: EPISCHE RHETORIK IN THOMAS MANNS DOKTOR FAUSTUS. In: Zeit-schrift für deutsche Philologie 89, 1970, H. 2, S. 240-258.

Hans Rudolf Vaget: AMAZING GRACE. THOMAS MANN, ADORNO, AND THE FAUST MYTH. In: Our Faust? Roots and Ramifications of a Modern German Myth. Hrsg. von Reinhold Grimm und Jost Hermand. Madison 1987, S. 168-189 (= Monatshefte Occasional Volume Number 5).

Hans Rudolf Vaget: KAISERSASCHERN ALS GEISTIGE LEBENSFORM. ZUR KONZEPTION DER DEUTSCHEN GESCHICHTE IN THOMAS MANNS DOKTOR FAUSTUS. In: Der deutsche Roman und seine historischen und politischen Bedingungen. Hrsg. von Wolfgang Paulsen. Bern/München 1977, S. 200-235.

Harald Vogel: DIE ZEIT IN THOMAS MANNS ROMAN DOKTOR FAUSTUS. EINE UNTER-SUCHUNG ZUR POLYPHONEN ZEITSTRUKTUR DES ROMANS. In: Zeitschrift für deutsche Philologie 92, 1973, H. 4, S. 511-536.

Lieselotte Voss: DIE ENTSTEHUNG VON THOMAS MANNS ROMAN DOKTOR FAUSTUS. DARGESTELLT ANHAND VON UNVERÖFFENTLICHEN VORARBEITEN. Tübingen 1975.

Harald Wehrmann: THOMAS MANNS DOKTOR FAUSTUS. VON DEN FIKTIVEN WERKEN ADRIAN LEVERKÜHNS ZUR MUSIKALISCHEN STRUKTUR DES ROMANS. Frankfurt/Main u.a. 1988.

Hermann Weigand: ZU THOMAS MANNS ANTEIL AN SERENUS ZEITBLOMS BIOGRAPHIE VON ADRIAN LEVERKÜHN. In: Deutsche Vierteljahrsschrift für Literaturwissenschaft und Geistesgeschichte 51, 1977, H. 3, S. 476-501.

Helmut Wiegand: THOMAS MANNS DOKTOR FAUSTUS ALS ZEITGESCHICHTLICHER ROMAN. EINE STUDIE ÜBER DIE HISTORISCHEN DIMENSIONEN IN THOMAS MANNS SPÄTWERK. Frankfurt/Main 1982.

Ruprecht Wimmer: AH, ÇA C'EST BIEN ALLEMAND, PAR EXEMPLE! RICHARD WAGNER IN THOMAS MANNS DOKTOR FAUSTUS. In: Wagner – Nietzsche – Thomas Mann. Festschrift für Eckhard Heftrich. Hrsg. von Heinz Gockel, Michael Neumann, Ruprecht Wimmer. Frankfurt/Main 1993, S. 49-68.

Hans Wisskirchen: ZEITGESCHICHTE IM ROMAN. ZU THOMAS MANNS ZAUBERBERG UND DOKTOR FAUSTUS. Bern 1986 (= Thomas-Mann-Studien VI).

Hans Wysling und Yvonne Schmidlin: BILD UND TEXT BEI THOMAS MANN. Eine Dokumentation. Bern/München 1975. München 2. Auflage 1988.

Hans Wysling: THOMAS MANNS TAGEBÜCHER. AUS DEN NOTIZEN ZUR ENTSTEHUNG DES FAUSTUS. In: Blätter der Thomas Mann Gesellschaft 5, 1965, S. 44-47.

Franz Zeder: STUDIENRATSMUSIK. EINE UNTERSUCHUNG ZUR SKEPTISCHEN REFLEXIVITÄT DES DOKTOR FAUSTUS VON THOMAS MANN. Frankfurt/Main 1995.

Verzeichnis der wichtigsten Abkürzungen und Siglen

[I - XIII, Seite]	Thomas Mann: GESAMMELTE WERKE in dreizehn Bänden, Frankfurt/Main², 1974
BlTMG	Blätter der Thomas-Mann-Gesellschaft
Br Bd., Seite	Thomas Mann: BRIEFE 1889-1955, Erika Mann (Hg.), Frankfurt/Main, 1979
Br AM, Seite	Thomas Mann – Agnes E. Meyer: BRIEFWECHSEL 1937-1955, Hans Rudolf Vaget (Hg.), Frankfurt/Main, 1992
Br Gr, Seite	Thomas Mann: BRIEFE AN OTTO GRAUTOFF 1894-1901 UND IDA BOY-ED 1903-1928, Peter de Mendelssohn (Hg.), Frankfurt/Main, 1975
DüD Bd., Seite	DICHTER ÜBER IHRE DICHTUNG: THOMAS MANN, Hans Wysling (Hg.), Frankfurt/Main, 1981
ETH Zürich	Eidgenössische Technische Hochschule
Hg.	Herausgeber
Kap.	Kapitel
KSA Bd., Seite	Friedrich Nietzsche: SÄMTLICHE WERKE. Kritische Studienausgabe in 15 Bänden, G. Colli und M. Montinari (Hg.), München/Berlin/New York², 1988
KSB Bd., Seite	Friedrich Nietzsche: SÄMTLICHE BRIEFE, Kritische Studienausgabe in 8 Bänden, G. Colli und M. Montinari (Hg.), München/Berlin/New York, 1986
Notb Bd., Seite	Thomas Mann: NOTIZBÜCHER, Hans Wysling und Yvonne Schmidlin (Hg.), Frankfurt/Main, 1991-1992
o. J.	ohne Jahresangabe
Reg. Bd., Seite	Die Briefe Thomas Manns. Regesten und Register. Hans Bürgin und Hans Otto Meyer (Hg.), Frankfurt/Main, 1976 ff.
Tb, Datum	Thomas Mann: TAGEBÜCHER, Peter de Mendelssohn und Inge Jens (Hg.), Frankfurt/Main, 1979-1995

Bildnachweise

Adorno Archiv: 18
Alban Berg Stiftung, Musiksammlung der Österreichischen Nationalbibliothek: 122
Alma Mahler: 138
Bayrische Staatsbibliothek, München: 89
Berta Schleicher, Metta von Salis- Marschlins, Zürich 1932: 75
Bildarchiv Österreichische Nationalbibliothek: 92
Bilderdienst Süddeutscher Verlag: 187
Buddenbrookhaus, Lübeck: 53, 190, 191, 197
Carola Bloch, Tübingen: 194
Erlangen, Universitätsbibliothek: 38
Goethe-Museum, Düsseldorf: 34, 40, 167
Historia Foto, Bad Sachsa: 91
Hollywood Bowl Museum: 119
Ilse Meyer-Gerken: 129
Landesbibliothek Coburg: 49
Lolo Handke, Bad Bernek: 62, 71, 181, 181,
Lou von Salomé Archiv: 78
TMA: 10, 11, 13, 14, 17, 20, 22, 23, 25, 26, 29, 31, 47, 48, 57, 88, 114, 118, 121, 123, 127, 138, 144, 145, 149, 157, 183, 205, 205, 209
Martin Hesse, Bern: 21
Paul Sacher Stiftung Basel: 134
Sammlung Volker Scherliess: 124, 132, 140
S. Fischer- Verlag: 185
Stiftung Weimarer Klassik: 69 (GSA 101/362), 70 (GSA 101/131), 70 (GSA 101 393), 77 (GSA 101/452), 77 (GSA 101/452), 83 (GSA 70/ 300, 2)
Theater Graz: 135
UIP Filmverleih: 116
Ullstein Bilderdienst: 64, 201,
Universal-Edition, Wien: 146
van Kempen, Sachsen und Anhalt: 81
Wien, Hofbibliothek: 44

nicht eindeutig nachgewiesen: 19, 36, 39, 115, 159, 163, 166, 171, 180, 195

Autoren

Dietrich Aßmann

Geboren 1933 in Königsberg/Preußen; Professor emeritus der Literaturwissenschaft. Studium der Wirtschaftspädagogik in Frankfurt a.M. Promotion 1975 mit einer Arbeit über Thomas Manns DOKTOR FAUSTUS und die Faust-Tradition. Seit 1976 Privatdozent der deutschen Literatur an der Universität Helsinki. Bis 1981 Universitätslektor der deutschen Sprache in Helsinki, dann Professor der Literaturwissenschaft an der Universität Joensuu bis 1996. Lebt in Järvenpää, Finnland.

Cornelia Bernini

Geboren 1957 in Brig. Lic. phil. I. Studium der Germanistik, Anglistik und Publizistik in Zürich und Reading/GB. Seit 1985 wissenschaftliche Mitarbeiterin des Thomas-Mann-Archivs der ETH Zürich.

Nathalie Bielfeldt

Geboren 1969 in Hamburg. Von 1989-1991 Ausbildung zur Bankkauffrau; von 1992-1996 Studiengang der Sprachen-, Wirtschafts-, und Kulturraumstudien der Universität Passau; Diplomarbeit mit dem Titel: „Die Faszinationskraft des Theaters auf den jungen Thomas Mann"; seit 1996 wissenschaftliche Volontärin im Heinrich-und-Thomas-Mann-Zentrum in Lübeck.

Erkme Joseph

Geboren 1937. Studium der Geschichte und Germanistik in Hamburg und Marburg. 1959-1965 wissenschaftliche Hilfskraft im Seminar für Alte Geschichte und Institut für Germanistik in Marburg. Hausfrau. 1994 Promotion über die Nietzsche-Rezeption in Thomas Manns ZAUBERBERG. Lehrbeauftragte im Fachbereich Neuere Deutsche Literatur und Kunstwissenschaften der Universität Marburg. Lebt in Marburg.

Volker Scherliess

Geboren 1945. Studierte Musikwissenschaft, Kunstgeschichte und Philosophie in Hamburg und Florenz. 1971 Promotion. 1972-76 Mitarbeiter der Musikgeschichtlichen Abteilung des Deutschen Historischen Instituts in Rom. 1977-79 Assistent an der Universität Tübingen. 1979-91 Professor für Musikwissenschaft an der Staatlichen Hochschule für Musik Trossingen, seit 1991 an der Musikhochschule Lübeck. Er schrieb Bücher (darunter Monografien über Alban Berg, Rossini und Strawinsky) sowie zahlreiche Aufsätze zur neueren Musikgeschichte und den Beziehungen der Musik zur bildenden Kunst und Literatur.

Christoph Schwöbel

Geboren 1955. Studium der Theologie und Philosophie in Marburg; Promotion 1978; Habilitation 1990. 1981-1986 Hochschulassistent in Marburg; 1986-1993 Dozent und Direktor des Research Institute in Systematic Theology, Kings College, University London; seit 1993 o. Professor für Systematische Theologie und Sozialethik, Christian Albrechts-Universität Kiel.

Thomas Sprecher

Geboren 1957 in Zürich. Dr. phil. I.et lic. iur. Studium der Germanistik und Philosophie in Zürich und Berlin, anschließend der Rechtswissenschaft. Promotion 1985 mit FELIX KRULL UND GOETHE. 1985-1988 Assistent für Neuere Deutsche Literatur an der Universität Zürich. Rechtsanwalt in Zürich. Seit 1994 nebenamtlicher Leiter des Thomas-Mann-Archivs der ETH Zürich.

Hans Wißkirchen

Geboren 1955 in Düsseldorf. Studium der Germanistik und Philosophie in Marburg. Promotion 1986 mit einer Arbeit über Thomas Manns Romane DER ZAUBERBERG und DOKTOR FAUSTUS. Leiter des Heinrich-und-Thomas-Mann-Zentrums im Buddenbrookhaus. Lebt in Lübeck.

Verlag DrägerDruck Lübeck

DrägerDruck GmbH & Co., Schwertfegerstraße 7, D-23556 Lübeck, Tel. 04 51 / 8 79 99 55, Fax 04 51 / 8 79 99 66

Dieser Bildband zeigt die Fotos von Personen, die Thomas Mann in den »Buddenbrooks« so eindrucksvoll geschildert hat. Es werden die dazugehörigen Original-Texte des Romans den Bildern der dort erwähnten Persönlichkeiten und Schauplätzen gegenübergestellt. Ein sehr interessanter Vergleich von Roman und Realität.

Hartwig Dräger

Buddenbrooks –
Dichtung und Wirklichkeit
Bilddokumente

336 Seiten, 153 Abbildungen
Gebunden, Format 24,3 x 28,5 cm
ISBN 3-925402-44-6

Deutschlands bekanntester Gastro-Kritiker Wolfram Siebeck schreibt in der Wochenzeitung „DIE ZEIT" vom 19.5.95: „...Nachdem der Autor der ‚Buddenbrooks' bereits von Marcel Reich-Ranicki als Humorist enttarnt wurde, hat der Verlag DrägerDruck heraussuchen und zusammenstellen lassen, was für das Werk Thomas Manns ebenfalls eine geistig-kulinarische Wende bedeuten könnte. Denn nun kann man überprüfen, was der Dichter schon 1904 von sich behauptete: ‚In weiteren Kreisen bin ich, glaub' ich, als Schilderer guter Mittagessen geschätzt.'..." Anhand der hier aufgeführten Kochrezepte lassen sich Thomas Manns Lieblingsgerichte leicht nachkochen. Anschaulich werden in dem Band die Speisegepflogenheiten der Jahrhundertwende geschildert. Die exzellenten Farbbilder versetzen den Leser in die gute alte Zeit.

Alexej Baskakov
Speisen mit
Thomas Mann

80 Seiten, 23 Kochrezepte, 22 Abbildungen, teilweise farbig
Hardcover, Format 17,5 x 24,5 cm
ISBN 3-925402-83-7

Thomas Mann hat das Verhältnis zu seinem Bruder Heinrich Mann einmal mit der treffenden Formel von der »repräsentativen Gegensätzlichkeit« bezeichnet. Das vorliegende Buch umspannt den Zeitraum von 1871 bis 1955, wobei der Schwerpunkt auf dem Verhältnis der Brüder zu ihrer Vaterstadt Lübeck sowie zueinander liegt. Anhand von persönlichen Äußerungen aus ihren Werken, Briefen und anderen Aufzeichnungen werden Leben und Werk dieser beiden großen Schriftsteller in authentischen Texten präsentiert. Zusammen mit dem reichhaltigen Bildmaterial erleben Sie zwei Schriftstellerbrüder, die die Literatur dieses Jahrhunderts entscheidend geprägt haben, im spannungsvollen Vergleich.

Eckhard Heftrich / Peter-Paul Schneider /
Hans Wißkirchen
Heinrich und Thomas Mann
Ihr Leben und Werk in Text und Bild

440 Seiten, 200 Abbildungen
Format 14,8 x 21 cm
ISBN 3-925402-80-2

Der Roman „Professor Unrat" bescherte Heinrich Mann seinen größten Erfolg. In der Verfilmung als „Der blaue Engel" mit Marlene Dietrich in der Hauptrolle gelangte das Werk zu Weltruhm. Der vorliegende Band enthält die wichtigsten Informationen über Entstehung und Wirkung von Buch und Film. Er würdigt die literarische Vorlage und die filmische Umsetzung des Stoffes als eigenständige Kunstwerke. In drei Aufsätzen werden die Lübeck-Bezüge und weitere wichtige Quellen des Werkes ebenso dargestellt wie die Dreharbeiten am Film. Jeder Aufsatz ist ausführlich bebildert.

Albert Klein / Werner Sudendorf /
Stefanie Wehnert
Mein Kopf und die Beine
von Marlene Dietrich

146 Seiten, 9 farb. / 65 Schwarzweiß-Abbildungen
Format 16 x 24 cm
ISBN 3-925402-84-5

Verlag DrägerDruck Lübeck

DrägerDruck GmbH & Co., Schwertfegerstraße 7, D-23556 Lübeck, Tel. 04 51 / 8 79 99 55, Fax 04 51 / 8 79 99 66

Auszug aus dem Verlagsprogramm:

Thomas Mann

Kommentar zu Thomas Manns »Buddenbrooks«,
68 Seiten

Thomas Manns Schwiegermutter erzählt (3. Auflage),
64 Seiten

Buddenbrooks – Dichtung und Wirklichkeit,
336 Seiten, 153 Abbildungen, gebunden

Heinrich und Thomas Mann,
440 Seiten, 200 Abbildungen

Speisen mit Thomas Mann,
80 Seiten, 22 Abbildungen, Hardcover

Mein Kopf und die Beine von Marlene Dietrich,
146 Seiten, 74 Abbildungen

Lübeck

Stockelsdorfer Fayencen,
256 Seiten, 70 farbige und 216 Schwarzweiß-Abbildungen, gebunden

Künstler in Lübeck 1946–1986,
164 Seiten, 207 Abbildungen

Die Großvaterstadt,
476 Seiten, gebunden

Zaubermond über gotischen Giebeln,
72 Seiten, 18 Abbildungen

Der Todtentanz in der Marienkirche zu Lübeck (2. Auflage),
52 Seiten, 10 Abbildungen, gebunden

Kunst

Ein kleines Ludwig-Richter-Büchlein,
150 Seiten, 22 Abbildungen, Hardcover

Sachbuch

Briefe und Albumblätter großer Komponisten und Interpreten in Handschriften,
440 Seiten, 71 Portraits, 89 Faksimiles, Leinen

Briefe großer Naturforscher und Ärzte in Handschriften,
456 Seiten, 82 Portraits, 87 Faksimiles, Leinen

Briefe europäischer Baumeister, Bildhauer und Maler in Handschriften,
544 Seiten, 121 Portraits, 121 Faksimiles, Leinen

Lyrik

Auf dem Abendfeld,
60 Seiten

Längs des Wegs (3. Auflage),
134 Seiten